袁庭栋 ◎ 著

成都街巷志

流沙河题

下卷

四川文艺出版社

图书在版编目（CIP）数据

成都街巷志 / 袁庭栋著. -- 成都：四川文艺出版社，2016.8（2018.8重印）

ISBN 978-7-5411-4305-2

Ⅰ.①成… Ⅱ.①袁… Ⅲ.①城市道路—介绍—成都市 Ⅳ.①K927.11

中国版本图书馆CIP数据核字（2016）第124477号

CHENGDU JIEXIANGZHI

成都街巷志

袁庭栋　著

书名题签	流沙河
责任编辑	奉学勤　张庆宁
装帧设计	叶　茂
责任校对	徐庆根　白杨健（特约）
责任印制	唐　茵

出版发行	四川文艺出版社（成都市槐树街2号）
网　址	www.scwys.com
电　话	028-86259287（发行部）　028-86259303（编辑部）
传　真	028-86259306

邮购地址	成都市槐树街2号四川文艺出版社邮购部　610031
排　版	四川胜翔数码印务设计有限公司
印　刷	成都东江印务有限公司
成品尺寸	168mm×238mm　1/16
印　张	79　　　　　　　　字　数　1300千
版　次	2017年6月第一版　印　次　2018年8月第三次印刷
书　号	ISBN 978-7-5411-4305-2
定　价	298.00元（全二册）

版权所有·侵权必究。如有质量问题，请与出版社联系更换。028-86259301

· 街巷 ·

以祠庙馆所命名

青羊正街附青羊上街

由于成都有一座全国著名的道教宫观青羊宫（根据1937年的调查资料，成都地区有道教宫观50所，根据1956年的调查资料，成都地区有道教宫观35所），所以成都以青羊为名的街巷有十几条之多。

西汉的扬雄在《蜀王本纪》中说："老子为关令尹喜著《道德经》，临别曰：'子行道千日后，于成都青羊肆寻吾。'今为青羊观是也。"后人遂有老子命青帝子化为青羊，乘坐而降临成都的传说。相传早在汉代这里就有青羊观。唐僖宗中和三年（883），经过扩建之后正式命名为青羊宫，几经兴废，现在的建筑是经过清代康熙、乾隆、嘉庆、同治四朝多次重建与扩建之后形成的（新中国成立以后修建道路时，先后两次拆除了一些山门部分的建筑，所以现在的建筑格局已经不完整）。

民国初年的青羊宫大门　［法］杜满希提供

青羊宫的主殿是三清殿，殿前的八卦亭为全木石结构，相互斗榫衔接，没有一楔一栓，外檐石柱浮雕镂空滚龙抱柱，是全国罕见的石刻艺术珍品。三清殿内有一对著名的铜制青羊，一单角，一双角。单角青羊是清雍正元年（1723）四川遂宁籍大学士张鹏翮从北京购得赠给青羊宫的（至今在铜座前端还有张的题诗），形状奇特，鼠耳、牛鼻、虎爪、兔背、龙角、蛇尾、马嘴、

民国初年的青羊宫斗姥殿　［法］杜满希提供

羊胡、猴颈、鸡眼、狗腹、猪臀,为十二生肖的化身。一说是南宋大奸臣贾似道府中红梅阁遗物,一说是明代大奸臣严嵩家遗物。双角青羊为清道光九年（1829）为了与单角青羊匹配而由成都善士张柯氏率子孙铸造捐赠的。老成都人中有很多人都相信亲手抚摸这一对青羊之后有病者祛病,无病者延年,求子嗣的妇女则可能有孕,在农历二月十五李老君生日这一天特别灵验,所以这一对青羊被人们摸得闪闪发亮。正如清代著名文士刘师亮的《竹枝词》所说："闻说铜羊独出奇,摸能治病祛巫医。求男更有新方法,热手摸他冷肚皮。"

三清殿后面有三座土台,过去称为紫金台、降生台、说法台,被赋予了很多神话色彩。通过对台基之下的遗物进行考察,有可能是唐宋时期的陶瓷古窑窑址。

青羊宫中所收藏的大量文物中,《重刊道藏辑要》木刻版片是极为重要的一种。"道藏"是我国本土宗教道教典籍的总称。清康熙年间,彭定求在明正统"道藏"的基础上编辑了著名的《道藏辑要》。清光绪十八年（1892）,成都二仙庵主持阎永和发起重编,历时9年,完成了《重刊道藏辑要》。接着又开始了雕刻经版的巨大工程,历时15年,一直到1915年才告竣工（雕刻经版的具体地点在清末全省木版雕刻的中心岳池。改革开放之后对《重刊道藏辑要》

所缺版片进行补刻时，成都已无工匠，仍然是在岳池聘请的)。共刻梨木经版14000多块，每块两面刻字，印装之后每部《重刊道藏辑要》共245册，成为我国文化史上完成的最后一部木刻版巨著。由于三代道士的精心保管，除在"文革"中损失400余块之外，全部版片得以完整保存在二仙庵的丹台碧洞书房之中，成为成都这个我国最早的雕版印刷中心所保存的唯一的一部大型雕版印刷实物，具有多方面的文化价值。改革开放之后，对《重刊道藏辑要》所缺版片进行了补刻，然后开始一部一部地印刷流行，青羊宫也就成为成都乃至我国西部汉族地区唯一的一处用传统的雕版印刷工艺印刷书籍的地方，唯一的一处可以供传统文化爱好者参观雕版印刷术的展示地。

《道藏辑要》版片
杨显峰提供

民国时期青羊宫
八卦亭
刘永禄提供

青羊宫从来就是成都的游览胜地,如陆游诗中所描述的:"当年走马锦城西,曾为梅花醉似泥。二十里中香不断,青羊宫到浣花溪。"直到清末,青羊宫与相邻的二仙庵一带仍然还是成都郊外十分漂亮的乡村,当时的著名诗人赵熙笔下是这样描绘的:"青羊一带野人家,稚女茅檐学煮茶。笼竹绿于诸葛庙,海棠红艳放翁花。"青羊宫与二仙庵外侧的小街道(也就是后来的青羊正街)一直到抗日战争之前都还是郊外的一个场镇,名字就叫青羊场,是成都南门外一个重要的米市和猪市。和四川乡间的其他乡场一样,青羊场也是要逢场时才会有较多的人。李劼人先生在1925年写过一篇名字就叫《青羊场》的散文,他说:"场街只一条,人家并不多,除二、五、八的场期外,平常真清静极了。"正因为这一地区是这样的一个郊外胜地,所以成都著名的灯会与花会长期都在这一地区举行。

正月十五是我国传统的元宵佳节,每逢元宵之夜举行灯会,官民共同观灯,是我国城乡各地普遍存在的古老风俗,相传始于汉代,成都也不例外。成都的灯会在唐宋时期十分辉煌而且盛于他州,唐代诗人卢照邻就有记叙"锦里开芳宴"的《十五夜观灯》一诗,宋代诗人田况曾经在《上元灯夕》一诗中写道:"予尝观四方,无不乐嬉游。唯兹全蜀区,民物繁他州。春宵宝灯燃,锦里香烟浮。连城悉奔骛,千里穷边陬。"发展到了清代,则在各街各巷、家家门上点灯。正月初一开始点灯,称为"上灯";正月初九各寺庙、会馆、街坊树立灯杆,红灯高挂,称为"出灯";元宵佳节则全城点灯,蔚为壮观,称为"放灯"。在多数情况下,十六以后便告结束,但是十七这一天也有灯,称为"残灯会",主要供在灯会期间维持治安的工作人员观赏。当时最为热闹之处是商业最繁华的东大街。到了清末民初,又逐渐集中到从华兴街到商业场的市中心商业区。当时有《竹枝词》记其事:"香车宝马任纷驰,月转花梢玉漏迟。等是蓉城风景好,万家灯样斗新奇。"观灯之时还有猜灯谜的活动。后因军阀混战与抗日战争,成都的灯会曾经停办多年。新中国成立初期,全市并未举行过集中的灯会。1962年,成都市第一届由政府举办的灯会在青羊宫(包括与之相邻的二仙庵)中举行,以后遂年年举办(因为"文化大革命"的关系1965年至1973年停办。这以后,1979年又停办过一年),会期一个月左右,而且逐渐将新科技融入传统的花灯之中,使其风格多变、内容常新、趣味性和知识性增强，形式不再是传统的纸扎灯而是可以动的电光灯，材质增加为绢纺、玻璃、瓷器、糖画等，内容更是百花齐放，多姿多彩。周恩来总理曾经参观过1964年的灯会。从1981年开始，成都灯会走出四川，应邀到北京、上海、广州、深圳、长沙、武汉等20多个城市和俄罗斯、加拿大等国家展出，成为成都市的一个文化品牌。1984年的灯会共举办32天，接待观众190万人次，创下了历史最高纪录。由于文化公园的面积不大，周围交通拥挤，停车困难，从2004年开始，灯会移到面积更大的塔子山公园举办，花会仍然在文化公园举办。

灯会结束后就是花会，两者相接，有如清代的《竹枝词》所说的"灯市未残花市到，春风何处不相逢"。

成都花会由来已久。从唐人萧遘在《成都》一诗中"月晓已开花市合"的诗句来看，当时的成都就已经有花会。清人张澍在《蜀典》中引《成都古今记》关于成都唐宋时期著名的十二市的记载："正月灯市，二月花市，三月蚕市，四月锦市，五月扇市，六月香市，七月七宝市，八月桂市，九月药市，十月酒市，十一月梅市，十二月桃符市。"这应当是唐宋时期成都经济文化繁荣的最佳写照。农历二月间的市民节日就是花市，也就是花会。南宋时更有记载说："成都二月花市，各地花农辟圃卖花，陈列百卉，蔚为香国。"元代和明代，上述的繁盛不再，花会也不见记载，很可能是随着当时整个四川社会经济的衰退而停办了。到了清代中期，四川的社会经济全面恢复，唐宋时期成都极为流行的群体性游赏活动也得以恢复。这时的成都人又将青羊宫中的李老君与青羊宫侧百花潭、浣花溪的浣花夫人的故事联系了起来。每年农历二月十五相传是李老君生日，也是民间的花朝日（即百花的生日），每年农历三月三相传是浣花夫人的生日（成都关于浣花夫人生日一直有两种说法并存，另一说是农历四月十九），成都人纷纷前往青羊宫到浣花溪一带踏青赏花，这样就逐渐形成了著名的青羊宫花会，而且成了一项固定的盛会，每年都在青羊宫与二仙庵中举行，并且还具有我国古代庙会的游赏、商贸加美食相结合的明显特点。清人的成都《竹枝词》说："青羊宫接二仙庵，花满芳塍水满潭。一路纸鸢飞不断，年年赛会在城南。"清代花会的时间比现在要短，据王闿运《湘绮楼日记》在光绪五年二月十四日所记，是"花市自十日

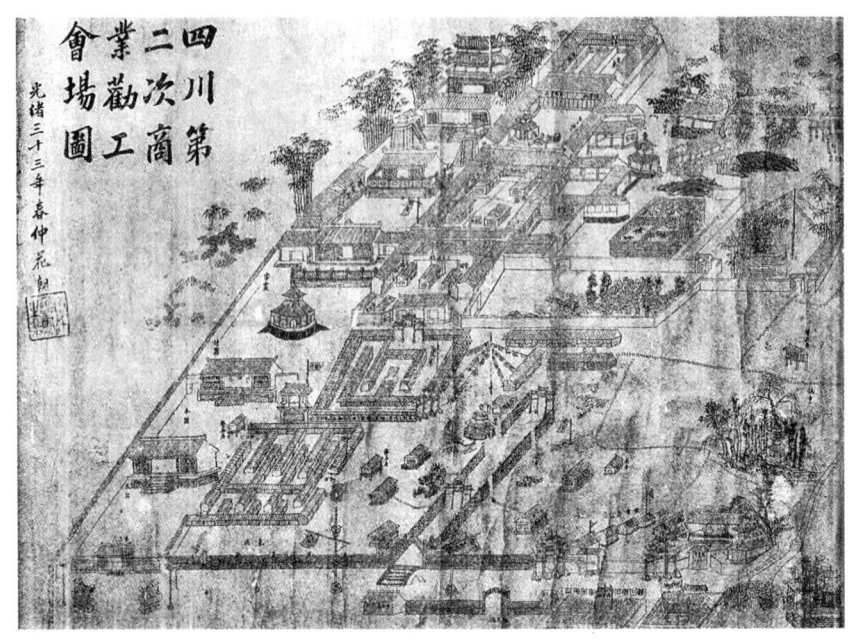

▲ 四川第二次商业劝工会会场图　沈秉堃绘　1907年　杨显峰提供

◀ 四川省第五次劝业会正门　1910年　舒新城摄影

起，十九日止"，只有10天。

光绪三十一年（1905），四川劝业道总办周善培和四川劝工总局总办沈秉坤正式将花会更名为"商业劝工会"（即商贸展销会）。1906年，在首届商业劝工会上展出了来自蜀中各地的各种货物3400多种，在会上还评奖发奖（所发的一、二、三等奖共12个，新潮展品占了5个，第一名是理化仪器，可见当时大力提倡新学）。从1906年到1911年，商业劝工会连续举办了6届花会（1908年，商业劝工会更名为劝业会），参加的商家与手工艺人愈来愈多，这

· 街巷 ·

▲ 青羊宫第六次劝业会大门是用松枝扎成的,大门的对联是:
"来百工而创业,廓三市以开座"。
1911年　[法]杜满希提供

▼ 劝业会颁奖仪式　1911年　[美]路得·那爱德摄影

以祠庙馆所命名　　611

样就使花会的内容愈来愈丰富。这时的花会还吸引了西北的少数民族乃至外商携带他们的产品前来参加,周钟岳在他的长诗《游青羊宫花会》中就有"波斯胡贾嗜奇玩,囊倾乌弋人头钱"之载。从1918年起又增加了"打金章"(即比武打擂,因为比赛是从资格赛、蓝章赛、银章赛、金章赛一级一级上升,所以一般都称之为"打金章"。1922年以后还举办过女子打擂,青羊宫最后一次举办的比武打擂是新中国成立之初的1951年2月),使花会愈来愈热闹。在结束了长期的军阀混战之后,1936年的花会会期是3月8日到4月30日,会场占地100多亩,分为5进36路,是新中国成立以前规模最大的一次花会。1937年又在这里举行了四川省第一届物品展览会。可以认为,将我国传统的庙会与商贸展销会、群众性文体活动结合进行的,成都花会应当是全国首创。

在1906年的首届劝工会上,成都最早的动物园在此展出动物19种,除了产自云南的松鼠与贵州的孔雀之外全都出于四川,有康定的豹子和松潘的熊。当时在成都执教的日本人中野孤山说"这个动物园简直是徒有虚名",但是毕竟在成都第一次出现了动物园。

不过,在花会中却从来就有卖鱼、泥鳅、乌龟等水生动物的农民与小贩,因为成都市民中的善男信女们在赶花会时总不忘买一些水生动物去河里放生,行善积德。正因为有这一原因,在老成都人口中,花会又称为放生会。

多年来,成都花会都是成都人民祥和康乐的生活氛围的一张名片,是成都民俗风情中的精彩篇章。著名诗人吴芳吉在1921年写成的名诗《成都》中有代表性的描绘:"成都富庶小巴黎,花会年年二月期。艇子打从竹里过,茶亭常伴柳阴低。夕阳处处闻歌管,芳径人人赛锦衣。城阙连宵都不禁,骑驴更过草堂西。"

在这里还不能不提到在今天看来是不可思议的一件事,劝工会刚开始举办的时候,按当时的礼教传统是男女有别的。当年到会的日本人中野孤山在《游蜀杂俎》一书中对此专门有一段详细的描述:"劝工会场也有区别男女的现象,规定男女不得同一天前往会场。男子去会场的那天不见女子的身影,而女子去会场的那一天则没有男子去。"另一位到会的日本人山川早水又在《巴蜀旧影》一书中记载说:"从正门通往青羊宫的路上,用竹席临时搭起的饮食店也不少,五香菜串、温酒、荞麦面条,热气腾腾有欲压人之势。作为男女之间有严格界限的国家,妇女席设置于另一圈竹棚内。"这类规定应当是在开初的那几年,以后就打破了这一界限。

为了城内居民赶花会出城入城方便,1913年还专门打开了新西门,新建了十二桥,使青羊宫花会在民国前期达到了一个新的高潮。著名文士刘师亮特地写了《青羊宫花市竹枝词》100首,作了极为生动的描述。例如:"通惠门前十二桥,游人如鲫送春潮。与郎走过桥头去,笑指仙都路不遥。"在抗日战争时期的1938年至1945年,政府曾经下令停办花会。但是由于花会在成都人的生活中实在是已成习惯,故而只是规模有所减小,事实上并未能真正停办。新中国成立以后的1951年,举办了新中国第一届成都花会,当时名为物资交流会,以促进经济恢复为主要任务。1959年以后,花会恢复了本来名称,以花木展销为主,同时也有各地的土特产展销、风味小吃与文艺演出。1966年至1979年间停办。1980年再度恢复,至今仍然年年举办,一直保持了以花木为主,同时有土特产展销、风味小吃与文艺游乐的传统文化特色。

如今的青羊宫是四川省道教协会和成都市道教协会的所在地,香火旺盛,游客如织,是国务院公布的首批全国重点道观(除青羊宫之外,成都的全国重点道观还有青城山上的天师洞与祖师殿)。青羊宫的大门开在一环路西二段,现在的青羊正街上过去有一道侧门,又完全是从青羊宫墙外而过,所以命名为青羊正街,原来是一直向西接成温公路。1987年建成一环路之后,将一环路西二段以内的一段保留为青羊正街,一环路西二段以外的一段改名为青羊上街。青羊上街南侧有青羊横街,北侧有青羊北巷,青羊正街以南沿南河有青羊后街。

1938年,新蜀汽车公司开设于如今的青羊上街,专门经营成都到温江的客运。这里的车站一直保留到改革开放初期都还在使用,曾经是成都最重要的长途汽车站。

青羊上街的成都自来水公司城西管网所这个位置曾经是成都的第一家自来水厂,也是成都近代自来水事业的起源地。

新中国成立以前成都多数人家的清洁用水取自井水,饮用水取自河水,稍富有之家的饮用水都是由挑水夫从锦江中挑来。清康熙时期为了解决满城内的用水之需,曾经在南河上架设过高逾4丈的筒车8架超越城墙送水流入满

·成都街巷志·

城,形成一个利用河水冲力而长期越墙输水的自流系统,算是成都最早的土自来水系统。这个土自来水系统何时建成与何时停止使用,目前还未见到准确的资料。到了清末的宣统元年(1909),在新派官员周善培的倡导下,在兴建商业场的同时,成都再次修建了这种土自来水系统,成立了官商合办的利民自来

▲ 青羊上街自来水厂
　20世纪60年代　成都市建设信息中心提供
▶ 锦江边的筒车　1917年
　[美]李哲士摄影
▼ 小关庙街的公用自来水桩
　1988年　王晓庄摄影

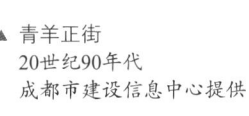
▲ 青羊正街
20世纪90年代
成都市建设信息中心提供

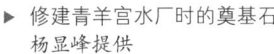
▶ 修建青羊宫水厂时的奠基石
杨显峰提供

水公司("自来水"这一名称从日本传入)。在锦江中学(锦江中学现已并入盐道街中学)前面的南河边再次架设高架筒车,用楠竹管道引水越过城墙,先用埋在地下的陶制管道送往盐道街,再用较小一点的桤木与楠竹管道分别送到盐道街、学道街、督院街、商业场、藩署街、康公庙等6处蓄水池中,再由挑水夫挑水或板车拉水出售。这种被当时称为"人挑自来水"的土自来水系统,一直修修补补地使用到1926年才停业。抗日战争胜利以后,又曾经在老南门大桥边安置过这种高架筒车引水越城。据老人的回忆,"那时老南门大桥边的筒车,有两三层楼高,每天吸引了不少市民三五成群观看"。这以后,成都市政当局曾经两次计划建设管网化的自来水系统,都未成功。1942年,在成都担任四川省建设厅长的著名实业家胡子昂决定再次在成都建设自来水公司。经过

考察，水厂地址就选在了送仙桥侧的百花潭上游，在磨底河与浣花溪汇合口下方的送仙桥下左侧拐弯处取水。1944年2月，成都市自来水公司成立，8月工程开工，经过两年时间的建设，1946年6月1日输水投产（为了纪念这个日子，成都市自来水公司特地于1996年6月6日在锦城艺术宫举行了成都供水50周年纪念庆祝大会），成都才第一次有了经过净化的管道自来水，城内也就有了用"自来水香茶"取代"河水香茶"的牌匾和灯笼。不过，因为当时的自来水价格不菲，全市饮用自来水的人数很少，日平均供水量仅为220吨，一直到成都解放之时，全市的日供水量仍然只有6000吨。公用水桩只有8个，用水人口只有26000人。

改革开放之后，成都市在中医学院以北地区的农田中新建了一大片居民住宅，因为其位置在青羊宫以北，就命名为青羊小区，其中的南北主干道命名为青羊北路，东边的主干道命名为青羊东一路和青羊东二路，西边的主干道命名为青羊西路，其间还有十多条小巷，都是以"青羊"命名。

玉皇观街

在红星路一段东侧，与方正东街相对的一条街叫玉皇观街。原来的玉皇观街要比今天的长一些，包括今天的方正东街东边的一段在内。红星中路新建之后，为了方便管理，就以红星路为界，东边一段属于玉皇观街，西边一段属于方正东街。

玉皇观街因为有一座道教宫观玉皇观而得名。原来的玉皇观建于清雍正三年（1725），是在今天的方正东街范围之内，里面有一尊颇大的铁铸玉皇大帝像，当年在成都的知名度颇高。玉皇观的建筑早在清代就被改作了"客籍学堂"，专门接纳在成都为官的外省籍人士的子弟入学读书（古代实行为官的回避制度，凡是中级以上的文职官员都不能在家乡任职，必须派至他乡，所以客籍子弟数量不小）。因为一些官员认为"客籍"二字不雅，后来又改为语出《墨子》的"宾萌"二字，改名为"宾萌学堂"。宾者客也，萌者民也，都是一样的意思。民国初年，宾萌学堂停办，在这里开办了四川省立第一中学。省

玉皇观街　1996年　王晓庄摄影

立第一中学迁往西胜街之后，这里又先后开办过宾萌公学与尚志学院。抗日战争时期，这里设立过四川军管区司令部。新中国成立以后，旧址成了成都二中的一部分。

玉皇大帝是道教神系中仅次于三清尊神（即道教神系中最高地位的玉清元始天尊、上清灵宝天尊、太清道德天尊，所以很多道教宫观中的主要大殿都是三清殿）的重要神灵，在民间的各种传说或文艺作品中也最常见，为广大群众所熟悉。比如在《西游记》中，最高的神灵就是这位玉皇大帝。玉帝这一形象是在唐代才形成的，由于唐宋时期的皇帝大多信奉或者说是在利用道教，所以这个玉帝的地位就迅速升高。宋真宗甚至公开宣布：他在梦中得知，赵家的江山就是玉帝授予的，所以要正式给玉帝上封号为"太上开天执符御历含真体道玉皇大帝"。"玉皇大帝"这一正式名称就是这样正式确定下来的。正是因为这个原因，玉皇已经超出了道教的范围而成了普遍敬奉的民间神，在各地城乡中处处都有玉皇观（北京市有一个调查材料，说清代的北京有玉皇观20多个），有的地方也叫玉皇阁、玉皇庙。玉皇塑像也都是和人间的皇帝的冠服基本相同，身穿九章法服，头戴十二行珠冠冕旒，就像是一个坐在神龛之上的皇帝。按道教的说法，正月初九是玉皇生日，腊月二十五是玉皇出巡日，在各个道观中都要举办道场，很是隆重。不仅在汉族地区，就是在一些少数民族地区，也有崇拜玉皇的各种民间传说或崇敬的礼仪活动。例如川西北的羌族在每年七月十九就要举办玉皇会。也可以这样认为，玉皇大帝就是中华民族在民间普遍敬奉的天国之中的皇帝。

玉皇观街紧邻红星路上的"红星路35号"文化产业创意园区，在2008年建成了成都第一条文化创意街区。

三官堂街

从九眼桥往下走，在川大和望江公园的对面，顺着锦江北岸，有一条很长的三官堂街。三官堂街的得名，是因为这里在清代有一座名叫三官堂的道观。

三官堂在不同的地方也叫三官庙、三元宫，所供奉的神灵是天官、地官、水官这三位一体的"三官"。因为传说天官的生日是正月十五，地官的生日是七月十五，水官的生日是十月十五，刚好在上元、中元和下元这三天，所以"三官"又称为"三元大帝"。按照道教的说法，天官赐福、地官赦罪、水官解厄，与人们生活中的吉凶荣辱密切相关，所以在我国各地都有三官堂或者三元宫。其中可以为人们赐福的天官在过去的社会生活中影响最大，直到现在，穿着一品官员服饰、手持"天官赐福"条幅的天官形象仍然是年画与民俗画中最常见的形象之一。在年画与民俗画中很常见的"福禄寿"三星图，其实也就是表福的天官、表禄的文昌帝君、表寿的南极仙翁三人的群像。

从我们祖先对天官、地官、水官这三官的崇拜中，我们更应当看出的是我国传统文化中有关天人合一、有关整个大自然和谐共生、有关人与自然和谐共生的理念。

在三官堂街，有两个企业是成都人不应当忘记的。

三官堂街的最东头是成都人很熟悉的南光机器厂，它最早是城内拱背桥的四川机器局在城外修建的新厂。1905年由德国格兰公司设计建造，1909年建成占地500亩的钢结构工厂，当年，四川机器局也正式更名为四川兵工厂。

·街巷·

▲ 清末四川机器局新厂远眺（厂址在河对岸）
　刘永禄提供
▶ 南光机器厂外原四川机器局的碉堡
　2004年　严永聪摄影

厂房所用的钢材、青砖、水泥、机器全部都是从德国进口运来，可以生产包括机枪、步枪和7.5厘米口径山炮在内的武器，曾经一度是国内仅次于汉阳兵工厂的兵工厂。四川兵工厂名义上在1913年改为陆军部直辖兵工厂，实际上长期由四川军阀控制。抗日战争时期成为中央政府直辖的兵工署第二十兵工厂，它所生产的步枪与手榴弹是出川抗日川军所使用的主要武器。新中国成立以后，先后改名为川西机械厂和成都机械厂，1961年改名为南光机器厂，是我国最重要的真空设备制造企业。当年所建的老厂房目前还留下了一段残存的老墙，和一座外形完整的青砖碉堡（同样的碉堡原有四座，2006年拆除了三座，现存东面的一座），那是当年为了保卫兵工厂而修筑的。它是比人民公园内的"辛亥秋保路死事纪念碑"的建造年代还要早8年的近代建筑，以其资格排名位列成都市近代建筑之首。2009年8月17日，成都市人民政府公布了成都市第一批优秀近现代建筑名录，这个碉堡名列其中，已经挂牌保护（遗憾的是写成了"四川机械局碉楼"，应当是"四川机器局碉堡"才对）。根据有的研究者调查，清末所建兵工厂在全国保留下来的老建筑今天还能看到的仅有两处，一处在山东，另一处就是成都的南光厂老建筑与白药厂老建筑（在修建四川机器局的同时，丁宝桢于1880年在南门外的古家坝修建了火药局，人称黑药厂。

以祠庙馆所命名　　619

▲ 早已消失的成都纺织厂产品"薛涛"牌商标
王大明提供

◀ 在成都纺织厂厂门外的青年工人
20世纪60年代
张蜀华摄影

为了与三官堂的新厂配套，1906年又在东门外的高攀桥修建了由德国人设计的占地87亩的造药所，人称白药厂。抗日战争以后，川大在那里设过新生院，至今仍然还保留有一些当年的老建筑）。

在三官堂街的中部，1944年由汉口裕大华纺织公司开办了裕华纱厂，这是抗日战争时期内迁成都的最大一个工厂。老厂是由货栈改建，只有纱锭1244枚、织机16台，新厂于1946年在一块40多亩的坟地上修建，有5276枚纱锭、104台织布机、600多名工人，成为当时成都规模最大的采用近代技术的纺织厂，也是民国时期成都最大的工厂，其产品"金飞马"棉纱、"天马"棉布十分畅销。加上也是在抗日战争期间迁来的申新纱厂（在三瓦窑）和新建的宝星纱厂（在伴仙街王化桥），就在成都东门外形成了历史上第一个纺织工业区。新中国成立以后，经过公私合营，1959年裕华纱厂与其他两家企业共同组建了国营成都纺织厂，在四川第一棉纺厂兴建以前，它是成都最大的纺织厂。

抗日战争时期，大量工厂迁入四川，由于基础条件的限制，迁入成都的却并不多，而且全都是纺织厂。除了上述的裕华纱厂和申新纱厂之外，还有设在牛王庙的大昌纱厂、设在外东糍粑店的大经纱厂、设在致民路的中和纱厂。

就在南光机器厂附近的锦江岸边，1911年曾经发生过一件震惊全川甚至全国的大事。1911年9月7日，清王朝的四川总督赵尔丰血腥镇压轰轰烈烈的四川保路运动。他先是逮捕了保路运动领袖蒲殿俊、罗纶、颜楷、张澜等9人，再向聚集在总督衙门外请愿的各界群众开枪，当场枪杀各界群众32人，伤者无数，制造了著名的"成都血案"。与此同时，他以武力砸抄了位于岳府街的四川保路同志会和川汉铁路公司，查封了所有宣传保路运动的报刊，全城戒严，城门紧闭。就在这一片白色恐怖之中，同盟会会员龙鸣剑在9月7日夜里从南城墙缒城而出，来到南光机器厂附近的城南农事试验场，与另外几位同盟会员一道，连夜削制了几百片木板，上面写着："赵尔丰先捕蒲罗，后剿四川，各地同志速起自救自保！"然后涂上桐油，包上油纸，投入锦江水中，这就是四川近代史上著名的"水电报"。第二天早上，沿江城镇就不断有人发现"水电报"，华阳、新津的保路同志军当天就抵达成都与清军开战。几天之内，约10万同志军云集成都，成都城下爆发了辛亥革命中全国最早的反清武装起义。此后锦江"水电报"的故事久久在人们口中传诵，称为"纷纷水报锦江来，'同志'风潮动若雷"（需要说明的是，在绝大部分有关著述中，都说1911年的锦江"水电报"是一项前所未有的"创举"，这是不确的。类似的"水电报"在古代早已出现，包括在锦江之中的使用，所以龙鸣剑是学习古人的成功经验，详见拙著《解密中国古代战争》第三章《通讯》）。龙鸣剑在发出"水电报"之后即去荣县组织武装起义，出任东路保路同志军总部参谋长。10月6日在转战途中病逝，年仅34岁。

民国时期临河的三官堂街　刘永禄提供

成都十九中校门　1968年　杨显峰提供

抗日战争时期，著名公共卫生专家陈志潜（时任四川卫生实验处处长）在三官堂街建立了四川省卫生试验所，专门生产牛痘疫苗和防治霍乱、伤寒、副伤寒等疾病的生物制品。虽然规模不大，但却是四川第一家这样的研制机构。

在三官堂街上，有成都人十分熟悉的成都十九中（2003年因为得到香港著名爱国实业家田家炳先生的捐献，故而更名为成都市田家炳中学）。可是很少有人知道，这所中学最初是"五卅"运动中反对帝国主义的产物。

1925年5月30日，上海工人和学生在租界内举行示威游行，反对日本帝国主义者枪杀罢工工人。英国巡捕向南京路上密集的群众队伍开枪，当场打死13人，伤数十人，造成震惊全国的"五卅"惨案。第二天，在中国共产党的领导下，上海爆发了全市性的罢工、罢课、罢市，帝国主义者连续多次开枪，海军陆战队上岸占领了上海大学、大夏大学等学校，于是激起了上海人民更大规模的总罢工、总罢课、总罢市，这就是轰轰烈烈的"五卅"运动。消息传到成都，很多学生都走上街头示威游行。教会学校华西协合中学有三个班的学生为了抗议帝国主义者的暴行，全体退出学校。四川省教育当局宣布这三个班的学生为捣乱分子，不准全市任何学校接受他们转学，任其失学流浪。在这种情况下，成都的黄岛晴、傅养恬、郑祖修、曾述贤等四位有正义感的教师对此深感不平，认为学生无罪，决心新办一所学校让他们继续求学，于是就在西马棚街租民房开办了一所成城公学让这些学生继续读书。"成城"二字当然是众志成城的意思，"公学"二字是表明不仅要办中学，今后还要办新式大学。成城公学后来在成都师范大学校长、成都著名学者与教育家龚道耕的支持下，搬入旧皇城办学，并得到了当局的认可注册，改名为"成城中学"。抗日战争时期为了躲避日本侵略者的轰炸，迁到城外的三官堂街蓥华寺办学。新中国成立以后，更名为第九初级中学。1955年增收高中生，再次更名为第十九中学。

1925年10月31日，由成灌马路总局订购的一辆旧的英制奥斯汀敞篷小轿车经水路从上海运抵成都，就在望江公园对岸的三官堂街离船上岸，当即被披红挂彩，并特请当时成都的最高军政长官刘文辉与田颂尧乘坐车沿南河入城，所到之处鞭炮不断。这是在成都出现的第一辆汽车（同时运抵成都的还有三辆1.25吨旧福特卡车底盘，是准备在成都装配客车车身的），也是在新建的成灌马路试行的唯一的一辆汽车。

成都过去还有一条三官堂街，位于老南门城墙外边的东侧，街上也有一座名叫三官堂的小庙。这条小街在新中国成立初期城市建设之中被拆除。

三元正街附三元巷

与三官堂街的名称相似，在安顺桥附近的锦江北岸，过去还有三条小街，分别叫三元正街、三元横街和三元巷。改革开放初期，这里曾经是成都著名的小食品批发商集中地，近年间都已经消失在高楼大厦之中。这三条小街原来没有街名，因为这里有两座庙宇，即关帝庙与大南海庵，每逢三元节日（即上元节正月十五、中元节七月十五、下元节十月十五）庙里都有法事活动，所以在清代后期就有了"三元"的街名。

▶ 三元巷　2000年　王晓庄摄影

▼ 三元正街　2001年　周筱华摄影

纯阳观街

在永兴巷的东边,华兴正街的北边,就是纯阳观街。纯阳观街得名于街内的道观纯阳观。

纯阳观曾经是一座很著名的道观,规模很大,有房屋100多间。观中供奉的神灵是道教中的纯阳子,就是民间故事"八仙过海"里面的吕洞宾。始建年代不详,现在知道早在明嘉靖四十五年(1566)就有过重修,明末清初毁于战火,清代再次重修。

"八仙过海,各显神通"这句成语源出于明代吴元泰所写的神怪小说《八仙出处东游记》,八仙即铁拐李、钟离汉、张果老、何仙姑、蓝采和、吕洞宾、韩湘子、曹国舅。八仙的故事在民间流传很广,几乎是家喻户晓,吕洞宾又是八仙中最著名的一个,所以在我国各地都有纯阳观,在不少道教宫观中都有吕祖殿。成都二仙庵中所祭祀的二仙之一也是吕洞宾,所以原来就专门建有吕祖殿。也正因为这个原因,二仙庵在清代曾经挂有纯阳观的匾额。

吕洞宾在历史上实有其人,是唐末五代的著名道士,道号纯阳子,被道教全真派奉为北五祖之一。在民间传说中,他被附会为集"剑仙""酒仙""诗仙""色仙"于一身的传奇人物,有的研究者将吕洞宾与观世音、关帝并列为

拆除中的纯阳观街　20世纪90年代　锦江区方志办提供

在民间最具影响的三位神明。

在民国时期，纯阳观街是成都中低档布鞋业比较集中的街道，有鞋店数十家，其中又以"知足斋"最为知名，一来是它的鞋做得好，二来是它的店名取得好。另外的两家鞋店"同兴"和"协兴"则以过去少有的凡是破损者一律包修包退的服务而闻名。故而《锦城旧事竹枝词》曾经写道："街号纯阳观难寻，双双布履色样新。仙人吕祖乘鹤去，老板迎客笑吟吟。"

新津纯阳观忠孝亭　20世纪90年代
锦江区档案馆提供

从全市范围来讲，谈到成都的纯阳观就不能不说最著名的新津纯阳观。新津的纯阳观初建于清代光绪二十九年（1903），续建于民国年间，一直到1935年才完工。新津纯阳观以观为名，但却不是完全的道观，观内以供奉道教的吕洞宾为主，但是又供奉历代的忠臣孝子数百人，还修建有一座黄鹤楼，是我国罕见的集儒释道于一身的三教合流的世俗善堂，是由成都的正心堂等慈善机构主持修建的，1991年公布为四川省级文物保护单位。

梓潼桥街

在华兴正街以北有梓潼桥正街，梓潼桥正街以西有梓潼桥西街。过去在这两街相交的地方有一座梓潼宫，庙前有小桥，名为梓潼桥，梓潼桥正街与梓潼桥西街的得名，就源于那座今天已经不存在的梓潼宫。

四川绵阳市有个梓潼县，今天梓潼县最著名的旅游胜地是七曲山的文昌宫，当地人都叫作大庙。成都的梓潼宫，就是源于这座著名的七曲山大庙。

按照我国早期天文学著作《史记·天官书》的说法，北斗星之上有一个

梓潼桥西街院落　20世纪90年代　锦江区方志办提供

星座叫文昌宫，后人遂对"文昌"二字加以发挥，说这是专门掌管天下读书人功名利禄、吉凶祸福的星座，在道教神系就成了文昌神。晋代时梓潼出了一个名叫张亚子的孝子，为官有德政，不幸在战场上战死，当地人就修了一座亚子祠加以祭祀。在后人的口中，张亚子逐渐被一步步神化，成为梓潼一带的梓潼神。道教就将梓潼神纳入了自己的神系，并与文昌神结合起来，成为全国性的神，还编写了《清河内传》等书籍，说张亚子生于周代，经过了七十三化，才又降生于梓潼，成为受玉帝之命掌管文人命运的梓潼神。信奉道教的元仁宗于延祐三年（1316）封梓潼神为"辅文开化文昌司禄宏仁帝君"，从此，梓潼神被称为文昌帝君或梓潼帝君，祭祀文昌帝君的文昌宫或是祭祀梓潼帝君的梓潼宫逐渐遍布全国，成都的梓潼宫就是其中之一，而梓潼七曲山的大庙则是全国最著名的、规模最大的文昌宫。

在成都，为这条梓潼桥街是应当写为"梓潼"还是"梓橦"长期都有争论。在清代的文献资料上是写作"梓潼"，而民国时期的地图却改作了"梓橦"。因为有一些学者认为"梓"和"橦"都是树木的名称，所以应当写为

"梓橦"，以致民国时期就曾经一度将"梓潼桥街"正式改名为"梓橦桥街"。但是这一改动是错误的，成都市民政局地名办公室已在1990年将街名恢复为"梓潼"。早在汉武帝元鼎元年（前116），就已经设置了梓潼县，这一县名明确见于《汉书·地理志》。梓潼县命名的原因，是因为这一地区"东倚梓林，北枕潼水"。潼水又名驰水，即今流经梓潼、盐亭、射洪，最后汇入沱江的梓江，又称梓潼水。

1912年，在这条街上的22号开办了一个大观茶园，演出杂技与小曲。它的特点是每周的一、四、七只售女宾票，其余日子只售男宾票。由于购票女宾较多，门外的围观者更多，造成门口交通阻塞，两年后被华阳县初级审判厅查封。

大约在1923年，民国时期成都最著名的面食店"稷雪"开业于梓潼桥正街，是著名川菜馆荣乐园所开办的精品面食店，也是旧时成都少有的、最负盛名的综合性小食店，所制作的鳝鱼面、蟹黄包子、撕耳面、猪油发糕、波丝油糕、荷叶绿豆汤、洋芋饼等小吃有如荣乐园的川菜一样，长期在成都面食店中处于领先地位。新中国成立以后，"稷雪"仍然存在，但是已经与一般的面食店无异。

1945年10月10日，新中国成立以前成都最著名的画报《自由画报》周刊创刊于梓潼桥街22号。画报的发刊词只有6个字："不自由毋宁死"。在报头下面则印着这样的话："言论自由，信仰自由，不虑匮乏之自由，免于恐惧之自由。"一直坚持"反蒋反美，不惹地方，依靠进步力量，稳步发展"的方针，报风尖锐泼辣，反内战，反独裁，对国民党当局的祸国殃民行为作了大量的揭露，每期发行量达5000份，有的甚至被秘密运入解放区。《自由画报》的主编是民国时期成都本土画家中成就最大的画家张漾兮。

自由画报

张漾兮

张漾兮（1912—1964） 成都人，原名张国士，自幼父母双亡，在杂货店当学徒。1925年被保送到四川艺术专科学校免费读书，但是因为参加学生运动而未能毕业。离开学校后以画广告和舞台布景为生。1930年与王朝闻等人成立以宣扬"普罗艺术"为宗旨的"时代画会"。从1936年开始在成都多家报刊任美术编辑和记者，1937年组织了四川漫画社。1939年组织了中华全国木刻界抗敌协会成都分会。1942年11月参加中国民主同盟，为首批会员。1941年曾经与王朝闻一道筹划去延安，但因为无法解决家人太多的难题而未果。他在成都创作了大量反映社会现实和宣传抗日救亡的漫画与木刻（包括《平型关大捷》、《台儿庄战役》这样的重大题材），创作并在成都街头张贴了多幅宣传抗战的巨型作品，是公认的成都新兴木刻运动和时政漫画创作的领军人物，而且是各种美术创作形式的全才，作品曾在莫斯科举办的反法西斯漫画展上展出。为了创作出更多更好的作品，他曾经深入农村、煤矿、城市贫民区、养老院中深度观察，体验生活，再进行创作。1945年10月创办《自由画报》，自任主编。《自由画报》共存在了134天，张漾兮发表了作品145幅，被成都进步报刊称赞为"人民艺术家"。1946年初，他在《自由画报》发表了著名的漫画《中国人民解放的年头到了》，他还在一首题为《沁园春——步毛柳原韵》的词中写道："春将近，遍神州赤土，格外妖娆。"为躲避特务的迫害，1948年在中共地下组织的帮助下前往香港，加入了"人间画会"，美国《新共和》杂志发表了他的作品和有关的介绍文章。新中国成立以后，曾出任杭州艺术专科学校（中国美术学院前身）的版画系主任、浙江省美协副主席、中国美协理事。2012年12月，中国美术馆举办了"路漫漫兮荡漾兮——张漾兮百年艺术展"和"张漾兮先生艺术研讨会"。

张漾兮木刻《人市》

除了梓潼桥正街和梓潼桥西街之外，成都还有一条梓潼街，却不因为梓潼帝君而得名（有关介绍见后"梓潼街"）。成都过去的梓潼宫也不止一处，例如在文庙西街也有一座梓潼宫，为明代的庄、顾两家合资兴建，清代重建。民国时期在这里开办过成都公学和私立成公中学。

奎星楼街附裤子街

老成都的满城中有一条光明胡同，因为西头原来曾经有一座关帝庙，关帝庙中后来又增加了一座奎星阁，所以在清代时就又名奎星楼胡同，民国时改名为奎星楼街。

奎星也称魁星，按我国古代天文学的正式叫法应当是奎宿，为二十八宿之一，共包括十六颗星，因为这十六颗星"屈曲相钩，似文字之画"，所以在古人眼里奎星或魁星被认为是主管文运之神。唐宋时期的科举考试以五经（即《诗》《书》《礼》《易》《春秋》）取士，每一经的第一名叫"魁首"，共有五经魁首（今天人们饮酒划拳时喊的酒令中的"五魁首"就是这样来的）。这个"魁"就是来自于古人对于文运之神的崇拜，以后又加上了凡是科举考中者都是"魁星点斗"的更多的神话，所以在我国各地过去都有奎星阁、奎星楼（也有的叫作魁星阁、魁星楼），专门供奉决定科举考试命运的文运之神奎星（奎星塑像也不是一般的端坐神像，而是站在地上、手握巨笔、正要"点斗"的很有动感的雕塑），是过去的读书人经常去顶礼膜拜的地方。

奎星楼街在清代建有一座牌坊叫里仁坊，上面有"里有仁风，探花及第"八个大字，应当是表彰这条胡同中出过一位探花（科举考试中殿试的第三名），可是在各种文献中对这位探花却没有任何记载，这件事至今还是成都地方史上的一个谜。

奎星楼街过去还有过一个别称叫裤子街，这是因为清初的奎星楼街的东头曾经分为两个出口（如果从清代遗留下来的几种地图加以考察，清代满城中的胡同有两个出口者不只这一处，这是什么原因造成的，目前还不清楚），有如裤子的两个裤管。民国时期建房多了，这个裤管形的两个出口也就见不到了。

著名数学家魏时珍曾长期居住在奎星楼街13号自己设计修建的寓所中。

魏时珍

魏时珍（1895—1992） 蓬安人，1908年考入四川高等学堂分设中学，与郭沫若、王光祈、周太玄、李劼人、蒙文通等同学。1913年入上海同济医工学院（同济大学的前身）学习。1918年加入少年中国学会，以后又介绍张闻天、沈泽民、宗白华等参加了少年中国学会（根据笔者所见到的资料，魏时珍是最后一位辞世的少年中国学会会员）。1920年与王光祈一道留学德国，是当时有"数理王国"之称的哥廷根大学的第一个中国留学生。他在与科学泰斗爱因斯坦通信并得到支持之后，于1923年在《少年中国》月刊开办了《相对论专号》，将自己的两篇文章与爱因斯坦给他的回信一并发表，为相对论在我国最早的传播起到了重要的作用。1925年获哥廷根大学博士学位，是四川省第一位数学博士。在哥廷根大学期间，还曾经辅导初到德国留学的朱德、孙炳文学习德语，时间延续近两年，所选用的教材就是《共产党宣言》（这本教材已入藏中国国家博物馆）和布哈林的《共产主义ABC》。1955年朱德来成都时，曾经两次会见并宴请他的这位老朋友。魏时珍于1925年回国之后，长期在四川各大学任教，担任过成都大学理学院院长和四川大学理学院院长，是我国偏微分方程和理论力学学科的奠基人，是主张文理不分家的先行者，主张给学生吃"复合维生素"。在他1946年所创办的成都理学院（这所大学的前身是他在1939年创办的川康农工学院，成都理学院在新中国成立以后并入了四川大学）中，特聘彭芸生主讲古典文学，吴天墀主讲中国通史。1949年，他拒绝了国民党当局要他去台湾的安排而留在了成都。他不仅是我国现代早一辈的数学家，是第一本《偏微分方程》的作者，还是一位长期研究哲学的学者，1937年就发表了《康德与马克思对话》的论文，1958年主编了哲学杂志《相对论》，1980年写了《孔子论》一书。1984年，哥廷根大学向这位在60年前第一个荣获博士学位的中国人颁发了"金禧博士学位特别纪念奖状"，以表彰他在教育科研工作与促进中德文化交流中所做出的巨大贡献。

五岳宫街

作为我国传统文化中的五大名山古称"五岳",即东岳泰山、南岳衡山、西岳华山、北岳恒山、中岳嵩山。

从战国时期开始,我国古代帝王就在泰山举行祭天封禅的典礼,东岳泰山逐渐被神化。汉代以后,对于五岳的祭祀长期成为制度,唐代的武则天与唐玄宗先后将五岳分别封为天齐王、司天王、金天王、

五岳宫街21号　20世纪50年代初　陈志强提供

安天王、中天王;宋真宗时期又将五岳再次封为天齐仁圣帝、司天昭圣帝、金天顺圣帝、安天元圣帝、中天崇圣帝,而且还封有皇后。明代的朱元璋虽然把

五岳宫街　2003年　王晓庄摄影

以祠庙馆所命名

五岳的帝王封号去掉，但是民间的五岳崇拜并未有所停止，道教又把五岳神纳入了道教神系之内，所以在全国各地普遍建有五岳宫。

成都的五岳宫街位于文殊院街以东，原名头福街中段，在民国时期才因街北的五岳宫而得名。清代的五岳宫在当时算是成都较大的庙宇之一，民国时期在原址改建了成都县立第一小学，现已不存。

21世纪初，成都市建设了以文殊院为中心的以川西民居风格和成都民俗文化为特色的历史文化片区"文殊坊"，第一期范围是东至北大街、草市街，南至白家塘街、通顺桥街，西至人民中路，北到大安西路，而五岳宫街就成了整个文殊坊的中心区，原来的五岳宫旧址已经建成了极富特色的成都会馆。

城隍巷附城隍庙街

城隍的本义是古代的城墙与城壕。城隍神是古代城市的守护神，最早见于《北史·慕容俨传》，唐代以后流行全国，最初属于民间神系，后来被道教列入了道教神系，不仅在阳世护城安邦，还要掌管阴间的亡魂。明代朱元璋将他的都城南京的城隍神封为"承天鉴国司民升福明灵王"，将另外五个城市的城隍神也封为王，各府的城隍神封为公，各州的城隍神封为侯，各县的城隍神封为伯，并规定从此以后各地的城隍庙都必须修得相当气派，其规格大体与地方官的官署衙门相当。从此以后，各个城市的城隍庙就成了各个城市中最重要的寺庙之一。按照当时的观念，人死了之后都要到阴曹地府报到，成为阴间的鬼魂，并准备再投胎转世成人。于是在每一个城市就都有了管理"阴"、"阳"世界的两个衙门。官署管理阳世，城隍管理阴间，城隍神的地位与作用相当大，以致我国古代的很多著名文学家诸如韩愈、杜牧、李商隐等都写有祭城隍的祭文，杜甫、羊士谔等诗人都写过祭城隍的诗篇。朱元璋建立明王朝之后，以开国皇帝的强权树立了城隍神的新的权威，这样做的目的在他对大臣宋濂的一段话中说得很明白："朕立城隍神使人知畏，人有所畏则不敢妄为。"按照这种建庙造神的理念，城隍神就从原来的主要是作为一方守护神的功能演变成了主要是惩恶扬善的功能，这从各地城隍庙的对联就可以看得出来，例如"但得

成都城隍庙
1902年

回头便是岸，何须到此悟前非？""善来此地心无愧，恶过吾门胆自寒。""为人须凭良心，初一十五何用你烧香点烛；做事若昧天理，半夜三更谨防我铁链钢叉。"在一些城市，还以附会的手法把受到人们崇敬的已经去世的英雄名臣或者地方官作为本城的城隍，例如秦末汉初的名将名臣灌婴、英布、萧何、范增等都是一些城市的城隍，传说上海最早的城隍是汉代的大臣霍光，最晚的城隍是鸦片战争期间牺牲在吴淞炮台的江南水师提督陈化成。清代北京城的城隍则有宋代的忠臣文天祥和明代的忠臣杨椒山。据目前所见到的材料，成都的城隍从来没有以古人来充当。

成都从唐代以来就是府县同城，而且在一城之中又有成都县和华阳县两县同城，在成都城内有成都府、成都县和华阳县三个地方官的衙门，于是明清时期的成都城内也就有了三座与之对应的城隍庙，即成都府城隍庙、成都县城隍庙和华阳县城隍庙。按照古代的规矩，如果在一个城市之中有府、州、县等几座城隍庙的话，就还要在城内再建一座都城隍庙作为几座城隍庙的统领。在清代，则是建在京城与总督、巡抚衙门所在的城市（相当于今天的直辖市与省会城市），如北京、西安、开封、苏州等城市就都有一座至今还可以见到的都城隍庙（西安的都城隍庙至今仍是全国重点文物保护单位），而上海就没有，因为它不是总督、巡抚衙门所在的城市。成都在清代是总督衙门所在地，所以也建过一座都城隍庙，位置就在大墙东街。这座都城隍庙的规模并不比府县的城隍庙大，但是有一点在成都颇为有名，就是有"机关"。

过去的一些寺庙为了达到劝诫世人千万不要作恶的目的，都在寺庙中大殿的两厢塑有阴间的"十殿阎罗"的泥塑（民间多称为"过十殿"），有如一本连环画册，表现的是那些生前在"阳间"不忠不孝、作奸犯科的人死后必然会在地狱（过去一般都称为"阴间""阴曹地府"）中接受地狱之王阎罗王的审判，然后在地狱里一个个的殿中接受酷刑惩罚，诸如上刀山、下油锅、磨子磨、锯子锯等等（在已经成为旅游地的丰都"鬼城"中，就塑有全国规模最大的"过十殿"）。笔者儿时曾经在家乡的城隍庙与东岳庙中见过这种极为夸张甚至恐怖的"过十殿"的泥塑，很吓人，大多数的小女孩是不敢看的。当时就听大人说有的寺庙中的"过十殿"有机关，可以动，更加吓人。成都的城隍庙中也是如此，一方面是在劝人不要作恶，回头是岸，例如成都府城隍庙中的大殿上就挂着这样的对联："任凭你无法无天，到此孽镜悬时，还有胆否？须知我能宽能恕，且把屠刀放下，回过头来！"可另一方面在两厢的"过十殿"泥塑仍然是恐怖狰狞。特别是成都的都城隍庙在建造时就在其中暗藏有"机关"，阎王爷手下的勾魂之鬼、手中拿着一条真铁链的黑无常和白无常（四川民间都叫作吴二爷与鸡脚神）是可以动的，如果有人用手摸，就会突然扑下来。据说这种机关曾经把入庙进香的胆小者活活吓死，以后只好用大铁钉把机关钉死，让其丧失向下扑的恐吓功能。

成都府城隍庙原在下东大街北侧，建于清康熙年间，人们一般都称为东门城隍庙。由于庙宇较大，香客较多，所以庙内早在清代就成为一个三教九流人物聚集的地方，算命看相、江湖游医、说书唱曲的都有。一些商贩也在此摆摊营业，后来还成为东门上的米市，是过去成都著名的东南西北四大米市之一的"东市"，东山五场（西河场、洛带、大面铺、龙潭寺、石板滩）以及中和场、中兴场等地的大米都运到这里出售。新中国成立以后，庙中不再拜神，仍然是一个综合性的市场，以后又改作仓库。成都市京剧团曾在这里设立培训班，培训出了一批青年演员。1958年，成都市电影队设于这里，以后就把原来的城隍庙大殿改为简易电影厅。1982年在此修建了成都立体电影院，这是全省第一个立体电影院。现在均已不存。

1913年，邓海如等人集资在成都府城隍庙旁边修建了一个"蜀舞台"，演出川剧，与庙中的说书唱曲之类游艺活动相配合，一度成为成都东门一带的娱乐中心。"蜀舞台"经营时间不长，几年之后即告结束。

　　成都府城隍庙已经看不见了，但是成都府城隍庙中的一样特色食品至今仍然以它的名字命名，这就是"府庙豆汤"。当年在成都府城隍庙中的肥肠豌豆汤很有名气，物美价廉，声名远播。《锦城旧事竹枝词》有过这样的赞咏："豌豆如泥肥肠炝，钟敲府庙客喧哗。烧香出殿门前坐，汤鲜饭饱味到家。"笔者曾经在"文革"以前几次品尝过这种美食，虽然只是一个饮食摊，却真是名不虚传，至今难忘。"文革"以后，原来的城隍庙不再有人卖肥肠豌豆汤了，一些在其他街道卖豆汤的商家为了表示自己是成都最正宗的豆汤，就打出了"府庙豆汤"的招牌。

　　据老一辈人的回忆，当年成都府城隍庙中有名气的饮食摊点还有十全大补汤、牙牙饭和把把汤圆。牙牙饭就是把锅中煮熟的米饭用刀划成几"牙"（瓣块），一"牙"总在半斤大米以上，下苦力的穷人买上一"牙"，再加一碟小菜就可吃饱。这种牙牙饭和另一种也是供穷苦人家食用的冒儿头米饭，一直到新中国成立初期在四川各地仍然存在，今天虽然不再吃牙牙饭了，但是至今在成都八里小区还可以见到一家以怀旧风格为特色的川菜馆仍然以牙牙饭为名。把把汤圆是笔者未曾见过的一种特色小吃，个头特大，每个特大的汤圆都带有一个长而粗的"把把"（"把把"是四川方言，即柄），把把内当然是没有馅的，相当于一大条糯米粉棒。三个把把汤圆就可以装满一个大土碗，加上其中滚烫的汤圆开水，一个下苦力的顾客吃一碗就可以又饱又暖，是当年一种很大众化的食品。

　　成都县城隍庙位于府河以北的花圃路，一般都称为北门城隍庙，原来很大，占地60多亩，有民间俗称为"十二殿"的各种鬼神，还有送子娘娘。这里在民国时也形成了市场，通向四面的小巷都叫城隍巷，直到今天还保留了一条叫城隍巷的街道。新中国成立之初，政府将脏乱差的皇城坝地区加以改造，把扯谎坝上的那些种种骗人害人的玩意儿清除之后，还有一些曲艺艺人演出的书棚（就是简易的不卖茶的演出竹棚）保留，1953年全部迁到成都县城隍庙的市场之内，使成都县城隍庙出现了短期的繁荣，在传统的清明庙会上还可以见到成都最后的拉弓射箭的比武竞技。成都县城隍庙中的鬼神塑像在"文革"

中被全部拆除（庙前的一对很大的石狮子被移到了望江公园，原来放在大门前，因为风化严重，所以又仿刻了一对新的放在大门前，而将旧的移到公园内竹林精舍的茶馆旁），但是多数建筑物被保留下来。庙中的后花园在民国时期就已经发展成为成都城北一处著名的游宴场所，有小南海、绳溪花园等名称，新中国成立以后加以扩大，加上原来的一片荒地，改造为城北花圃，以后才逐步发展为今天的城北体育公园，花圃路的得名也就由此而来。

当年成都县城隍庙的鬼神泥塑群像不仅数目多，而且有很高的艺术价值。抗日战争时期，著名的美国志愿航空队大队长、被称为飞虎将军的陈纳德入庙参观之后，几乎为之倾倒，表示和平以后愿意以巨资购买几组，运回美国放在博物馆中供美国人民欣赏。只是因为陈纳德将军战后忙于他务，这一愿望未能实现。

成都县城隍庙的名气在近代成都几乎是无人不晓，是因为"文革"前将这里改建为国营厂矿企业多余物资处理门市部，很多工业物资与零配件都可以买到。"文革"以后在此基础之上成了以各种电器为主的市场，以后附近几条街全部加入，在今天的花圃路与金华街之间形成了远近闻名的城隍庙电子市场。由于很多商铺就设在原来的城隍庙中，所以这里也被一些人称为"衙门中的电子市场"。

华阳县城隍庙在东较场西侧，至今在东较场街与玉皇观街之间还有一条

城北城隍庙电子市场
20世纪80年代　王文相摄影

小街叫城隍庙街，当年的华阳县城隍庙就位于这条街上。原来的华阳县城隍庙规模不小，其旧址已经分为了几个部分，前面部分是今天的城隍庙街小学，后面部分是成都酿造厂的食堂和库房，侧面早已成了一个住着十几户人家的大杂院。如果仔细寻找，还能找到几处当年庙宇的红砂石柱与木质构件。

除了上述的四座城隍庙之外，成都过去还有一座很特殊的都司城隍庙，

位置就在今天花牌坊街与西一环路交会路口的成都电力局大楼背后,一直到1958年才拆去。这座都司城隍庙是何时修建的,为什么会叫这样一个名字(都司在清代是一个武职官名),现在已经没有资料可查。据当地人说,这座城隍庙中的城隍是专门用来管理成都西门外的鬼世界的。因为按照我国古代文化中关于西天极乐世界的说法,人去世之后总是要归西的,在埋葬死者时,总认为西方最好,所以成都城西曾经聚集了多少年来的大量坟墓。有了大量的坟墓,冥冥之中就会有一个很大的鬼世界,就必须要有城隍菩萨来管理,于是就在西门外专门修了这个都司城隍庙。

由于明清时期已经把城隍神比作各地的地方官,所以在各地又陆续出现了一些与城隍神有关的民俗活动,成都称为"办会"。在一般情况下是每年三次的城隍出庙巡游,即清明节"扫瘟疫"、七月十五中元节"赏孤"(即赏赐阴间的孤魂野鬼)和十月初一"寄寒衣"(相传这一天是城隍老爷向鬼魂赏寒衣的日子),民间一般称为城隍老爷"出驾"。这种巡游起源于明代洪武年间由政府规定的"三巡会"制度,即每年的清明、中元节和十月初一都要祭厉鬼即孤魂野鬼,在庙中举行祭祀活动之后就由城隍出巡,有似地方官出巡所辖之境,以示保境安民。民间一般把这三次活动叫作春季的"收鬼",秋季的"访鬼"和冬季的"放鬼"。在成都,因为有两县一府的三座城隍庙,所以就要搞成颇有成都特色的"两县迎府驾",时间是在中元节的前一天,即农历的七月十四。届时由人们抬着成都县与华阳县的城隍菩萨及其夫人的塑像(这些塑像不是庙中的泥像,而是专门用来出巡的木雕像,可以坐轿,也可以不坐轿),在专门的护驾队的簇拥之下(抬轿者与护驾者均身穿白衣,故又称白衣会,都是商界与袍哥的名流,一般人不得参与,因为据说为城隍老爷护了驾便可以得到特别的灵佑),到成都府城隍庙请出府城隍菩萨以及夫人的塑像(清代后期一般改为在市中心的盐市口会合),然后三个城隍菩萨及其夫人在全城主要街道巡游。巡游之中,有城隍菩萨的仪仗队,有各寺庙宫观的和尚道士,有若干由真人装扮而成的牛头马面、判官小鬼等各种"神"队伍和"鬼"队伍,有各种锣鼓杂耍,有提着香炉、捧着贡盘的善男信女,人与"鬼"交流,人与人起哄,真可谓人山人海,热闹非常,很像今天在欧洲和南美还在流行的城市狂欢节。《锦城旧事竹枝词》曾经这样记其事:"牛鬼蛇神当昼见,城隍出驾此经过。纸钱银锭孤虽祭，新旧冤鬼实太多。"其中有一支在各地狂欢节中不可能见到的为神献身的挂灯队最为特别，就是一些赤裸着上身的精壮汉子将两臂平展后用木条绑着，双手不能动弹，然后将7盏小油灯用铁丝嵌入胸部、双臂、双手的皮肉之中，任油灯一直燃烧着走过大街。据说，这样不仅能显示男子汉的魄力，更能祈求福佑、忏悔赎罪。凡是参加了城隍出驾挂灯队的男子汉，在社会上就会受到很多人的敬重。这种挂灯不仅在城隍出驾时有，成都其他的巡游活动中（如娘娘庙的喜神会）也有，据老一辈人回忆，最多时有挂上20几盏灯的。成都的城隍老爷出驾的民间习俗在抗日战争开始后被当局以节省财力的理由宣布停办，以后就一直未能恢复。

成都市内的城隍庙已经看不到了，但是在郊区都江堰市玉屏山麓却还保留着一座十分精美而完整的城隍庙，有主殿12重，配殿6重，牌坊5座，建筑水平相当高，是四川省文物保护单位，也是一个重要的观光旅游景点。

在成都方言中，城隍庙从来都是读为"城荒庙"。

大红土地庙街附小红土地庙街

土地菩萨是一位处处可见的保护一方平安的民间神，也是一位在众位神灵之中品级最低的民间神，后来被道教纳入了道教神系之中。由于最早是从先秦时期的社神演变而来，早期社神又有社公之称，所以民间大多以十分亲切的口吻称之为土地公公，还为之配上了土地婆婆。有关土地的一些神话故事至今还在民间流传。例如著名的黄梅戏《天仙配》中的土地公公就是一位热心为七仙女帮忙的心慈面善的媒人。在民间还流传有很多土地庙前的对联，如"莫笑我庙小神小，不来烧香试试；休仗你权大势大，如要作恶瞧瞧"。

过去土地庙随处可见，规模很小，往往是几里路就有一个，最小的只有两三尺高，有的就刻在路边的岩壁之上或木牌之上，今天在农村中或一些旅游地有时还可以见到（近年在武侯祠侧新建的锦里中就恢复了一个微型土地庙，里面坐着土地公公和土地婆婆，庙门前还写有一副相传出自湖北蕲春的全国最有名的土地庙联："公公十分公道，婆婆一片婆心"）。在有的城市，由于土地庙太多，所以又出现了一个城市的总土地或都土地，例如重庆就有一条街名叫总土地街，原来街上就有总土地庙，民间相传那位总土地爷不是别人，正是唐代大文学家韩愈。在有的文献中，土地庙也叫福德祠，那是文士笔下的雅称。

成都过去有不少土地庙，在街道名称中保留下来的有大红土地庙街和小红土地庙街。由于街名较长，成都人在称呼时习惯都把街字省略了，只称为大红土地庙和小红土地庙。大红土地庙街位于西玉龙

大红土地庙街　20世纪40年代
成都市建设信息中心供稿

街以南，后并入东华门街，就是今天东华门街的北段。小红土地庙街原来向北与大红土地庙街相接，新中国成立后修建体育场，成为体育场东大门外的体育场路南边的一条小街，已经被拆除。

大红土地庙街和小红土地庙街是老成都所有街道名称中字数最多的街道。

福德街附福德巷

在育婴堂街以西，连接玉沙路与方正街的小街是福德街。福德街是因为原来街南口有一个福德祠（土地庙的雅称）而得名。

清同治三年（1864），日本的东洋车即黄包车传入上海，为我国增加了一种新式的城市交通工具。光绪二十四年（1898），四川商务总局决定成立快轮车务公司（当时把黄包车叫东洋式快轮车），由宋云岩负责筹划，曾经在成都生产了几十辆黄包车，花会期间在老南门至青羊宫的城墙外道路上运行，竟然因为轿行的反对而被官府禁止使用，以致成都城内的主要交通工具依然是轿子（一直到1916年成都还有轿行490多家，估计轿子总数在5000乘左右，

但此后逐渐被黄包车取代。笔者见到过一项统计材料，1925年，成都还有轿子2310乘，第二年就减为1369乘）。光绪三十二年（1906），成都著名的维新派学者傅崇矩在福德街创办工业馆（后改名阜利公司），雇工100余人，制作了黄包车几百辆，应当是成都市内最早批量生产而又用于城市交通的一批近代新式车辆。虽然这时的黄包车还是用铁皮裹着的木轮，车下也没有弹簧，起初仍然是不准许在大街之上通行，只能沿城墙边走环形线。但是由于这种车辆的确是当时最先进的交通工具，所以很受市民欢迎，不到两年，就冲破禁令而在全城通行无阻了。这以后，成都的黄包车愈来愈多，质量与设施也愈来愈好。

▲ 民国时期成都市政府征收的人力车税单 刘永禄提供

◀ 1962年东城区三轮车管理站的奖章 刘永禄提供

民国时期在成都街头的人力车

1924年胡浚泉在走马街设立了利通橡胶人力车公司，有了橡胶轮车980辆。到1925年底市政公所验车时，发展到车行54家、有车4531辆，成为市区内最主要的车辆，又分为富贵人家自己购置的私包车和由车行出租给黄包车夫满街招客的喊街车两大类。黄包车最多时是1945年，有车行约700家，发执照征车捐的数字是11260辆，而且有了专门跑长途的长途车。据老人们说，最快的车夫可以清晨从成都出发，晚间到达绵阳。

1950年5月，成都登记的黄包车还有7919辆。从此以后，政府采取多种途径逐步减少，转业安置车夫，1956年还剩下1410辆，到1958年统一淘汰，全部绝迹，原来市内交通由黄包车承担的功能改由三轮车所取代（成都的三轮车是1954年才从上海引进的）。直到近年来在一些旅游景点作为民俗展示，黄包车又才再次出现。

人力双轮车为什么会叫"黄包车"？很多人都感到难以理解。这种车于1870年创制于日本。法国人米拉向上海租界工部局（租界是当年帝国主义者在我国的国中之国，工部局就是帝国主义者在租界中行使行政权力的机构）申请获准之后，于1874年引进在上海租界内以出租的方式经营。因为当时人们把日本称为东洋，所以就把它名叫东洋车。由于东洋车比原来在街头使用的马车与独轮车相比有很多优点，所以发展很快，不仅在上海大量生产，而且形成了一些车行，车行中的东洋车又分为有钱人家长期包车和公共使用的短时用车两大类。1913年，上海租界工部局为了对愈来愈多的东洋车加强管理，决定将两类东洋车有所区别，就将公共使用的短时用车一律漆为醒目的黄色，有如今天城市中的出租车都用统一颜色，所以人们就称之为黄包车。黄包车这一称呼也就从上海传向全国。

在成都人的口语中，曾经长期把福德街误读为"蝴蝶街"。

在椒子街侧过去还有一条福德巷，已经在城市改造中被拆除。

龙王庙正街附龙王庙南街

从督院街往东，穿过红星中路，有一条龙王庙正街。"文革"前的龙王庙正街是在金河北岸,沿河向东直到红石柱正街。在金河南边,还有一条龙王庙南街。在龙王庙正街和龙王庙南街之间的金河上,过去有木质板桥(清光绪初年修建,1919年重修)和石质的景云桥(清乾隆三十五年修建,光绪三十三年重修)两座小桥。"文革"时期,金河被修成了防空洞,笔者就曾经于1972年在这里劳动了两个多月,修过一段防空洞。防空洞修完之后,由于当时管理无序,防空洞上面又陆续建了一些平房,不仅金河的位置见不到了,龙王庙南街基本上也就不再是一条街道了。

原龙王庙正街66号,早在明嘉靖十六年(1537)就修建了一座龙王庙(又名龙神祠),最后一次重建在清光绪年间,街道也因此而得名。这座龙王庙规模不大,民国后期即已不存,有一座明隆庆年间铸造的铜香炉尚在四川省博物馆中保存。成都城内的龙王庙不止这一处,例如在石灰中街、铁箍井街和金河街上过去都有龙王庙。

龙王最早见于佛经,而且有八大龙王、十大龙王之说。唐玄宗时期开始祭祀龙神以求雨,宋徽宗时期正式封五龙神为王,从此以后龙王的民间信仰者愈来愈多,被道教纳入道教神系,而且有诸天龙王、四海龙王、五方龙王,凡是天下的江河湖海均由龙王管辖,各地的水旱丰歉都由龙王安排。正是由于这种原因,所以我国各地都修有龙王庙。

龙王庙正街过去在一条街上就有四个祠堂,即薛氏祠、钟氏祠、印氏祠、邱氏祠。今天的龙王庙正街41号是一个三进四合大院,中院和后院两侧各有天井,院门口的大门还比较完整地保留着,门前还有当年的两个用作门墩的石鼓,堂屋梁上的镏金文字与图案至今还可辨认,这就是目前在成都市区已不多见的清代大型院落邱家祠堂。邱氏祖先是从广东入川的移民,邱家祠堂建于清同治七年至九年(1868—1870)。从那时到民国时期,每年七月半都有邱氏家族数百人从各地来到这里祭祀祖先,大厨房中可以做几百人的饭菜。新中国成立以后,虽然邱家祠堂已经改成了居民大院,但是建筑的基本格局还相当完整地保留着,所以得以列名成都市首批文物建筑名单。今天的龙王庙正街小学的旧址就是以钟子苍为首的钟氏族人捐资,于1929年在祠堂内修建的私立离山初级中学,当年曾经是成都办得较好的私立中学之一,占地面积达9亩。

与龙王庙正街的四家祠堂相似,老成都过去曾经有过很多的家族祠堂,

· 街巷 ·

▲ 邱家祠三进院落
　2001年　周筱华摄影

▲ 邱家祠堂清同治九年
　（1870）大梁
　1997年　周筱华摄影

◀ 龙王庙正街，门前有石鼓
　的是邱家祠堂大门。
　1994年　牟航远摄影

以祠庙馆所命名　643

甚至在一条街上就有几个,例如在西顺城街有刘氏、璧氏、叶氏、张氏四姓的祠堂,在九龙巷有韩氏、谢氏、苏氏、温氏四姓的祠堂,在东打铜街有陈氏、刘氏、杨氏、林氏四姓的祠堂,在东锦江街有谢氏、王氏、洪氏三姓的祠堂,在西半边街有李氏、张氏、陈氏三姓的祠堂,在文庙前街有罗氏、张氏、曾氏三姓的祠堂,在西玉龙街有李氏、张氏、周氏三姓的祠堂。在成都的众多祠堂中,以岭南各地移民修建得最多,清人的《竹枝词》有如下记载:"多半祠堂是粤东,周钟邱叶白刘冯,杨曾廖赖家家有,冬至齐来拜祖公。"据《成都通览》载,在清代仅成都城内就有各姓祠堂83处之多,现在基本完整保留下来的就只剩邱家祠堂这一处了。

在成都方言中,龙王庙、牛王庙的"王"都读为"汪"音,但是马王庙的"王"字仍然读为"王"。

牛王庙街附牛王庙巷

从东大街向东,与东一环相交的那一段路,就是原来的牛王庙街,东一环以西的叫牛王庙上街,东一环以东的叫牛王庙下街。本世纪初对东大街进行了全线改造,街道加宽拉直,牛王庙下街并入了新建的锦东路,现在就只保留了原来的牛王庙上街(目前叫东大街牛王庙街段)。

清末春耕时节"打春牛"　　[美]路得·那爱德摄影

牛王庙街的得名当然是由于牛王庙。

我国很早就有牛神崇拜,有的研究者认为是起源于秦代的怒特祠。大约在宋代开始将牛神称为牛王,并在各地出现了牛王庙,用以保护农家的耕牛不染瘟疫。在很多地方,还把牛王附会为孔子的学生冉伯牛(即冉耕,字伯

牛王庙街一环路口　20世纪70年代　王大明提供

牛），再进一步把伯牛附会为百牛，表示要保护很多的牛，于是就在牛王庙的墙壁上画百牛图。

　　清康熙七年（1668），成都乡间发生牛瘟，四川巡抚张德地带头捐资，修建了牛王庙，还在庙中铸了一头铁牛，庙前的街道也就命名为牛王庙街。这个牛王庙几经维修，一直到新中国成立以后仍然存在，但是铁牛已在民国时期移交给通俗教育馆，如今应当还在四川省博物馆的库房之中。2003年东大街扩街时，牛王庙被迁建到三圣乡异地重建。现在的三圣乡已经是全国著名的4A级风景旅游区，如果去红砂村的花乡农居，就可以见到这座牛王庙。

　　在牛王庙上街以北，有一条牛王庙巷，著名的全兴酒厂的老厂区原来就在这条巷内。由于在城内无法扩大生产，全兴酒厂主厂区已迁往西郊的土桥。近年来又推出了全兴大曲的升级产品水井坊，在国内外享有美誉。

马王庙街

　　在新华大道德盛路以南，有一条马王庙街。清代这里曾经有一座于同治二年（1863）重建的马王庙，供奉马王菩萨。成都棋类运动史上最著名的运动员、八次全国冠军获得者、亚洲第一位国际象棋女子特级大师刘适兰（后任深

马王庙街
2001年
王晓庄摄影

圳棋院总教练）就是在这条街上长大的。

成都过去的马王庙不止一处，例如在今天的昆明路北过去也有一座马王庙。

在我国古代，马是所有牲畜中最重要的牲畜，所以早在《周礼·夏官·校人》中就有祭祀马神的记载，而且还有马祖、先牧、马社、马步诸神。从隋唐以来，祭马神成为官方祭祀，在民间则把各种马神统称为马王，在各地建了马王庙，在清代还规定了专门的祭祀时期为农历六月二十三。成都的马王庙并不大，但是在清代却较有名气，这是因为在马王庙前有一位未署名的文士撰写了一副让人叫好的对联："卜王道其昌乎，歌天马来自西极；此房屋之精也，有苍龙见于东方"。

灶君庙街

草市街以东，与通顺桥街相对的一条小街原名高升街（也有文献写为品升街），因为清咸丰三年（1853）在街北修建了一座灶君庙，所以改名为灶君庙街。

灶君，民间也称为灶王爷、灶王菩萨，早在《礼记·祭法》中就被列为"七祀"之一，是古代对火的崇拜风俗的遗留。在不同的古代文献中，灶神被传说为远古的炎帝或祝融的化身，又有记载说灶神姓张名禅字子郭，从汉代开始就是上至天子下至百姓都要祭拜、家家都要供奉的，是我国民间信仰中最普遍的神之一。道教神系中的灶王还成了在"种火老母元君"统率下的分工颇细的一个团队。在四川的民间习俗中，灶王菩萨的全称是"九天东厨司命灶王府君"，其主要职责并不是管理每家的灶房，避免火灾，而是代表玉皇大帝对每一户人家行使监督权，考察每一家的言行，在每天夜半时分向玉帝汇报。每年腊月二十三这天，灶王就离职回到天庭进行一年的总汇报，待腊月三十这天再次来到人间。这样一来，灶王就成了各家各户的家神，"受一家香火，保一家泰康，察一家善恶，奏一家功过"。为了免遭玉帝的处罚，所以各家各户都要想方设法讨好灶王。每一年的腊月二十三（从宋代开始民间称为过小年，实际上是整个春节期间种种节庆活动的开始），家家都要在晚饭之后把锅灶收拾干净，放一盏油灯在锅里为灶神升天照路，同时把买来的灶糖放在灶头上祭祀灶神，其目的就是要用糖去黏住、封住灶神的嘴，不让他到天上去多说，要说也只说甜言蜜语的好话（祭祀结束之后灶糖就可以吃了，笔者小时候曾经多次参加祭灶吃灶糖）。在灶王菩萨像的两边，大多贴着这样的对联："上天言好

灶君庙街
2000年
赖武摄影

事,下界降吉祥"。在此前十天左右,不少寺庙都会用黄纸印上一些忏悔的文字,称为"灶疏"(按:成都民间多称为"灶述"或"灶诉"。它的准确称呼应当是灶疏,古代僧道在拜忏之时所焚化的祝告文字称为"疏"),还印一些有马的黄纸,作为灶王上天往返的坐骑,叫作"灶马"(有些人家还在其中包几粒黄豆、几根干草,作为灶王的马料),公开出售,让家家都买来在灶王面前焚烧,既表示真心悔过,又表示祈求灶王平安归来。在四川,这些习俗普遍称之为祭灶。

灶君庙街上的灶君庙早已不存,老街的大部分也都在近年的城市改造之中变成了新式楼房,可是在街西头还保留了几十米长的老街,因为这里还有一座清乾隆年间修建的古庙华光寺,清同治年间扩建之后改名金沙庵,是成都城内著名的尼庵,至今仍然每天都在接待着入庙敬香的善男信女。

就在金沙庵的东边,清代建有目前可知的一个由安徽移民修建的会馆安徽公所(据《成都通览》所载,在东门外还有一个安徽公所,现已无法确

▲ 灶君庙街老墙边　1985年　王晓庄摄影
◀ 灶君庙街金沙庵　2006年　朱林摄影

指），又称皖江公所，其侧还建有皖江先贤祠。皖江公所和皖江先贤祠在民国时期即已不存。

瘟祖庙街

今天的草堂东路在1981年以前的老街名叫瘟祖庙街，因为在这条街上有一座清嘉庆年间修建的瘟祖庙。

瘟祖，或称瘟神、疫鬼，是古代先民在强大的自然力量面前出于对各种疾病的恐惧而虚构出来的鬼神，早期有三种，后期有五种，又称五瘟，而且拟人化为春瘟张元伯、夏瘟刘元达、秋瘟赵公明、冬瘟钟仕贵、总管中瘟史文业。道教神系中将五瘟神列为匡阜真人的部将，所以在各地修建的瘟祖庙中的塑像一般都是五座（此外，我国有些地方还以牛魔王为瘟神）。民间认为，各种各样的疾病都是由这五位瘟神造成的，故而建庙祭拜，免除疫病流行。隋唐时期，民间都以端午这一天为驱除瘟疫的日子，所以也就在这一天祭瘟神。明清时期则改为二月十九，一般都称为送瘟神。过去成都的送瘟神是按道教的仪式在瘟祖庙内举行清醮会，所以也叫打清醮，时间要安排好几天。除了在庙中设坛念经、焚香祷告之外，还要用纸扎成船只，船中安放瘟神和火神（火神是民间认为造成火灾的鬼神，故而在送瘟神时也一并送火神），摆放在瘟祖庙内供奉。到了打清醮的最后一天，就抬到庙外，在鼓乐声中一火烧掉，送瘟神上天。毛泽东主席在《送瘟神》一诗中的名句"借问瘟君欲何往，纸船明烛照天烧"正是描绘的这一情景。

老成都不只一处瘟祖庙，例如在今天岷山饭店南侧原来的南城墙内还有一条东瘟祖庙街，街上也建有瘟祖庙，成都最早期的工会组织华阳县工会就是于1918年设在这个瘟祖庙内。这条东瘟祖庙街在修建人民南路时拆除了大部分，改革开放以后修建岷山饭店时才全部拆除。又如在原来南巷子旁边的席草田街过去建有慈云庵，庵内也建有瘟祖神像，每年春天的清醮会也是一个很热闹的庙会。此外在暑袜中街原来也有一座瘟祖庙，据记载，不是道教宫观，而是一座佛教寺庙。

坛神巷附西坛神巷

坛神巷是一条很短的小巷,只有50米左右,位于小天竺街与簧门街相交处以北,南接小税巷,北接大悲巷。在这条小巷中,清代有一个不大的坛神庙,坛神巷因此而得名。

坛神是一种古代的民间行业神,主要为四川的巫师所祭拜。过去在四川民间把巫师称为端公,把端公的迷信活动称为"请坛",端公的行业神一是坛神,一是五猖神(又称五郎神)。相传坛神本名赵昂,原来是一个小偷,在行窃时被人发觉,只好隐藏在神龛之下得以保全,以后就长期栖身于神龛之中,成了一个财神。过去内江的糖坊老板曾经

20世纪90年代在成都市蒲江县见到的坛神
黄尚军摄影

把他作为行业的财神,端公又把他作为自己的行业神,其形状很独特,不是一般常见的坐像,而是一个上圆下方的石墩(四川民间称为礤磴),有点像一个祭坛,上有五个小孔,插着五色小旗,放在神龛的左侧(在神龛中部同时供奉五猖神的木主牌位),所以叫作坛神。

正因为坛神既是端公之神,又是财神,所以过去在四川民间有些家庭在自家的神龛上也放有坛神,用以祈求平安发财。

成都城内的西北部在新中国成立以前还有一条西坛神巷,原来与江源巷相接,现在巷已不存,但是还保留了两个居民院落。

惜字宫南街

位于今天庆云南街以南、书院西街以北的惜字宫南街，是因为位于原来的惜字宫街以南而得名。新中国成立以后，把惜字宫南街和惜字宫街合并为一条街，原来的惜字宫街不再存在。

这条街上在明代建有大禹庙，庙中前殿祭祀仓颉，后殿祭祀大禹。清代重修时，变成了以祭祀仓颉为主，老百姓称之为惜字宫。

仓颉是古代传说中黄帝的史官，汉字的发明者，长着四只眼睛，神光四射。早在东汉时，就在相传为仓颉家乡的陕西白水县建有仓颉神庙，以后在一些地方也都建有祭祀仓颉的庙宇，而且在庙中一般都建有形状颇像一座小塔的字炉，更多的时候是称为字库，最受尊崇的名称叫作文风塔或敬字亭，专门用来焚烧字纸。因为在古人眼中，文字是圣人所创，写字作文是为了传扬圣贤功德，所有写有文字的纸张，哪怕是小纸片，只要上面是有字的，都不能随意丢弃，更不能加以污秽，只能用火焚化，这就叫敬惜字纸，否则就是糟蹋圣贤，就是大不敬，就要遭到神灵的惩罚。新中国成立以前的城镇乡场上，处处都可以见到这样的专门用来焚烧字纸的字库，天天都有人在那里烧字纸。笔者儿时就曾经多次听从家长的指示去设在镇上大街中的字库焚烧字纸。

成都的仓颉庙也是因为其中有字库，天天有人去烧字纸，而被人们称为惜字宫。在清代还组织有惜字会，也设在这座惜字宫内。这座惜字宫早在民国时就已不存，字库也未保存。在今天的成都还可以见到好几处字库：一处在宝光寺大门外，体量较小；一处在大慈寺新大门的前面，体量也较小，但是这里在过去还曾经有一条小巷名叫字库巷（如今在洛带镇也可以见到一个体量不大的字库，就是前些年为了旅游观光而按照大慈寺的这个字库重建的）；一处在崇州街子场的广场边上，体量颇大，有如一座红色的石塔，是至今罕见的大型字库，建于清咸丰二年（1852），底层焚纸口上方的横额上书"玉箧瑶函"四字，就是说这里是一个最佳的书箱；还有一处在蒲江西来镇，当地就叫作文风塔，建于清光绪九年（1883），上面有"惜字宫"三个大字，还有"废墨收经史，遗文著汉唐"的对联。街子场和西来镇的字库已经成了一个参观的景点。

清代末年，著名的维新派学者、编辑出版家傅樵村（有关介绍见"桂王桥街"）所创办的成都图书局于1900年在惜字宫街开办（1906年取名叫印刷公社，以后迁东玉龙街，印刷车间设在福德街），用当时的先进石印技术印刷并出售了成都市最早的一批新式的古今中外地图30多种，如《万国通商水陆新地图》《四川全省明细详图》《历代地球沿革中外交涉图》《成都街道新图》等，这是成都市最早的专业地图出版印刷机构。

辛亥革命以后，成都的报纸愈来愈多，其中有一家与众不同的《报选》于1912年5月11日创办于惜字宫街15号，它"集中外之报章，分门类而采选"，其下分为内政、外交、军事、学务、商业、工艺、农学、文苑、丛录、杂俎、插画、成都近事录等12类，是成都第一张内容丰富的文摘报。

清光绪二十二年（1896），加拿大医学女博士启希贤（加拿大传教士与医学博士、成都第一所西医医院仁济医院的创办者启尔德的夫人）在这条街上创办了成都第一所女性医院仁济女医院。仁济女医院在1940年毁于一场火灾，这以后的医疗服务并入四圣祠医院。

1941年，经当时的成都市政府批准，成都历史上第一个道教团体——成都市道教会成立于惜字宫中。

字库街

这是一条很多成都人都不熟悉的小街，位于东城根上街以东，金家坝街以北，过去是直的，北通五福街，现在是一个拐角，向西接东城根上街，向南接横金家坝街。这条小街上过去曾经有一座小庙，庙前建有一座字库。现在小庙与字库都已不存，只留下了字库街这个名字。

字库街北头向西的很短一小段，原来名叫东垣街，因为字库街北端被堵以后，就只得拐弯从这里通过才能到东城根上街，否则就成了一条半截巷，于是就把两条小街合为一条，东垣街不再存在。

神仙树

在成都二环路南三段以南有一个著名的片区叫神仙树，改革开放以后在这里新建了三条以神仙为名的街道，即神仙树北路、神仙树南路和神仙树西路。所以以神仙为名，不是因为这里有哪位神仙的宫观，而是因为民间传说这里曾经有一棵大树，树大中空，里面长期集有雨水，吃了就可以治病，所以就叫作神仙树，虽然谁也没有看到过这棵神仙树。

神仙这个概念早在汉代就已出现，《汉书·艺文志》说："神仙者，所以保性命之真而游求于外者"，就是得道而升天成仙的意思，后来在道教中使用得最多，民间有关神仙的种种故事也大多与道教有关。在道教文化中，神与仙是有区别的：神是在上天之中的，而且是要在上天管事的，有如人间的文武百官一样；仙是由人间的人修行得道而成的，虽然也是长生不老，但是不在天上管理事务。仙又分为天仙、地仙与散仙，天仙可能转为天神，地仙只在人间活动，散仙则在天上人间飘忽不定。成都有个方言词汇，就是把某些自由自在、不听管束的人叫作"散仙"，正是从道教的说法中来的。

大慈寺路附大慈寺街

蜀都大道从市中心往东过了红星路以后直到府河的一段，名叫大慈寺路。大慈寺路的得名是因为大街的南边坐落着曾有"震旦第一丛林"之誉的大慈寺。"震旦"，本是古印度对中国的称呼，是佛典中的音译汉写，"丛林"即佛僧聚集之地。

在今天的成都，大慈寺不是最大的佛教寺庙。但是在古代，大慈寺不仅是成都最大的寺庙，而且曾经是全国最大的寺庙，因而有玄奘法师在大慈寺受戒之说（按：玄奘曾经在成都受戒，但是不是在大慈寺受戒，参见"西胜街"）。

大慈寺初建于唐代。唐天宝末年北方陷于"安史之乱"，唐玄宗到成都避

大慈寺大门外，塔形建筑为字库。　　2006年　朱林摄影

难。成都的佛教徒在街市之中施粥救济逃难的难民，唐玄宗见此深为感动，就下令在成都修建一座大型寺庙，并命名为"大圣慈寺"，还亲笔写了匾额（按：这个匾额也有记载谓唐肃宗所书）。其中一个重要的目的，就是要利用佛教的力量救济更多的难民，即以最"大"的努力用"圣"上的名义去做"慈"善事业。唐肃宗至德二年（757）寺庙建成。也正是因为有了唐玄宗亲笔题写的匾额，大慈寺不仅规模空前，而且在后来唐武宗大搞灭佛活动的时候得以全部保存，未受损害，成为成都唯一得以完整保留下来的唐代佛寺。

　　唐代的成都正处于百业兴旺、粮丰物阜、人才辈出、佛门广众之时，故而在官方与民间的共同努力之下，修成了一座规模宏大、辉煌绚丽、珍宝充盈的大慈寺。据宋人李之纯在《大圣慈寺画记》中记载："举天下之言唐画者莫如成都之多，就成都较之莫如大圣慈寺之盛。……总九十六院，按阁、殿、塔、厅、堂、房、廊，无虑八千五百二十四间，画诸佛如来一千二百一十五，菩萨一万四百八十八，帝释梵王六十八，罗汉祖僧一千七百八十五，天王明王大神将二百六十二，佛会经验变相一百五十八，诸夹神雕塑者不与焉。"且不说建筑规模之宏大，单是这种规模与气势的壁画

·街巷·

一度被封闭的原大慈寺正门 1997年 王晓庄摄影

大慈寺街 20世纪90年代 王健摄影

成都市博物馆在大慈寺内时期的大门
1998年 周筱华摄影

群，就完全可以与举世闻名的敦煌莫高窟比肩。如果以近代成都的街区来复原当年大慈寺的范围，大约应当是西到双栅子、春熙路一线，北到和平街一线，东到府河，南到东大街一线（成都民间传说，今天的红石柱街所以叫红石柱街，就是因为这里是当年大慈寺山门的红色石柱的所在地，今天的鼓楼街所以叫鼓楼街，就因为这里是当年大慈寺鼓楼的所在地），总面积在1000亩左右。而且，还有一条人工开凿的解玉溪从寺前流过。今天盐市口以南的大业路在十年前还叫粪草湖街，在市中心所以会出现一条名字如此不雅的街名，民间有一种说法，就是因为在唐宋时期这里有一个与解玉溪相通的小湖，寺庙中大量僧众的粪便就是经此向城外运走的。

唐宋时期的大慈寺不仅是一座佛寺，还是成都的一处有名的商业集市与游乐胜地。成都历史上有名的十二月集市（见"青羊正街"）基本上都是在大慈寺的周边举行，也可以说就是大慈寺的庙会，"四

以祠庙馆所命名 655

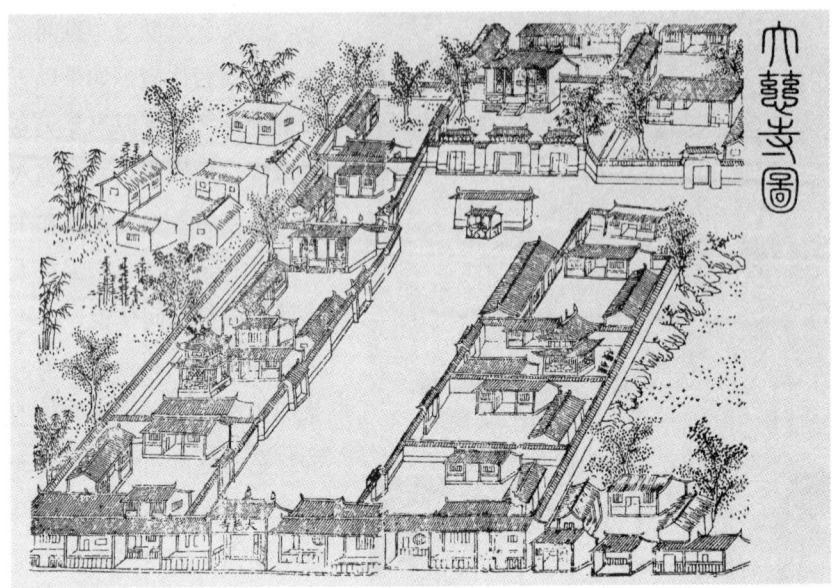

大慈寺图　原载嘉庆《华阳县志》

方之人至于此者,徒见游手末技,幢幢凑集,珍货奇巧,罗陈如市,只以为嬉戏街鬻之所"(李之纯《大圣慈寺画记》),真可谓月月有市,夜夜笙歌。正如宋代曾任成都太守的田况在《大慈寺前蚕市诗》中所写的:"高阁长廊门四开,新晴市井绝纤埃。老农步信忧民意,又见笙歌入寺来。"

上述对大慈寺庙会的记载,是我国后来十分流行的传统庙会的最早记载。成都过去的庙会很多,而且郊县比城区还要多,例如单是灌县一县就有正月初九徐渡的马祖寺上元会、正月初十大兴的朝街会、正月十六龙溪的天宫庙会、二月初一青龙的东岳庙会、三月初三玉堂的童子会、四月二十八石羊的药王庙会、六月初六蒲阳的雷祖庙会、六月二十四的二王庙会、七月初七金马的碧山寺庙会、十月初一石羊的城隍庙会等。如今成都地区还保留下来的庙会已经不多,主要有二仙庵和青羊宫的花会、新津观音寺正月初九的观音会、新都木兰山二月初二的木兰会、邛崃固驿二月十四的春台会、崇州元通和都江堰市每年清明节的清明会、都江堰市二王庙六月二十四的川主会。从 2005 年开始,成都武侯祠在春节期间举办名为成都大庙会的新型庙会,是目前成都地区规模最大的庙会。

唐代的大慈寺是成都和韩国古代文化交流史最早的也是最重要的见证，因为根据宋代的《佛祖统记》卷四十和《宋高僧传》卷十九的记载，当年规划修建大慈寺的是无相禅师，而无相禅师原本是古代新罗国的王子，他来中国学习佛法，曾到四川资中随智诜禅师学习，是一位在蜀中生活了多年的高僧，也是一位对蜀中佛学有着重大贡献的高僧。老成都人口语中从来都把大慈寺叫作太子寺，有一种说法认为，这是因为这位韩国太子曾经在这里弘扬佛法的缘故（另一种说法认为是读的古音）。2004年9月18日，韩国无相禅师寻踪访问团一行37人来到成都大慈寺，和中国佛教界与佛学家举行了无相禅师学术研讨会，重建了古老的中韩文化交流的一道桥梁。2005年，由中韩佛教界共同修建的无相禅师纪念碑在大慈寺落成。

宋代的大慈寺又是成都和日本古代文化交流史最早、也是最重要的见证，因为在今涪陵出生、在大慈寺出家并受戒的道隆禅师（1213—1278）于1246年东渡日本，是第一个到日本传播禅宗、修建以禅寺命名的建长兴国禅寺的著名禅师，圆寂之后被宇多天皇敕赐"大觉禅师"谥号，是日本禅宗文化的开山祖师，在日本文化史上有着重要的地位与作用，也为中日文化交流做出了巨大的贡献，被称为"宋代鉴真"。日本佛教界一直尊大慈寺为日本禅宗的祖庭，1993年与2004年曾两次组团来大慈寺寻根拜祖。道隆禅师的一位随从在日本定居之后即以"西川"为姓，世代担任建长兴国禅寺的行者（即为寺院方丈服务者），一直延续到今天。2008年5月，西川家族的后人西川弘来到成都大慈寺寻根，成为又一位世代相传的中日文化交流的使者。

道隆禅师手书"风兰"

正因为唐宋时期的成都是一座繁盛而富有活力的城市，所以大慈寺才会成为一座堂皇而富有人情味的寺庙。不仅有着今人想不到的繁华，也还有着今人想不到的浪漫。在五代的《玉溪编事》中记载了一个著名的"桐叶传诗"的故事：成都书生侯继图于一个秋日在大慈寺楼上观景，风中有一片大桐叶飘然而至。侯继图手接桐叶，发现上面题写着一首诗："拭翠敛双蛾，为郁心中事。搦管下庭除，书就相思字。此字不书石，此字不书纸。书向秋叶上，愿逐秋风起。天下有心人，尽解相思死。天下负心人，不识相思意。有心与负心，不知落何地？"很明显，这是一位追求爱情的才女的相思之作。侯继图很喜欢这首诗，就将其珍藏起来。此后过了五六年，侯继图与一位任氏女子结婚。婚后的一天，侯继图又诵读起这首诗来。任氏一听，立即说："这诗是我写的，你是从哪里得见？"并拿出了自己收藏的旧作来。侯继图接过来一看，再与珍藏的桐叶之上的题诗相对，真是一字不差，不禁万分感慨地说："我当年在大慈寺楼上得到这首诗，就想到我这一生还有可能会与你相见，想不到我们竟然真正结成了夫妇，真是天下奇缘。"从此，这发生在大慈寺的"桐叶传诗"的传奇故事就在天下追求缘分的人们口中久久流传。

大慈寺在宋末战乱中几乎全毁，明代重修时规模大为缩小。明宣宗宣德十年（1435）又遭受了一场大火，40多年后才得以修复，规模再一次大为缩小。到了明末又与整个成都城一道遭遇了毁灭性的灾难，全寺不复存在，今天只能看到几处幸存的柱础。清代同治六年（1867），僧人真印发愿重修，到光绪四年（1878）完工，只建成了一座占地40多亩的小型寺庙，香火也不甚兴旺。到了民国时期，佛事活动逐渐减少，两座巨大的铜佛像也被当政者打碎铸了铜圆。抗日战争时期还有数十位僧人，并有一个小型的慈恩佛学院。到新中国成立前夕，寺内的佛事活动基本停止，寺内建筑也成了军队驻地。

2001年，大慈寺开始大规模整修，历时三年之后完工，佛事活动全面恢复，成为成都市中心的佛门圣地。寺门前经过拆迁之后重建广场，周边街道也进行了陆续整治。按照成都市的建设规划，以大慈寺为中心的一大片地区成为成都市中心的历史文化保护片区，其范围西起纱帽街及北糠市街，南沿东糠市街与笔帖式街，东抵东顺城街及玉成街，北至大慈寺路。

大慈寺在清代重建之后山门就是向南开的，大门在东糠市街，没有后

大慈寺内茶座
1990年　陈锦摄影

即将拆除之前的
大慈寺片区
2002年　严永聪摄影

门，只有侧门，最后的大殿是接引殿，接引殿后是藏经楼。接引殿的位置就在今天大慈寺路的街中心，而藏经楼的位置已经是在今天大慈寺路的北侧了。多年来大慈寺一直横亘在从市中心向东的街道之中，如果要从棉花街向东去，到了大慈寺就必须绕弯走，或是绕南面的糠市街，或是绕北面的书院街。1958年城市建设时，从总府街向东，将原来的湖广馆街、棉花街扩大，并一直向东拆建，从北纱帽街中部穿过，直通府河，新建了一条东西干道东风路（也就是蜀都大道东段的前身）。拆建之时，不得不将包括接引殿、藏经楼在内的大慈寺后院拆去，新的围墙紧邻新建的东风路，于是就把大慈寺的大门改为向北，面向着东风路。2001年整修时，将南面的房屋拆除之后，恢复了原来的南向山门，北边的大门就成了大慈寺的后门。

改革开放之后,原来暂住在大慈寺中的单位迁出,大慈寺于1981年被列为市级文物保护单位加以保护。1983年新建的成都市博物馆就设立在大慈寺中。2001年以后,成都市博物馆迁出大慈寺,大慈寺才完全恢复了多年的佛教寺庙的原貌。

大慈寺街是在清代形成的一条紧邻大慈寺以南的小街,原来没有街名,民国时被命名为大慈寺街。近年间在整治大慈寺周边环境、修建寺庙前的广场时,已被拆除。

成都市区内的大慈寺不止一座。清宣统二年(1910),有人在浆洗街后面修建了一座寺庙也叫大慈寺,由于规模很小,不久就废而不存了。

和尚街

这是在清代形成的位于大慈寺以南的小街,原本在大慈寺范围内,是僧人们的住房。由于清代重修的大慈寺的规模远比前代要小,僧人也愈来愈少,这里就成了寺外的小街,一些平民百姓逐渐迁入。因为这里原是大慈寺地面,居住在这里的居民要向大慈寺的僧人交纳一定的租金,所以人们就把这条小街叫作和尚街。

无论是清代还是民国时期,和尚街上的主要产业都是开机房、织锦缎,而到大慈寺上香和观光的客人,就是这些机房的主要顾客。

和尚街民居　2002年　赖武摄影

和尚街"老农民香油"货摊　2002年　王晓庄摄影

镗钯街

镗钯街是一条小街，位于下东大街南边，东起磨房街，西到红石柱横街。在近年间的城市改造中，已经向东直达府河。

"镗钯"二字不常用，成都方音读 dǎng pá，而且有不同的写法。《四川省成都市地名录》按《华阳县志》的写法写作"镗扒"，是不正确的。现在在很多场合见到的"铛钯"和"傥钯"更是不正确的。近年来一般都按《成都城区街名通览》的更正写为"镗钯"，这是正确的。按照老成都人多年的说法，镗钯是过去大慈寺僧人常用的兵器，因为大慈寺僧人当年在此练武，这里就是寺僧存放兵器的地方，后来形成小街，所以就名为镗钯街。

可是镗钯到底是一种什么兵器，却长期没有能够说清楚（例如《成都日报》记者为了解决这一问题曾经在2008年8月就镗钯究竟是一种什么兵器向有关部门与武术界著名人士进行过调查与访问，结果仍然没有找到答案）。从我国古代兵书考察，镗钯原来不是一种兵器，而是两种兵器。"镗"的形状有点像月牙，所以也称作月牙铲，京剧《野猪林》中鲁智深手中所用的就是。早期的"钯"很像农家所用的钉

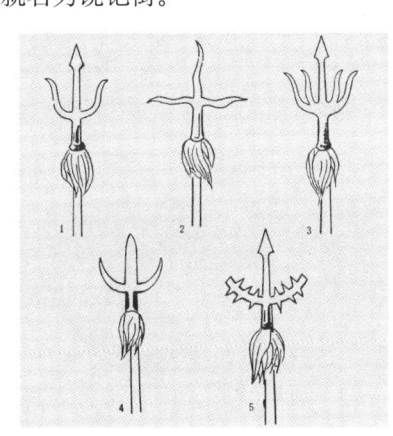

清代的几种镗钯　袁庭栋提供

钯，《西游记》中猪八戒手中所用的就是。到了明代就出现了把二者合成为一种兵器的镗钯，它的形制与来历在明代抗倭名将戚继光所写的《练兵实纪杂集卷五》的《镗钯解》中有所记载："此器长八尺，粗可寸半，上用利刃，横以弯股，刃用两锋，中有一脊，弯股四棱，以棱为利……于马上最便，可戳可格，利器也，此自杀倭始。"这种兵器在清代的绿营中还有使用，又因为形状的变化而称为凤翅镗、五齿镗、月牙钯、通天钯等。

镗钯街上过去有过菩提庵和大清庵两座尼庵，很可能是依附大慈寺而建。据有关记载，街上还有一座秦楚庙。秦楚庙的名字很特别，难以解释，估

大草院巷（原在锒钯街北，已于2000年被拆除）　1993年　陈锦摄影

锒钯街　1998年　冯水木摄影

计是民间对一座移民会馆的不很准确的俗称。秦楚庙的旧址在1951年办了锒钯街小学，以后属于二十二中，就是今天的成都礼仪职业中学（东区）。

磨房街

锐钯街的东边有一条小街叫磨房街,相传这里过去是大慈寺僧人在解玉溪上建的磨房,长期利用水磨为寺院加工谷物,所以就名为磨房街。清末民初,这条街上还有一个大石磨,相传就是大慈寺的遗物。1924年这里修建房屋,大石磨被埋入地下(相传就埋在原来的成都市糖酒公司511仓库后院),以后遂不得见。

文殊院街

位于人民中路东侧的文殊院街得名于坐落在这条街上的著名佛寺文殊院。

"文殊"是外来语,全称为"文殊师利",是古印度梵文的音译,其本义为妙德、妙吉祥。文殊菩萨是释迦牟尼佛之下的四大菩萨(文殊、普贤、观音、地藏)之首,专司智慧,故又有"大智文殊"的尊号,在我国很多佛寺中都有他骑坐青狮、手持宝剑或如意的塑像。

清末民初的文殊院藏经楼　[美]满理摄影　杨显峰提供

文殊院正月初一　1993年　王晓庄摄影

文殊院片区　1995年　周孟棋摄影

成都文殊院是成都地区最早的佛寺之一，相传始建于南北朝时期的南齐，初名妙圆塔院。唐武宗在全国灭佛的时候，寺院被毁，唐宣宗时重建，改名为信相寺，明末同整个成都城一道毁于兵火。清康熙三十年（1691）由慈笃海月禅师主持重建，更名为文殊院，今天庙前照壁上的"文殊院"三个大字相传就是慈笃海月禅师手书。康熙皇帝曾在康熙四十八年（1709）颁赐御笔"空林"匾额一道（摹刻碑在今天的说法堂内戒坛后壁，正因为有此匾额，所以文殊院也曾被称为空林堂）。清嘉庆、同治年间，在第七代方丈本圆禅师的主持下对寺院进行了历时17年的大规模整修与扩建，才奠定了今天文殊院规模宏大、典雅古朴、布局严谨、气象庄严的格局。特别是令今天朝拜与参观者叹为观止的支撑寺院中主要建筑的82根巨型石柱，全部都是本圆禅师到金堂峡口亲手挑选石料，运至成都，寺中大型铜佛所用的精铜也是本圆禅师亲自到云南去选购的。由于北门城门洞不能通过运送石料的车辆，还特别把城墙拆开一个豁口，才把石料运到工地。

清初重建成都城时，文殊院一带是京城官员从北门入城的必经之路，所以成了重建成都城的最繁华地区，不仅重建了文殊院，而且还恢复或新建了很多寺院宫观，大约在一平方公里的范围内，就有白云寺、五岳宫、喇嘛寺、楞伽庵、爱道堂、灶君庙、准提庵、金马祠、梵音寺、金沙寺、火神庙、新开寺、文圣庙、武圣庙……几乎是百步一寺、千步一观，故而曾经有"九宫十八庙"之说，而这种情况正是表明了这一地区人口之密集和市井之繁华。再看一下这一地区从街道名称所反映出来的商业与手工业市场的繁荣：珠宝街、锣锅巷、草市街、青果街、猪市街、骡马市街、羊市街、金丝街、银丝街、铜丝街……这就是300多年前的成都文化与工商繁荣的景象。一直到清中期以后，成都的商业中心才转向东大街一带。近年成都打造文殊坊历史文化片区，重现了当年这一带寺庙相接、百业兴旺、文化与工商双翼齐飞的景象。

文殊院自从清代后期扩建之后，一直是我国著名的十方丛

文殊院街　1935年　杨显峰提供

林，也是成都市城区最重要的佛寺（根据 1937 年的调查资料，成都市城区共有佛教寺庙 88 所，根据 1957 年的调查资料，成都市城区共有佛教寺庙 66 所），各种佛事活动大多在此举行。民国年间，著名高僧能海法师就是在此受戒。这里在民国年间还曾经设立佛经流通处，印刷过不少佛经。

如今的文殊院是我国最著名的佛寺之一，是四川省佛教协会所在地，也是四川省级文物保护单位，主要建筑有山门、天王殿、三大士殿、大雄宝殿、说法堂、藏经楼、钟鼓楼和新建的千佛和平塔；收藏有佛祖舍利和不同造像 400 多尊、名人字画 500 余件、经籍 12 万余册。民国时期的十五代方丈禅安曾经把众多文物中的最精品称为"空林八观"。1955 年 4 月，郭沫若有诗赞颂文殊院是"西天文物萃斯楼"。在文殊院现藏文物之中，以玄奘顶骨舍利和发绣《水月观音》最为珍贵。

玄奘在长安故世之后，初葬于北麓原，后迁兴教寺。其顶骨珍藏于终南山紫阁寺，北宋初被迎至南京长干寺供奉。明初永乐年间，建报恩寺与三藏塔。太平天国时期，寺与塔均毁于战火。1942 年 11 月，日本侵略军在雨花台下意外地挖出了装有玄奘灵骨的石函，打算秘密运回日本珍藏。但是此事很快不胫而走，在我国各方面人士的强烈抗议之下，日本外相重光葵将灵骨除截

▶ 文殊院千佛和平塔
  2001 年　帅初阳摄影

▼ 文殊院内的僧人
  1917 年　［美］甘博摄影

留部分之外，在1943年2月23日将长约4寸、宽约2寸的灵骨一块交付给汪伪外长褚民谊。经国内佛教界多次研究，灵骨被分为三份，在北京、天津与四川三地供奉。四川所以能够得到一份，除了因为是抗战大后方之外，主要是因为主持与日本交涉和迎接灵骨的是当时北京的著名居士白隆平，而白隆平是四川西充人。1949年，白隆平将分给四川的灵骨交与四川的著名

玄奘顶骨　杨显峰提供

学者、佛学专家蒙文通老师，由他转交能海法师。能海法师将灵骨供奉于近慈寺，并计划在彭县龙兴寺新建宝塔供奉，但未能如愿。新中国成立以后，先是由四川省博物馆保管，1962年移交给大慈寺供奉，1965年移入文殊院中供奉。经过几十年的变迁，现在存世的玄奘灵骨已被分成10份在中国（包括台湾省）、日本、印度保存，但是可以供人瞻仰的只有成都文殊院与西安大慈恩寺两处。

20世纪60年代的文殊院影壁　杨显峰提供

七月半文殊院外
2000年　陈锦摄影

文殊院街
1987年　王晓庄摄影

发绣是古代最虔诚的佛门女弟子剪下自己的头发代替一般的丝线绣成的精美绣品，传世者极少。文殊院中的《水月观音》的制作者是清代著名的汉族大将杨遇春（有关介绍见"前卫街"）的长女杨芳红。她笃信佛教，为了表示自己的虔诚，她在每月朔日和望日抽拔自己的秀发，再用金刀将发丝分剖成更细的发丝，历时13个春夏秋冬，在白缎上绣成这幅《水月观音》。类似的古代发绣精品目前只在伦敦的大英博物馆和日本的正仓院中可以见到。

清光绪二十九年（1903）四月初八，成都100多位主张放足的女性和反对缠足的男士在文殊院中集会，并宣布成立"放足会"。这在当时的成都应当是一件相当具有爆炸性的社会新闻。

1944年10月15日,新中国成立以前中国共产党在成都最重要的外围组织成都民主青年协会(简称"民协")在文殊院中秘密成立。民协成立之初是以华西大学、四川大学、燕京大学、金陵大学的进步学生为主。自成立之后,迅速发展壮大,成为国统区三大青年组织之一(另两个是昆明的"民青"和重庆的"新青")。它在中国共产党的领导之下,团结了成都的广大青年,为新中国的成立做出了很大贡献。

在文殊院街上,有成都著名小吃洞子口张凉粉(这里的原址是民国时期文殊院的空林佛经流通处)。洞子口张凉粉的始创者张锡生早在20世纪20年代即开始在洞子口卖凉粉,当时就被人们称为洞子口凉粉。张锡生的儿子老二、老三、老五都继承父业,在20世纪40年代各自开店,均称洞子口张凉粉。老二开店在文殊院街,老三开店在少城公园旁边,老五在玉带桥与提督街开了两家店,成都就出现了洞子口张老二凉粉、洞子口张老三凉粉和洞子口张老五凉粉三家张凉粉。新中国成立以后,三兄弟的店铺都经过公私合营而统由饮食公司管理,饮食公司在人民中路开了一家老五张成明主厨的规模最大的洞子口张老五凉粉,所以张老五凉粉在成都的名气最大。其实在城内开业最早和

文殊院茶馆"老虎灶"　1984年　[美]Cary Wolinsky摄影

早期店面最大的还是文殊院街上的洞子口张老二凉粉。传统的洞子口张凉粉所以受到人们的欢迎，是因为它要求厨师在调味时要因人而异讲究男女老少有所不同，要因季节而异讲究春夏秋冬有所不同，甚至要适应一天中气温的变化而讲究早中晚三个时辰调味的差异（早上需要开胃，味道宜厚；中午多有饿感，味道宜淡；晚上多感疲惫，辣味宜轻，咸味适中）。据笔者多年来对中国饮食文化的考察，这是要讲究早中晚三个时辰调味差异的唯一的一家。

著名的洞子口凉粉还有一家，是赵金山于清末在洞子口场上卖的挑担凉粉，分为白凉粉、黄凉粉、荞凉粉三种，抗战时期在老南门大桥附近开过一家门店，店名就叫洞子口赵凉粉，也曾经是成都的名小吃之一。

文殊院由于地处市中心，故而香火旺盛，游人如织，寺内的树下茶园和素斋则是成都市民休闲品斋的好去处。近年来，文殊院片区被成都市城建部门规划为历史文化保护片区，从2006年开始，在这一片区进行了街巷的部分拆迁与全面改造，以原来的文殊院街为中心，新建了旅游观光的文殊坊，成为成都市区内与宽窄巷子片区、大慈寺片区齐名的三大历史文化保护片区和旅游观光片区之一。

白马寺街附白马巷

我国自东汉以后就陆续有这样的记载：东汉明帝派遣使者到西域求佛法，在月氏（今天新疆伊犁一带）见到中天竺高僧迦叶摩腾和竺法兰二人，遂迎入中原，同时用白马驮回了佛像和佛经。于是就在洛阳的雍门以西建立白马寺，用以安置西域僧人，并在寺中翻译佛经。从此以后，中国才有了佛教寺院。

根据当代学术界的研究，上述记载多有不确，诸如迦叶摩腾是否真有其人还没有充分的证据，竺法兰其人则完全是后人的编造；汉明帝的时候也还没有出现佛像，最早的佛寺并不一定就叫白马寺，白马寺的名字是后代才有的等等。但是，由于上述的记载在古代曾经很有影响，洛阳又确有一座古老的佛寺叫白马寺，所以在我国的不少城市都曾经修建过名叫白马寺的佛寺。

"南朝四百八十寺，多少楼台烟雨中。"我国有数不清的佛教寺庙都称为"寺"，究其由来，就是来源于这个白马寺。"寺"字最早的本义就是今天的"侍"，侍奉皇帝、为朝廷办事的官员就叫"寺人"。秦汉时的一些中央政府的官署也叫寺，以后一直到唐代还有九寺，清代有五寺。相传东汉时接待安置西域僧人的官署是当时专门接待四夷宾客的鸿胪寺，相当于今天的中央民委招待所（鸿胪寺这一设置一直保持到清代）。由于这些僧人要长期在这里翻译佛经，就特地修建了供僧人长期居住的专用招待所，所以也叫作寺，并用从万里之外驮来佛经的白马命名，就叫作白马寺。从此以后，寺就成为佛教僧人居住之所的名称，而有了佛寺的新的含义，天下也就有了数不清的寺。

成都的白马寺是在明代的四川布政司参政郭斗的主持之下仿洛阳的白马寺修建的，旧址就在今天白马寺街的人北中学处。明代的白马寺是城北较大的寺庙，面临府河，曾经是成都城北的一个游玩之地。明末被毁以后，清初

成都白马寺　1934年　庄学本摄影

由宝昙和尚主持重建，以后又有增修，但无论是从规模还是从香火的旺盛上都不如明代，只是成都每年纪念观音生日的观音会和纪念文昌帝君生日的文昌会在此举行。民国时期，寺庙逐渐衰颓。新中国成立以后，寺内的佛事活动完全停止，余存的少许房屋改作为民办中学和精印包装厂车间用房，白马寺不复存在。但是留下了白马村与白马寺街的名称，以后又陆续把这一片区的十多条街巷都以白马命名。在近年的城市改造中，这些小街小巷正在逐步消失，但是长度超过1000米的白马寺街仍然是这一片区东西交通的主要通道。

1921年前后，白马寺附近的坛君庙因为取土烧砖，发现了一些与传统青铜器形制不同的青铜器，被古董商称为"夏器"。1942年8月，著名考古学家卫聚贤根据他到白马寺的考察和千方百计搜集到的48件"夏器"（都是兵器）的研究，在他主编的《说文》月刊编了一期《巴蜀文化专号》，发表了著名论

文《巴蜀文化》，认为这些青铜器是古代巴蜀遗物，时间可远至商代。这是第一次提出"巴蜀文化"这一学术概念与文化分期，故而在学术史上具有重要意义。

1939年4月，成都市救济院开办于白马寺侧，其下设儿童、妇女、游民、老废四所，其中有一部分设在东较场的原华阳县城隍庙。新中国成立以后，在其旧址新建了四川省林业中心医院。

社会救济在过去是一项社会各方面共同参与的社会事务，出于我国传统文化中"济世活人、扶危济困"的道德观，我国古代社会中从事慈善救济的机构比现代要多得多，虽然有些机构的实力并不强大。除了前面介绍的慈惠堂、育婴堂和这里官办的救济院之外，据《成都通览》一书所载，成都在清末的公办与民办慈善救济机构或者慈善救济组织共有23家之多，其中包括两家帮助戒除烟瘾的民办机构，而且名字都叫"公社"。又据《成都市指南》一书所载，1942年成都的各种慈善会共有56个之多。

金沙寺街

金沙寺街是人民南路三段以西、南河南岸的一条小街。古代的南河比今天要宽，相传这里在明代时是河中的一片沙洲，名叫七星滩。因为明代状元杨升庵曾经在此游玩，上京赴试时也是从这里上船出发，以后这里与南河岸边连成一片平地，并形成了街道，故而又名状元洲。这里曾经有一座据称建于汉唐的宝莲堂，明代嘉靖七年（1528）重修后改名为金沙寺，寺前有慈航桥，寺中有杨升庵所写的《重修慈航桥记》石碑。清代重建的金沙寺已经没有了昔时的规模，到了民国年间就已改建为小学，只留下这个街名。

金沙寺街在府河南河整治之后，一部分并入了新建的临江西路，只保留了一小段。

金沙寺所以得名的"金沙"，与成都其他几处地名所得名的金沙不同，是从佛经中的金沙而得名。杨升庵在《重修慈航桥记》中有说明："成都南郭万里桥旁，有古寺曰金沙。按贝编《发迹经》曰：'净名大士，是往古金粟如来.'又《阿含经》曰:'金沙地下便是金粟如来.'此寺之名盖取诸此也。"

据历代文献记载,诸葛亮推演兵阵的八阵图在各地有多处,如今常常说到的有陕西的定军山、重庆的奉节、成都的弥牟镇三处。其实很可能还有一处,就在这里的金沙寺一带。因为南宋王应麟《玉海》引《成都图经》明确记载,成都的诸葛八阵有两处,一在弥牟镇,是当头阵法;一是"在棋盘市者,二百五十有六,下营阵法也"。而成都的这个"棋盘市",按宋代的四川史学家李心传在《建炎以来朝野杂记·乙集》卷八"丁未成都大火"条所记,就在这里的锦江之南,"棋盘市,俗言孔明八阵营也"。只是因为一场大火之后,才把这个又称为新南市的棋盘市迁往江北重建。

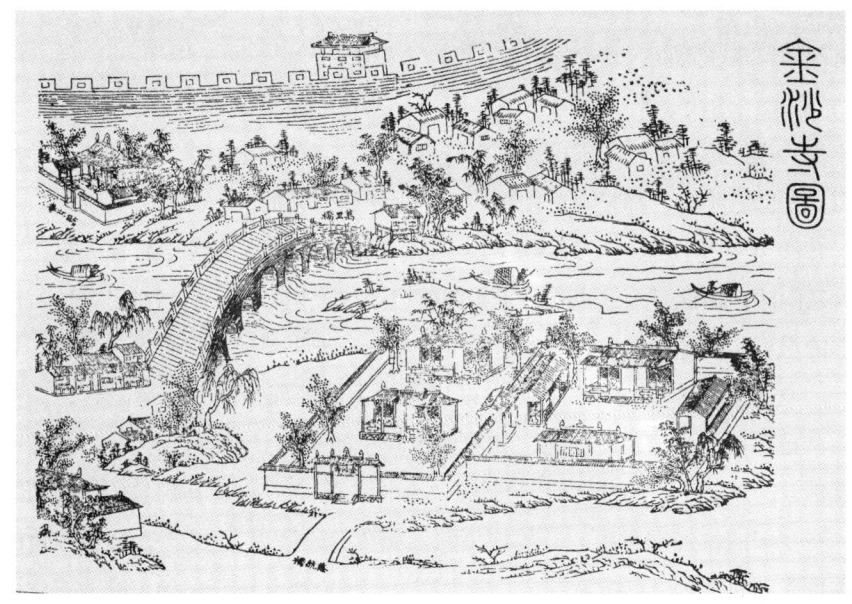

清代金沙寺图　原载嘉庆《华阳县志》

楞伽庵街

在人民中路三段与草市街之间、文武路以北,有一条小街叫楞伽庵街。楞伽庵街的得名,是因为这条街上在清雍正年间建有一座佛寺叫楞伽庵。楞伽

楞伽庵街小学的学生在给蓖麻树浇水
20世纪60年代　杨永琼提供

庵不大，早已被拆除，今天的青羊实验中学原名叫楞伽庵中学，楞伽庵中学的前身是楞伽庵小学，都是在楞伽庵的旧址上修建起来的。

　　1980年在楞伽庵的旧址建房时，从地下挖出了有五代时期后晋天福年号的骨灰陶罐，由此可知这里在一千年前就已经有火化习俗，而当时用这种习俗入葬的很可能就是佛家人，所以这里很可能在一千年前就已经有佛寺存在。

　　"庵"字的本义是小的茅屋，以后引申为清静而简陋的房屋之称，一些文人常把自己的书斋也称为庵，如大诗人陆游的书斋名就叫"老学庵"。按照印度佛教的规矩，大的佛寺叫"伽蓝"，小的佛寺叫"兰若"。佛教传入我国之后，在我国的佛经翻译中，有的把小的佛寺按音译译为"兰若"，例如杜甫的《谒真谛寺禅师》一诗中就有"兰若山高处，烟霞障几重"之句，有的按意译就译为"庵"。初期的庵就是指小的佛寺，和尚、尼姑均可居住，后来多把尼姑修行之寺庙专称为庵，所以在民间常有尼姑庵之称。

　　"楞伽"是佛教中的常用语，既指释迦牟尼佛说经的楞伽山，又指佛教经典《楞伽经》，还可以作为僧人的代称，如楞伽子、楞伽僧。这里的楞伽很有可能指的是僧人。五代时期蜀中著名的诗僧贯休的诗中就有几处把僧人称为楞伽，如《送明觉大师兼寄郑山人》："去去楞伽子，春深道路长。"《送僧归剡山》："好去楞伽子，精修莫偶然。"

由于"楞伽"一词乃是音译汉写,"楞伽庵"在成都民间往往误写为"楞枷庵",或误读为"楞禽"庵或"林禽"庵。在成都的媒体上,曾经有过这里的"伽"字是应当读"加"还是读"禽"的讨论。的确,在绝大多数老成都人口中的习惯性读音都是"禽",但是正确的读音却只能是"加"。在民间对地名的读音中往往有习惯性的误读,这种情况不仅在成都有(如把簧门街的"簧"字读为"黄"),在全国各地都有。最典型的一例如北京前门外有名的"大栅栏"的"栅"字,在老北京人的口中从来是读为"思"。

楞伽庵是由成都的冶铸业同业公会出资在雍正年间修建的,乾隆年间又进行过重建,嘉庆、道光年间有过培修。在楞伽庵的东侧,冶铸业同业公会建有四十炉公所,并在楞伽庵内塑有行业神金炉圣姑像,所以在一般人眼中就把四十炉公所与楞伽庵误认为是一家,把四十炉公所也称为楞伽庵。

我国古代冶铸业的行业神竟是一位女性,这是源于战国时期的《吴越春秋》一书中记载的春秋时期吴国铸剑名家干将、莫邪夫妇的故事,后世又加以演化。在不同地区的冶炼作坊中,或是供奉李娥,或是供奉金火二仙姑,或者是供奉涌铁夫人,或者是供奉金炉娘娘(也称金炉圣姑)。正因为古代冶铸业的行业神是一位女性,所以成都的四十炉公所才会特意修建楞伽庵,同时把自己的行业公所建在楞伽庵之侧,并在楞伽庵之中供奉自己的行业神金炉圣姑。

成都的四十炉公所是由40家从事冶铸的炉户组成的,不过这些炉户所冶铸的既不是铜,也不是铁,而是白银。因为在明清时期通用的主要货币是白银,官府所发行与控制的是银锭,而民间交易流通的大多是不成锭的散碎银两,各家各户向官府上缴的赋、税、捐、厘金等也大多是不成锭的散碎银两。官府必须经常把收上来的散碎银两熔铸成为有一定规格的银锭,这是一件必须常年进行的工作量不小的活路,四十炉公所的炉户所干的主要就是这件事。清末逐渐改用银圆之后,这些炉户也就逐渐停业了,楞伽庵内供奉的金炉圣姑也就逐渐不被人所知了。

1930年2月,根据当时的中共地下党四川省委的决定,由中共党员梁伯隆、张竟若等人在楞伽庵街24号开办一个小型大学西南大学,用以解决原来在重庆开办的西南学院被反动当局关闭之后若干进步学生的继续求学问题。由于条件限制,无法购置房产作为校舍,除了楞伽庵街的校本部外,女生宿舍在奎星楼街3号，专修科在仁厚街15号，都是租用私人的公馆办学，所以当时的成都人称这所学校叫"公馆大学"，全校只设文学系和社会学系，共有学生400人左右（其中有原重庆西南学院的学生50人，其余是在成都新招学生）。但是，这所不大的学校却有着强烈的革命气息，师生中有不少的共产党员与进步人士，梁伯隆任校长，张竟若任支部书记，新中国成立以后曾任中共上海市委书记的曹荻秋当时就在学校中任地理课教师（当时名曹建平）。1930年6月18日学校被反动当局查封，80多名师生被捕，梁伯隆与张竟若先后被杀害于下莲池刑场。

转轮藏街

今天盐市口以南的大业路是20世纪末拆除原来的粪草湖街和烟袋巷两条小街之后扩大新修的大街，在粪草湖街和烟袋巷交会口的西边原来有一条小街叫转轮藏街，也是在20世纪末才被拆除的。这条小街上曾经有一座地藏庵，是成都人过去祭拜地藏菩萨的地方。特别是每年的农历七月十五和三十这两天，相传是地藏菩萨的生日和成道日，不仅有若干妇女前往朝拜，还有更多的人家在自家大门外、天井内焚香祭拜，用以保佑合家平安。

"地藏"是梵文的音译，是与文殊、普贤、观音并列的佛教四大菩萨之一。文殊、普贤、观音、地藏四大菩萨在广大信徒心中的作用或者说分工，如果用最简单的表述，就是大智、大行、大悲、大愿，他们的道场分别是山西五台山、四川峨眉山、浙江普陀山、安徽九华山。在佛教信徒的心中，如果说观世音是以救度世间的芸芸众生为主的话，地藏菩萨就是救度已经死去在地狱中所有鬼魂的。由于过去的大多数人都相信是有阴间的，认为祭拜了地藏菩萨就可以让在阴间众多的已故亲人得到护佑，故而有很多人愿意去给地藏菩萨上香祭拜。

在有的寺庙中的确有一种可以转动的转轮经藏（比如平武县著名的报恩寺），是可以转动的。在成都的地藏庵中并没有这种转轮经藏，可是却把地藏庵所在的街名叫作转轮藏街（民间还有称为转经藏街的）。这是为什么呢？已经去世的文殊院方丈宽霖法师曾说，这是因为"地藏王菩萨大转法轮，故曰转轮"。在佛教的经义中，法轮是对佛法的喻称，而转法轮则是对于佛家宣扬佛法的一种比喻。

喇嘛寺街

今天在成都市知名度很高的"手机一条街"或称"电信产品一条街"的太升路，是1988年至1989年在打通多条小街之后新建的。在太升北路最北的一段，就是今天的东珠市街到府河南面清代城墙的一段，原来叫"喇嘛寺街"。

喇嘛寺街的得名，当然就是因为过去在这条街上有一座喇嘛寺。寺中所祭祀的是喇嘛教的格鲁派创始者宗喀巴，在清代的主要功能是用来接待从藏区来成都的喇嘛、达赖与班禅每年派往京中进贡的使节，以及其他的藏族客人。在原来的喇嘛寺中建有铜铁佛像，特别是有一尊远近闻名的"石王"，又称"怪石佛"，是用一大块不规则的巨石依其凹凸之状雕刻而成，虽然不如一般佛像那样逼真，但是却相当传神，用今天的表现手法来看，应当是很有现代艺术风格的雕塑。喇嘛寺在清代后期即被汉族僧人入驻，改名为"空林寺"。1925年全寺焚于火灾，寺庙未再重建，佛像全部不存，只是留下了一个喇嘛寺街的街名一直使用到1989年。

成都过去的喇嘛寺不止一处，在原来的厅署街（今江汉路东头）也有一座喇嘛寺，是民国时期由懋功县（今小金县）的藏族喇嘛募捐修建的。成都以喇嘛作为地名的街道，在更早一些时候还有一条，就是今天的祠堂街。祠堂街在清代的满城东南角，清初就叫喇嘛胡同或蒙古胡同，康熙以后才改名为祠堂街。

"喇嘛"是藏语的译音，其本义是"上师"，是喇嘛教对僧侣的尊称，有如汉语中的高僧、法师。喇嘛教就是一般所称的藏传佛教，是我国藏族与蒙古族所信奉的宗教。喇嘛教又有格鲁派、宁玛派、噶举派、萨迦派几大教派，其中以格鲁派的信徒最多，宗喀巴（1357—1419）是格鲁派的创始人，所以凡是格鲁派教派的寺庙中一般都供奉有宗喀巴的神像。

兴禅寺街附女儿碑街

太升北路以东有一条兴禅寺街,在清初的名字本来叫女儿碑街,是因为街上有一座给一位守节守孝的女性树立的节孝牌坊而得名,当年的牌坊上写有"贞女纯孝"四个大字。清同治年间,街东口修建了一座东岳庙,所以就改街名叫东岳庙街。清光绪年间,又修了一座兴禅寺,到民国时又才改名为兴禅寺街。所谓"兴禅",就是兴旺佛教主要宗派禅宗的意思。

四川第一所中医药大学四川国医学院于1936年初创办于文庙前街何公巷,1937年即迁到此街西头的原兴禅寺旧址办学。新中国成立以后,并入新建的成都中医学院。四川国医学院是在当时的国民党四川省党部书记长曹叔实的支持下开办的(民国时期,国民党内曾经有过几次关于废除中医的大辩论,以汪精卫、褚民谊为首的一批人坚决主张废除中医,但是未能得到蒋介石的支持。1930年,国民党中央通过决议,设立中央国医馆,并要求各地设立分馆),名义上的董事长是辛亥革命元老公孙长子,院长是曾旭初,但是具体的教务负责人是著名中医李斯炽,他先后担任了学院的教务长、副院长和院长(有关介绍见"良医巷")。

兴禅寺街27号　2002年　赖武摄影

白云寺街

白云寺街是位于草市街以西、五岳宫街以南的一条小街。街东原来有一座白云寺,始建时间无考,在乾隆四十八年(1783)有过一次培修,新中国成立以后寺庙被拆除,并将原来部分房屋加以改建,长期是白家塘街道办事处所在地。如今的白云寺街是成都历史文化街区文殊坊的一部分,白家塘街道办事处已迁出,整条街都已改建为仿古式的楼房,新建的茶文化与麻将文化博览馆就在此街。2006年从鼓楼南街迁来的成都著名公馆建筑"肇第"的门楼也立在这条街上。

白云寺的得名,估计是出于佛教宗派中的白云宗,源于北宋时期杭州的白云庵。

红瓦寺街

在今天极为热闹的一环路南一段,也就是四川大学与四川音乐学院之间的那一段,成都人一般都叫作红瓦寺,所以不少青年人都有一个误解,认为这一段大街就叫作红瓦寺街。其实红瓦寺街指的是一环路南一段通往四川大学方向的一条侧街。由于四川大学的范围愈来愈大,周边的很多建筑与第三产业主要都是为四川大学的师生与家属服务,所以这条侧街已经在几年前扩建成为一条比较宽敞的街道。

红瓦寺街得名于这条街上原来的红瓦寺。红瓦寺在明代就有,本名德元禅院,明末毁于战火。清代重建时,因为屋顶上盖有成都很少有的颜色偏红的青瓦,故而俗称为"红瓦寺"。抗日战争时期这里逐渐修了一些房屋,形成了一条小街,虽然红瓦寺已不存,但是街名就叫作红瓦寺街。

1943年,四川大学从峨眉山迁回成都,新校址就是今天的四川大学望江校区。可是当时新校址的很多建筑并未建成,校舍极度缺乏,所以在学校周围,特别是在今天的红瓦寺到老马路一带修建了不少平房作为教职工的宿舍,当时的四川大学校长黄季陆和著名生物学家方文培等都曾在这里的璧还村居住。著名历史学家徐中舒先生"文革"时期也曾在这里的璧还村居住。

黄季陆

黄季陆（1899—1985） 叙永人，自幼即随其堂兄、同盟会元老黄方参加革命活动。1911年在四川保路运动中以12岁的年龄发起成立四川小学生保路同志会，并出任会长（当时名黄学典）。1913年去上海拜见孙中山先生，并听其教诲。曾远赴日本、美国、加拿大留学。1924年以国民党加拿大总支部代表的身份回国参加了国民党的第一次全国代表大会，此后成为国民党西山会议派重要成员，在国民党内担任过多种职务。1939年任国民党四川省党部主任委员，1943年1月任四川大学校长。望江楼畔新川大校区的建成与从峨眉山迁校回成都这两件大事都是在他主持下克服了多种困难而实现的（川大迁回成都的行动是从1943年2月1日开始的，正式上课是在3月18日。当时的新校区只初步修成了数理楼、化学楼和图书馆，大量的教室、宿舍、食堂、礼堂等都还未建，所以不得不在城内借用了多处房屋。新校区的大多数建筑都是在迁回之后陆续修建的）。1946年3月，校内有人贴出恶毒攻击进步教授的壁报，引起学校秩序大乱。黄季陆果断地将肇事学生开除，将训导长撤职，将担任教授职务的三青团干事长解聘，维持了学校的正常秩序。1948年成都的"四九"血案（有关介绍见"督院街"）中，四川省主席王陵基下令毒打、刺伤学生多人，抓捕了学生132人，其中川大学生101人。黄季陆明确表示："哪个打了我的学生我找哪个，哪个抓了我的学生我向哪个要回来！"终于使被抓的学生全部获释。黄季陆1949年去台湾，在台湾出任了若干高级职务，一生主张统一，主张两岸经济文化交流，并发表了《梦魂萦绕的我乡我家》等思乡怀旧的文章数十篇。黄季陆在红瓦寺的住宅璧还村一直保留到十多年前才拆去。

方文培（1899—1983） 忠县人，从1921年入东南大学生物系学习开始，就将一生全部献给了中国植物学，是我国最著名的植物分类学家。他的多种研究成果填补了世界植物分类学的空白，他亲手采集了11万号、50多万份标本，发现植物新种100多个，由他新命名的有40多个。他是公认的槭

方文培（右）和川大同人在望江楼茶室开会　　　　　《峨眉植物图志》
1943年　　［英］李约瑟摄影　杨显峰提供

树科与杜鹃花研究领域中的泰斗，被誉为"当代全面翔实掌握四川植物资源第一人"。他编写的《峨眉植物图志》《中国高等植物图鉴》《中国植物志》（第46卷和52卷）是公认的世界名著。世界著名学者李约瑟在《中国科学技术史》中称他为"中国最杰出的植物学家"，"开拓了中国植物研究的新道路"。他亲手建立的川大植物标本馆的储量位居全国高校第一，在全世界也名列前茅。成都植物园就是在方文培的建议下于1983年建立起来的。1937年10月，他婉拒了留在英国工作的邀请，而于抗日战争的炮火纷飞之中回到祖国。1948年，他再次婉拒了留在美国工作的邀请，而于解放战争的隆隆炮声之中回到祖国。他从1937年开始任四川大学教授几近50年，长期住家在红瓦寺。新中国成立之后第一次为教授评级的时候，他是成都仅有的五名一级教授之一（另四名是四川大学的徐中舒、柯召，四川医学院的刘承钊，地质学院的李承三）。生前曾任中国植物学会名誉理事长、四川省植物学会理事长，并受聘为英国与荷兰皇家学会会员。

徐中舒

徐中舒（1898—1991）　安徽怀宁（今安庆市）人，两岁丧父，母亲入清节堂（收容孤寡的慈善堂）织布度日。1925年以第四名考入清华大学国学研究院，为王国维、梁启超、陈寅恪弟子。1928年任复旦大学教授，1930年入中央研究院历史语言研究所工作，1937年入川任四川大学教授。新中国成立后曾兼任西南博物院院长和四川省博物馆馆长，并任中国科学院历史研究所学术委员、中国先秦史学会理事长、中国考古学会名誉理事长、四川历史学会会长、《汉语大字典》和《甲骨文字典》的主编。他是我国著名的历史学家与古文字学家，对明清史与巴蜀文化史也有很深的研究。一生著述宏丰，享誉中外的著名论文《耒耜考》在发表之后50多年又再次在刊物刊载，创造了学术界的奇迹。他在四川大学工作超过50年，笔者就承蒙恩师教诲30余年。他原来住在川大校园内的铮园，"文革"中被强迫迁出，在红瓦寺璧还村原来的只有20平方米的门房中居住长达6年。

观音阁街附观音阁巷　观音巷　观音堂街

观音菩萨是佛家四大菩萨之一，但是在我国民间的影响却超过了原本是位列第一的文殊菩萨而高居首位，"家家弥陀佛，户户观世音"。在我国很多城镇，观音菩萨的庙宇与塑像是最多的，在人们心中的知名度比释迦牟尼佛还要高。如果要统计成都市区以佛教文化命名的街道，观音肯定位居榜首。

"观音"本称观世音，是印度古代梵文的译音。唐代为了避唐太宗李世民名讳，就省去了"世"字而简称为观音，这种简称一直使用到今天。观音的这一个"观"字在汉语中有观察、知晓、体验的意思，所以在佛门弟子心中，当众生受苦受难之时，只要不断念诵观音菩萨的名字，就会被大慈大悲而又神通广大的观音菩萨所"观"，就有可能得到解救。由于观音菩萨有这种"观"人"世"苦难之"音"的法力，所以就受到了广大信众的普遍崇敬，在我国其全称就成了"大慈大悲救苦救难灵感观世音菩萨"。由于观音菩萨要在不同环境之中教化不同层次的众生，所以可以变化为多种形象，据说共有33种，比较常见的有杨柳观音、白衣观音、鱼篮观音、水月观音和洒水观音。

观音菩萨传入我国是在三国时期，原来的塑像本是男性，敦煌莫高窟的壁画中的观世音还留着两撇漂亮的小胡子。可是在隋唐时期却变成了女性，这应当是观音菩萨在世人心目中平易近人、可亲可信的结果，是适应了广大信众心目之中对于菩萨的慈母之爱、女性之美的信仰要求的结果。不仅是塑像的性别发生了变化，观音菩萨还在一些寺庙中被演绎成了千手千眼观音，目的也是为了表现观音菩萨安乐众生的大慈大悲,所以用一千只手来遍护众生,用一千只眼来遍观世界。在大多数寺庙之中所塑造的千手千眼观音是在两眼两手之下左右各塑二十手,手中各有一眼,共为四十手四十眼,分别配上二十五"有"(即佛教教义中三界之中的25种众生的生存环境),等于是四十与二十五相乘,就成为千手千眼了。我国最大的木雕千手千眼观音在承德避暑山庄的普宁寺,最大的铜铸千手千眼观音在河北正定的隆兴寺,都是这样塑的。而大足石刻宝顶大佛湾的观音殿中的千手千眼观音却真的有一千零七只手,雕塑于南宋时期,是全国罕见的名副其实的千手千眼观音,具有极高的艺术价值。

目前成都主城区以观音命名的街道有位于槐树街北侧的观音阁前街与观音阁后街,是因为清道光六年(1826)将原来西门城墙边的尼姑庵观音阁迁到这里而得名。

除了现存的观音阁前街与观音阁后街之外,在致民路与南河之间原来有观音阁巷,巷中的观音阁在"文革"中被毁,小巷一直到前几年才在城市改建之中被拆除。

原劳动人民文化宫的西侧,一直到前几年还有三条平行的小街,分别名叫三桂前街、三桂中街和三桂后街,如今只剩下一条三桂前街了。这三条小街在清代的名字原来叫观音阁一巷、观音阁二巷和观音阁三巷,也是因为巷中建有观音阁而得名。为了不与其他的以观音为名的街道重名,民国时期以街内的三棵大桂花树为由而改称为三桂前、中、后街。

1981年7月洪灾中的
观音阁巷
陈德龙摄影

今天陕西街西头南侧，前几年还有一条观音巷，可以通到文庙后街，也是因为巷内在清雍正十年（1732）建有观音堂而得名，现已不存。

在今天的北较场之内，原来有明崇祯三年（1630）修建的观音堂，所以清代有观音堂街（当年这里有一个较大的水塘，所以也被称为观音塘），其东侧有观音堂巷，今天的江汉路原来就叫观音堂前街。1935年开始修建中央军校，这一片地区的街道名称大多加以改变，观音堂街、观音堂前街和观音堂巷就都不复存在了。此外，在牛市口过去也曾经有观音堂，早在民国时期开辟大田坎街时就已经拆去了。在草市街上，清嘉庆元年（1796）也建有观音堂，现在都已不存在了。此外，在下南大街、下莲池、庆云北街、染房街、东珠市街、青莲下街、小塘坎街、字库街，过去都曾经有过名为观音的寺庙。

多宝寺路

位于成都市东南郊的多宝寺路过去没有街道，是新中国成立以后才形成的一条小街，一直到1981年地名普查时才命名，现在已经是新建的向东而去的成洛（洛带）公路的起点。与多宝寺路同时命名的还有与之相邻的多宝寺南路。

"多宝"是梵语词汇的汉译，本义是金刚界的大日如来佛，音译是"袍林罗兰"，意译为"多宝如来""大宝佛"。

多宝寺路因原来在这里的多宝寺而得名。多宝寺是一座古寺，相传始建于魏晋时期，最早是宝掌禅师道场，唐代显庆年间重修之后，高僧道因法师曾经在此藏经说法（在我国书法史上极为著名的、由欧阳通书写的《大唐故翻经大德益州多宝寺道因法师碑文并序》现存西安碑林，就是为这位法师所立），多宝寺也就成为大慈寺的东律院。唐代以后屡兴屡废，直到清代仍然是城东南一座较有名气的佛寺。民国初年，因为寺庙住持豁然戒律不严，被人指责，寺庙遂被驻军乘机霸占，林木被伐，殿堂被拆，以后逐渐荒废。

抗日战争时期，成都高级工业职业学校（今成都电子机械高等专科学校的前身）曾经在多宝寺旧址办学7年，直到1946年因房屋倒塌，才搬到茶店子

多宝寺南路沙河边的奶牛专业户　1997年　唐跃武摄影

现二十中校址办学。新中国成立以后，这里办了多宝寺小学。2004年在沙河整治中，多宝寺的最后一点遗迹不再存在，只是留下了多宝寺路这个街道名称。

新中国成立以后建立的成都市收容遣送站和近年在此基础之上改建的成都市救助站，一直设立在多宝寺南路。

鋆华寺街附北鋆新街

在今天的红星路一段以西、马镇街以东，有一条不长的街道叫鋆华寺街，街北原来有一座建于清嘉庆七年（1802）、为鋆华祖师立庙的鋆华寺，所以有此街名。清代后期，寺庙被改为兵营。1913年，成都哥老会人士在望江楼的锦江对面新建了一座鋆华寺，仍然祭祀鋆华祖师，民国时期在这里办了成城中学，即今天的田家炳中学的前身。

鋆华寺街上过去还有一座圆通庵，民国时期就已不存。

在鋆华寺街西北，原来的昭忠祠街与北城墙之间，民国时期形成了一条不长的新街，因为位于原来的鋆华寺以北，所以命名为北鋆新街，已经在近年的城市改造之中被拆除。

銮华寺街和北銮新街的"銮"字，经常被误写为"莹"，但这是两个不同的字，是不能通用的。

銮华祖师是川西地区一位传说中的人物，相传原来居住在什邡的銮华山上，心极慈悲，广结善缘，乘马乘驴时连鞭子都不忍心使用。后来修成了正果，成为神人，人称銮华祖师，故而成都的善男信女们为他建了这座銮华寺。相传农历六月二十四是銮华祖师生日，过去在每年的这一天，銮华寺中都要举办祭祀的庙会。

銮华寺街中学校门外等候高考考生的家长　2005年7月　王晓庄摄影

梵音寺街

从锣锅巷到鼓楼北一街之间有一条斜街，就是原名梵音寺巷子的梵音寺街，街中有梵音寺小学，而今天小学的所在地，就是明清时期的梵音寺，梵音寺街也就是因为这座庙宇而得名。梵音寺的初建时间不详，清咸丰八年（1858）重建，寺中有铜铸佛像。

"梵音"是佛教用语，有多种含义，用在这里就是诵读佛经的声音。

20世纪50年代的梵音寺街　成都市建设信息中心提供

古佛寺街附化成寺街　石佛寺街

九眼桥下游的顺江路侧、新桂村以西有一条古佛寺街，近年间才在城市改造之中被拆除。古佛寺街中原来有一座古佛寺，相传寺内有一尊六朝年间的铜佛和一尊明代成化三年（1467）的铁铸佛像，但是在清代末年寺庙与佛像就已不存，只留下了古佛寺街的街名，如今是连街名亦已不存了。

除了古佛寺街上的古佛寺之外，过去在方池街上也有一个古佛寺，是尼庵，早已不存。

在古佛寺街之南，原来还有化成寺街，街道因街上的化成寺而得名，相传明代曾经有一位僧人在寺内坐化而成佛，故而名

石佛寺街　2005年　陈维摄影

叫化成寺。

在化成寺街以南（中间隔着一条宋公桥街）原来还有一条石佛寺街，街道因街上的石佛寺而得名。石佛寺的前身是明代的净居寺，净居寺在明末战乱之中被毁，其他的泥塑菩萨都毁坏了，只有山门处的一尊石刻佛像保留了下来，僧人就在这里修建了一个不大的石佛寺。新中国成立以后的伴仙街卫生院就建在原来的石佛寺内。在近年来的城市改造之中，这一片的旧房全部都被拆除而建了"邻江峰阁"等高楼，化成寺街和石佛寺街都只留下了过去的老街名。

庆云街

因为在街上长期有成都晚报社和成都市第二人民医院，所以成都人对庆云南街是比较熟悉的。与庆云南街相邻，还有庆云北街和庆云西街。

庆云南街在清代本来是书院街的北段，因为街上有一个重建于清康熙三十七年（1698）的尼庵叫庆云庵，所以在清代后期就将这条街改名为庆云庵南街，同时也命名了相邻的庆云庵北街和庆云庵西街。民国初年尼庵消失，于是在街道名称中就取消了那个庵字，而只称为庆云南街、庆云北街和庆云西街。庆云庵前面过去还有一个水塘叫庆云塘，塘边还有一条小街叫塘坎街，民国后期均已不存。

"庆云"是古代表示吉祥的常用语。《汉书·天文志》云："若烟非烟，若云非云，郁郁纷纷，萧萧轮囷，是谓庆云。庆云者，喜气也。"

抗日战争期间，著名爱国将领冯玉祥将军于1943年底来到成都，开展抗日救亡运动，其居住地点与主要联络处就在庆云南街原川军师长蓝文彬的私宅之内。

抗战期间冯玉祥将军在成都接受学生们捐献的布鞋
建川博物馆提供

1943年12月到1944年9月期间，冯玉祥将军在成都演讲近百次，发动"救国献金"，成都各界群众捐献金额折合黄金23000余两，珍宝和文物未计算在内。

庆云南街上的《成都日报》创刊于1956年5月1日（报社旧址是民国时期的成都市警察二分局），1961年3月更名为《成都晚报》。"文化大革命"中曾经改名为《新成都报》和《成都日报》。1983年1月1日又恢复为《成都晚报》。2001年7月1日，《成都日报》作为中共成都市委机关报以对开的形式重新复刊，而

2001年7月13日奥运成功申办之夜的《成都商报》号外　韩国庆摄影

《成都晚报》则以四开的形式改为市民报继续经营。相邻的《成都日报》集团报业大厦建成之后，两家报纸都迁进了新建的报业大厦，正门也都改到了红星路上。

20世纪90年代创刊、在成都影响甚大的《成都商报》原来也在庆云南街，现在也在报业大厦内。

民国时期的四川省主席邓锡侯的公馆就在庆云西街西口，即今天红星路与庆云西街交会路口四川广播电台大楼那个位置。

邓锡侯

邓锡侯（1889—1964）　营山人，民国时期四川军阀代表人物之一。1906年入四川陆军小学堂，以后在保定陆军军官学校第一期深造之后加入川军，历任师长、军长。1934年曾经参加"围剿"川陕革命根据地。当主力红军长征过四川时，他在得到故友朱德与刘伯承的密信之后对红军采取了尾随不攻的态度。抗日战争中出川对日作战，任二十二集团军总司令兼四十五军军长，率军从川陕路步行到达宝鸡，然后赴山西前线，在战场上与八路军关系友好。1937年底，他率军开赴鲁南，参加了著名的台儿庄战役，著名的抗日英雄王铭章

师长就是他的部下。刘湘病故之后他回川主持川康军务，为大后方的建设与全面支前做出了极大的贡献。1947年任四川省主席，因为对蒋介石的全面内战方针多有抵制，在蒋的逼迫之下辞职。与此同时，他和中国共产党、中国民主同盟都有联系。1949年12月9日，他与刘文辉、潘文华在彭县起义，迎接成都解放。新中国成立以后，他先后担任过西南军政委员会委员兼水利部长、西南行政委员会副主席、四川省副省长、国防委员会委员、全国人大代表、民革四川省委副主任委员。

红庙子街

位于锣锅巷以东、鼓楼北三街以西的红庙子街是一条小街，清康熙二十七年（1688）建有一座叫准提庵的小庙，因为外墙涂有红色，成都人多把准提庵叫作红庙子。清光绪年间在给这条小街取名字的时候，就叫作红庙子街。新中国成立以后，红庙子旧址改建为红庙子小学，后来又改建为中学。在改建中学时曾经从地下挖出古代的石狮子，据文物部门的考察，认为是五代时期的实物。由此可见，这里修建寺庙的历史是相当早的。

"准提"是印度古代梵语的译音，也写作尊提，其本义是清静。在佛教禅宗教义中，准提乃是诸位观音菩萨之一，即天人丈夫观音，其塑像一般塑为三目十八臂，也是一种千手观音，所以准提庵是一个供奉观音菩萨的尼姑庵。

后人很难想象，就是这条长仅有60米，宽不到8米的红庙子街，曾经在成都当代历史上写下了不可磨灭的一页。

1992年是我国改革开放进程中十分重要的一年，在邓小平同志南方谈话之后，各条战线都在准备着向改革开放的深度与广度进军，国务院就股份制改革试点工作进行了一系列的部署。就从这时起，我国产生了第一批股民，在人们心目中第一次有了炒股这个概念。1993年8月11日，设在红庙子街的四川省证券交易中心发行了四川第一支可转换债券——工益股份。紧接着，四川未上市的八大股票（盐化、金路、天歌、乐电、长钢、金顶、长虹、东碳）开始在股民中进行频繁的无中介现金交易，有如农贸市场买卖蔬菜一般，诸如股权证、认购证、出资凭证、交款收据等等都可交易（由于很多都有如普通发票，

▲ 红庙子证券市场　1993年　杨显峰提供
◀ 红庙子街股市　1993年　杨永琼提供

甚至还有手写的，所以人们戏谑地用成都方言称为"纸飞飞"），这个市场就是在红庙子街上。敏锐的成都人纷纷入市，露天拼杀，使得这条小街的炒股大军人山人海、盛况空前，而且延伸到附近的锣锅巷、东打铜街、鼓楼北街、梓潼街，几条街的交通几乎全部中断，街上的所有茶馆都成了炒股沙龙。据估计，每天入市者（包括一些观战者）在10万人左右，并由此而带动了四川乐山、德阳、南充、绵阳的"小红庙"，成为我国金融史上极为罕见、异常繁荣的原始股票市场。观察者认为在全国是绝对第一，引起了全国乃至海外的高度关注，时人称为"红庙子现象"。一直到第二年的夏天，在有关部门的调控之下，红庙子股票市场才逐渐关闭。一个奇迹是，这个自发的、异常火爆的场外交易市场一直秩序井然，没有发生过什么不安定的事件，没有出现过现金被偷被抢的刑事案件（这还包括下面的白庙子时期）。

1993年5月，政府有关部门决定把红庙子的自发股票交易市场迁到花圃路城北体育馆，并设立了临时的管理办公室，股民为了延续红庙子现象，遂以其谐音而将城北体育馆呼为白庙子，但是由于托管公司愈来愈多，炒股热度逐

城北白庙子股票交易市场
1993年　齐鸿摄影

渐降温。这年秋天，白庙子市场宣告结束，少数股民遂转移到冻青树街的综合市场中进行交易，于是股民们又把冻青树街的综合市场呼为青庙子。青庙子中的股票交易量远不如过去，而且这里又是股票市场与邮票市场混炒，所以成都的自发股票交易时代也就在这里逐渐结束。

大悲巷

这是位于人民南路锦江大桥以西沿南河河岸的一条小巷，清代在这里有一座供奉大悲观音（和上述的准提观音一样，大悲观音也是六观音之一）的大悲寺，所以小巷就叫大悲巷。全面整治南河外环线街道时，大悲巷的一部分并入了新建的临江西路。

大南海巷

在万福桥和北门大桥之间的上河坝，原来有一条不长的小巷，有一个很好听的名字叫大南海巷，不久前才被拆除。大南海之得名，是由于过去在这里曾经有一个叫大南海的尼姑庵。这里的南海，就是指的南海观世音菩萨。

法云庵路

法云庵路位于龙江路以东,得名于原来在这条街上的法云庵。这座尼姑庵建于清康熙五十五年(1716),本名法云禅院,法云庵是俗称。"法云"二字出于佛经中"菩萨十地"中第十的"法云地",其义为大法之智云有如甘露之雨遍注众生。法云庵在民国时期就已不存,新中国成立后主要利用法云庵的旧址修建了成都市殡仪馆。

抗日战争时期,以法律系知名全国的北平朝阳学院内迁成都,于1938年夏至1941年夏在法云庵中办学。由于学院中共产党员多、进步人士多,特别是有全国著名的左派经济学家"邓、马、黄",即新中国成立后任民盟中央副主席的邓初民、任湖北省民盟主委的马哲民、任高教部副部长的黄松龄(他们三位都是中共党员),还有著名的杨伯恺、黄宪章、潘大逵、李续纲等教授,学生中有谢韬等活跃的共产党员,课堂上公开讲授马克思主义,课余则积极参加成都的各种抗日进步活动,建立抗日救国的统一战线,故而被称为成都的"抗大"(即指延安的抗日军政大学)。国民党反动派为了遏制朝阳学院的进步力量,除了采取一系列反动措施之外,在当时的教育部长陈立夫的一手策划下,学院1941年夏天被强迫迁往重庆。

如是庵街

在书院东街与爵版街之间的一条小街叫如是庵街。这条街原来叫书院西街,清康熙年间在街北建有名为如是庵的尼姑庵,故而改名叫如是庵街。

"如是"是佛家语,其义为许可、认可、符合道理,在《法华经》中有著名的"十如是",如:如是力、如是因、如是报、如是缘等。

抗日战争时期,江浙的一些妓院老板将江浙妓女(当时在成都统称为扬州姑娘)带来成都开设名为台基的妓院,本来是尼庵净土的如是庵街与相邻的书院南街、干槐树街等地成了当时的"红灯区"。政府当局非但不禁,反而在发放"乐女证"并收取"花捐"之后任其营业。一时间，扬州台基的艳帜大大超过了成都本土，单是如是庵街就有几十家之多。《锦城旧事竹枝词》有如下记载："洋车飞快跑街前，册注红灯如是庵。货贵扬州兴化土（按，指成都本地妓女最集中的原来兴化街一带），野花朵朵遍书南（按，指书院南街）。"

如是庵街店铺　2003年　陈维摄影

青莲上街附青莲巷

青莲上街与青莲下街相接，位于合江亭以西，南到南河，北到清安街。清代时街内有一座观音堂，庙内塑观音菩萨坐于青色莲台之上，故而此街以青莲为名。青莲上街和青莲下街以及相邻的三元正街、三元巷在改革开放初期曾经是成都市内最著名的小食品一条街。近年来在城市改造的建设中，青莲上街和青莲下街一并进行了改造扩建，成为一条宽敞的新街道。

青莲上街位于府河与南河交汇之处，原来位于老成都城的东南角，在城市改造之前还能够看到一小部分清代城墙的残迹（很可能也是明代城墙的位置），包括用石条砌成的城墙基脚、几尺高的残墙和附着在外墙上向外伸出城墙的"马面"残部砖石（古代修建城墙时，为了增加用箭射杀攻城敌军的射击面，在城墙外部每隔一段距离就修

青莲上街城墙遗址　2009年　袁庭栋摄影

一块突出于城墙的半边碉堡式的建筑，叫作马面。马面两侧都有射孔，如果有敌军攻城，守军就可以在马面中向企图攀城的两侧敌军射箭，使城墙外面有从上向下和从两个侧面射杀敌军的三个方向的射杀力），修建在城墙基脚上与残墙上面的民房也仍然还保留着城墙东南角的拐角形状。2005年6月，著名作家流沙河曾经通过媒体为这里的城墙遗址进行过呼吁，希望能够加以保护。经锦江区有关部门的努力，现在已经恢复了一段残墙遗迹，前面还立有流沙河题写的碑记。

清末设置的成都水道警察局设在青莲上街原54号院内。

与青莲上街同名的还有位于状元街以南的青莲巷，也是因为巷内原来有一座初建于明代万历十三年（1585），清代有过两次增修的青莲庵而得名（另有一种民间传说，说是当年李白到成都求师访友时曾经在此居住，因为李白号青莲居士，故而得名为青莲巷）。青莲庵在民国时期即已不存，但是街巷名称保留了下来。人民南路建成之后，这是一条几乎与人民南路完全平行的小巷，除了与状元街交会路口有两家小餐馆之外，巷中没有一家商铺，庭院深深，花木掩映，是市中心十分难得的幽静小巷，可惜已经在近年的城市改造之中被拆除。

1939年，国学大师顾颉刚初到成都时，曾经在青莲巷内居住过一个时期，以后搬往北郊崇义桥的赖家院子。

元通巷

在倒桑树街以南，过去有一条与凉水井街平行的半截小巷，就是元通巷，已在近年间的城市改造之中被拆除。

元通巷的得名，是因为清代在这里有一个不大的圆通庵，人们就把小巷叫作圆通巷，在书写中则简写成了元通巷。在使用繁体字的清代，"圆"字和"元"字在一定范围之内可以通用。

"圆通"二字是圆通大士的简称，圆通大士就是观世音菩萨的一种别号。

华严巷

华严巷是一条不宽的小巷,原来东起青石桥南街,西接烟袋巷,南通安居巷,已经在前几年的城市改造之中拆除。

华严巷的得名是因为过去在巷中有一个华严庵。

"华严"二字是佛经中很常见的术语,既是佛经《华严经》的名字,也是佛教中的一大宗派华严宗的名字,与此同时,毗卢遮那佛与文殊、普贤二菩萨又共称为华严三圣。

抗日战争时期,成都有位手艺很好的白铁匠徐海亭,从华西坝的外国人士那里了解了国外制作罐头食品的方法,就试着用手工将白铁皮焊成罐头筒,用铁锅将牛奶加工成炼乳,用蒸沸的办法从小孔中排出空气后立即点焊。竟然生产出了成都最早的罐头食品,行销省内各城市。他所开的成都第一家土罐头厂,最早就是在这条华严巷中,以后又迁到南门的金子街,销量一直不错。

华严巷 1996年 周筱华摄影

小天竺街附小天九路、小天九巷

小天竺街位于锦江以南,与人民南路三段相交,长期以来是通往华西医院的主要通道。

小天竺街的得名是因为这条街上曾经有一座名叫小天竺寺的寺庙。"天竺"是印度的古称,也写为"身毒"。佛家经常以天竺作为释迦牟尼佛的故

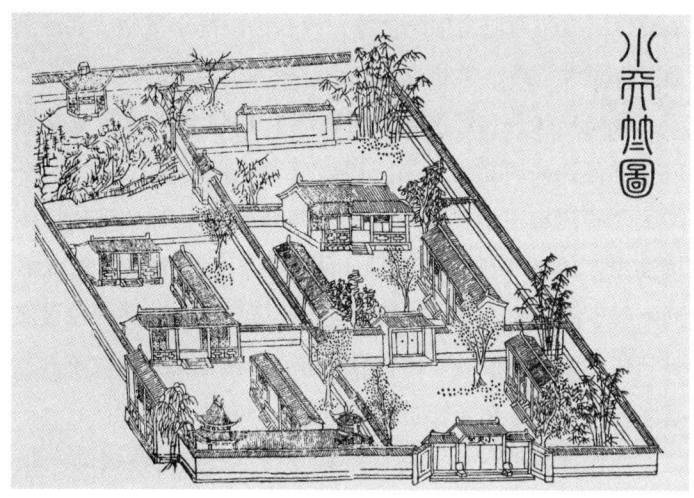

清代小天竺图　原载嘉庆《华阳县志》

乡,所以佛寺也往往叫作"天竺寺"。小天竺寺内的园林布置是清代成都城内最有名的园林建筑之一,清人有记述成都园林的《竹枝词》说:"堆山匠与花儿匠,到处亭台布置工。除却'鲁园'玉河(按:指御河沿街的鲁园,已不存)绕,'小天竺'次'小玲珑'(按:原在草市街,已不存)。"寺前还有两株大黄葛树,据记载是"根盘平地,如龙蛇,如波涛",可惜早已不存。

清乾隆六十年(1795),浙江籍的王启在成都任四川盐茶道,由他发起,在川的浙江籍人士将寺庙旧址改建为浙江会馆,这里也就逐渐形成了一条街道,所以就命名为小天竺街。民国时期在浙江会馆旧址开办了浙蓉中学,新中国成立以后改为二十五中学。成都气象学院扩建时,二十五中的地盘并入了成都气象学院。

小天竺街北国学巷口西侧,在1918年新修了一所高琦初级中学,是由开办华西大学各教会设在美国纽约的校董会(当时叫托事部)主席高琦博士捐资修建的,所以以他的名字命名。因为建房延期,一直到1925年才正式招生开学。学校不大,每年只招男生30名,但是办学质量很高。1931年正式成为华西大学教育系附属中学。大约是在1933年,因为一场火灾,学校几乎全毁,只好借用华西大学教育系教室上课。1936年,由高琦的女婿贾卜满捐资重建了新校,地点改在大学路东头今天龙江路小学南区的位置。高琦中学在新中国成立以后与华西协合中学合并,改名为成都十三中,迁址到青龙街。在原址先后开办了大学路小学和成都市小学教师培训班。

我国当代著名经济学家吴敬琏于1943年随母亲邓季惺从重庆迁家成都,就是插班到高琦初中读书。1945年考入同样设在华西坝的金陵中学(这是金陵大学的附属中学,1937年从南京迁到四川,本部在万县,成都是其分部)读高中,1946年随金陵中学迁回南京。吴敬琏在金陵中学读书时,还有一位同年级不同班的同学,就是今天与吴敬琏齐名的另一位著名经济学家厉以宁。被当代称为"吴市场"和"厉股份"的两位为我国改革开放做出了重要贡献的著名经济学家曾在同校同级读中学,不失为一则佳话。

我国西南地区第一所妇产科专门学校进益高级助产职业学校及其附属医院进益产科医院,于1938年开设于小天竺街原来的187号。进益高级助产职业学校是由毕业于芝加哥大学的美国女医生玛利安(中国名字满秀实,1896年出生于重庆,1925年受基督教会卫理公会派遣来成都行医,先在陕西街的存仁医院任皮肤科医生,因为看到当时成都的旧式接生对妇女的危害太大,产

进益助产士合影,前排左一为玛丽安(中文名满秀实),后排右二为韩素音。
耶鲁大学收藏　咸亚南提供

妇死亡率约为15%,婴儿死亡率约为25%,遂回到美国重新学习妇产科并获得了博士学位之后立即再来成都)于1931年创办的,经费基本上是由她在美国募集的,最初开办在文庙后街,1936年迁长顺街,1938年迁小天竺街,新中国成立以后并入华西大学。进益产科医院不仅是成都最早的也是最有名的产科医院,每月平均接生婴儿60人左右,而满秀实也成为我国西南地区近代妇产科的开创者,先后培养出医生与助产士131人(进益学校每届只招收学生10人左右,学制3年)。祖籍郫县的世界著名女作家韩素音曾经于1939年7月来到这里学习并担任助产士,并在满秀实的支持下写出了她的处女作《目的地重庆》,1942年在美国出版(满秀实也一直在写作有关中国的文章与小说在美国发表,将所得稿费用于进益学校的开支)。在她的自传体小说《寂夏》(或译为《无鸟的夏天》)中对小天竺街的进益学校与进益医院有过相当详细的描写。韩素音的女儿是1941年在小天竺街收养的一岁半的弃婴,她和丈夫唐保黄给女儿取名叫蓉梅,即蓉城的梅花。

1958年,新建人民南路和人民南路侧的锦江大礼堂和锦江宾馆,原来的

小天五路　1996年　陈锦摄影

纯化街、金字街、东桂街、桂花街、治平巷等一大片民居需要拆迁，市政部门决定将其全部迁到华西医院与电信路以南、九如村以西、农村巷以东、一环路南三段以北这一片地区（民国时期称为华西后坝）。在不到一年的时间内，这里形成了很大的一片基本上用旧材料修建出来的新居民区，也就有了若干条街巷。因为整个都在小天竺街以南，于是按"路长巷短，巷附属路"的原则，都以"小天"为名，命名了以"小天"为名的九路九巷。1982年至1990年，笔者就在小天二路居住。笔者搬走以后不久，这一大片的"小天"路、巷连同农村巷片区陆续都被拆除，改造成一片新的楼房，经过重新命名，有了新的仍然是以"小天"为名的五街四巷。

南台路

出新南门之后，过了成都旅游汽车总站，在龙江路口的对面，向西有一条较大的支路，就是南台路。

这里在宋代曾经是一处名胜园林，叫作中园。中园到明代仍然是蜀王的南郊别苑，是成都的游览胜地。明末张

南台路　1993年　赖武摄影

献忠在成都称帝时，多数时间并不是住在城内，而是在此居住，所以这里又有一个名称叫御营坝。清初在此修建了佛教寺庙南台寺。乾隆年间因为长期对大小金川用兵，曾经把寺庙征用为仓库，贮存军用物资。谁知贮存的火药在乾隆四十年（1775）发生爆炸，寺庙成为焦土。以后虽然得以重修，但是规模已不如往昔，园林之盛也不复存在。因为这里有南台寺旧址（民国时期旧址还在，位置在今胜利村与南台路交口处），所以周围的老百姓把这一片地区仍称为南台寺。1907年，外国传教士在这一地区购地修建华西协合大学，这里就成了

成都人所称的华西坝的一部分。1938年，为了躲避日本侵略军的轰炸，新开了新南门，新南门外同时修建了几条道路，就沿用南台寺的旧名，将这里的道路命名为南台路。

南台寺之"南台"，来源于汉传佛教之主要宗派，亦即被称为"禅之正宗"的南宗。

民国时期，这里建有一座特别的南台小学，专门招收附近农村的贫苦人家子女入学，基本上不收费用，所有教职员工全部由华西协合中学的学生义务担任，连华西协合中学的校长教员有时也要来尽一些义务，这是在成都历史上少有的义学。可惜学校办学的时间不长，新中国成立以前就已经停办。

在南台寺侧，原来有一座十分特别的墓葬，墓前石碑上刻着"点子花将军之墓"，石碑的下款写着"四川提督云南唐泽波敬题"。这里的"点子花将军"并不是一员武将，而是一匹名叫"点子花"的战马。因为它在唐泽波（即唐友耕）与太平天国翼王石达开作战时曾经救过唐泽波的命，所以死后被唐泽波用白大绸裹尸装入特制的大棺材，礼葬于此，成为一座罕见的战马墓。

绳溪巷

在原来的簸箕街、今天解放路二段的西边有一座著名的金绳寺，五代时期的著名高僧贯休（即禅月大师）当年就居住在此。而这座佛寺的得名，应当缘于《法华经》中的"黄金为绳"（四川仪陇也有金绳寺，与此相同）。可是在成都却长期流传这样的说法：金绳寺侧小溪的流水之中可以见到一条闪闪发光的金绳，只能看到而无法触摸，更是取不出来，所以这条小溪就叫作绳溪，而寺庙也就叫作金绳寺。传说中的这条绳溪至今还在，就是现在还能见到的巷西的排洪渠道（由于是从沙河分水，所以当地人过去也称为小沙河），而所谓发光的金绳则有可能是在过去水质较清时日光照射溪中所产生的折射光影。

金绳寺初建于唐，在宋代仍是一座规模很大的著名寺庙，也是当时的游宴胜地，寺内建有五百罗汉塑像。直到明代，在著名学者杨升庵的笔下，仍然是与大慈寺、净众寺、石犀寺、延庆寺、金沙寺并列的六大寺庙之一。寺庙在明末被毁,康熙四十三年(1704)重建,以后逐渐衰落,在民国时期就已变成了民居,从簸箕街到金绳寺的通道也变成了一条无名小巷。1981年地名普查时,才定名为绳溪巷。

1942年,在金绳寺旧址开办了公立的成都市立中学(成都建市是在1928年,此前开办的公立学校都是省立或县立,成都以"市立"的名义开办中学,始于此校),名义上是一所在当时还不多的男女合校的中学,但实际上仍然是男女分别编班,只有每天集合在大操场升旗听校长训话时,男女学生才会在一起。成都现代史上著名的"市中事件"就发生在这里。

1944年下学期开学的时候,因为一件开除学生的事件,引起学生与校方的矛盾,矛盾逐步升级,直至全校罢课。10月31日,省会警察局局长方超率800多名警察(这是全市警察总数的一半)手执枪支、棍棒、藤条进入学校,以镇压"学生暴动"为由,对几百名罢课学生大打出手,当场打伤学生120多人(其中重伤10多人),抓捕学生40多人,不少高中女生受到肆意侮辱。此事一出,早就对反动当局愤怒已极的全市进步学生与群众纷纷走上街头,以各种方式对市中学生予以声援。以著名作家叶圣陶为首的52位文化界人士发表了《慰问市中同学书》,"对于这一蹂躏人权的丑恶暴行向全社会人士提出控

1944年市中事件后成都各大中学校学生在省政府门口静坐请愿　杨显峰提供

诉"。《华西晚报》等进步报纸连续发出大量声援学生的文字，甚至连担负成都警卫任务的川军师长彭光汉也表示在必要时要出面保护学生。在中国共产党地下组织的策划与组织之下，由党的外围组织民主青年协会（当时简称为"民协"）具体出面进行领导，11月6日，各大中学校声援市中后援会成立。11月11日，举行了包括几乎所有学校的7000多名学生参加的大规模抗议示威游行，以燕京大学学生会主席李中（即2003年才去世的中国社会科学院副院长李慎之）为首的学生代表进入了四川省政府，递交了抗议书与四项要求。在各界群众的巨大压力之下，蒋介石政府不得不于11月13日宣布将成都市市长、省会警察局局长、成都市中校长统统撤职。"市中事件"遂写下了当时整个西南地区民主运动光辉的一页，被喻为"大后方群众运动从低潮转向高潮的转折点"，周恩来同志盛赞它是"新的'一二·九'运动"。

"市中事件"以后，学校被分为市立男中与市立女中两所学校。青年女英雄丁佑君就是市立女中的学生。1952年，市立男中与市立女中分别改名为成都八中、成都六中。2001年，成都六中并入成都八中。

丁佑君烈士

丁佑君（1931—1950） 乐山五通桥人，出身于一个富有的盐商家庭。1947年考入成都市立女子中学读高中，并在校中参加中共地下党组织领导的革命活动。1950年1月，考入西康人民革命大学（当时在四川西部分置西康省），参加革命工作。5月，担任西昌县立女子中学军代表。8月，到西昌盐中区任青年干事，参加征粮工作。9月17日在裕隆镇被发动反革命暴乱的土匪绑架。土匪采取了拷打、全身剥光游街示众、上老虎凳、轮奸、钢针穿乳等最残暴的方式对她进行万般折磨，要她劝说守卫碉堡的解放军战士投降。丁佑君宁死不屈，一直高呼革命口号，鼓励守卫碉堡的解放军战士战斗到底。土匪最后丧心病狂地将她在布满石子的小路上拖行半里，使其全身血肉模糊、皮开肉绽而英勇牺牲，时年仅19岁。丁佑君牺牲之后，被追认为中国共产党党员，授予革命烈士称号，西昌建有丁佑君烈士陵园，五通桥建有丁佑君烈士纪念馆，胡耀邦为纪念馆题写了匾额。1987年，西昌市决定将英雄牺牲的所在地河西镇更名为佑君镇。

守经街

在真武宫旧址兴建的红光商场　1964年　杨显峰提供

在今天八宝街的北边，10年前还有一条与八宝街平行的街道，名叫守经街，后来在这里新建了"家乐福"等多座新式建筑。这里在明代有著名的双佛寺，曾经藏有很多佛经，明末清初双佛寺毁于战火。清代修建满城时，北边的满城城墙是新建的。沿着满城北墙的城墙之外就逐渐形成了一条街道。住在满城之内的一些崇信佛教的满族人士集资在原来双佛寺的旧址上重建了双佛寺，用来收藏佛经，并招募僧徒负责看守这些佛经，于是把这一段街道命名叫守经街。街道比较长，所以还分为守经上街和守经下街。守经街位于满城北城墙外的东段，城墙外的西段也命了名，叫西城角街。

双佛寺在清代后期改建为真武宫，民国时期宫内开办过名叫"勤洁"的织布工场，新中国成立后的红光商场就是在真武宫的旧址上修建的。直到现在，当地老人还把这一片地区叫作真武宫。

20世纪30年代，守经街上有一家陈包子小食店，店小，陈设亦陋，但是因为制作的口蘑包子与猪油发糕十分可口，另有棒子骨汤免费赠送，故而一度远近闻名，成为"好酒不怕巷子深"的典型一例。正如《锦城旧事竹枝词》的赞扬之词："矮桌矮几小店堂，发糕包子擅一方。慕名连翩来远道，酒好巷深又何妨。"

新开寺街附卫民巷

从鼓楼北四街再往北到正通顺街这条街，过去叫新开寺街。抗日战争时期

新开寺街小食店前守公用自来水桩的售水老人　1984年　王晓庄摄影

新开寺街　2002年　赖武摄影

为了方便居民跑警报，从正通顺街向北方向打通了一条小巷，向北一直穿过东珠市街直到城墙边，当时把向北延伸的这条小巷也一并称为新开寺街，新开寺街就成为由正通顺街分开的南北两段。新中国成立以后把从正通顺街到东珠市街的这一段小巷予以保留，并改名叫卫民巷，其南边的一段仍然叫新开寺街。

新开寺街得名于原来在街上有一座新开寺，相传是唐宋时期即有的古庙，还曾经是成都城中的四大寺庙之一，但是寺庙早已不存，其详细情况也无从查考。

新中国成立以前，成都最后一任市长冷寅东生前就住在新开寺街。

冷寅东（1894—1982） 四川大邑人。早年考入四川陆军小学，参加了保路运动和讨袁护国运动。1925年任川军师长，1928年任川康边防军副总指挥，是川军刘文辉部的重要成员。"二刘"之战失败后退出军职。1935年出任设在宜宾的第六行政区专员兼保安司令和宜宾县长，在任上8年之久。1943年，因无法节制驻宜宾中央军的胡作非为，愤而去职，回到成都。1949年，中国人民解放军逼近四川，蒋介石任命早已投靠自己的川军将领王陵基出任四川省主席，却遭到一直对蒋介石不满的众多四川地方实力派的抵制，成都市市长乔诚辞职，无人愿意继任。王陵基不得不请四川地方实力派代表人物刘文辉与邓锡侯推荐成都市市长人选，经过多方研究之后，冷寅东于1949年4月接任了旧成都的末任市长。上任之后，他表面与国民党方面多方敷衍，暗中却接受进步人士的意见，从广播中听取了我二野刘、邓首长进军西南宣言中的有关要求，为迎接成都解放、维持地方秩序、保护历史名城和财产档案做了大量有益的工作。在国民党中央军数十万人云集川西的情况下，对蒋介石在成都的代表胡宗南、王陵基的若干反动措施进行软顶硬抗，坚决拒绝了将成都市政府迁往眉山的命令，于1949年12月26日宣布成都和平起义，维持了全市的和平秩序，周密安排了解放军的入城与接管，将一座历史文化名城完整地移交到人民手中。成都解放之后，他被安排为成都市人民政府委员和省政协委员、省参事室参事。

还有件事值得一提。中美建交之时，美国国务卿基辛格在访问北京时向周恩来总理提出一定要见冷寅东。周恩来总理为此特别安排专机将冷寅东接到北京与基辛格会面，基辛格在冷面前毕恭毕敬地执晚辈之礼。原来基辛格与冷寅东在美国的儿子冷少泉是关系极深的老同学，冷少泉是原台湾的国民党"副总统"严家淦的女婿，多年未曾回国，所以基辛格特地代其对冷寅东进行拜望。直到改革开放之后，冷少泉回乡探亲，终得以全家团圆。

明星巷

这是一个在今天看来很时尚的街巷名称，可是却得名于一座小庙。

在花牌坊街以北、江源巷以东，原来有一条很短的半截小巷，名叫明星巷，近年来已在城市改造之中拆除。

·街巷·

  这条小巷原来没有名字，巷内以前有一座名字已经失传的小庙，人们都叫作新庙子。庙内供着一尊肉身的"老母菩萨"（古代将去世的高僧遗体用漆、金等材料涂抹之后加以供奉，叫作肉身），附近的善男信女们认为向菩萨许愿甚为灵验，有如天空的指路明星，就送了一个匾额挂在庙门上，上书"明星寺"三字，这以后人们就把这条小巷叫作明星巷。1981年地名普查时，就把这条无名小巷正式命名为明星巷。将一尊菩萨称为"明星"，这在成都也算是一桩趣事。

金华街

  金华街原来是一条不短的街道，位于府河以北、人民北路以东，在府河南河综合整治时，金华街被改建后的星辉西路所取代。

  金华街的得名，缘于晋代在这里就已经有了的金华寺。金华寺的得名相传是因为寺内有一位持有金花玉象的胡僧，后来街上的一座小桥也就名为金华桥（1956年在街东段的沙河排洪河上修建了一座钢筋混凝土桥，名字也叫金华桥，是借用了古代金华桥的名字，与古代的金华桥是两回事），又因为金华

府河边上的金华街民居　1989年　王晓庄摄影

以祠庙馆所命名

金华街 20世纪90年代 周孟棋摄影

桥而有了金华街的名称。

我国古代"华"字与"花"字通用,所以金华街也曾被写作金花街。

清代时这一地区还没有形成完整的街道,当地还有叫万人坑、娃娃坟之类的小地名,主要的从业者是杀猪的屠户,所以成都屠宰业的行业公会就设在这里。屠宰行业的行业神是三国时期的汉桓侯张飞,所以祭祀屠宰业行业神的祠庙就叫作桓侯庙。桓侯庙初建年代失载,清乾隆五十九年(1794)重修,其旧址在今天的金华街小学。

我国古代几乎各行各业都有自己的行业神,所以行业公会往往都是以庙宇的形式出现,并在庙内开展一些祭祀与互助的活动。由于各种各样的原因,古代的行业神有较为明显的庞杂、随意、附会、一业多神或一神多业的特点。在四川民间有一定影响的行业神有:

建筑业:鲁班;漆绘雕塑业:吴道子;冶铸业:李老君、金炉圣姑;玉器业:丘处机,制笔业:蒙恬,制墨业:吕洞宾;造纸业:蔡伦;书坊业:文昌帝君;皮革业:黄飞虎;烟草业:诸葛亮;香烛业:关公;制鞋与编织业:刘备;蚕丝业:马头娘;棉纺业:黄道婆;成衣业:黄帝;靴鞋业:孙膑;刺绣业:顾儒;厨业:詹王;井盐业:张道陵;酒业:杜康;茶业:陆羽;屠宰业:张飞;粮食业:神农;理发业:罗真人;医药业:孙思邈;银钱业:赵公明;骡马运输业:马王爷;水运与渔业:镇江王爷;贩牛业:牛王;农业:八腊神;军队:关公;监狱:萧何;镖局:达摩祖师;梨园:老郎神;娼妓:管仲、白眉神;赌博:土地爷;乞丐:范丹;盗匪:盗跖;小偷:时迁;星象:麻衣祖师。

· 街巷 ·

王爷庙街

成都市区在清代曾经有过三座王爷庙，都是水运与渔业的行业神镇江王爷之庙。一在东门外的府河边的天仙前街，一在南门外的南河边的柳荫街，最著名的就是在北门外府河上五丁桥侧甲府园（这是改革开放以后在中日友好活动中由日本甲府市捐建的日式小游园）那个地方，因为是饮马河从府河分流的出口，昔时曾经是府河上的一处盐码头和烟码头，所以清代建有王爷庙。抗日战争时期这里是北门外跑警报时的一处疏散地，所以修建了一些房屋，还因为这里的世外村茶园而有一个很有诗意的名字叫"世外村"。新中国成立之初王爷庙都还在，只是把神像毁去，把庙宇作为民居，还把这片民居叫作王爷庙街。由于居民不多，1989年改称王爷庙居民点。现在这一片已经全部建成了高楼，高楼旁是市中心唯一的一座弧形高架桥，已经找不到任何"世外村"的痕迹了。但是王爷庙作为一个地名仍然还在使用，例如在五丁桥与万福桥之间的府河南岸的武都路上的公共汽车站，至今仍然还叫王爷庙站，五丁桥南的西郊河上的小桥仍然叫王爷庙桥。

上述三座王爷庙均已不存。作为一个因水而兴的城市，成都至今还完整保存着一座王爷庙，是在双流县黄龙溪的府河岸边。庙内过去一直供着镇江王爷（当地传说，镇江王爷还有一个名字叫杨泗），所以又叫镇江寺，庙前的水码头至今仍然叫作王爷坎。黄龙溪王爷庙中的镇江王爷塑像现已不存，每年农历六月初六是镇江王爷生日，都要举行祭祀大礼，酬神唱戏，大宴宾客，热闹三天，被称为王爷会（成都的王爷庙在清代也要办王爷会，规模比黄龙溪还大，一度仅次于全川最热闹的五通桥竹根滩王爷会）。在黄龙溪的王爷庙内，清代还建立有船运业的行业公

成都双流黄龙溪的王爷庙　2008年　喻磊摄影

以祠庙馆所命名

会，名叫桡业公会，管理着300多艘船只、1000多个船工，下面又分为远航宜宾、重庆的远航帮，近航乐山、成都的短航帮，以及只在附近彭山江口、苏码头、鹿溪河中航行的舢板帮。

在成都郊区另一个著名的旅游地邛崃平乐，当年在白沫江畔也有一座王爷庙，就在今天平乐小学的位置，当地的老人至今仍然称其为王爷庙。

成都先民过去祭拜水神的庙宇，除了王爷庙和前面介绍的龙王庙之外，还有上河坝街的镇江寺、下河坝街的临江寺、包家巷的水神寺、水巷子的临江庵。此外，文庙西街的江渎祠也称为水神寺，是专门祭祀江神的祠庙。

白塔寺街

从九眼桥沿府河岸边往四川大学方向走，原来有一条半边房屋的街道名叫白塔寺街，前几年这些房屋全被拆去而新修了楼房，在楼房与府河之间就只剩下行走的大道望江路而不见老街了。

明代在这里有一座回澜塔（应当是宋代的回澜塔毁后的重建，参见"太平街"），是万历二十一年（1593）在修建九眼桥时同时修建的镇水塔（属于古人专门用来压制水妖、免除水灾的风水塔），高约10层，塔顶有一个锡合金的宝顶，在阳光之下会闪烁银白色的光芒，很是壮观。在回澜塔旁还建有回澜寺，因为塔身是古塔常见的白色，老百姓都称为白塔，并把回澜寺也称为白塔寺。回澜塔在明末毁于战火。清乾隆二十七年（1762），四川总督开泰在回澜塔的旧址重建了塔式建筑"同庆阁"及周围的附属建筑，附近的老百姓仍然按过去的俗名称之为

从江畔远眺白塔　1905年
［日］山川早水摄影　刘永禄提供

白塔和白塔寺，以后在这里逐渐形成的街道就名为白塔寺街。民国初年还残存有白塔七层，但已经不能登临。军阀混战时期，这一片地区一度成为埋葬没有家属收埋的死亡士兵的乱坟包。1945年11月23日的一场火灾，更是将白塔、白塔寺和白塔寺街几乎尽毁。新中国成立以后，路边的房屋渐多，于是又才有了白塔巷和白塔村。

这座回澜塔在成都有过不少的民间传说，一些文士又为之增添了不少的神秘色彩，而且与成都的不少民间传说一样，都集中到了与成都历史关系颇大的诸葛亮和张献忠身上。例如清人彭遵泗在《蜀碧》中记载：张献忠攻占成都之后就听到一首民谣："桥是弓，塔是箭，弯弓正射承天殿。"因为回澜塔位于九眼桥头，桥如弯弓，塔如利箭，所射的承天殿正是张献忠打算登基称帝的金銮宝殿。于是张献忠就命令军队将回澜塔拆除。可是在拆除之时，于地下发现一通诸葛亮当年埋的古碑，诸葛亮在碑文中明确地预言说张献忠必然失败，而且射杀张献忠的就是清军的肃王豪格。果然，两年多以后，张献忠就被肃王豪格部下射死于西充凤凰山。

这个记载的不可信是十分明显的，但是"桥是弓，塔是箭，弯弓正射承天殿"的所谓民谣以及其他不同的版本却在成都流传了好久好久。

九眼桥边的回澜塔已经看不见了，但在成都市郊县却还保留着一座著名的回澜塔，这就是邛崃的回澜文风塔。该塔是在明代万历年间的镇江塔的基础之上，于清代乾隆至光绪年间分三阶段历时170年才得以建成，通高75.48米，是全国第三高的砖塔。

太平街

九眼桥以西，锦江南岸沿江的街道过去叫作太平街，而且周围还有多条以太平为名的街巷。所有这些名字，都是因为宋代在太平下街的锦江岸边有过一座寺庙叫回澜寺，又叫东山白塔太平寺，1922年曾经在这里发现过一块南宋孝宗乾道年间的记载这个寺庙的残碑。这座寺庙在明代即已不存（清代的太平下街只有一个不大的观音阁，新中国成立初期还在），但是名字却一直留了下来。从"回澜""太平"这些称呼可以推断,古人在这里建寺建塔,都应当与祈求神灵免除洪灾、保佑太平生活有关。

太平街作为南河与府河汇合之后的南侧河岸,过去曾经是一个重要的水码头。由于街上开有沿河硝制加工皮革的作坊和通过水路运输皮革制品的商家,所以叫作皮房码头。因为这里又有若干从江中漂来的竹排在江边被交易,所以又称为竹子市。到了民国时期,由于陆上交通逐渐取代了水上交通的地位,太平街上的繁荣也就逐渐消退。抗日战争时期,成都市政当局在新南门至九眼桥的南河以南这一地区修建以致民路为主干的新村,这一片基本上成了少有产业的居民区。

在近年的南河两岸道路与民居改建之后,原来沿江狭窄破旧的太平上街、太平中街和太平下街都已不存,而代之以新建的江天路与丝管路,在江天路与丝管路之间修建有著名的音乐广场(江天路与丝管路的命名,也正是因为音乐广场的修建,而用杜甫的名句"锦城丝管日纷纷,半入江天半入云"而来),太平巷已被拆除,太平南新街并入了太平南街,原来以"太平"命名的老街现在只剩下了太平横街和太平南街。

成都的太平街不止一处,今天的太升南路是一条在几条老街的基础之上扩建的街道,其最南的一段过去也叫太平街,以明代的蜀王在这里建有太平

太平南新街
2002年　赖武摄影

太平中街58号
1996年　陈维摄影

太平南街民居　2002年　赖武摄影

寺而得名。1940年在这条街上建有鼎记益民电影院，1946年改建为协记益民剧院，除了短期由震新科社演出川剧之外，由1943年在成都成立的中国艺术剧团在此长期演出话剧，所以这里也被称为中国艺术剧院，成都人通称为"中剧"。当时成都的话剧演出很活跃，但是大多是外

九眼桥太平巷　1999年　冯水木摄影

地来蓉的剧团，在成都本地建立而且又有自己的专用剧场的，只有"中剧"一家。新中国成立以后继续活跃在成都舞台上的著名艺术家如萧锡荃、张帆、位北原等都是当年"中剧"的骨干。

在这条当年的小街上，民国时期开设有一家在当时还应当算是新生事物的浴室，取了一个极为文雅的名字叫"沧浪歌"，典出于《楚辞·渔父》："沧浪之水清兮，可以濯吾缨；沧浪之水浊兮，可以濯吾足。"既是语出名篇，有

洗濯之意，又有借《楚辞》之语对黑暗世道的无声抨击。这在成都过去众多的著名店招中算是最佳之一。

三圣祠街

在暑袜中街以东、北新街与中新街街口以西的一条小街叫三圣祠街。三圣祠街原名三圣祠巷，其得名就是因为清代在这条街的西口建有一座三圣祠。三圣祠初建于清康熙十三年（1674），乾隆四十九年（1784）毁于火灾，八年以后重建。民国时期祠庙被拆，以原址为基础扩大之后修建了暑袜北三街小学。

由于三圣祠早已不存，所以祠内所供奉的是哪三位圣贤已经不可确知，目前有三种说法：三国的刘、关、张；道教神系之中的三霄娘娘，即云霄娘娘、紫霄娘娘和碧霄娘娘；上古三圣。关于上古三圣又有三种说法：唐尧、虞舜、夏禹；伏羲、文王、孔子；夏禹、周公、孔子。笔者认为更古老的三圣可能更为可信。这是因为就在这三圣祠稍北处的提督街上，清代建有祭祀刘、关、张的三义庙，不太可能在这很近的位置修建两座祭祀刘、关、张的祠庙。过去成都以"三圣"为名的寺庙还有好几处，单是同治《成都县志》中所载的

清末的四川中西学堂　四川大学档案馆提供

就有三处，目前都不清楚所祀的到底是哪"三圣"。只知道今天的三圣乡那里曾经有过纪念刘备、关羽和张飞的三圣祠。成都至今都还有一条三圣街，却又不是因为三圣祠而得名，有关的介绍见"三圣街"。

清光绪二十二年（1896），四川总督鹿传霖创办的四川中西学堂就在三圣祠街开办。这

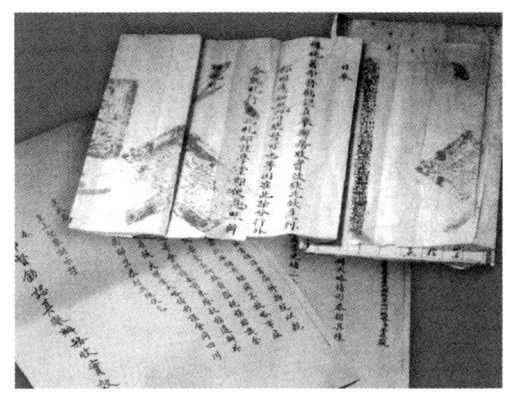

四川总督关于四川中西学堂等校合并为四川通省大学堂的奏折　四川大学档案馆提供

是四川历史上第一个专门学习西方近代文化的学校，也是一所五年制的留学预备学校。学校的主旨是学习"西学"，如英文、法文、数学、天文等，由留学回国的知识分子主持校务。五年之后，即1901年，四川第一批官派出国留洋的学生共22名，其中的18名留学生都是中西学堂第一届的毕业生（另有4名选自尊经书院的毕业生）。钱为善留学英国归国之后任四川电话局长、四川工业学堂总理委员（相当于校长），胡骧留学法国归国之后任四川机器总局局长。光绪二十八年（1902）初，四川中西学堂与尊经书院、锦江书院合并，成立了四川通省大学堂，当年底即按全国通例，改名为四川省城高等学堂，是为今天四川大学的前身。2006年，四川大学举行了建校110周年校庆，就是因为是以四川中西学堂开办的1896年作为它最早的建校时间，是以四川中西学堂作为它最早的前身。

川主庙街

清代学者张澍曾经在《蜀典》卷七《方言》中说："蜀人称其地官之最尊者曰川主。"这话只说对了一半。四川人是只把极少数对四川的经济文化事业做过重大贡献的最高长官称为川主，而不是把所有的最高长官都称为川主。在整个四川历史上，称川主时间最长、影响最大的首推李冰。从目前所见到的资

料考察，各地修建川主庙的高峰时期是在明清时期。据目前还可以考知的资料，明代修建的川主庙至少有22座，清代与民国修建的川主庙至少有180座（见罗开玉《中国科学神话宗教的协合》一书的统计），在四川省内建得最多的犍为县单是在清代就新建了46座川主庙，清代成都范围内仅华阳一县就有6座，成都一县就有4座。在成都市范围内的川主庙当然以今天都江堰渠首工程北岸的二王庙最为庞大、最为有名，在成都城区现在还能见到遗迹的还有两处。

九眼桥东头的府河北岸过去有一条小街叫川主庙街，街中在新中国成立之初还有一座川主庙，始建于明崇祯元年（1628），清乾隆、嘉庆年间都有重修，庙中供奉李冰父子二人的塑像。相传夏历六月二十四是李冰生日，每年的这一天，地方官都要在此主持祭祀，仪节十分隆重。而在此前后的数十天内，都会有各地受到都江堰水利之惠的善男信女们携带香蜡祭品来致祭，络绎于道，十分热闹。新

20世纪50年代成都川主庙街49号食品厂的包装纸　王大明提供

中国成立以前，川主庙内的空坝也是东门上的米市。新中国成立以后，这条小街在扩建道路时被拆除了大半，所余部分一直到1981年才并入扩建之后的伴仙街。2004年府河两岸的道路扩大扩宽，伴仙街又并入了顺江路。

川主庙街因为位于府河岸边，民国时期就有好几家当时在成都为数极少的水产店，专门出售从府河中与东郊各地塘堰中捕捞上来的鱼类与乌龟、团鱼。改革开放之后，在九眼桥东北的宏济路上曾经形成了成都最大的水产批发市场，应当就是昔年川主庙街上水产店的余绪。

成都市区过去最大也是最重要的川主庙在南府街，故址如今尚存（详见"南府街"）。

由于李冰的历史功绩在川人中传播很广，所以在四川以外也有川籍人士修建的川主庙或川主宫。这其中最著名的是贵州铜仁的川主宫，建于明洪武八

年（1375），是当地修建时间最早的历史建筑，2006年被列名全国文物保护单位。遗憾的是在2007年3月7日遭遇了一场火灾，现在的建筑是在火灾以后在原基础之上重建的。

文庙前街附文庙后街　文庙西街　文庙街

文庙就是古代祭祀孔子的祠庙。孔子（公元前551—前479）是我国古代最伟大的思想家、教育家，儒家学派的创始人，去世之后一年，鲁哀公就下令以孔子所居之堂为庙，岁时祭祀。从此以后，孔子受到了历代王朝的尊崇，先后被追封为宣尼公、文宣王、至圣文宣王、大成至圣文宣王、至圣先师、大成至圣先师，在全国每一个县级以上的城市都必须修建文庙。成都各区县都有文庙（目前保存较好的是崇州文庙和青白江区城厢镇的原金堂文庙），成都市区内则因为过去既是府县同城，又是一城分二县，所以既有成都府的文庙，也有华阳县与成都县的文庙。从唐代以来，成都府文庙就建在这条街的北侧，与文翁石室相邻，乃是过去的周公礼殿的故址。一直到民国时期，一年一度的全省祭孔典礼都在这里举行。成都府文庙现已不存，其旧址并入了今天的石室中学。

汉代在成都兴学的著名教育家文翁去世之后，成都官民就在他开办的石室讲堂之中塑像祭祀。东汉灵帝年间，学校失火，但石室尚存。汉献帝兴平元年（194）全面重建石室讲堂之时，新建了一座祭祀周公的礼堂，这就是最早的周公礼殿。这座建筑以后一直保存，历代或有增修，或有重建，唐代在这里修建了文庙，又修建了专门祭祀孔子的大成殿。五代后蜀时又在这里建石经堂，以14年的工夫刻儒家经典十种立于堂内，宋代又增刻三种，前后历时187年，方刻完"十三经"全碑。这就是我国古代最完整的唯一一种有注释的《蜀石经》，共刻成石碑1000多块，总字数超过130万字（蜀石经已经在宋末元初的战火之中被毁，世间所存拓片共有200多页，约占总数的3%。1938年在南较场外邻近石室中学的城墙下面发现了少量残石遗物，目前在四川省博物馆藏有6块，国家图书馆藏有1块，重庆市博物馆藏有1块，国家图书馆另藏有1张全石拓片）。用今天的话来说，石室是古代四川最重要的学校，石经堂就是古代四川最重要的图书馆，两者相结合，这里就成了古代四川最重要的文化教育中心。元代又在石室旧址开设了石室书院，这里就同时有了府学、书院和成都府文庙，在古代四川文化教育中的地位就更加突出。明代，以成都府文庙为中心，在这里有了文庙前街、文庙后街和文庙西街。

1938年拆除老南门城门洞时发现的蜀石经残石
杨显峰提供

清顺治二年（1645），文庙失火，次年全城被毁。清初重建成都城时，于康熙二年（1663）在原来文庙旧址重建了文庙。康熙四十三年（1704），在原来的石室书院旧址新建了锦江书院，是为四川的最高学府。著名学者彭端淑、李惺等曾经在此执掌教席20余年，培养出了包括著名学者李调元在内的"锦江六杰"和维新志士刘光第等一批人才。

成都府文庙泮池望棂星门　1914年　［法］谢阁兰摄影　杨显峰提供

成都府文庙大成殿　1914年　［法］谢阁兰摄影　杨显峰提供

清光绪二十七年（1901），清廷正式宣布实施废书院、兴学堂、改革科举制度的新政。四川总督岑春煊在第二年就将锦江书院与四川中西学堂、尊经书院合并，开办了四川历史上第一个具有近代意义的高等学校——四川通省大学堂（年底改名为四川省城高等学堂，地址在南较场原来的尊经书院，占地面积249亩），同时在原文翁石室与锦江书院旧址开办了四川历史上第一个具有近代意义的中等学校——成都府师范学堂（这也是四川最早的师范学校，由岑春煊亲自兼任总理，由著名学者赵藩担任堂长）。光绪三十一年（1905）改为成都府中学堂。民国元年（1912）四川高等学堂分设中学并入，次年改名为成都联合县立中学，以后还曾经改名为成属共立中学、成属联立中学、石室中学（几次改名，

20世纪30年代的石室中学大门　杨显峰提供

20世纪50年代的石室中学　杨永琼提供

主要是为了顺利解决官方的经费来源，因为成都建市是在1928年，在此之前的清代成都府共有16个县，辛亥革命之后1913年废除了成都府，没有了府政府的经费开支，必须由原成都府属16县共同负担经费，校长也只能由16县人担任，所以才会出现"成属共立""成属联立"之类的名称，校旗和帽徽也都是中间一个大圆形、周围环绕16个小圆形。1936年学校改为省立，本来应当改名为四川省立第几中学，但是学校师生与众多校友纷纷反对，不愿意使用这个全新的名字，只好定名为石室中学）。1931年，原来的文庙旧址的前半部并入学校。抗战时期，为了躲避日寇的轰炸，曾经迁往肖家河、武侯祠内办学。1952年改名为成都四中，原来的文庙旧址的后半部也并入学校（1994年因为学校修建体育馆，原成都府文庙的主要建筑大成殿被完整拆迁到成都郊区金堂县赵镇今金堂县文化局大院内，是现存的清代文庙街上年代最早的也是最优秀的建筑物。2009年，石室中学又在学校北门仿建了一个钢筋混凝土建筑的大成殿。近年来，包括笔者在内的不少人士都在呼吁将原来的大成殿迁回成都文庙街，成都市有关部门正在研究之中）。1983年复名为石室中学。目前的石室中学不仅是成都名校，也是全国名校，在我国教育界享有很高的声誉。2004年11月19日，石室中学隆重举行了文翁办学2145周年和改新学100周年的大型庆祝活动。著名学者季羡林曾经在1985年为该校题词："古今一校，扬辉千秋。"

石室中学曾经为国家培养过无数的优秀儿女，李一氓与贺麟就是其中的代表。

李一氓（1903—1990） 四川彭县人，1919年就读于成属联合中学，当时名李国治，毕业后去上海考入东吴大学，改名李民治。1925年在广州参加创造社，改名李一氓，与郭沫若成为莫逆之交。1926年加入中国共产党，在国民革命军总政治部任秘书科长，参加北伐后又任第二方面军主任秘书。1927年参加南昌起义，任政治部秘书主任。这以后在上海参加中共中央特科工作，以后又根据党的安排参加文化战线工作，参与发起中国社会科学家联盟，翻译出版多种马克思主义著作。1932年进入中央苏区，任国家政治保卫局执行部部长，参加了长征，到达陕北以后任中共陕甘宁省委宣传部长。"七七"事变以后，毛主席特派他回到成都从事统战工作，争取刘湘与我党合作抗日，四川地方实力派的著名人士张志和就是由他带到延安并推荐给毛主席的。这以后，他到江南协助叶挺组建新四军，任苏北区党委书记。抗日战争胜利后，任中央华东局宣传部长、苏皖边区政府主席。新中国成立以后出任中国驻缅甸大使、国务院外办副主任。1974年任中共中央对外联络部常务副部长。十一届三中全会上当选为中央纪委副书记，后任中顾委常委。李一氓不仅是成都籍的为数不多的老一辈无产阶级革命家，也是一位著名的学者、书法家与收藏家。1982年由陈云同志推荐出任国务院古籍整理出版规划小组组长，是改革开放以后我国多项古籍整理工作的策划者与领导者。他去世之后，家属遵照他的遗嘱，将他一生收藏的书籍与文物全部分别捐赠给故宫博物院、四川省博物馆和彭县图书馆，将一生积蓄的15万元人民币捐给彭县设立了"李一氓奖学金"。

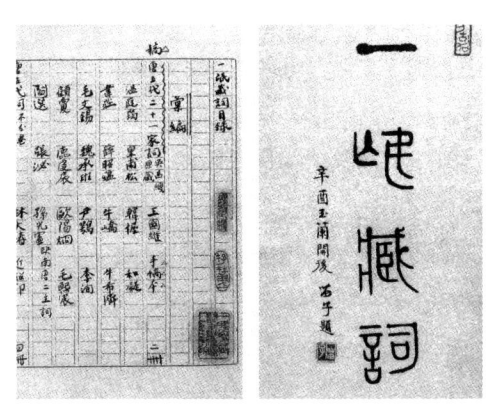

《一氓藏词》稿本　四川省图书馆藏

贺　麟（1902—1992）　四川金堂人，在成都联合县中毕业之后于1919年考入清华学堂，1926年赴美留学，获哈佛大学硕士学位，又赴德国柏林大学，专攻德国古典哲学。1931年回国后长期在北大、清华等校授课，是我国当代研究德国古典哲学最有成就的大师级学者，公认为我国研究黑格尔的权威，被称为"东方黑格尔之父"，黑格尔的主要著作如《小逻辑》《精神现象学》《哲学史讲演录》等都是由他翻译出版的，如今广泛使用的哲学专业术语如"扬弃"等都是他最先使用的。他学贯中西，20世纪30年代曾经创立与冯友兰的"新理学"体系相对的"新心学"思想体系，是现代文化史上正式提出"新儒家"概念的第一人，被研究者称为中国现代新儒学的"八大家"之一。主要著作有《近代唯心论简释》《文化与人生》《当代中国哲学》《现代西方哲学讲演集》《黑格尔哲学讲演集》《五十年代的中国哲学》等。新中国成立以后历任中国科学院哲学研究所西方哲学研究室主任、中华全国外国哲学史学会名誉会长。

金堂五凤镇炳灵村的贺麟故居保存良好，已经建成了贺麟故居陈列室。陈列在这里的不仅有贺麟的事迹，还有贺麟的独女、清华大学党委书记、副校长贺美英的事迹。

金堂的贺麟故居

石室中学不仅为蜀中培养了大批精英（新中国成立以后已经从这里走出了6位两院院士），也产生了若干著名的作品。例如在成都现代文学史上最著名的诗歌之一《成都，让我把你摇醒》，就是我国著名作家与学者何其芳在这里任教时于1938年6月创作的（发表于抗战时期由何其芳、卞之琳、谢文炳等共同在成都创办的《工作》第七期）。"让我打开你的窗子，你的门，成都，让我把你摇醒。在这阳光灿烂的早晨！"这样的诗句就是从这里开始在成都久久流传的。

除了文庙前街的成都府文庙之外，过去的华阳县文庙就建在文庙前街与文庙后街之间的何公巷（抗战胜利以后华阳县中的初中部曾经设在这里，抗日战争时期迁川的燕京大学的一部分也曾经设在这里，著名学者吴宓也曾住在这

华阳县文庙
1943年
［英］李约瑟摄影
杨显峰提供

华阳县文庙大成殿
1943年
［英］李约瑟摄影
杨显峰提供

里），成都县文庙建在过去的文圣街、今天的文武路。

文庙前街是成都的文化教育圣地，在过去不仅有著名的文庙和学校，在宋代元祐年间（1086—1094）还建有祭祀当时守边有功的著名政治家兼著名学者范仲淹和韩琦的"范文正公祠"与"韩忠献公祠"，在清代又建有乡贤祠、名宦祠。原来在街口建有纪念文翁的牌坊，所以这条街也被叫作文翁坊。

除了文庙与学校，清代成都府主管教育与科举的成都府学署（主管官员称为府学教授）也设在文庙前街。

可能是由于受到我国传统文化中著名的"孟母择邻"故事的影响,清代与民国时期有很多著名的人家都在几条文庙街建房或买房居住,以求在文庙与石室周围染洙泗之习,闻弦歌之声,故而文庙前街是近代成都大公馆最集中的街道之一。清代名将杨遇春(有关杨遇春的介绍见"前卫街")在成都城区有三座宫保府,位于文庙前街的一处是规模最大的。清代末年,为了修建川汉铁路,杨氏后人将府宅捐出,开办了成都铁道学堂。铁道学堂停办之后改为成都电报局,新中国成立以后的四川省邮电管理局及一些下属单位都设在这里。据老人回忆,当年的宫保府十分气派,大门两侧的拴马石有八个,大门对面还建有气势宏伟的照壁。此外,四川现代历史上的著名人士尹昌衡、唐式遵、李家钰、刘文辉、向传义在这里都有公馆,辛亥革命时期的著名将领蔡锷在成都生活时的故居(蔡锷在护国战争中以护国军总司令身份率军入川与袁世凯的军队作战,于1916年在成都先后出任四川巡按使、四川督军兼省长,主理川政,曾在成都短期居住)也在这里。

文庙前街东侧过去有一条小巷叫仁里巷,清末民初的著名画家聋道人即住于此巷。

聋道人

聋道人(1848—1923) 成都人,本名刘锡玲,因不利于听,自号"聋道人",其本名遂少有人知。他是我国晚清画坛的杰出画家之一,曾与吴昌硕、齐白石齐名。特别是中年以后弃笔用指,以指头、指甲、指腹、手掌作画,成为与高其佩并肩的我国两位指画大家之一,其技巧被称为"聋派"。他曾经在川西北地区行经1200里,得旅行写生册页200多幅,精选出80多幅印制的《邛崃叱驭图》画册是罕见的集民俗、山水、民族、物候、军事于一身的艺术珍品。他的横幅巨作《桂湖春燕图》曾在1915年的巴拿马万国博览会上荣获金奖,是我国画家走向世界、获取金奖的第一人。北京荣宝斋专门为他刻印了三套笺谱,鲁迅先生与郑振铎先生于1933年编印的《北平笺谱》也收入了他的作品。聋道人早年也曾为官,1909年退隐于此巷中自建的"三迟楼",以作画吟诗终其生。所谓"三迟楼"并非楼房,而是

聋道人的指画代表作《桂湖春燕图》

池塘边的草屋。"三迟"者，寓意为"结婚迟，生子迟，弃笔（按：指弃笔改指）迟"。在从事创作的同时，他"耳聋心不聋"，关心国事，1907年曾奉官方之命东渡日本考察交流，并带四川官费留学生去日本留学。他特别热心于成都的教育事业，一直在"三迟楼"开办"国粹画馆"课徒讲学。又曾与教育家陆慎言（即陆逸之）一道发起兴办成都第一所女子学校"淑行女子中学堂"，并参与四川省女子师范学校、四川蚕桑学校的兴办和四川省红十字会的筹建。2002年，四川省博物馆特地举办了《清末指画大师刘锡玲（聋道人）遗作展》，四川美术出版社出版了《聋道人指画经典》。

就在上述的文庙前街仁里巷口，还有一家有名的公馆，就是大邑安仁镇著名乡绅刘文彩的公馆。刘文彩在成都共有4处公馆，另有3处在文庙后街、陕西街和湖广馆街，目前只有文庙后街51号的公馆还有一处围墙遗迹，那里原来是刘文彩的二太太杨仲华及其子女居住的公馆。1949年10月17日，刘文彩就在这个公馆里离世。

清光绪十二年（1886），成都第一个电信管理机构成都电报局从南府街迁至文庙前街。因为是官督商办，所以也称为商电局。

清代后期，家住文庙前街锦江书院旁边的一位钟姓人家制作了一种香甜酥软的小吃蛋烘糕在自家门口现烘现卖，很受书院学子和街坊邻居的欢迎。书院中一位训导撰写了一副对联贴在钟家大门上："齿存蛋香锦绣文章增异彩；口留酒甜龙凤巨橡生奇花。"从此之后，蛋烘糕受到愈来愈多的人们的喜爱，全城都有仿制者，至今仍然是最受人们欢迎的成都名小吃之一。

文庙后街也是成都公馆较多的街道和著名的文化教育街。例如清代后期血腥屠杀李蓝起义军与石达开部太平军的四川提督唐友耕的公馆就在文庙后街。

清代成都私家花园中最著名的"南唐北李"之中的唐家花园（"北李"指正通顺街上的李家，即巴金故居）在文庙后街，其面积几乎占了全街之半。当代著名文史专家唐振常先生就是在这花园中长大的，他曾经有这样的回忆："故居是四进大宅，大小房间不下六十余间。……园中既有戏台、假山、水池，富中国园林之胜，复有西方园林的开阔的大草地。……活动的天地极为广阔，有山可登，有洞可入，有水可涉，花木丛中鸟语花香……"大约在1933年，唐家将花园卖与四川军阀王缵绪，改名"治园"（20世纪90年代初期，在四川省公安厅食堂隔壁大院的门枋上，还可以见到"治园"二字）。近现代国画大师齐白石于1936年应王缵绪之请到成都时，就在这个花园中住了三个多月，为四川留下了不少传世佳作，例如现藏于四川博物馆的著名长卷《九秋图》，就是这时为他的成都弟子余中英画的。他还在这里为《新新新闻》记者邓穆卿留下了这样的诗句："金戈铁甲入篇章，鸟语虫鸣到耳旁。天下有声闻即说，怜君却是为人忙。"

四川保路运动主要领导人颜楷的故宅"颜复礼堂"也在文庙后街。

颜　楷（1877—1927）成都人，1904年考中进士，被选派赴日本留学法政，回国后曾任翰林院编修，加侍讲，在保路运动中出任川汉铁路公司特别股东会会长（副会长是张澜），是保路运动主要领导人中科考资历与职位最高者，也是保路运动主要领导人中唯一的一个成都人。他曾经和蒲殿俊、张澜、罗纶等人一道被四川总督赵尔丰诱捕关押两个多月。深受四川人民痛恨的赵尔丰被军政府斩首以后，很多人要求杀其全家以解恨，他却坚决反对祸及无辜，并将赵的年幼孙儿养在家中数年，然后送回原籍。清王朝被推翻之后，他辞谢了一切政务官职，转入教育事业与慈善事业，安贫乐道，以卖字卖画供养全家。曾任四川法政学校校长，又与友人一道创办慈善机构"乐善公所"。他逝世时只有49岁，是当年成都"五老七贤"中享年最短的一位。逝世前留下题照诗一首："半百光阴一瞬过，知非知命意云何？扬尘沧海寻常事，身外存身总不磨。"

牺牲在抗日前线的川军名将李家钰烈士（介绍见"广福桥街"）旧居就在文庙前街92号，已经列名于成都市文物建筑而受到保护。

曾经颇受文化学者与旅游爱好者关注的传奇式人物、泸沽湖摩梭人末代王妃肖淑明也出生在文庙后街。

末代"摩梭王妃"肖淑明在泸沽湖家中 1997年 王学成摄影

肖淑明（1927—2008） 出身于一个军人家庭，其父是川军刘文辉部下的军需处长。她自幼在成都上学，1939年移居雅安，1943年被当时的泸沽湖左所土司喇宝臣选中，成为在当时轰动一时的汉族与摩梭人和亲通婚的"黑可"（摩梭语，即王妃的意思）。作为一个汉家才女，她从雅安出发，经泸定、康定、九龙、木里、盐源，行程两个月，到达泸沽湖时，带去的是42套小学课本和一架风琴。她在土司衙门中开办摩梭人的第一所学校，教孩子们学习汉语，用风琴教学给当地注入了新的文化气息，她的摩梭名字"次尔直玛"的本义是仙女。如今，在她过去居住的泸沽湖中的王妃岛上，修建了一座王妃府，用来凭吊这位值得纪念的传奇式老人，也用来展示摩梭文化，展示摩梭文化与汉族文化交流的种种成果。

光绪末年，从日本留学归国的陆慎言卖掉了300多亩田地、3条街的房屋，与聋道人等有识之士在文庙后街开办了淑行女子学堂，1906年改名为淑行女子中学堂，1907年增加师范班，1908年再办小学部。国人在成都开办女子学校，以这里为最早。1914年改为四川省立第一女子师范学校（省立第二女子师范学校办在重庆），1935年更名为省立成都女子师范学校，但成都人一直习惯称之为省女师（另有"省男师"在盐道街）。1938年，张大千先生曾经在这里举办过画展。当代的成都师范学校，就是在"省女师"的旧址之上发展起来的。如今的成都图书馆新馆也是在这一片多年办学的文教沃土之上修建的。

文庙西街位于文庙前街以西，原来在街南有上莲池，也名江渎池，乃是唐代内江改道之后遗留下来的城中水面，江渎池侧建有著名的祭祀江神的江渎庙相传是秦汉古庙，历代多有记载。目前所见的最早记载是在隋代，宋代曾有

"雄壮甲天下"之誉，清代重修于康熙年间，民国时期全毁，有两座巨大的神像现保存于四川省博物院。

文庙西街上的华阳县文庙侧建有华阳县的昭忠祠，还建有祭礼四川古代六位先贤的六公祠，也称六先生祠。民国时期，这里的六公祠已毁，又在实业街重建六公祠（有关的介绍见"实业街"）。六公祠已经不存，但是却值得我们成都人有所思考，记忆在心。六公祠最早叫三公庙，建于明初的洪武年间，时值蜀中在宋末以来长期经济文化不振的复苏之际。当时所选的"三公"是秦李冰、汉文翁、宋张咏。他们既是人们心中最受尊敬的三位成都地方官，也是人们心中最杰出的专家：一位水利工程经济专家，一位文化教育专家，一位政治管理专家。从中可以看出，我们的先辈心中最崇敬的地方官是什么样的人物。这以后，先是增加了宋代的赵抃，以后再增加了汉代的廉范与宋代的崔与之，都是以政绩著名于后世的成都地方官。这六位前贤全部都不是成都人，成都人对有益于百姓、有功于乡邦的外乡人是永远也不会忘记，永远都会作为心中的神灵加以祭拜的，这是两千多年来成都最重要的文化传统之一。

清代末年的四川高等学堂就设在文庙西街西头，它又在这里开设了分设中学（具体位置是在梓潼宫的隔壁，原名附属中学，因为校长刘士志不喜欢"附属"二字，就申请更名为分设中学），郭沫若、王光祈、李劼人、魏时珍、周太玄、蒙文通、张怡荪、曾琦等知名人物出现在这个学校的一个班上，即1908年入学的丙班（分设中学开办时是以甲班、乙班、丙班、丁班的次序来称呼一、二、三、四年级，当时一个年级也只有一个班，丙班就是三年级）。他们虽然不是同年入学，也包括插班转学在内（郭沫若就是1910年从嘉定中学插班入分设中学的），但是四川近代文化史上这个有如群星闪耀的现象的确颇为奇特。辛亥革命以后的1912年，分设中学停办，原有的丙、丁两班全部并入文庙前街的成都府中学（即石室中学的前身），所以郭沫若等又成为成都府中学亦即石室中学的学生（成都府中学也是按甲、乙、丙、丁编班，但是此时已经编到了己班。己班之后应是庚班，分设中学并入学生就应当编入庚班。由于"庚班"二字与"跟班"同音，有受辱之嫌，同学们强烈要求更改，于是决定重头编班，叫作新甲班。不久再改为拉通以数字编班，就是第八班。郭沫若所在的第八班同学共有60名）。这以后，这里还开办过成都公学和私立成公中学。

上面提到的一批四川的著名人物，郭沫若是人们十分熟悉的，这里不作介绍，其他的各位都会在本书的有关部分予以介绍，这里只介绍一下曾琦。

曾琦

曾　琦（1892—1951）　四川隆昌人。辛亥革命前后一直在蜀中办报，1916年留学日本，1918年回国，在北京与王光祈等一道发起成立了少年中国学会。他是北京五四运动的积极参加者，"六三"抵制日货和罢市活动的策划者之一。1919年8月赴法国留学，逐渐成为一个坚定的国家主义者。1923年与另一位成都人李璜组建中国青年党，出任党务主任，撰写了《中国青年党建党宣言》，反对阶级斗争学说，反对共产党，也反对国共合作。1924年回国以后，在上海创办《醒狮》周刊，自任总编辑，他和他的青年党同伙遂被国人称为"醒狮派"。1926年当选为青年党中央执行委员会委员长。他坚决反共，甚至反对北伐，但是他也反对蒋介石的独裁专政，所以蒋介石在"四一二"以后宣布青年党为非法，逮捕了曾琦。获释以后他亡命日本，直到抗日战争爆发后才回国参加抗日，重新开展青年党的活动，并被聘为国民参政会的参政员。1941年，青年党参与了发起与组织中国民主政团同盟的工作，曾琦与梁漱溟在香港共同主持民盟机关报《光明报》。1942年他被日军挟持去南京，要他参加汪精卫汉奸政权，被他坚决拒绝。1946年，他以"第三种势力"代表的身份参加了政治协商会议。在国共两党展开激烈斗争以后，他背叛民盟，参加国民党操纵的国民代表大会，并担任主席团主席，以后还担任了国民政府的国府委员，全面投靠蒋介石。1948年赴美，此后遍游各国，谋求成立"民主国际"，未能成功，1951年病故。

1910年，基督教青年会开办于文庙西街，占地数十亩，成都历史上第一个足球场、网球场就是在这里修建的。1913年，基督教青年会迁于今天科甲巷、锦华馆地区。

清代末年，基督教内地会曾经在文庙西街开办过一个短期的中学叫华美学堂，1908年并入华西协合中学。就在这里的华美学堂，走出了后来享誉世界的晏阳初。

晏阳初

晏阳初（1890—1990） 四川巴中人。在成都就读华美学堂时信仰了基督教，离开成都之后即赴香港就读于圣保罗书院。1916年入美国耶鲁大学，1920年在普林斯顿大学获硕士学位之后回国，终身从事平民教育事业。1923年成立中华平民教育促进会，任总干事，相继在大部分省区开展平民识字运动。1926年在河北定县开展乡村建设实验区活动，号召知识分子"走出象牙塔，跨进泥巴墙"，医治农村"愚、穷、弱、私"四大病，引导了当时震动全国的"博士入乡"开展"世界第一个社会实验室"的壮举，全国有600多个团体走进农村，从事了1000多项试验（根据新中国成立以后公布的材料，当时的定县全县消灭了文盲和天花，引种和普及了粮食、水果、禽畜的良种，改进了若干农业机具，组建了合作社29个）。抗日战争爆发后，他和他的同人们撤退到后方，于1940年创办重庆乡村教育学院，自任院长，继续开展"县单位"和"省单位"的平民教育与乡村建设实验，成都北郊的新都就是当时的实验县之一。1943年，时值哥白尼诞生400周年，美国100多所大学与科研机构评选"对人类发展做出革命性贡献的世界十大伟人"，他与科学家爱因斯坦、哲学家杜威、飞机的发明者莱特兄弟、世界汽车工业的开创者福特等人一道名列其中，而且是唯一的亚洲人。他1950年移居美国，任国际平民教育委员会主席和联合国教科文组织顾问，在菲律宾、泰国、印度、古巴、危地马拉、哥伦比亚、加纳等国继续平民教育与乡村改造事业，喊出了"除天下文盲，做世界新民"的口号。他在菲律宾创办的国际乡村改造学院在全

1943年晏阳初（右）在"世界十大伟人"庆典上与爱因斯坦（左）合影，中间是庆典主持沙晋列。

世界有很大的影响与地位，至今仍在继续开办。他在世界各地获得了无数的荣誉，被称为"世界平民教育之父"。1985年回国参观时，受到了邓颖超、万里的亲切接见，受到了很高的评价。1987年，美国政府授予他"杜绝饥饿奖"终生成就奖。1990年他曾回到成都参观访问，逝世以后又由他的女儿将其归葬巴中。现在巴中和重庆都还有以他的名字命名的学校，在定县开办了继承晏阳初遗志的由著名学者温铁军主持的乡村教育学院。中央电视台还先后播出了《晏阳初在定县》《晏阳初传奇》等纪录片。

在文庙西街以西，就是清代的南较场。南较场的北边有一条小街叫石牛寺街，因为清代中叶在这里建有石牛寺而得名。成都早就有石犀寺，位于今天的西胜街，因为清初划入了满城的范围，汉族民众不能进入，于是就在这里重建石犀寺。又因为原来的古代石犀已经埋入地下而不能重见，就在这里新雕了一个石牛，寺庙也就不叫石犀寺而改叫石牛寺。这里的石牛在清末民初还能看到，当时在此地的四川省城高等学堂担任日文教师的日本人山川早水记载说："高等学堂内有一石牛，制作极其奇古，长约四尺，高约三尺，虽然处处缺损，但四足俱全，面鼻犹存。"石牛寺街和南较场在抗日战争时期曾经修建了一批简易的居民住房，被命名为复兴村。新中国成立之后，复兴村的居民被迁走，在这里修建了成都军区被服厂（即502厂）。改革开放之后，成都军区被服厂被拆除，在原址逐渐修建了今天的长城园、冠城花园这一大片住宅区。

当年的石牛寺，四周都是菜地，不远就是南城墙。就在文庙西街与原来的石牛寺街相接处的石牛寺旧址，清同治年间开办了在四川近代文化教育史上极为重要的尊经书院。所以选择这个地方，一来是这里在明代就曾经办过书院，二来是与文庙前街、文庙西街相邻。

曾经是汉代"文章冠天下"的成都，曾经是"自古诗人皆入蜀"的成都，曾经是花间派词人诞生地的成都，由于多次战乱，在宋代以后文化学术急剧衰落。在古代，测评人才的尺度是科举考试的成果。四川在唐代与宋代各出了六个状元，明代只出了一个杨慎，还是在北京长大的，清代在光绪之前的状元数目为零。在清代，公认的学术主干是经学，汇集经学成果的是《皇清经解》和《皇清经解续编》，两书共收入全国的重要著作397部，四川学者的著作数目仍然为零。

清同治年间，著名的维新派官员张之洞任四川学政，主管文教。眼见蜀中学风积弊太深，读书人十无一真，决心改革教育，振兴蜀学，要让"石室重兴"，要培养"通博之士，致用之材"。为此，他于同治十三年（1874）接受了川籍官绅薛焕等15人联合上书的建议，在与当年的石室讲堂为邻的地方兴建了尊经书院，以全省盐税的盈余及学田数百亩的田租作为经费，入学学生不交任何费用，每月还能领取"膏火"银4两，学生则从全省的生员中选取。为了办好书院，决定礼聘湖南著名学者王闿运（1833—1916）入蜀担任"山长"，也就是校长兼首席教师。经过他与四川总督丁宝桢的五次邀请之后（王闿运与丁宝桢是儿女亲家），王闿运于光绪五年（1879）到任，受到极高的礼遇，自总督、将军至合城生员均执弟子礼。在张之洞的支持下，王闿运改革学制，取消八股，提倡经世致用，鼓励自由发挥，允许关心时政，议论国事，臧否人物，连当时最新潮的西方书报、仪器标本也进了书院的大门。尊经书院办学28年间，学风一振，英才辈出，培养出了一批志士仁人，一批真正的学问家。这其中有戊戌六君子之一的杨锐，维新志士、《时务论》作者宋育仁，康有为维新思想的先导者、今文经学大师廖平，著名民主主义革命家、新中国中央人民政

清末尊经书院大门

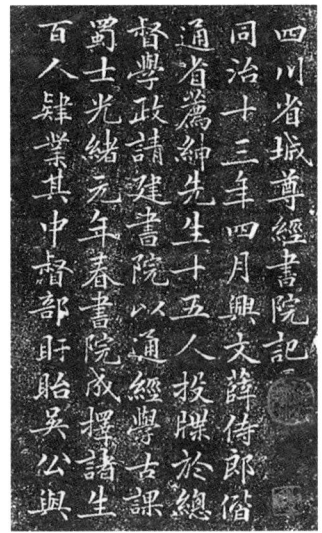

尊经书院记　彭雄提供

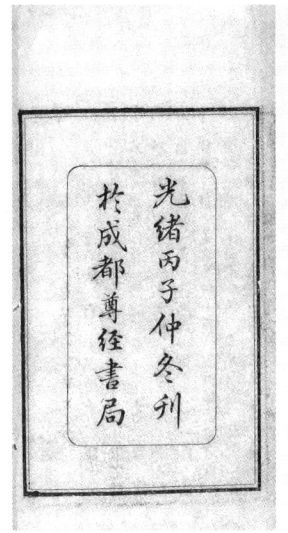 

王闿运编《唐诗选六卷》，清光绪二年成都尊经书局刻本。四川省图书馆藏

府副主席张澜，从民主主义革命家进而成为无产阶级革命家的吴玉章，辛亥革命烈士、大将军彭家珍，新文化运动主将、被喻为四川"只手打孔家店"的吴虞，保路运动领袖罗纶、蒲殿俊，著名学者吴之英、张森楷、谢无量、林思进、傅樵村，

20世纪初在成都求学时期的朱德(左)、郭沫若(右)

清代四川唯一的一位状元骆成骧，还有海内名医、新中国成立以后曾任中医研究院名誉院长、中华医学会副会长、中国科学院学部委员萧龙友。必须指出的是，尊经书院培养出来的大量人才又成为各级新式学校的骨干教师，他们又培养了更多的人才。正是从这种意义上说，当时在成都求学的朱德、陈毅、杨尚昆、郭沫若、蒙文通、李劼人、沙汀、艾芜等，都承认自己是"尊经后学"。

四川省城高等学堂学生在校内合影　1910年　［德］魏司摄影

清末实行学制改革，尊经书院与锦江书院、中西学堂合并，于光绪二十八年（1902）改为四川通省大学堂，次年改名为四川省城高等学堂，校址先仍在石牛寺，以后迁往皇城。从这以后到新中国成立之初，四川讲武堂、成都大学和

设于南较场中的四川大学理学院　杨显峰提供

四川大学理学院先后在尊经书院旧址办学，四川大学先修班和四川大学的夜大学也在这里办学。从1944年起开办的夜大学开设有五年制本科，这在全国十分罕见。1950年在这里修建军区被服厂时，原来的老建筑才被拆除。曾经在地下发现大量冶炼后的含铁、锌的矿渣和三国时期的蜀汉钱币，可知这里是汉代至三国时期的工官遗址，汉代至三国时期的锦官、车官、铁官都应当就在这一片地区。

1906年9月，19岁的朱建德考入四川省城高等学堂体育科，1908年毕业，他就是日后的朱德元帅。

清代的成都因为在从"皇城"到文庙街一带集中了全城主要的考场、文庙与学校，而在北较场一带则集中了武举考场与后来主要的军事学校，呈现出明显的侧重布局，故而清人《竹枝词》中有如下的描述："南文北武各争奇，东富西贫事可疑。一座城中同住下，然何分别竟如斯！"这种"南文北武"的布局，一直延续到民国时期，基本没有改变。

关于名扬中外的文翁石室与文庙街，有一个重要问题需要在此说明。

多年来人们一致认为，汉代以来的文翁石室、周公礼殿、成都文庙，就是在今天的文庙前街，所以石室中学是全世界唯一的一所两千多年没有迁移过校址的学校。但是笔者的学兄温少峰经过考察后认为，汉代以来的文翁石室、周公礼殿、成都文庙，原来应当是在今天的人民西路以北这个位置，是明代初年为了修建蜀王府而在当时的市中心大搞拆迁之时才迁到今天的文庙前街这个位置的。2010年在东御街出土了两通与汉代的成都学校有关的汉碑，进一步支持了这一新见。这是一个大胆而具有颠覆性的学术见解，但绝非率尔立说，详见成都市城市科学研究会于1987年编印的内部资料《名城成都的保护与发展》中的《成都秦城、隋城旧址的复原标定与论证》一文，有兴趣的朋友可以就此重要问题继续加以研究。

文武路

文武路对于成都人来说是相当熟悉的，成都市公安局就在文武路。

文武路在新中国成立以前是没有的，今天文武路所在的新华大道在新中国成立以前也是没有的。新中国成立以后，打通并扩宽了横贯东西的新华大道，在新华大道的中间一段，就命名为文武路。这是因为这里是由原来的三条小街演变而成的，这三条小街就是东边的武圣街、中间的文圣街、西边的文庙街。武圣街在原来的草市街口到银丝街口，文圣街在原来的银丝街口到金丝街口，从金丝街口到武担山街口（相当于今天的人民中路街口）则是文庙街。从这些街道名称就可以知道，在原来的武圣街是有一座武圣庙的，而文圣街与文庙街的得名，则是因为成都县文庙就在这条街上（成都县文庙的旧址在新中国成立以前开办了中华女子中学，新中国成立以后曾经是成都第二十六中学）。因为南门上已经有了著名的文庙街，所以这里的文庙街又被叫作北门文庙街，在北门文庙街的背后过去还有文庙后街，又分为东段与西段，因为

成都县文庙　1935年　杨显峰提供

与文庙前街后面的文庙后街同名，所以在民国时期东段改名为红石柱街，西段改名为白家塘街。正因为这里过去曾经既有祭祀关羽的武庙，又有祭祀孔子的文庙，所以就被命名为文武路。

在当年的文圣街上的清代成都通判署旧址（成都通判是成都知府的副职，地位仅次于同知，协助知府处理各种政务），清末1910年按当时实行新政的统一安排，设立了成都地方审判厅和成都地方检察厅（同时成立的还有四川省高等审判厅和四川省高等检察厅，成都县与华阳县的审判厅与检察厅成立稍晚，是在1912年），这是我国古代社会地方政府传统的行政权与司法权合一的格局在成都的首次分离，也是成都出现的第一个司法审判机构。这以后，成都市与四川省的法院就长期设在这里及与其相邻的正府街，直到十多年前，成都市中级人民法院才迁到抚琴西路，四川省高级人民法院才迁到蜀汉路。

成都市最早的农会组织华阳县农会于1918年成立于文圣街，当年在各区还建立有分会。

在当年的武圣街上除了关帝庙之外还有佛寺十方堂和卧云庵。十方堂是一座规模不小的庙宇，建于清乾隆五十四年（1789），1932年曾经在此开办四川佛学院，三年后又改为莲宗学院。1937年3月14日，抗战初期成都最重要的群众抗日组织"成都各界救国联合会"就在这里成立。"七七"事变以后，"成都各界救国联合会"发展成为规模更大的而且得到官方许可的"四川省抗敌后援会"，办公地点在纯化街的国民党省部。

文武路北侧与人民中路交会路口在1958年建有成都剧场，这是继人民南

路的四川剧场之后成都市建成的第二个用作话剧、歌舞演出的专业演出剧场。"文革"开始以后即停止使用,近年间已经拆除,改建为商住楼。

四圣祠街

成都人十分熟悉的成都市第二人民医院后面就是四圣祠北街,与之相邻的还有四圣祠南街和四圣祠西街。四圣祠街的得名是由于过去在这里有一座四圣祠(旧址在今四圣祠北街的四川神学院),祠中祭祀孔子的四大弟子曾参、颜回、子路和子游。四圣祠在成都人心中并没有多少印象,但是这条街上却发生过若干让成都人难以忘记的故事。

清光绪十八年(1892),加拿大基督教循道宗的传教士赫斐秋等人来到成都,在玉沙街租房传教。第二年即在四圣祠北街设立布道所,1894年在布道所的基础上建成并开设了成都第一个礼拜堂(当时还是中式平房),发售与散发各种有关基督教与西方文化的书籍与单页印刷品,成为成都地区中西方文

四圣祠街　2001年　王晓庄摄影

成都市基督教恩光堂外景
2004年　黄晓帆摄影

成都市基督教恩光堂内景
2004年　黄晓帆摄影

化交流与碰撞的早期中心，不仅医院建于这里，育婴堂、印刷厂也都设在这里。1905年在本街20号正式营业的华英书局是成都市最早的一家使用铸铅排字的近代印刷厂，主要设备全部从加拿大运来（新中国成立以后，在这家印刷厂的基础之上成立了成都印刷厂）。今天这里还保留了一些老建筑。在成都市公布的第一批22处文物建筑物中，在这附近的就有5处，其数量仅次于华西坝，有两幢当年的医院楼房至今仍然被二医院使用，在二医院设备科这座小楼的青砖上至今还可看到"民国十一年壬午造"的字样。这些建筑中最重要的是1920年由加拿大海外布道会集资第三次重建的福音堂（1933年改名为四圣祠礼拜堂，现名成都市基督教恩光堂），由加拿大牧师兼传教士苏继贤（加拿大首任驻华大使苏约翰之父）设计并监工，两楼一底，可容千人，具有德国古典巴伐利亚式建筑风格，以金堂淮口硤石用铁水浇铸为基。因为使用了主要由众多教民捐赠的100万块青砖，所以又被称为"百万砖教堂"，最后一次维修是在1989

年完成的。这座教堂顶部的北端原来还有四层钟楼，内悬合金巨钟。1945年抗日战争胜利的消息传来时，著名的爱国将领冯玉祥将军曾经亲自登楼敲钟，与万民同庆。遗憾的是这个钟楼与其中的巨钟均已在"文革"中被毁。

福音医院　1913年　杨显峰提供

这条街对成都人生活影响最大的是仁济医院。

成都历史上开办最早的一所西医医院就是仁济医院，这也是中国西部第一家西医医院，由中华基督教会于清光绪十八年（1892）创办，地点就在当年的四圣祠北街12号。主持者为加拿大医生启尔德，医院初建时名为福音医院，实际上只是启尔德夫妇二人开的小诊所。1905年医院得到了成都官方1500两黄金的资助，修建了一座四层楼的医院大楼，这座大楼也是成都历史上最早、最大的新式楼房（已经在20世纪90年代初被拆除，在原址上修建了二医院的职工宿舍）。1907年大楼建成之后，仁济医院拥有病床120张，成为成都规模最大、医技力量与设备最强的医院，医生主要来自加拿大。很多近代的医疗技术与设备，例如我国第一个牙科是1907年由加拿大医生林则建立在这家医院（1912年发展为我国第一家牙科医院），X光机最早在成都的使用是1924年在这家医院，四川最早的癌切除术也是在这家医院。医院1928年被正式命名为仁济医院，1940年改名为四圣祠医院，1946年改名为成都慢性病医院，一批医护人员与设备合并到华西医学院的附属医院。新中国成立以后，改建为成都市第二人民医院。在几次扩建之后，医院规模大为扩大，正门也从四圣祠北街改在了庆云南街。

限于清代末期中国的道德观念与行为习惯，男性与女性不允许有肢体接触，更不允许在私宅之外解衣露体，哪怕是外国传教士开办的医院也不可能男女混杂，所以四圣祠医院早期的全名一直叫仁济男医院，只能医治男病人，另外附设了一个妇孺医院来医治为数不多的妇幼病人。1896年教会又在惜字宫街开办了一所仁济女医院医治女病人。1940年，仁济女医院毁于火灾，一时无法恢复，仁济医院才将妇孺医院并入，公开医治女病人，并改名为四圣祠医院，真正成为男女病人一同就医的医院。

谈到四圣祠医院，我们应该记住成都人民的好朋友启尔德一家三代。

启尔德

启尔德（1867—1920） 加拿大人，本名奥马·莱斯利·基尔伯恩，英美会传教士，美国金斯顿王后大学医学博士。1891年，他作为一个志愿者先遣队的队员，带着妻子詹妮来到中国上海，次年来到成都，在四圣祠北街租了几间民房，从一个小小的夫妻诊所开始，第一次把西方的近代医学知识与医疗技术带到了成都，为成都医疗卫生事业的发展起到了开一代新风、解万家病痛的难以估量的作用。妻子詹妮到成都的当年就因为染上了成都流行的霍乱而去世，时年25岁。两年后，启尔德娶了第二个妻子丽塔，中文名启希贤，加拿大多伦多大学化学硕士、医学博士，她是成都第一家妇女儿童医院即惜字宫街上的仁济女医院的开办者，一直到1942年逝世，为成都人民服务将近50年。启尔德还是创办华西协合大学的最早的发起人、校董会首任主席。学校开学以后又担任了医学院首任院长，而仁济医院则是华西医学院学生最主要的实习基地。启尔德也是中国红十字协会四川分会的发起人之一。

启尔德一家

据说，当与中国传统医学迥然不同的西医治疗方法初入成都，被成都人误解、抵制甚至诋毁的时候，启尔德曾经雇用了三个工人每天用中国传统的敲锣鸣街的方式敲着铜盆沿街宣传，邀请病人前往免费治病。

1920年，启尔德病逝。1921年，他的长子、加拿大多伦多大学生物学硕士、医学和哲学博士启真道偕妻子、多伦多大学医学博士珍妮特（中文名启静卿）一同来到成都继承父业，他先后担任了华西大学教授、医学院院长、牙医医院总院长，作为一个杰出的医生与教育家，一直为成都人民服务了30年。在一次成都城内的军阀巷战中，他在现场救护伤员时曾经被流弹击中

1923年启氏一家三口（二排左起：启真道、启静卿、启智明）与华西大学医科的全体员工合影。
四川大学档案馆提供

左肩，以致留下了终身的左肩残疾。1952年，启真道离开大陆，出任香港大学医学院院长，在那里继续为中华同胞服务。启静卿于1947年病逝，但是以她的藏书为基础建立起来并以她的名字命名的启静卿图书馆，曾经以仅次于北京协和医学院图书馆的规模而长期为成都的医学事业服务。除了启静卿之外，启真道的第二任妻子吉恩也在华西医院工作。启真道的妹妹启智明从1922年至1950年一直在华西医院从事护理工作，华西坝上很多人都是以成都人对小妹的昵称叫她"启幺姑儿"。启真道的女儿玛丽在多伦多大学医学院毕业之后也曾经于1949年来到成都，在华西医院短期工作。启尔德一家三代七口在成都与香港为中国人民工作一直到1966年，在四川先后创办了12家仁济医院。

我国著名医学家、有"中国皮肤病学鼻祖"之称的翁之龙晚年就工作与生活在成都市第二人民医院。

翁之龙（1896—1963） 江苏常熟人，1920年赴德国留学7年，专修皮肤病学，获得博士学位，担任两所大学的研究员。回国后曾任广州中山大学附属医院院长、同济大学校长。抗战之中来川，先在重庆任中央大学校长兼附属医院院长，1946年辞去各种行政职务来成都开设自己的私人诊所行医。1950年来成都二医院工作，筹建皮肤科并任主任，培养了一大批皮肤科人才，写出了我国最早的也是最权威的一批皮肤科的专著（其中的《皮肤病

学》至今仍然是大学教材），他发现的稻田接触性皮炎被命名为"翁之龙皮炎"，他研究命名的"婴儿复发性皮炎"被后人称为"翁氏皮炎"。在他的引领和培育之下，成都二医院皮肤科至今在学术界和病人心中仍然具有很高的地位。

由于四圣祠街是成都早期教会活动较为集中的街道，所以成都历史上最早最大的"教案"也是发生在这里。

清光绪二十一年（1895）4月，中日甲午之战以签订《马关条约》而结束，这个极不平等的条约使得举国上下的爱国主义情绪与仇外排外情绪同时高涨。5月28日是传统的端午节，当天下午五点，参加"掷果会"（参见"东较场街"）的一些群众回家时从四圣祠北街福音堂门前路过，适逢加拿大传教士史蒂文森和何忠义带着小孩在街上玩，还向其他小孩散发糖果。有的群众出于看"洋娃娃"的好奇而形成了对传教士的围观，加之当时在民间流传着洋人要拐骗中国小孩杀了用来制药的流言，乃至少数人的围观变成了较多人的聚集，秩序失控。医院负责人启尔德和传教士史蒂文森采用向天鸣枪的办法驱散人群，可就是这两响枪声激怒了愈来愈多的成都市民，他们当即用各种方式攻击传教士，并将四圣祠北街的福音堂和诊所全部捣毁。以此为开始，当天晚上和第二天，在全城形成了更大规模的反洋教行动，成都市民将当时在成都所有的教产捣毁，包括平安桥、一洞桥（今向荣桥）、玉沙街、正通顺街、陕西街等地的教堂、医院、住所等。这一行动迅速

福音堂旁边的平民诊所
1922年　四川大学档案馆提供

波及四川全省，有70处教堂被毁，一些意欲保护教堂的清朝官吏也遭到群众的攻击。这就是从四圣祠北街开始的著名的"成都教案"，也是成都近代历史上最大的一次教案。教案之后，在西方列强的压力之下，清政府将教案参与者朱瑞亭等6人处以极刑，17人枷杖充军，赔偿全省各教会白银近100万两，成都知府等十几个官员受到撤职处分，连四川总督刘秉璋也被革职，永不叙用。

这次教案之后，成都保存了多年的端阳"掷果会"被取消。据说后来只有在彭州的红岩乡、万年乡等山区还有"掷果会"的习俗保存。

抗日战争时期，英国驻华大使馆新闻处成都办事处于1942年至1945年设于四圣祠北街，经常在这里举行各种座谈会，接待各方人士，散发各种新闻资料。当时英国与美国在成都没有设立领事机构，这里就成为成都一处重要的文化交流场所。

1945年5月，著名爱国将领冯玉祥将军又一次来到成都。1945年7月，在四圣祠西街一位曾姓医生家中，由他亲自主持，成立了进步团体"利他社"成都分社，用于联络与团结各界抗日力量。"利他社"成都分社的活动一直延续到1948年冯玉祥将军去世以后方才结束。

基督教四川神学院至今仍然设在四圣祠北街的恩光堂。

著名学者与书法家谢无量曾经多次在成都居住，据笔者所知有王家塘街、吉祥街20号、提督街12号，最后的两处居住地是慈惠堂街37号和四圣祠西街36号。

谢无量（1884—1964） 乐至人，六岁时已有自著诗集一本，成为著名的"神童"。1901年考入上海南洋公学，受业于蔡元培，与李叔同、黄炎培、邵力子同班，并于此时开始著述与翻译，投身于反清革命活动。1906年任北京《京报》主笔，1909年回成都任存古学堂监督（即校长）兼主讲，时年25岁，存古学堂改名为国学院后任院长（副院长是吴之英与刘师培）。1912年离川至上海，连续撰写出版了一系列著名的学术著作，如《中国大文学史》《中国哲学史》《中国妇女文学史》《诗经研究》《楚辞新论》《佛学大纲》等，名震全国，孙中山和鲁迅都给予他很高评价。1923年到广州，任孙中山特约秘书、大本营参议长、黄埔军校教官。孙中山去世后，长期在各大学任教。"九一八"事变发生后,在上海创办《国难月刊》《国难晚刊》,宣传抗日,反对蒋介石的不抵抗政策,被武装特务强迫停刊。1940年回川,继续反蒋,并从事学术研究与教学。1946年,尊经国学专门学校在金牛坝成立(前身是抗日战争时期东北大学在三台开办的草堂国学专门学校,校长蒙文通,代校长杨向奎),谢无量出任了董事长,校长仍为蒙文通。这所四川文化史上最后一所国学院校在新中国成立以后停办,学生并入了华西大学与四川大学有关科系,谢无量和蒙文通两位大师也就写完了从清代开始的四川国学运动的最后一章。1947年,他被家乡乐至县选为国大代表,到南京开国民代表大会。投票选举总统时,他拒选蒋介石,而把票投给了国民党元老居正。新中国成立以后,谢无量出任川西博物馆馆长、川西文管会主任委员、四川省政协委员。1956年作为全国政协特邀代表赴京,受到毛泽东主席的接见与宴请。以后留在中国人民大学任顾问与教授。1960年任中央文史馆副馆长。谢无量是公认的20世纪中国十大书法家之一,他的"孩儿体"行草书法长期受到极高的推崇,连草书大师于右任也称赞说:"谢无量先生书法笔挟元气,风骨苍润,韵余于笔,我自愧弗如也。"

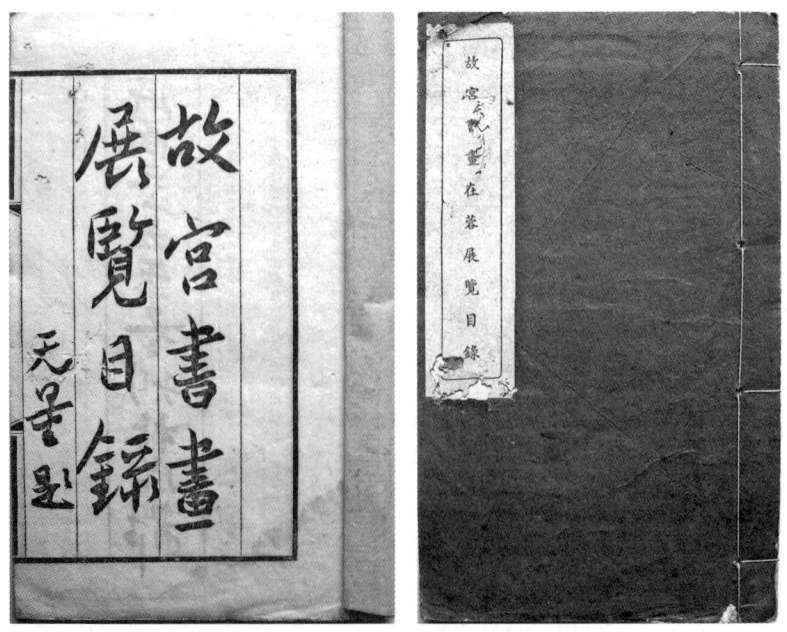

抗战时期谢无量为故宫博物馆来成都展出题写的展品目录　刘永禄提供

湖广馆街

今天蜀都大道上的总府路，是1958年建成的东风路一段，而在1958年以前，它的东段即从正科甲巷口到红星路口这一段，就是清代的湖广馆街。

明末清初，四川境内先后遭受了长达80年的战乱，战乱又带来了天灾与瘟疫，使得全境生灵涂炭，城镇尽毁，百业萧条，人口锐减，成都地区的人口减少了90%以上。成都城内所有建筑全毁，变成了一片废墟，十几年无人居住，四望荒芜，豺狼横行，成为成都有史以来最惨烈的一场浩劫。清军占领成都之后，城内是人无一个，房无一间，只得把省府临时设在阆中。清政府不得不采取了多种措施鼓励并组织全国各地移民入川，这一行动前后延续了60年左右，因为入川移民多数是从湖广（即今天的湖南、湖北地区，在明清时期是一个省）移入或经过湖广移入，所以当时称为"湖广填四川"。包括笔者在内的今天的四川人大多数都是"湖广填四川"移民的后代，成都也就成了我国古代极为典型的移民城，具有相当典型的移民文化特征。清嘉庆年间的成都诗人杨燮（又名六对山人）所写的一首《竹枝词》是当时成都人口构成的最鲜明的写照："大姨嫁陕二姨苏，大嫂江西二嫂湖。戚友初逢问原籍，现无十世老成都。"今天要研究成都文化，要发展与建设成都的新文化，都必须充分考虑"以移民文化为载体的包容"这个成都文化的最基本的特征。

在"湖广填四川"时期来到成都的各省移民立足之后，逐渐成了新的成都人，但是他们仍然以同乡同籍的关系而维系着千丝万缕的联系。为了加强交流、互助互济，各地移民纷纷建立了各自的会馆。据统计，全四川共有各种会馆1400多个，其中以湖广会馆最多，共有477个。清代成都城区所建立的各地会馆共有34个，时有"九宫十八庙"之称，因为过去的会馆都塑有神像（修建在不同州县的同一种会馆所祭祀的乡土神并不一致，比较一致的是，湖广会馆祀大禹，广东会馆祀六祖慧能，福建会馆祀妈祖，江西会馆祀许逊，陕西会馆和山西会馆祀关公，浙江会馆祀伍员和钱镠，江南会馆祀准提，黄州会馆祀帝主，长沙会馆祀李真人），同时兼有庙宇功能，所以往往又是以"宫"的名义出现的，如湖广会馆又叫禹王宫，广东会馆又叫南华宫，广西会馆又叫寿福宫，福建会馆又叫天后宫，江西会馆又叫万寿宫，陕西会馆和山西会馆又叫关圣宫，湖南会馆又叫楚南宫，湖北会馆又叫楚武宫，黄州会馆又叫帝主宫，浙江会馆又叫列圣宫，贵州会馆又叫黔南宫，江南会馆又叫准提庵。在今天的成都主城区，除了陕西街的陕西会馆用作了蓉城饭店外，已经没有一个完整的会馆保存下来（成都东郊的洛带镇十分完整地保存了湖广会馆、广东会馆和江西会馆，前些年又从成都市区的卧龙桥街将基本完整的川北会馆整体移建到洛带镇，使洛带镇成为如今罕见的中国会馆第一镇），但是却在成都的街道名称中还保留下不少历史的记忆。

湖广会馆于清乾隆三十三年（1768）建在此街，在当年只是成都一个规模不大的小会馆，此街就因此而得名。民国时期，湖广会馆曾经改建为钧乐剧院，因为过于简陋，演出时间不长即行停演。

著名的成都同仁堂（原名陈同仁堂）由江西移民陈发光于乾隆四十五年（1780）四月二十八日在湖广馆街所开，前店后厂，地址长期未变，就在今天蜀都大道与红星中路交口处（这里在过去有一个牌坊，上书"王道正直"四字，所以成都人又把这里称为"王道正直"），它与著名的北京乐氏同仁堂不是一家。当年的成都同仁堂的最大特点是只卖膏丹丸散（即中成药），不卖咀片（即顾客买回去煎服的中药），产品共有10大门类，134种。它所精工细作的各种中成药曾经驰名全川，远销省外，特别是医治风寒暑湿类疾病的灵宝如意丸（又称小儿惊风丸，俗称金耗子屎）在全国久享盛誉，被称为"儿科圣药"。在新中国成立初期的公私合营大潮中，包括成都同仁堂与德仁堂在内的全市100多家老药店全部实行公私合营，全都隶属于成都中药材公司。1952年，它所生产的香砂养胃丸和磁珠丸曾经远销苏联和朝鲜。今天在蜀都大道与红星中路交口处，于1980年开办的我国第一家专业药膳餐厅御膳宫有"中国药膳第一家"之誉，原来就是成都同仁堂的下属企业。

在原来的湖广馆街28号，1938年修建有蜀一大戏院，是与科甲巷的新明电影院、总府街上的智育电影院并列的20世纪40年代成都三大影剧院之一，当年轰动一时的美国电影《出水芙蓉》就是在这里首映的。新中国成立以后改名为工人电影院。因为地基下沉，电影院于1959年被拆除，以后在原来的地方修建了四川省图书馆。

四川省图书馆的前身是1912年建立的四川省立图书馆，原来设在人民公园内，后迁到城守东大街，以后大门又改在联升巷。1982年，新建的大楼落成，大门改向蜀都大道。

除了洛带镇的湖广会馆以外，成都地区还保存有一个建筑规模与建筑艺术均称上乘的湖广会馆，就是金堂县土桥镇的禹王宫。

1950年的蜀一电影院

江南馆街

清代初期江苏、安徽和江西三省共设有江南总督进行管辖，虽然后来江南总督改称为两江总督，但是江苏、安徽和江西三省在清代仍然可以并称为"江南"。清初时江苏、安徽和江西三省的移民在这条街上各自建立了自己的会馆，所以当时就把这条街称为三道会馆街。后来三个会馆合并成了一个较大规模的江南会馆，所以又改名为江南会馆街，因为人们都简称为江南馆街，以后简称就代替了全称。当代的江南馆街位于红星路与纱帽街之间，西边正对大科甲巷，已经在城市改造之中被拆除。

江南会馆规模很大，江南三省移民又较有资财，所以会馆里建有多处戏台，最多时达7处之多，每天都有几个戏班在里面的不同戏台唱戏。李劼人在《死水微澜》中曾经写道："每个会馆，单是戏台，就有三四处，都是金碧辉煌的；江南馆最阔绰了，一年要唱五六百台整本大戏，一天总是两三个戏台在唱。"清同治年间，江苏出生的四川总督吴棠从昆山请昆曲戏班来成都，定居在江南会馆中演出，取名为舒颐班，是成都最早的来自江南的专业昆曲戏班。舒颐班后来一直留在成都并融入了近代川剧，为近代川剧昆曲、高腔、胡琴、弹戏、灯戏的"五腔共和"做出了贡献。

清末民初列名成都"五老七贤"的徐炯曾经在江南会馆开办过著名的私

2009年江南馆街地下发掘的唐宋街道遗址　李绪成摄影

塾"择木精舍",后来成为国民党著名人物的熊克武、戴季陶和张群都曾经是这里的学生。

就在笔者写作本书的时间里,从大慈寺路以南、东锦江街以北、纱帽街以西、红星路以东这一大片地区逐步被拆除,在基建施工之前的考古调查中发现了极为重要的唐宋文化遗存。从2007年10月开始进行了正式发掘,在近5000平方米的遗址之内共发现了砖铺道路4条(道路上还有明显的车辆碾压的痕迹)、泥土支路4条、房址22处、大小排水沟16条、水井3口,此外还有大量的瓷器和一些佛像。考古工作者认为,这里应当是唐宋时期成都城内16个里坊中的富春里东北角的一部分,是大慈寺西侧的商业繁华区。目前以"江南馆街唐宋街坊遗址"命名的重要发现已被评为2008年度"全国十大考古新发现"之一,因为在大城市的中心区发现这样大规模的、完整的唐宋时期的街道文化遗址在全国都是第一次。有关部门初步决定要将两条分别长为52米与22米的古街(已经有媒体称之为"天府第一街")以及两条排水沟原址保护,并与新建的国际金融中心的现代化建筑融为一体,永远留给后人瞻仰。

"江南馆街唐宋街坊遗址"的发现,是成都市在改革开放以来的第六个"全国十大考古新发现",前五个分别是:十二桥遗址、成都平原史前城址群、水井街酒坊遗址、商业街船棺遗址、金沙遗址。

金玉街

在江南馆街的北边就是金玉街,但是在本街并不卖金器,也不卖玉器。

清乾隆年间在这条街上修建了浙江会馆。清代的浙江是当时文化教育最发达的省份之一,文人多,学校多,科举考试中考中进士和状元的也多。从乾隆到光绪,浙江会馆是每逢有一位浙江籍举子考中状元时,就在会馆中为这位状元挂一道匾,既用以显示祖籍的人才辈出,也用以鼓励自己的子孙努力读书。时间愈长,挂匾愈多,成都文士莫不羡慕,将浙江会馆喻为"金玉满堂",所以这条街就被命名为金玉街。

金玉街上在清代不仅有浙江会馆,同时还有江西会馆和广西会馆。三个会馆聚

金玉街广西会馆　1998年　冯水木摄影

金玉街浙江会馆遗址　1998年　冯水木摄影

于一街,所以金玉街和上述的江南馆街相似,在清代也曾经被称为三道会馆街。

清光绪二十九年(1903),有一位开县籍的李姓商人从上海购进了一套小型的铅印机,在这条街上开办了文伦书局(先是开办在卧龙桥街,后迁惜字宫,再迁锦江街),这不仅是成都最早的用近代铸字、排印技术印刷出版物的私营印刷厂,也是成都最早的一家民族企业(成都另一家早期的民族企业是彭县的大宝山铜矿)之一。成都最早的民营报纸之一,由著名文化人、编辑出版家傅樵村创办的《启蒙通俗报》在1901年创办时还是用木版刻印的。文伦书局开办之后,就改用这里的机器排印。1906年,《启蒙通俗报》改名为《通俗日报》,在当时有过不小的影响。在保路运动中发挥过很大作用的四川省咨议局的机关报《蜀报》,也是在文伦书局排印的。

我国大师级的语言学家黄侃就出生在金玉街上。

黄侃

黄 侃(1886—1935) 祖籍湖北蕲春,其父黄云鹄在成都为官时(黄云鹄曾在蜀中担任过成都知府等多种官职达20年,而且有"黄青天"之誉。他也是一位饱学之士,善书法,在川西各地至今还能在不少地方见到他留下来的书法作品,以新都桂湖公园内的碑林中的书法碑刻最多,都是原来新繁龙藏寺碑林的遗物),他于1886年4月3日出生于成都金玉街,5岁时回到原籍。他早年参加同盟会,组织革命团体"文学会",写出《大乱者,救中国之妙药也》的著名时评,被喻为"武昌起义的导火线"。在学术上,他是国学大师章太炎先生一生中最得意的弟子,被章太炎仿太平天国故事而戏封为弟子中"五大王"之"天王"(其他四"王"是钱玄同、汪东、吴承仕、朱希祖)。黄侃生前历任北京大学、东南大学、金陵大学等校教授,在音韵训诂学与古文献学的研究中具有很高的学术地位,是公认的泰斗级的一代大师。特别是他所说的"惟以观天下书未遍,不得妄下雌黄"的名言,和"五十之前不著书"的主张(在他生前,的确未曾出版过一部专著),在我国传统文化界至今仍有很大影响。

陕西街附横陕西街

人民南路一段西侧的大街就是成都人十分熟悉的陕西街,文翁路新建以后,今天的陕西街已经被文翁路截为东西两段。

清代陕西街的位置邻近满城,北边又是回族同胞聚居区,所以一度成为汉族、满族、回族同胞交往最频繁的地区之一。

陕西街曾经名叫芙蓉街,据传得名是因为街上有一座芙蓉桥,可是这座在古老的蓉城中心唯一以芙蓉命名的桥的具体位置现在却无从查考,因为今天的陕西街上已经找不到河流。清康熙二年(1663),陕西会馆在本街建成,这是目前可以确知建造年代的最早的一个会馆(后来在嘉庆二年经过扩建),以后就改名为陕西街。因为陕西会馆的旧址是明代的三官堂,所以陕西会馆在清代也被叫作三元宫,旧址就在今天的蓉城饭店。因为重修时在正殿前建有一对高达数丈的铁桅杆,为全城唯一,所以也有人把这里称为铁桅杆。陕西会馆中还修有一座药王殿,是康熙年间由四川巡抚张德地所建,祭祀我国古代的药王、陕西籍的大医药学家孙思邈。每年农历的四月二十八,这里都要举行传统的药王会,是清代成都著名的庙会之一(也正因为这个原因,成都人也把陕西会馆称为药王庙)。清人《竹枝词》中所说的"绝怜二月好春光,席扎牌楼灯

陕西会馆
2003年
赖武摄影

清末的陕西街　［美］路门摄影　杨显峰提供

烛光。妇女丁男齐结束，药王庙里烧拜香"，就是写陕西街的药王庙。

康熙年间修建的陕西会馆规模不大，嘉庆二年（1797）进行过扩建，后来毁于一场火灾。光绪十一年（1885）在当时的陕西籍四川布政使程预的倡议下，由"庆益""益泰"等33家陕籍商号集资重建，成为成都众家会馆之中无论规模大小还是建筑精美度均位居一流的新陕西会馆，里面还有秦腔戏班的演出，而且是全年演戏不断，正如清代的《竹枝词》所写的："秦人会馆铁栀杆，福建山西少这般。更有堂斋难及处，千余台戏一年看。"在今天的蓉城饭店的后院，我们还可见到一幢凝重端庄、古朴典雅的会馆的主体建筑，就是20世纪80年代修建蓉城饭店时特地保留下来的陕西会馆的一座石柱到顶、建筑面积805平方米、通高18米的大殿，也是我们今天在成都市区所能见到的仅存的两幢清代会馆建筑之一（另一幢是原来西糠市街上的广东会馆），已经在1981年被公布为成都市级文物保护单位。

在陕西街上长期流传着这样的故事：当陕西籍人士决定在这里修建会馆之时，还有一片泥塘，必须用土石加以填埋，可周围人家又不准他们在附近取土。于是主事者做出一个决定，要求所有来四川的陕西人都必须从家乡装一袋泥土送到这里用于填平泥塘。两年之后，一袋袋陕西的黄土把泥塘填平填实，这才开工修建了规模宏伟的陕西会馆。这个故事不一定完全属实，但是说明了移民入川的陕西人的意志与乡情，说明了成都一个个会馆所包含的厚重的历史内涵。

　　陕西街上除了陕西会馆之外，过去在街西头还有一座规模不小的东岳庙，又称岱庙。这个东岳庙在明代时就是一座大庙，最特别的是庙内塑有13座不明所指的铁铸塑像和其他一些铜铁所铸的神佛塑像，是目前所知的古代成都金属塑像最多的庙宇。清代时有人认为那是明代蜀王修建的朱氏家庙，13座不明所指的塑像是洪武帝及其后人。明代的东岳庙在明末毁于战火，清代康熙年间重建之后，里面还有东岳大帝铜像，很特别的是还有供万人敬仰的铁铸孔夫子塑像和一对跪在地上的铁铸男女像，颇似杭州西湖边上岳坟前的大汉奸秦桧夫妇。由于铁铸男女像上所刻的文字已无法辨认，估计是人们心目中的奸佞之臣或忤逆之子的不具姓名的代表、虚拟的坏人典型，让其永远跪在这里，每时每刻接受千人指、万人骂，成为对世人进行道德教育的实物标本。此外，这座东岳庙中还有我们在"城隍庙"中所介绍过的"过十殿"雕塑。东岳庙在民国时期逐渐变为了民宅，著名的餐馆"不醉毋归小酒家"就开办在这里。

　　今天的四川省教育厅、四川省人力资源劳动和社会保障厅都设在陕西街的北边，这一片曾经是基督教美以美会在清光绪六年（1880）创办的福音堂，和美国传教士甘来德于1894年开办的存仁医院（初名美以美诊所）。这个福音堂是基督教会在成都开办的最早的福音堂，存仁医院不仅是成都开办最早的西医医院之一（仅次于四圣祠北街的仁济医院），还是当时中国和东南亚最大的五官科专科医院，也是中国最早的专科医院，长期由美国医师主持，成都最早的眼科与耳鼻喉科就是从此开始的（1929年正式

存仁医院　1909年3月　张柏林摄影　杨显峰提供

改名为存仁眼耳鼻喉专科医院，眼科开设在街北面，耳鼻喉科开设在街南面，医务工作长期由著名专家陈耀真、毛文书夫妇主持）。1916年，存仁医院修建了一座在当时算是市中心最高建筑的钟楼，钟楼上的大钟成为全城市民心中的标准时间，并逐步改变了成都人长期以来按地支记时（即子时初刻、午时三刻之类）的习惯，被时人称为成都的"社会之钟"（按：成都最早出现的室外座钟是在商业场的大门上，但是远不如陕西街钟楼高大醒目，所以影响不大），这个钟楼一直使用到新中国成立以后。1947年，该院成为华西大学附属医院五官科。1955年，该院并入华西大学附属医院，原址改建为四川省高教局。

清光绪三十年（1904），在当时"中学为体，西学为用"的浪潮之中，四川总督锡良在陕西街创办了四川陆军军医学堂，附设四川陆军医院。学堂是四川历史上最早的官办西医学校，医院是四川历史上最早的官办西医医院。学堂1920年改名为四川陆军军医学校，迁包家巷，1926年停办。医院在清末迁拱背桥。

1937年，从英国留学归来的儿科专家陈序宾（1892—1983）在这条街开设四川（也是整个西南）第一家西医儿科医院序宾儿科诊所。序宾儿科诊所的特点是将幼儿的生、养、病全程关注，设有产房。抗战时期，诊所在1939年遭日本侵略者轰炸，只好迁往青龙街。1941年再次遭日本侵略者轰炸，再次迁往商业街。抗战胜利以后，诊所每日就诊量高达400人，天未明即有人排队挂号。新中国成立以后，陈序宾到第二人民医院筹建小儿科，诊所则不断发展，先迁仁厚街，再迁将军街，就是现在成都人十分熟悉的成都市西城区儿童医院。

就在抗战时期的最艰苦阶段，著名作家沙汀给陈序宾送来了郭沫若亲笔书赠他的一幅单条："近代医术中，余最醉心于小儿科，颇觉有圣者风度。小儿患病，非由自得，而又不能详述其痛楚，必须细心体贴，才能究其症结，而医中知此意者殆鲜。"陈序宾说，这是他在困难中得到的最大的鼓舞。

在四川省教育厅的对门，是今天的石室联中，过去的成都十中，而更早则是基督教会开办的"华美女中"。华美女中于清光绪十年（1884）创办于重庆，是四川最早的女子学校。1904年（一说1898年）从重庆迁来成都陕西街，最初只有小学，1908年开办中学，虽然学生人数很少（1926年全校有

· 街巷 ·

从陕西街遥望皇城　1909年　［美］张伯林摄影　杨显峰提供

教师19人，而五个年级一共只有学生87人），在校学生最多时也只有500多人，但是教学质量很高，是与华英女中齐名的成都最好的教会女子中学。

抗日战争时期的太平洋战争爆发后，在北平日寇占领区的燕京大学被封闭，部分师生于1942年内迁成都，与华西大学联合办学，但由于华西坝已经是五大学共用，实在太挤，燕京大学不得不借用华美女中（华美女中为避轰炸已迁新繁崇义桥）的校舍办学，校本部、女生宿舍与部分教师宿舍就设在华美女中。著名学者吴宓来到成都后，就住在当时借用华美女中正楼三层的燕京大学宿舍里。

吴　宓（1894—1978）　陕西泾阳人，我国著名学者与教育家。1917年赴美留学，与陈寅恪、汤用彤并称为"哈佛三杰"。1921年回国后，他以学贯中西的盛誉先后在多所大学任教，并主编著名的《学衡》杂志。1925年清华学校开办国学研究院，他出任研究院主任，聘请梁启超、王国维、陈寅恪、赵元任为国学导师，开启了我国学术史上最著名的清华国学研究院时代。1930年赴欧旅游，回国以后任清华外文系主任。1937年随清华南迁，先

以祠庙馆所命名　　755

任西南联大教授,1944年底来到成都,任燕京大学与四川大学教授。1946年他离开成都到武汉大学任教。新中国成立以后,长期在重庆的西南师范学院任教。"文革"中遭受严重迫害。1977年因生活不能自理,回到老家,次年在老家病逝。

吴宓(中)与友人合影

1923年5月1日,在中国社会主义青年团成都地方执行委员会的发动与组织之下,成都的机织帮、水丝帮、建筑帮等20余帮(当时将一个行业称之为"帮")的工人代表在陕西街东岳庙中开会,成立了成都劳工联合会,选举刘亚雄、钟善辅为正副会长(刘亚雄、钟善辅当时是中国社会主义青年团团员,当年10月转为中国共产党党员,也是成都第一批中国共产党党员)。这是成都历史上第一个全市性的工会组织,这一天的会议也是成都历史上第一次在"五一"国际劳动节举行的工人代表集会。

成都第一家由中国人开设的使用西式推剪理发的理发店,由薛子芳于1910年开设在今天石室联中对门的位置。薛子芳是简阳人,曾经随传教士去过南洋,在新加坡学会了理发技术,回国时带回了成都人从来没有见过的可以升降可以转动的理发用躺椅,以及雪亮的推剪与条剪。成都人把多年来所叫的"剃头"改称为"理发",把多年来的剃光头改为剪样式都是从他的理发店开始的。成都方言中至今还在说的"大拿波",实际上应当是"大拿破",就是当年城南若干青年学生模仿心目中的英雄拿破仑而剪成的一种高翘大波浪的发式,最早也都是从这里流行出去的。值得一提的是,薛子芳之子薛特恩(1914—1940)是中共党员、车耀先烈士的学生和得力助手、《大声》周刊的编辑与发行人,他长期把薛家的理发店当作地下党的联络站。1940年成都发生"抢米事件"之后,他被国民党特务逮捕,同年5月与其他4位共产党员一起被杀害于龙泉山。成都第一家理发店也被国民党政府所查封。

过去的陕西街上有不少达官贵人的住宅。成都近现代史上的传奇式人物张志和的故宅就在陕西街72号,1935年蒋介石第一次入川时,就是住在这个公馆里。

张志和（1894—1975） 原名张清平，邛崃人。1914年与刘文辉同入保定军校，毕业后长期在川军中供职，担任过旅长、师长、四川兵工厂总办、二十四军政治部主任。1927年作为刘文辉的代表去武汉，结识了吴玉章、董必武等共产党人，开始接触马克思主义，在南昌时又与李一氓、郭沫若等蜀中革命人士交往。回到四川之后即与共产党人杨闇公等结交，接纳共产党员到他的第二混成旅工作，并建立了中共邛崃军队支部。1928年，经中共川西特委批准，他成为中共特别党员，并任四川省委军委委员。1930年，错误的"立三路线"领导人命令他率部暴动，攻打大城市，他认为条件不成熟而未发动，遂被批判为"右倾"而开除出党。1933年，他离开军队，在邛崃开办敬亭小学（后改中学），在成都与朋友共同创办协进中学。这两所学校都聘用进步教师，宣传民主与抗日，秘密开展党的活动。1934年他出国到欧亚十几个国家考察，回国后在上海参与了著名的辛垦书店的工作（辛垦书店早在1927年即已成立，川籍文化界著名人士杨伯恺、沙汀、任白戈等都曾经在此工作，川军将领张志和和陈离是主要出资人。"辛垦"是"thinking"的音译兼义译，本义是思考），撰写出版了《抗日必胜论》和《现代战争论》，以李凡夫的名义主编了著名的《研究与批判》。1937年，中共代表李一氓邀请他去延安，曾经在红军一、二、四方面军会师纪念大会上和陕北公学开学典礼上讲话，曾经与毛主席通宵畅谈，并按毛主席指示回川开展统战工作，成为中国共产党和四川地方实力派进行联系与合作的重要中间人，毛主席送给他的照片上对他的称呼是"志和同志"。中共四川省工委也打算为他恢复党籍。他从此不仅按期交纳党费，还特别向陕北公学捐款。由于种种原因，他的党籍并未得到恢复，但是，中共南方局派到成都工作的张友渔回忆说，对他"政治上按党员对待"。1938年，他根据党的指示，出任三十集团军参谋长出川抗战。经过了几次大战之后，因为受到陈诚与王陵基的怀疑，按

张志和旧居　2011年　杨显峰摄影

叶剑英的指示托称老母病危弃职返川。1941年，根据党的安排，参加了民盟并任四川省支部主任委员，在周恩来领导下长期领导民盟在四川的活动（旧政协开会时他还担任了民盟的军事顾问），并从事团结争取川军将领的工作，他在陕西街的家也就成了民盟四川省支部的办公地。1942年，由他进行联系，周恩来和刘文辉在重庆进行了重要的会晤与长谈，开始了刘文辉和中国共产党的长期秘密合作。根据他的建议，周恩来指示他人将两部中共南方局的秘密电台分别安置在刘文辉与潘文华军中，其中王少春夫妇在雅安苍坪山下一个旅司令部中的电台一直工作到雅安解放，长达8年，是我党架设在国民党军队中工作时间最长的秘密电台。1949年，他参加了策动彭县起义和迎接解放军入川的一系列工作，完成了12年前毛主席给他布置的任务。新中国成立以后，任政务院参事，民盟中央委员、全国政协委员。1957年被错划为右派，1975年因车祸逝世于北京。1979年，由中共中央予以平反，骨灰移入八宝山革命公墓。2004年，邛崃市政府在小北街恢复重建了名为"天下居"的张志和故居。

1933年12月28日，我国京剧音乐泰斗级的大师陈彦衡病逝于陕西街乔仲泉宅中一个小院里。

陈彦衡（1868—1933） 宜宾人。幼时随在山东为官的父亲陈芸笙在济南生活，喜爱上了京剧并下苦功练习京胡技艺。后来放弃仕途（他曾被委任为云南罗平州知州，辞官不就），去北京着力钻研京剧泰斗谭鑫培的唱腔与谭鑫培的琴师梅雨田（梅雨田是梅兰芳的伯父，梅兰芳的父亲早逝，是在梅雨田身边长大的）的琴艺，并在梅雨田的指导之下用传统的工尺谱记录谭鑫培的唱腔，开创了京剧唱腔记谱的先例。在刻苦学艺的过程中，陈彦衡与谭鑫培成为莫逆之交，继而从1915年开始长期为谭鑫培操琴，成了名满天下的"胡琴圣手""第一琴师"，他还写出了《戏选》《说谭》两本研究谭派艺术的专书，谭派后学中著名的两位大师余叔岩与言菊朋都是向他行了拜师礼的学生。"九一八"事变之后，他拒绝了日本方面的利诱，南下上海，撰写了《燕台菊萃》与《戏曲丛谈》。1932年，他作为川籍人士在京剧界造诣最高的艺术家，接受四川京剧界的邀请，举家回到家乡，先在重庆，后到成都传艺，曾经带病在春熙大舞台连续表演琴艺五天，由四川大学校长王兆荣在台上出任报幕讲解。病逝之时，他在山东读书时的老同学、我国话剧第一人曾孝谷

（有关介绍见"小通巷"）有诗悼念："夜酿陆沉祸，悠悠难问天。……破琴弦断绝，禁得老泪捐"。陈彦衡去世以后，其子陈富年（1904—1983）一直留在成都承其衣钵，曾任新声京剧团编导组长和艺术指导。1961年，笔者曾经在成都京剧团亲聆陈富年老人的京剧辅导课。

20世纪30年代，著名餐馆"姑姑筵"创办人黄敬临的儿子黄平伯在陕西街西口开了一家川菜馆，取名为"不醉毋归小酒家"，既文雅又风趣（"不醉无归"语出《诗经·小雅·湛露》），成为成都众多特色店招中最著名的店招之一。抗日战争时期，著名爱国人士黄炎培在成都时写有《蜀游百绝句》，其中就专门有一首描绘成都的店招："小小商招趣有加，'味腴'菜馆'浣秋'茶。'临时生活维持处'，'不醉毋归小酒家'。"

在陕西街的西头南端，有横陕西街与文庙后街相通。1920年，四川通志局就设于横陕西街，由著名学者宋育仁主持修纂新的《四川通志》，直到1931年完工，宋育仁去世，留下稿本323册。但是时值军阀混战，文教不兴，故而一直未能出版。

陕西街与半边桥街交会口　2001年　赖武摄影

宋育仁

拟修《四川通志》例言
彭雄提供

宋育仁（1857—1931） 富顺人。年轻时第一批被选入尊经书院深造，成绩优秀，与绵竹杨锐、井研廖平、名山吴之英合称"尊经四杰"。光绪十二年（1886）入京会试，中进士，入翰林。他思想新进，留心时务，1887年写成著名的《时务论》，成为全国知名的维新派官员。1894年以参赞名义随公使龚照瑗出使欧洲英、法、意、比四国（不久代公使职），游历考察，眼界大开，写成了在全国引起很大反响的《泰西各国采风记》，他也被称为"四川睁眼看世界第一人"。他在欧洲时期，正值甲午海战清军大败之时。为雪国耻，他精心策划之后，计划组建一支由军舰5艘、鱼雷快艇10艘、招募水兵2000人组成的海上舰队，从菲律宾北上突袭日本的长崎。只是因为清王朝一味求和，签订了《马关条约》，这一计划才不得不"扶膺私泣，望洋兴叹"而作罢。1895年宋育仁回国之后，即积极参与维新改革，参加"强学会"并任"都讲"。1896年奉命回四川办理商务、矿务。他在重庆设商务局，推动开办了各类实业公司33家。1897年10月在重庆创办了四川第一份报刊《渝报》。1898年到成都兼任尊经书院山长（即院长兼主讲教师），组织"蜀学会"，创办了成都历史上第一份报纸《蜀学报》，出版了《天演论》《原富》等西方名著，对西方先进文化在成都的传播产生了很大的影响，被时人称为"新学巨子"。也就在1898年，戊戌变法失败，宋育仁被罢职，困居京城。辛亥革命之后，他被任命为国史馆修纂，后任代馆长。作为前清遗老，思想虽然守旧，但坚决反对袁世凯称帝，痛斥袁为王莽，被袁

三圣乡东山草堂宋育仁一家合葬墓
2009年 苟世建摄影

派人于1914年从北京押回成都"编管"。他回到成都以后,在今天的三圣乡修建了自己的居所"东山草堂",于1916年退隐于此,不问政事,只在1921年出任了国学学校校长与四川通志局总纂,出版《国学月刊》,主修《四川通志》,同时主监修《富顺县志》,为四川的文化事业操劳终身。本世纪初,三圣乡在被喻为"五朵金花"之一的幸福梅林为宋育仁重修了与夫人子女的合葬墓,并重建了东山草堂。

改革开放初期,陕西街以其位于市中心而又少车辆的地理优势,成了全城无人不知的"缝纫一条街",街两边全是简易的手工棚子,无数最早下海从事手工操作的个体户就是从这里的"陕摊"开始了他们的创业,成为改革开放初期与青年路的服装百货摊点、人民南路的书画工艺品夜市齐名的三大市场,也是成都市中区民营经济早期的三大发源地之一。直到今天,陕西街上还有不少制作各种服装的店铺,有的仍然以"陕摊"作为自己的品牌。

陕西街缝纫一条街　20世纪80年代　王文相摄影

广东馆街

广东馆街这个街名只是俗称,它的正式名称是人们所熟知的西糠市街,

西糠市街维修中的广东会馆　2009年　袁庭栋摄影

是成都的东、南、西、北四条糠市街之一。广东会馆初建年代不详,只知重建时间是在乾隆三年(1738)。在新中国成立以后还保留下来了一部分,由于长期被别的单位占用,所以一般都不清楚这里还有广东会馆的存在。改革开放之后恢复了大慈寺南边的老大门,对大门前面的街区进行集中整治,一大片旧式平房被拆除,开辟了寺庙前面的广场。这一拆就把遮蔽在民居之中的广东会馆遗存建筑显现了出来,锦江区有关部门已经着手将广东会馆进行重建。

燕鲁公所街

燕鲁公所街位于红星路二段与桂王桥南街之间,因为清代建有河北、山东两省移民的同乡会馆而得名。燕鲁公所的建筑宏丽,又地处北门入城后的位置,所以清代的成都地方官为北京来的重要官员迎来送往的宴会往往都是在这里举行。特别是对于三年一届的以钦差身份从京城到成都的乡试主考官,接风洗尘与送行饯别的宴会固定在这里举行已成惯例。

清光绪三十四年(1908),著名新派人士樊孔周在此街开办"因因利织布厂",有织布机40多台,是成都开办的第一家以近代技术织布的工厂,所生产的提花棉布、绒面毛巾、五色被面受到成都市民的普遍欢迎,工厂的员工曾经达到300多人。

樊孔周 生年不详,成都人,清代末年成都最著名的维新实业家,第一代近代工商业者的杰出代表。他年轻时中过秀才,在维新思想影响下弃学从商,于1884年与高石铭共同在学道街开设了成都最早的新式书店二酉山房(二酉山房得名于明代学者胡应麟的藏书楼。相传秦始皇焚书坑儒之时,有不愿文化被毁的好心人携带了一批书籍藏于湖南沅陵的大酉山与小酉山,使得我国文化典籍得以传承,故而唐代诗人陆龟蒙有了"二酉搜来秘藏书"之名句),出售与出版宣传反清意识的禁书《明夷待访录》《扬州十日记》《嘉定屠城记》和《天演论》《民约论》《新民丛报》《民报》等开启民智的书报,为四川地区民主主义革命思潮的兴起发挥了重要作用。1905年以图书帮帮董的身份成为成都总商会筹备人,参与发起成立了成都总商会,并任会董、协理和"商事公断处"评议员,1908年出任成都总商会协理。1907年,他在维新派官员周善培的支持下,组织成立了成都建筑有限公司,在1908年7月至次年4月修建了成都第一个新式的综合商场劝业场,第二年更名为商业场。为了商业场的营业需要,建立了悦来电灯厂(后更名为同益电灯公司),为成都市点燃了第一盏民用电灯。他又在商业场后面兴建了悦来茶园,成为近代川剧的发源地和著名的戏窝子;在商业场内开办了成都第一家近代经营方式的高档酒店——悦来旅馆,在昌福馆开办的昌福印刷公司是当时全省设备最为完备的出版印刷公司。此外,他还在燕鲁公所开办了因因利织布厂,在万里桥边创办了起步的利民自来水公司。成都人李念祖曾经在1907年开办了信立钱业有限公司,因为经营困难而交成都总商会经营。在樊孔周的经营下,为商家开办存贷业务,成为成都金融发展史上第一家具有近代银行性质的民营金融机构。作为四川工商界举足轻重的人物,他积极参与了保路运动等政治活动,辛亥革命之后出

《娱闲录》 四川省图书馆藏

任成都总商会总理、临时参议会参议员，1914年接办报纸《四川公报》（副刊《娱闲录》单独发行，是四川第一个文艺杂志，也是第一个发表新闻图片的杂志，李劼人最早的小说就是发表于此），并创办了四川第一份晚报《四川晚报》。1916年袁世凯病死，报社立即赶印12万份红纸号外作为特大喜讯传播庆祝（这是成都报刊所发第一次号外）。1917年4月，川军刘存厚部与滇军罗佩金部在成都发生巷战，使成都3000余百姓丧生。樊孔周组织各界代表568人通电全国予以声讨。以后他又代表成渝商会抗议军阀的无端勒索，还亲自撰写相关的呈文与社论。他这些正义行为被反动军阀所忌恨。1917年6月9日，他在由重庆返回成都途中被川军第三师钟体道部团长张鹏舞刺杀于简阳施家坝，身中八弹而亡。樊孔周死后，成都各界在北外金绳寺为他举行了盛大的追悼会，由周善培撰写并宣读祭文。

20世纪20年代，燕鲁公所街上曾经办过四川美术专门学校。1928年，以原来的美术专门学校的校舍为基础，又开办过一所岷江大学，主事者都是国民党内不愿支持蒋介石的中华革命党行动委员会（一般称为"第三党"）的成员，以黄子谷为校长。岷江大学规模不大，却还在宁夏街办有中学部，在东胜街办有预科和训练班，1929年将校本部迁到东胜街（旧址在原四川省电视台大院）。1930年，岷江大学被当时的驻成都三军联合办事处查封（同时查封的还有中法大学和西南大学）。

贵州馆街

今天的新华大道是新中国成立以后经多次扩建与改建而成，一直到1988年才全线完工。从红星路到育婴堂街的这一段，是在原来的贵州馆街的基础之上扩建的。

贵州馆街原名玉沙北街，街北在清代有贵州移民所修建的两座会馆，一座是建于清乾隆三十三年（1768）的贵州会馆，另外一座是黔南公所。在一条街上修建两座同省移民的会馆，这在成都是唯一的，就是在全国也属罕见。因为贵州移民的财力较小，所以两座会馆的规模都很小，并未被人们注意，街名也未更改。清光绪年间，贵州籍的丁宝桢出任四川总督，捐资对贵州会馆进行扩建，建筑质量也相当讲究，玉沙北街以后就改名为贵州馆街。

在老成都人的口中流传着这样一句告诫当官为吏者必须遵纪守法的话，叫作"不要在贵州馆看戏"。这句话源于这样一件真人真事：四川保路运动高潮中，川剧名旦杨素兰慷慨捐水田60亩以助保路同志会。辛亥革命成功之后，当时的袁世凯政府为此向杨素兰颁发一枚"嘉乐"勋章以示嘉奖。授勋仪式在贵州馆中举行，并由杨素兰演出折子戏《游园》表示答谢。四川军政府都督尹昌衡一时高兴，酒后失态，竟将台上的杨素兰拉下台来陪酒。留日归国的军政府警察总监杨维认为尹昌衡此举大失礼仪，难以为官场表率，遂决定扣发都督薪俸一月以示惩罚。尹昌衡也表示接受惩罚，同意扣薪一月。此事以后就长久在成都官场之中流传，"不要在贵州馆看戏"这句话也就成了为官者的一句告诫语。

1940年，以魏时珍为首的青年党中的文教界人士共同创办的川康农工学院建于此街，后迁城西万佛寺（今通锦路），更名为成都理学院。

福兴街

福兴街在总府路到华兴正街之间，就是今天位于王府井大厦东侧的那条小街，过去的成都市水产公司的门市部就设在这里。从清代到民国年间，这条街上以多家制作与销售帽子的店铺闻名，是成都当年的帽子一条街，销售量最大的是过去最流行的瓜皮帽。《锦城旧事竹枝词》这样写道："弹冠相庆聚福兴，制帽瓜皮负时名。开学春秋称旺季，过年一顶旧换新。"

清代初年，这条街名叫兴隆巷，是因为有一座兴隆庵而得名。后来福建移民集资在这条街上修建了福建会馆。由于一场火灾，福建会馆和周围的民房都被烧毁。重建之后，就以福建会馆与兴隆庵的头一个字命名为福兴街，以作为对已经不存的福建会馆与兴隆庵的永久纪念。

成都著名的老字号川菜馆"竹林小餐"最早就是在这条街上由王兴元开办的，时间在清末民初，长期以蒜泥白肉和肉丝罐汤闻名远近。《锦城旧事

20世纪初的福兴街　杨显峰提供

竹枝词》有这样的描述:"福兴街口竹林餐,白肉二分美而廉。最是料精刀法好,莫将此味寻常看。"1953年迁至更为热闹的盐市口,20世纪末因为盐市口地区改建而停业。作为一家被国内贸易部(已撤,原国务院组成部门)正式命名的著名的中华老字号餐馆,至今尚未复业,但是今天川菜行业仍然以当年竹林小餐的蒜泥白肉作为这道名菜的最佳标准。

抗日战争时期,成都当局将福兴街上的协和旅馆建成盟军招待所(表面上是酒吧,当时一共开了两家,还有一家在八宝街),组织了大量妓女在警察保护之下在此轮流值日,接待驻蓉美军,一时臭名昭著。

2006年,福兴街的街道进行了全面的改建,人行道上铺了约百块红色大理石的福字砖,上面镌刻着各种书体的"福"字。

忠烈祠街附会府街

忠烈祠街多年来以成都最大的旧货市场"会府"而为老成都人所熟知。

"会府"的名称来源于明代的"都会府",所以当时的这条街名叫会府街。都会府是当年全城文武官员用来向皇帝举行朝拜大典的重要场所，清代仍然保留，只是把名字改为万寿宫，里面供有九龙万岁牌，上面刻有"当今皇帝万岁万岁万万岁"的金色大字。每逢农历的初一、十五这两天（这在古代叫作朔日和望日），成都城中的文武百官都必须齐集于此，进行庄严的朝拜仪式。这个朝拜仪式是到场的最高官员向文武百官传达重要政令的场所，也是文武百官交换信息的场所，所以在当时是十分重要的官场活动。

20世纪80年代的会府市场　杨显峰提供

著名的会府市场在过去的忠烈祠西街南端的白家祠内，是过去成都市首屈一指的旧货市场和死当（即典当行中过期不取的物品）市场，也是做转手买卖（旧时专业名称叫"打过火"）或者以便宜货骗人的地方。民国时期成都的旧货交易分为"估旧"和"荒市"，前者档次较高，铺面经营，主要集中在会府；后者主要是收荒匠贩卖的便宜货，地摊经营，主要集中在皇城坝。有

会府市场　2001年　王晓庄摄影

《锦城旧事竹枝词》咏其事："旧货麇集会府西，出入足踩皆烂泥。转手人呼'打过火'，莫信甜言误'老欺'（按：成都方言称便宜货为老欺、欺头）。"这个旧货市场从清代延续到今天仍然存在，只是规模的大小与经营方式不同而已。

清政权被推翻之后,这个万寿宫被民国政府保留了下来,去除了清代的九龙万岁牌,换成了在辛亥革命和四川保路运动中牺牲的烈士的牌位,同时把原来的万寿宫改称忠烈祠,这条街也就从会府街改成了忠烈祠街。由于四川长期军阀混战,民国时期的忠烈祠建立以后并未受到执政当局应有的重视,祭祀活动也未坚持,所以忠烈祠原址早在20世纪20年代就成了军阀的新兵训练处,又短期做过警备司令部,最后成为四川省公路局的办公地。新中国成立以后,成都交通学校曾经设于此处,后来又成了机关宿舍。

忠烈祠街原来分为好几条,中部是原来的会府街,也是忠烈祠所在地,因为祠前有一块原来为文武百官停放马、轿的空坝,所以民国以后改名为忠烈祠坝街,人们多简称忠烈祠街。在忠烈祠坝街的四周,是过去的会府东街、会府南街、会府西街和会府北街,也就是民国时期的忠烈祠东街、忠烈祠南街、忠烈祠西街和忠烈祠北街。新中国成立后经过多次城市改造,忠烈祠南街和忠烈祠北街已经并入了扩建之后的太升南路,撤销了忠烈祠坝街,只是以太升路为界,在两侧分别为忠烈祠东街和忠烈祠西街。

清光绪二十九年(1903),郫县人吴碧澄(按:也有记载把修建时间定在1906年,并把吴碧澄写作吴弼臣)在忠烈祠北街修建了一座仿江南园林的

忠烈祠西街　2001年　王晓庄摄影

花园，取名"可园"。其中不仅有楼台亭榭、曲栏回廊，还有柳林、杏林、梅林、紫荆林这"四林"，和桃园、李园、橘园、橙园这"四园"，故而成为清末成都与前卫街宫保府、正通顺街李府、方正街大夫第并列的四大花园。因为吴碧澄曾经随在外地做官的父亲吴作霖在江浙一带生活，所以又仿江浙一带已经较为普遍的习俗，于1906年在可园内修建了戏园，命名"咏霓茶社"，可容纳观众800人，又组织戏班文华班、三庆会、旭春社等在此演出川戏，当年成都的著名川剧艺人杨素兰、康芷林、唐广体等都曾经在此献艺。除川剧外，也曾有燕和京班在此演出京剧，1917年还组织过川陕名角的联袂演出。

这是成都历史上第一次让戏班有了一个专门演出的室内场所（过去除了官宦人家让戏班到家中唱堂会之外，广大群众看戏都是在庙宇、会馆、祠堂中的露天戏台万年台，或是露天坝中挤堂子、看坝坝戏，戏班则称为"跑码头"、"赶台口"。据改革开放之后的统计，成都市范围内在清代有过很多万年台，有统计数字的如金堂县有65座、新都县有18座、新繁县有10座、崇庆县有67座、蒲江县有30座、彭县有97座、郫县有53座、双流县有37座、大邑县有35座、新津县有50多座、龙泉驿区有10多座），第一次有了被称为戏园的戏剧舞台，所以被当时人称为"开蜀风之先"。1910年，戏园经过扩建，座位增至1020个，还曾经短期开设过女宾专座，但是很快就被官府禁革。一直到1921年才又实施女宾专门从侧门（在忠烈祠东街）入场的白天看戏的女宾专座，晚场不能有女宾入场。可园还曾经在1911年邀请北京的燕和京班来园中演出京剧，这是成都舞台上出现的最早的京剧剧团（同年，悦来茶园也邀请了北京的宝顺和梆子班来成都演出京剧）。可园的戏园经营到1923年，因为多方面原因而关闭。

1911年7月26日，由川汉铁路公司出资创办的《西顾报》在会府北街22号出报，编辑人屈厚蕃、池梁炬。这张日报是四川保路同志会最重要的宣传阵地之一，日销8000份，最高的一天达到14500份，在轰轰烈烈的保路运动中发挥了十分重要的作用。

四川省最早的公路管理与运输机构四川公路局于1935年7月从重庆迁到成都，就设在忠烈祠街，当时的营运线路只有成渝一条，以后才逐渐有所增加。

蔡辑五夫妇精心塑造杜甫像
20世纪50年代　高华敏摄影

珍珠元子总府街店
20世纪90年代　王文相摄影

过去成都最有名的泥塑艺人有两家,位居第二的是科甲巷的仰然阁,位居第一的就是忠烈祠南街的寿相阁。民国时期的寿相阁主人名叫蔡辑五,善捏各种题材,特别是为丧家所捏泥人遗像逼真传神,在照相技术还未普及的时代,成为一些人家保存先人遗像的最佳方式,连杜甫草堂中的一些塑像也是请他捏塑的。抗日战争时期,一些驻蓉美军都慕名来到这里请求现场捏塑。当代成都最著名的"蔡泥人"蔡大权就是蔡辑五的传人(就在本书的写作之中,蔡大权于2007年9月19日病逝,其技艺由其子蔡振宇继承)。在当年的寿相阁的对面,是著名作家流沙河的出生地,他在为《老成都》丛书所写的序言一开始就这样写道:"我本成都人,生在城内会府南街姓蔡的塑像店对门的一座小院。"

忠烈祠西街是清代与民国时期成都经营古玩玉器商家最集中的街道,据清末统计,如果加上忠烈祠东街、南街与北街,一共有23家。民国时期的古玩玉器商家有所减少,又增加了很多估衣店,成为估衣店最多的街道。这一特色一直保持到新中国成立以后才逐渐消失。

过去成都第一家制作售卖珍珠元子的商家就开设在忠烈祠西街,店主兼师傅是来自灌县(今都江堰市)的张合荣。这家最正宗的珍珠元子不仅是皮薄馅多、香软适口,更为特别的是保持了灌县饮食的老传统,以红白茶作为比较甜腻的珍珠元子的伴餐饮料(最讲究的吃法是先用筷子将珍珠元子顶部夹开,用皮蘸着内部的馅吃,同时佐以红白茶),而且是免费自取。《锦城旧事竹枝词》这样记其特色:"馅香皮薄味殊腴,粉团蒸软粒粒珠。茶泡'红白'君任饮,笼空时有客向隅。"经过煎煮的红白茶醇香而清爽,用于佐餐(特别是在吃油腻食品的时候)非常可口。现在还在民间流传的民谚"好吃不过茶泡饭,好看不过素打扮"中的"茶"就是指的这种煎煮出来的红白茶。遗憾的是,这一极富特色的餐饮搭配,现在在城乡各处都已少见了。

忠烈祠南街因为徐姓大院中有两棵大桂花树而又被称为双桂堂街。辛亥革命时期的四川军政府都督尹昌衡(有关介绍见"王家坝街")在成都的主要居宅止园就在这条街上,可惜未能保留下来。

民国时期的著名餐馆荐芳园位于忠烈祠南街,以蔬菜为制作佳肴的主要原料,而不是以肉类为主要原料,故而以清淡宜人的特色在成都别开生面、风味独具,可以认为是很早就在引领时尚新潮。

成都最早最有名的西服制作店李记洋服店于20世纪20年代开设于忠烈祠东街。店主李增荣在华西坝向国外技师学得一手制作西服的技艺,精益求精,一丝不苟,成为全城第一名师,成都有身份者做西服是必到"李记",很多外国人士要做西服也是首选"李记"。

昭忠祠街

从红星路大桥往南,红星路一段东边的第一条支街叫昭忠祠街,以清代的昭忠祠设于此街而得名。

修建昭忠祠以纪念已故的功臣前贤是我国自唐代以后全国各地多有的传统,清代以后也称忠烈祠,抗日战争期间全国600多个县市建有忠烈祠,我国现存的规模最大的昭忠祠或忠烈祠是1943年7月7日建于南岳衡山的抗战忠烈祠。

清代咸丰、同治年间,曾任四川提督的湘军名将周达武(1813—1895)为了祭祀多年来在征战中阵亡的将士,在成都城内东北角相传为古碧鸡坊的附近修建了一座昭忠祠,祠中挂有他撰写的一副名联:"白马旧同盟,五百人

"大跃进"时期成都市盲哑学校学生在春熙路街头宣传 1958年 杨永琼提供

起义衡湘,援黔援楚援秦羌,羽檄竞驰风,回首战场成吊古;碧鸡新建祀,三千里苾兹巴蜀,死敌死难死瘴疠,精诚长贯日,招魂大地此归来。"此后,昭忠祠就成为一些蜀中官员们祭祀已故文武前贤的祠堂。光绪三十二年(1906),昭忠祠所在地区形成街道,也就被命名为昭忠祠街。由于昭忠祠是由周达武一手所建,在清代有时也被称为"周昭忠祠"。民国时期,昭忠祠不再保留,在原地开办了聚昌印刷公司。

修建昭忠祠的周达武在近代历史上是一位著名的人物,他家是湖南望族,出了不少著名人物,国学大师陈寅恪就出生于长沙通泰街周达武故宅之中。

清代在昭忠祠街建有官办的慈善救济机构苦力病院与济良所,前者救济家贫无力治病的病人,后者收养愿意从良而丧失生活来源的娼妓。

在清末的新政中,昭忠祠中曾经在光绪三十二年(1906)开办了成都历史上第一所藏文学堂,用以培养学习藏文的专门人才。次年改名为官立方言学校,是我国教育史上罕见的以"方言"为名的学校。辛亥革命以后改名为省立外国语专门学校,迁往东马棚街。

1929年,基督教会开办的中西慈善盲哑学校从文庙西街迁至昭忠祠街,这是当时成都最大的盲哑学校,1942年改名为成都市私立盲哑学校,1943年还办过四川第一个盲哑师资班。1944年与开办在石室巷(当时名何公巷)的私立明声聋哑学校合作,组织36名学生进行了四川第一次城乡巡回盲哑人演出,宣传抗日,行程达两千多里。新中国成立以后和私立明声聋哑学校合并为成都市盲哑学校。成都市盲哑学校迁至沙湾以后,在昭忠祠街原址开办了成都幼师。成都幼师迁到致民路以后,在这里开办了成都成人教育学院。

清光绪二十五年(1899),四川总督奎俊为了培养军事人才,在昭忠祠街设立了四川武备学堂。四年后,新任四川总督锡良在北较场新建校舍之后,四川武备学堂迁入北较场,此后又在四川武备学堂之侧陆续开办陆军小学、陆军讲武堂。所以，四川武备学堂是四川所开办的最早的一所军官学校，不仅对日后四川的军政大事有不小的影响，而且川军中不少早期将领均出于这所学校，被称为川军中以刘成勋为首的"武备系"。

四川武备学堂的教学安排深受日本军事学校的影响，在教学科目中有体操课程。严格来说，近代体育之传入成都，应当就是从这里开始的。这以后，各新式学校一般都跟着开了体操课。1906年，四川高等学堂正式开办了体育科（朱德元帅就是第一期的学生）。1907年，留学日本专攻体育的邓莹诗又开办了私立的成都体育学堂，其目的就是为了给各学校培养体育教师。

清代的成都还有一处专门供奉八旗阵亡官兵的昭忠祠，规模很小，是在祠堂街上文昌宫中的阜康神祠侧的附属建筑，同治六年（1867）建成，知道的人很少。

祠堂街

人民公园大门外的祠堂街原来位于清代满城东南方的受福门之内，门外就是西御街（所以人们也将这个城门称为西御街小东门）。清初，这条街叫喇嘛胡同，或称为蒙古胡同。清康熙五十七年（1718），八旗官兵在这条胡同中为当时的权臣年羹尧建立一座生祠（位置在今人民公园东北部），并把这条胡同改名叫作祠堂街。年羹尧的生祠在年羹尧获罪死后即被拆毁，以后在原址改建关帝庙（当时在簸箕街也建有年羹尧的生祠，年羹尧死后原址改建为文昌宫），但是祠堂街这个街名一直未改，沿用至今。

年羹尧（1679—1726） 清康熙、雍正年间著名的大臣。康熙四十八年（1709）任四川巡抚，五十七年（1718）升任川陕总督，先后平定了多次川藏地区的"叛乱"，并成为新即帝位的雍正帝的心腹。雍正初年，又被封为抚远大将军远征西北，受封太保、一等公。由于他自恃功高爵显，骄纵贪暴，专横跋扈，故而被雍正帝逮捕入狱，列出大罪92条，责令自杀。

清末祠堂街上的关帝庙
1905年　［日］山川早水摄影　刘永禄提供

由年羹尧的生祠改建的关帝庙建于乾隆四十八年（1783），光绪年间重修之后更名为武圣宫。在清代初年，满城是按一座大军营来修建并制定有关制度的，满城中供神只能供关圣帝君和观音菩萨（这一规定在清代中期以后逐渐松弛。清代满城之中大小庙宇宫观共有8处，除了关帝庙以外，清初只有宁夏街祭拜奇石的西来寺，守经街上明代双佛寺被改为道教宫观真武宫，西胜街的圣寿寺被迁往君平街，支机石街的严真观被改为关帝庙，其余还有祠堂街的文昌宫和昭忠祠，西来寺侧的欢喜寺，都是清代后期修建的），这座关帝庙就是整个满城中最大的庙宇，左有钟楼和荷花池，右有鼓楼和太极池，大殿三重，金河就从第二重殿前流向半边桥，景色十分别致。由于满城中的旗人不能自由出入满城（外出必须请假），这座关帝庙也就是官员所允许的旗人们游玩娱乐的唯一所在，还建有满城中唯一的一个戏台。特别是其中的荷花池是满城中最大的一片荷花池，在当时颇为知名。时人有《竹枝词》记其事："满洲城静不繁华，种树栽花各有涯。好景一年看不尽，炎天武庙赏荷花。"

祠堂街东头在清同治十年（1871）由四川总督吴棠创建了满城中唯一的书院八旗少城书院，专门培养八旗子弟。这个书院效果不佳，光绪三十年（1904）被成都将军绰哈布下令拆除。

民国初年，满城被拆除之后，祠堂街成了成都市区内东西交通的重要街道，曾经在1936年与1943年两次扩建。前一次扩建时，修成了当时在成都还属于先进施工技术的黄泥灌浆碎石三合土路面，在成都第一次使用了从英国购回的压路机。抗日战争开始之后，成都逐渐成为大后方的文化中心城市，由于祠堂街上有绿树成荫的少城公园，有流水潺潺的金河，还有电影院和川剧院，房租又比春熙路、东大街便宜，所以包括全国著名的生活书店、开明书店、商务印书馆、北新书店、东方书店、大东书局、正中书局、广益书局、儿童书店在内的很多书店的分店都开设在这里，成都本土的普益书社（这家书店以编辑出版活页文选而闻名全市）等书店也开设在这里，不少书店同时兼营出版业务，很多报刊的编辑部也设在这里，故而时人称祠堂街为"新文化街"。由革命烈士车耀先创办的专门出售进步图书的"我们的书店"也开在这里，这家书店的招牌是用美术字体写的，而且是从左到右横排，这在全成都乃是开风气之先的第一家。据统计，从"七七"事变到新中国成立前夕的12年中，全市共先后开设各种书刊新店267家、文具店54家，而开设在祠堂街的书刊新店就有183家、文具店就有34家。在地下党的组织之下（生活、开明、北新、儿童等书店内都有共产党员），100多名书店店员还组织了图书业工人歌咏团，每天早上在大街上高唱抗日救亡歌曲，晚上进行街头演出和演讲（著名演员赵丹演出过《放下你的鞭子》，白杨演出过《我们大家一条心》，马寅初、李公朴等发表过演讲），被成都市民称之为"晨呼队""晚呼队"。

祠堂街的开明书店
1942年　杨永琼提供

《新华日报》成都分馆旧址
2011年　杨显峰摄影

当时的书店都是开架经营，读者可以自由翻阅，一些书店还挂着"欢迎看书"的牌子，甚至免费供应开水，故而每天都有不少爱书人在此阅读学习。《锦城旧事竹枝词》中这样描述："琳琅满目读书香，不逛公园逛店堂。开架任君随意取，一卷忘饥坐中央。"一直到"文革"以前，祠堂街还有古旧书店。一直到改革开放之初，祠堂街还有教材书店和少儿书店。

祠堂街的成都战时出版社　1939年　刘永禄提供

1938年4月，中国共产党在国统区内唯一被允许公开发行的报纸《新华日报》的成都代订处（也称川西北总分销处或成都分馆，由于这里也出售包括延安出版物在内的各种进步书籍，所以也被称为新华书店）设在本街的103号（开办不久改为88号，即今祠堂街38号），一直到1947年3月最后撤离，在成都坚持战斗了8年，一度成为中国共产党在成都唯一公开的对外联络处。这个当年《新华日报》的革命先辈们工作与战斗过的地方，现在已经成为很多人追寻瞻仰的革命纪念地。需要指出的是，近年成都媒体不少文章对这里的报道多次出现过一些不准确的说明文字，最重要的错误之处是说"周恩来、刘少奇、陈毅等重要人物先后来此工作过"。事实是，刘少奇和陈毅在抗日战争时期根本就没有来过四川，来此工作和视察过的领导同志有周恩来、董必武、彭德怀、林伯渠、吴玉章、邓颖超等。

抗日战争时期由中共地下党组织所领导的进步报刊如车耀先主持的《大声》周刊，胡绩伟、熊复主编的《星芒》周报和外围组织星芒社，康乃尔、吴德让主编的成都学联机关刊物《战时学生旬刊》，还有团结在党周围的由周文任主编的中华全国文艺界抗敌协会成都分会机关刊物《笔阵》、由陈思苓任主编的成都文化界救亡协会创办的《金箭》半月刊、杨道生任经理的成都战时出版社、由姚雪岩任经理的莽原出版社、由饶孟文为主编的文化社团群力社等也都设在这里。1938年4月在这里成立了以杨道生为书记的成都图书业支部（杨道生是清华学生，1941年被捕，1942年6月3日牺牲于沙河铺厚生农场）。

由于在文化街上比较容易掩护，所以中国共产党在成都的地下活动据点曾经设在这里。据统计，中共中央南方局、中共四川省委和成都市委先后在这条街上建立过7个支部和秘密的联络点、交通站，在国民党发动的3次反共高潮中先后有包括罗世文、车耀先在内的20多位共产党员在这里被捕，所以这条文化街在当时又有"革命街"之美誉。

"革命街"上当然不止是有革命力量。据一个中统特务的回忆，就在祠堂街88号对门一个茶楼的二楼上，就是国民党特务在"成都的最大监视哨之一，一些血债累累的特务往来其间，专门监视、守候和盯梢新华书店、生活书店、新知书店、战时出版社、《大声》周刊社、《战时学生》旬刊社、星芒社、群力社的工作人员、读者和与之往来的群众"。特务们"定期在此交换情报，有时还从监狱里带出

四川美术协会故址纪念碑　2010年　杨显峰摄影

被捕者坐在茶楼上，指认进出上列书店的人员"。1940年，被特务误抓的空军军官和特务还在茶楼里发生过一场枪战。

1941年，由原来的"蜀艺社""蓉社""成都美术协会"合并而成的四川美术协会成立于祠堂街上的少城公园，团结了当时国内一大批知名美术家从事抗战宣传与美术创作活动，以致当时的四川省主席张群也出任了协会的会长，国民党四川省党部书记长罗文谟出任了协会常务理事，不过具体的负责人是担任常务理事兼总务的四川著名画家张采芹（1901—1984）。在四川美术协会的组织与协助之下，张大千、徐悲鸿、吴作人、傅抱石、潘天寿、黄君璧、赵少昂、关山月、吴一峰、岑学恭等的画展相继展出，张大千的各种画展就先后举办了6次。成都人十分熟悉的孙中山先生铜像和无名英雄铜像，都是在四川美术协会的大力支持与协助下，由著名雕塑家刘开渠创作的。这个时期是成都现代美术创作最活跃的时期。2005年，成都市有关部门在人民公园内建成了四川美术协会故址纪念碑。

在成都市声名远扬的川菜馆"努力餐"，1933年从三桥南街迁来祠堂街137号，直到1983年因为街道扩建才迁至与祠堂街相邻的金河路。

还有一件与川菜发展史有关的大事也发生在这条街上。清光绪二十四年（1898），曾经在北京餐馆闯荡10年、在江浙等地长期考察各地名菜的合江人李九如在华兴街开办了近代川菜形成时期最著名的餐馆之一聚丰园，集南北菜肴之精华，又有多项创新（例如今天十分流行的"一鸡三吃"，在当年的聚丰园早就有了，而且是"一鸡六吃"），包席与散客并重，还做满汉全席，一时间轰动全城。经新派官员四川劝业道周善培的安排并得到成都将军卓哈布的支持，聚丰园于光绪三十三年（1907）迁至满城内的祠堂街关帝庙旁，这是清末新政之后汉族人进入满城开设的第一个商铺。聚丰园不仅有当时最高档次的川菜，同时也供应西餐，还有北京烤鸭、生片火锅和绍酒（以后还引入了冰糕和冰淇淋），在店堂布置上第一家使用台布、西式刀叉和高脚酒杯，服务生要经过培训，要讲究迎客站姿，开创了川菜西吃的先例，对后来成都餐饮业的发展产生过重要影响。成都著名文士刘师亮有《竹枝词》写道："聚丰餐馆设中西，布置精良食品齐。偷向玻璃窗内望，何人依桌醉如泥？"被老成都称之为聚丰南堂（清末民初时期，成都人把从江南入川的外乡人开设的具有新式风格的餐馆称之为江南馆子或南堂）的这家著名餐馆一直经营到1944年才歇业。

祠堂街上的四川电影院建于1952年，是成都最有名的电影院之一。这里最早是清代的少城书院，1931年在这里开办了西蜀大舞台，1937年改名天府大戏院。因为新又新剧社长期在此演出川剧，所以又称新又新大舞台，1939年正式改名新又新大戏院。因为两次遭遇火灾，1947年重建之后更名为锦屏大戏院，曾经是成都最有名的剧场之一，也是成都最早修成梯形的前低后高的剧场。从抗日战争时期直到成都解放，其川剧演出的阵容不在悦来茶园之下。更重要的是，在著名剧作家、有"川剧时装戏奠基人"之称的刘怀叙与著名导演与演员周海滨的主持下，这里是川剧界最早、最成功地新编演出现代戏（当时称时装戏）的剧场。刘怀叙一生中先后创作了140多个时装戏，如《哑妇与娇妻》《灵魂的安慰》《农家女》《天字第一号》《自残》（根据话剧《雷雨》改编）等都获得了巨大的成功，抗战戏《滕县殉国记》仅团体票就订出50多场，爱情悲剧《是谁害了她》1981年被犍为川剧团重排后在成都演出仍然受到热烈欢迎。当代川剧演员中的著名前辈如阳友鹤、萧克琴、吴晓雷、刘成基（当头棒）、谢文新、陈书舫等都曾长期在这里演出，阳友鹤与陈书舫都成功地演出过时装戏。1947年刘成基在舞台上自编新词猛烈抨击社会之黑暗,曾遭反动当局拘捕。设于这里的又新科社(过去戏曲界培养学生的机构称为科班或科社,又新科社在新中国成立以后发展成了现在的乐山川剧团)则是民国时期培养川剧人才最多的科班之一。有不少研究者认为,如果说华新街的悦来茶园是近代川剧形成的摇篮与大本营的话,祠堂街的新又新大舞台就是传统川剧改革与创新的最大一块成功的实验场。新中国成立以后,锦屏大戏院更名为川西剧院,1952年更名为四川电影院。

民国时期成都最有名的专业童装店"绮罗"开设于此街,女主人曾留学日本,制作出售的童装以高雅与"洋气"闻名全城。

在祠堂街南侧有一块成都市中心最大的绿色景区,这就是全省乃至全中国最早的公园之一的人民公园。人民公园这一大片地区原来是满城中南边的

20世纪初少城公园大门入口处　　[法]杜满希提供

20世纪30年代的少城公园一角　　杨显峰提供

人民公园祠堂街正门　20世纪60年代　王文相摄影

20世纪80年代学校组织小学生在人民公园游湖划船
牟航远摄影

一大块空地，主要是菜园，此外还有稻田、箭厅、马厩、禄米仓（按照清代的规定，满蒙八旗官兵及其眷属均不务农、不经商等，定期由政府发给生活所需要的禄米与银钱，禄米仓就是储存与发放禄米的官仓），也包括永清、永济、永顺等胡同。清代晚期，官方的财政日益困难，原有的各项制度也逐渐松弛，这其中也就包括按"八旗子弟、人尽为兵"的制度而来的满蒙八旗官兵及其眷属均不从事务农经商等产业，定期由政府发给生活所需要的禄米与银钱的制度。北京城中在八国联军入侵之后曾经出现大量旗人因生计无着而卖房卖地乃至卖儿卖女的现象，以至时人有"当年紫气指辽东，武帝旌旗在眼中。三百年来一刹那，日去暮矣更途穷"的诗句。加之国内民族主义情绪高涨，要求"平满汉"的呼声愈演愈烈。1907年，慈禧太后发布了有关"现在满汉畛域应如何全行化除，著内外各衙门各抒己见，将切实办法妥议具奏"的上谕。从此以后，全国各地逐步"平满汉畛域"，满汉分治的严格界限迅速被打破，成都满城与城外汉族居住区最重要的联系通道祠堂街成为第一条出现变化的街道，也就逐渐开设了一些商铺。到清王朝最后一年的1911年，成都将军玉昆与成都劝业道周孝怀决定开放满城，把这一片空地辟为少城公园。其主原因是考虑到1907年清王朝曾经下过《裁停旗饷》诏，只是因为各地旗人的坚决反对才未能真正实行。如果真正要裁停旗饷的话,旗人的终身供给制度就得废除,所以要千方百计为旗人寻找一定的生活来源。公园建成之后,旗人就可以通过出售公园门票和在里面搞一些经营,卖饭卖茶,得到一些收入。辛亥革命之后有《竹枝词》写此事道:"八旗坐吃祖宗饭,提笼斗鸟丢江山。六六大顺输到底,禄米官仓变公园。"少城公园最初的大门是开向西侧的永兴街口,即以前使用过的保路纪念碑北边的那道小门的位置。

我国最早的公园于1868年出现在上海的租界里,只供外国人游玩,1886年才对中国人开放,名字一直叫公家花园。为广大市民开放的公园以1907年的北京动物园为最早,但是叫作京师万牲园。据研究,"公园"之称是从日本引进的,全国以公园为名而又对广大市民开放的公园以成都为最早,当时的正式名称就只是叫"公园",并无"少城"二字。少城公园这一称呼是因为人们以其地处少城之内而加上去的,约定俗成之后才成为正式的名称。从这一意义上说,成都的少城公园是我国最早建成使用的一处公园。1950年,少城公园改名为人民公园。

最初的少城公园的位置是在今天的保路纪念碑以东的一片地区,修建有迎禧楼、观稼楼、松韵楼和湖心亭,面积约50多亩,约占今天人民公园总面

成都各界1939年7月7日在少城公园举行抗日救国纪念大会　　杨显峰提供

积的五分之一。这以后经过多年陆续扩建（最重要的扩建在1914年），渐成规模，成为成都市功能最多的公园。不仅是当年成都市最大的综合性文化设施所在地，又是当年成都市最大的群众活动与集会的场所，民国时期省市各界群众多次的大型集会都是在这里举行的。其中包括五四运动中1919年5月25日成都60多所学校的师生以及各界群众一万余人在这里举行的声援北京学生的大会，1919年6月8日成都各界群众两万多人举行的声讨北洋政府卖国行为、号召抵制日货的国民大会，1924年成都市第

四川省立图书馆　20世纪30年代　杨显峰提供

通俗教育馆动物园　杨显峰提供

一次纪念"五一"劳动节并追悼列宁的群众大会，1925年追悼孙中山先生的群众大会，1928年追悼中国共产党川西特委负责人袁诗尧等14位死难烈士的群众大会，1937年9月5日各界群众5万多人举行的欢送川军出川抗敌的大会（川军出川抗日的先头部队是在9月1日分东、北两路出发的，所以一年后把"九一"定为川军参战永久纪念日），1941年为声讨日本侵略者疯狂轰炸成都（包括少城公园地区）的群众大会……此外，成都市第一届市民运动大会也是于1939年10月14日在少城公园举行的。

新中国成立以前，公园内建有四川省立图书馆（初建于1912年，首任馆长为著名学者林思进，因为馆址四周种有松树80棵，故又名八十松馆）、通俗教育馆、金石陈列馆（四川省立博物馆的前身，1941年3月在皇城内明远楼正式改建为四川省博物馆，1949年又迁回人民公园，1965年迁至人民南路四段，2002年7月闭馆拆迁，2009年5月1日浣花南路新馆开馆）、音乐演奏室、游艺场、动物园、体育场馆（包括足球场、篮球场、排球场、网球场、田

径场)、射箭靶场(成都有名的射德会就设在旁边的茶馆里)、戏园(即万春茶园,这是成都继可园与悦来茶园之后的第三个戏园,建成于1912年,成都最早的话剧团春柳剧社于1918年在此演出过成都最早的话剧,以后还有一九剧社、美化社、四川戏剧协社等话剧团体在此演出话剧,1930年改建为大光明电影院,1941年因为已成危房而拆除)、餐馆(包括著名的晋邻饭店)、少城佛学社与成都佛经流通处(新中国成立以后出任中国佛教协会副会长的著名佛学大师能海法师是少城佛学社与成都佛经流通处的主持者之一,著名的太虚法师也曾在这里讲经说法),并于小南街引金河水入园再出园汇于半边桥,凿渠的泥土则垒成了假山。这一切,多得力于1924年担任通俗教育馆馆长的著名的爱国实业家卢作孚。

卢作孚

卢作孚(1893—1952) 合川人。1908年到成都读书,辛亥革命前参加同盟会。1914年出游全国,返川后在成都任《群报》《川报》的记者、编辑、社长兼总编辑。其间参加少年中国学会,是五四运动的积极参加者。1924年应杨森(时任督理四川军务兼摄省长,简称督军)之邀,出任四川教育厅厅长兼成都通俗教育馆馆长,为少城公园的建设做出了很大的贡献。1926年在重庆创建民生公司,开创民营的川江航运。1927年担任峡防局长,建成了著名的北碚实验区。1929年出任川江航务管理处长。抗日战争爆发后,他主持了著名的宜昌抢运,开创了川江夜航,将几十万吨军工器材和迁川工厂物资抢运入川,又将20万川中健儿与大量支前物资运往前线。从1935年开始,他兼任四川建设厅厅长,为四川工业建设和水利建设致力不少。通过多年努力,民生公司成为拥有江海轮船150多艘的中国第一航运巨头。新中国成立之初,他成为全国政协委员和西南军政委员会委员,继续担任民生公司总经理。1952年,在"五反"运动中不幸逝世。就在他逝世之后不久,毛泽东主席说"中国实业界有四个人不能忘记",其中之一就是"发展交通运输的卢作孚"。

当年公园中最重要的文化场所就是卢作孚创办并担任馆长的通俗教育

1933年名画家黄宾虹来成都，此为在通俗教育馆门前与成都文艺界朋友合影。前排右三为林思进，右四为黄宾虹，右五为随同入川的吴一峰，右六为林君墨。二排右四为刘既明，右五为周稷，右七为赵完璧。后排左二为冯建吴。　　杨显峰提供

馆，内分图书、博物、体育、音乐、讲演、出版、游艺、事务八部，为成都近代文化的传播做出了很大的贡献。通俗教育馆这一名称不是成都自己确定的，而是当时的北洋政府对于全国各地的社会教育机构的统一名称。1934年，根据南京国民政府的规定，通俗教育馆又改名为民众教育馆，整个少城公园也都由它管理。成都民众教育馆最后一任馆长是曾任《新新新闻》采访部主任的著名记者邓穆卿（1908—2002）。成都民众教育馆一直工作到新中国成立以后才撤销，其职能由新建立的多家文化机构分担。

人民公园中最重要与最著名的文物首推1914年建成的"辛亥秋保路死事纪念碑"，这是当年的川汉铁路总公司为了纪念保路运动中的众多死难烈士而修建的。碑高31.85米，由留学日本学习土木工程的双流人王楠设计，胡炳森监督施工，设计时参照了北京白云寺塔和山西凌云寺塔的造型，由基脚、台基、碑座、碑身、碑顶五部分组成，中西合璧，巍峨雄伟，肃穆庄重，宛如一柄长剑直指苍穹，具有浓郁的碑塔一体的传统建筑风格。碑身四周有四位著名学者与书法家书写的"辛亥秋保路死事纪念碑"十个大字，字径一米见方，即名山吴之英的隶书（东面）、华阳颜楷的魏碑（南面）、灌县张夔阶的篆书（西

面）、荣县赵熙的汉碑（北面）。1933年，纪念碑经受了叠溪大地震的考验。1941年7月27日日本侵略者对成都进行野蛮轰炸的主要目标之一就是少城公园，除了公园防空壕内的民众死伤几百人之外，纪念碑的宝顶部分有所损坏。新中国成立以后曾经进行过修复，1980年又进行了一次全面的修葺，1988年被公布为国家级重点文物保护单位。

"辛亥秋保路死事纪念碑"的修建地点最初选址并不是在少城公园内，而是在督院街的原总督衙门，因为这里是保路运动"成都血案"中成都群众抛洒热血的地方。

辛亥秋保路死事纪念碑　2006年　罗韵希摄影

此时住在原总督衙门中的川军第二师师长彭光烈已经准备将他的师部迁出并拆除周围民房进行修建。由于更多的意见是怕因为拆除民房而引起扰民纠纷，又才重新商议，一致同意了当时的四川巡按使胡景伊的提议，改修在了少城公园之中。

人民公园中原来还有著名抗日将领王铭章的骑马铜像，为著名雕塑家刘开渠塑造，已在新中国成立之后被拆除。

王铭章（1893—1938） 新都人。1909年入四川陆军小学学习，从此进入川军。1925年升任师长，1932年曾兼任成都城防司令，1936年授中将衔。抗日战争全面爆发之后，他主动请缨杀敌，曾经在德阳的部队誓师大会上慷慨陈词，决心以报效国家的实际行动赎回过去在参加内战之中的罪愆。1937年9月5日，他率川军第四十一军一二二师在邓锡侯的指挥之下徒步出川参加抗战。10月下旬，即在山西娘子关西南部与使用飞机、坦克、火焰喷射器与毒瓦斯的日寇血战7天，夺回了平遥县城。然后转往徐州一线，参加了著名的台儿庄保卫战，担任四十一军前敌总指挥，在滕县阻击南下之敌军。1938年3月14日，日寇在飞机、坦克、大炮的掩护下疯狂进攻，王铭章率部以步枪与大刀拼死抵抗。当时滕县城内的兵力不到三千，而进攻的敌人超过三万，投弹扫射的飞机有20多架。在与敌人血战四天四夜之后，弹尽粮绝，王铭章于17日牺牲在电灯厂附近的阵地上，临终时还高呼"拼到最后一滴血""中华民族万岁"（在文艺作品中都说王铭章是举枪自尽，这是不准确的。王铭章是被日寇机枪扫射身中七弹而牺牲的）。第五战区司令长官李宗仁将军说："若无滕县之死守，焉有台儿庄之大捷？台儿庄之战果，实滕县先烈所造成也。"王铭章的灵柩运抵家乡途中，在汉口、重庆、成都举行了公祭，国民政府追授上将衔，毛泽东主席赠送了如下的挽联："奋战守孤城，视死如归，是革命军人本色；决心歼强敌，以身殉国，为中华民族争光。"在将军的家乡新都修建了王铭章墓园，1941年修建了铭章中学，当时的国民政府主席林森在门额上题写了"壮节殊勋"四个大字。1947年，成都人民为他塑造了铜像。1984年9月1日，四川省人民政府追认王铭章为革命烈士，在新都区新建了墓园，重建了铜像。当年的铭章中学就是今新都一中，校园内还建有一处"铭园"。

少城公园的王铭章塑像　20世纪40年代　建川博物馆提供

人民公园中的鹤鸣茶社沿湖而建，垂柳依依，花木扶疏，最早是一位龚姓的大邑人开办的，是成都最有代表性的传统茶馆，也是全国最著名的茶馆之一。凡是过去在成都生活过的前辈回到成都，几乎无一不再到这里一边喝茶一边回味老成都，包括杨尚昆、张爱萍、魏传统等老一辈无产阶级革命家在内。1943年，学界泰斗陈寅恪先生曾经与著名学者邵祖平先生在少城公园绿荫阁茶馆喝茶，邵祖平先生在《培风楼诗存》中留有《初夏同寅恪少城公园绿荫阁茗坐》一诗记其事："初夏暄风已扇蒸，石榴红破两三棱。茶棚凉对修楠荫，倦客闲同祝发僧。谈士何妨收稷下，老师应复穗兰陵。少城我亦携家久，懒惰吟情百未能。"

鹤鸣茶社的开办时间尚待考证，笔者目前所见的有三种说法：1914年、1920年、1923年。鹤鸣茶社的匾额是由书法家王稼桢于1940年题写的，曾经在1952年被拆除，1988年又请王老重新题写。成都老茶馆中的形形色色在鹤鸣茶社中可谓是应有尽有，而具有独特性的文化特色是民国时期在这里进行的"六腊战争"。

民国时期的少城公园一共有六家茶馆：从祠堂街跨过金河不远就是"枕流"，"枕流"再往前走几十步就是"鹤鸣"，"鹤鸣"对面一溪之隔是"绿荫阁"，"绿荫阁"东面相邻的是"永聚"，"永聚"北面一溪之隔是"浓荫楼"，保路纪念碑旁边是"射德会"。各行各业习惯分别在此聚会，如"枕流"以学生居多，"绿荫阁"以士绅居多，"永聚"以商界居多，"射德会"以国术界居多，"鹤鸣茶社"的主要茶客是教师与公职人员。当时的教师与公职人员都是聘用制，每逢暑假的六月间与寒假的腊月间，绝大多数教师都会面临着还能不能得到下学期聘书的衣食大事，很多公职人员也有在第二年或下半年还能不能得到聘书的问题。所以，每逢六月与腊月间，鹤鸣茶社中就会聚集着大量的教师与公职人员在这里交流信息、请托关系，为能够拿到聘书、不致失业而千方百计地努力，各校的校长也往往在这里选择他所需要的教师，甚至当场下聘，所以这里就成了充满竞争的人才市场。当时的成都人就把在这里的激烈竞争称之为"六腊战争"，鹤鸣茶社也就成了远近闻名的"六腊战争"的主战场。

当然，少城公园的主要功能是为广大游客提供休闲娱乐服务，正如民国时期的《竹枝词》所写的："丝管东墙聒耳嘈，打球人集笑声高。横生一种郊

鹤鸣茶社
1939年
张沅恒摄影
杨显峰提供

1943年罗忠恕在
鹤鸣茶社
1943年
［英］李约瑟摄影
杨显峰提供

鹤鸣茶社
1991年
陈锦摄影

原趣,短短篱边夹竹桃。""公园啜茗任勾留,男女双方讲自由。体育场中添色彩,网球打罢又皮球。"在当时算是新玩意儿的很多东西,在成都最先都是出现在少城公园之中,例如动物园、喷水池等。民国时期一首记述少城公园风物的《竹枝词》曾这样描述当时难得一见的"喷水机":"喷水全凭压力多,冲天直射怪如何。莲花疑是仙童化,故向荷池尿倒屙。"

休闲娱乐当然也包括体育活动在内。当年的少城公园是全成都体育场地、体育设施与体育赛事最多的地方,曾经有"体育公园"之称。国内很多体育明星如足球的李惠堂、网球的林宝华、篮球的王玉增、鲍文沛等都曾经在这里显过身手。新中国成立以后先后担任国家女排主力和教练的我国女子排球的重要奠基者之一的王德芬当年是甫澄中学女排运动员,另一位国家女排主力阙永伍当年是树德中学女排队员,都是在这里培养出来的。而以下的《竹枝词》则应当是成都最早的一首记述足球比赛的诗作:"场平草浅夕阳红,如织人来罨画中。学子争夸腰脚健,皮球高踢簋云空。"从这里可以得知,当年少城公园中的足球场是有草皮的。

成都最早的棋社成都围棋社也是成立于少城公园的浓荫楼茶馆中,时间在1935年,首任社长是刘扶一,正副会长是黄慕颜与谢德堪(几年之后成都围棋社迁至提督街三义庙)。当时公园中的另一个永聚茶馆则是成都中国象棋的窝子。新中国成立以后还纵横成都棋坛的围棋名家杜君果、象棋名家贾题韬都是从少城公园成长起来的。

少城公园体育场　1912年　杨显峰提供

少城公园中的市政纪念碑
20世纪30年代　杨显峰提供

还有一件事不能忘记。1940年9月，少城公园曾经遭到日本侵略者的轰炸。1941年7月27日，日本侵略者轰炸成都时，少城公园以及周围的长顺街、东城根街一带再遭其祸。侵略者不仅投掷炸弹，还对公园中的游人使用机枪扫射，使得公园中死伤无数，树枝上遍挂死者腑脏，不少建筑物严重受损，大光明电影院就是在这次轰炸中因为毁坏严重而拆除的。

皇华馆街

今天的华兴正街以西的华兴上街在清代本名叫皇华馆街，以在这条街建有皇华馆而得名。"皇华"二字语出《诗经·小雅·皇皇者华》，因为汉代的注释说"皇皇者华，君遣使臣也。送之以礼乐，言远而有光华也"，所以后人就以"皇皇者华"寓意从朝廷派遣出来的官员。

皇华馆是清代成都的地方官接待来成都的朝廷官员的高级招待所，其旧址就是今天的消防大队驻地，凡是奉使出朝来到成都的朝廷官员一般都是住在这里，清代著名文士所写的入川游记如王士禛的《陇蜀余闻》、陶澍的《蜀日记》中均有记载。清道光二十三年（1843），曾国藩以翰林院侍讲出任四川乡试主考，来到成都时就是住在这里。民国初年，皇华馆被取消，这条街就改名叫华兴上街。清末新政中的一个重要举措就是学习日本在全国设立警察系统，刚开始时只在各个省会城市开办警察总局。成都警察总局最初是于清光绪二十九年（1903）四月初一开设在帝官公所街保甲总局旧址，同时也就取代了原来只管清查户口与防火防盗的保甲总局。第二年就迁到皇华馆街原来的皇华馆官衙旧址。第三年又改名为通省警察总局,名义上要管理全省警务,实际上仍然是主要管理成都警务。民国年间这里仍然长期是全省的警察部门指挥机关所在,新中国成立以后则一直是成都市公安局消防大队的所在地。

很多老成都人都还记得发生在这里的一个笑话:当年的四川省会警察局局长方超曾经拟就了一个十六字的"警训",写在大门内的屏风上:"挺起胸膛,竖起脊梁,抬起头来,两眼大张。"可是当年的普通警察的一般状况却是待遇菲薄、装备粗劣。极富幽默感的成都人大多认为这是在"干虾儿提虚劲",于是把它改为"挺起胸膛,肚中无粮;两眼大张,像个阎王",在人们茶余饭后作为笑谈。

当清末建立警察机构之后,就仿日本的制度开始建立城市的消防系统。清光绪二十九年(1903),成都在皇华馆街中的警察总局之下建立了消防警察大队,这也是全国建立的最早的三个专业消防队之一。在没有电话的年代,为了尽快了解城市中

民国时期的成都警察局　商宜川提供

民国时期的成都警察岗亭　刘永禄提供

哪个位置发生了火灾，只有一个办法，就是建立一个高高的瞭望塔用肉眼观察。清光绪三十年（1904），就在当时的警察总局中修建了这样一个瞭望塔，高33.3米，上下五层，楼顶悬有一口铜钟，初为木质，五年后改为铜质，成为当时市内最高的建筑。按古代军事上的正式名称叫望橹楼，民间则称为望火楼。《锦城旧事竹枝词》对此有如下记载："朝使驻节寓省垣，皇华馆内道寒暄。危楼百尺登高望，通省火警示眼前。"后来还在北门与南门的城墙上各修了一个望火楼，成了一个简明实用的观察体系。这三个望火楼一直到1952年成都百货大楼建成以后才予以拆除，望火的功能则由更高的百货大楼楼顶的瞭望室所代替。

皇华馆街在清代也曾经叫作成绵道街，因为在这条街上有清代的成绵龙茂道（又称川西道）的官衙。

在前面的"盐道街"部分曾经介绍过，清代根据需要，可以在地方行政机构中设立在省以下、州县以上的"道"这一级机构。四川最早是在康熙年间在今天的西昌设立了建昌道。嘉庆初年镇压了白莲教大起义之后，更将全省分设了五道，川西地区在成都府、绵州、龙安府、茂州之上就是成绵龙茂道，光绪三十四年（1908）改称为川西道，其官衙就在皇华馆街，其旧址在民国时期曾经是川军邓锡侯部二十八军的军部所在地，现已不存。

纯化街

锦江礼堂的背后，上南大街与中南大街交口的东侧有一条半截街叫纯化街，又名南门三巷子。纯化街本来是从南大街一直向东与今天的盐道街相接，1958年因为修建锦江大礼堂和人民南路而被截断，所以就只留下了西头的小半截纯化街和东头盐道街西侧（以指挥街为界）的更短的一段。在近年的城市改造之中，残存的两小段纯化街也都已消失。

清代的纯化街位于老南门内，而老南门是西藏以及川西南少数民族进入成都的必经之路，所以在这条街上修建了一座奉化馆，作为成都地方官员接待西藏以及川西南少数民族上层人士的招待所。清人《竹枝词》曾经这样写道：

四川省咨议局议事大厅　1911年　［美］盖洛摄影

"大头人顶有蓝红（按：大头人指藏族中地位高的头人，即土司，"顶"是指帽子），奉化馆前言语通。藏佛藏香兼氆氇，先来松茂道衙中。"从当时清政府的绥靖边陲、淳化地方的施政方针出发，就把这条街命名叫淳化街。当同治皇帝载淳登位之后，全国都必须避"淳"字讳，所以又把淳化街改名叫纯化街。这个名字就一直使用到现代。

清末的1909年，为了准备实行"宪政"，四川省咨议局设立于本街西头北侧的清代督右副总府内，议长蒲殿俊，副议长罗纶。此后民国时期的国民党四川省党部、四川省参议会（后迁东胜街）先后都设在这里，所以这条街在清末与民国时期是一处重要的政治活动场所。新中国成立以后改建为红照壁礼堂，把大门从南边的纯化街改在北边的红照壁。1963年以后，这里长期是四川省政协的办公地。20世纪末在城市改造中，这里建成了川信大厦，四川省政协的办公地迁到老南门大桥北端。

民国时期由于四川长期的军阀混战，蒋介石的国民党在四川长期都未能建立起完整的组织系统。从1928年成立的四川省党务指导委员会，1933年成立的成都特派员办事处，一直到1938年国民党成都市党部与四川省党部正式成立，办公地点长期都在纯化街。首任四川省党部主任委员是后来成为汪精卫汉奸政权二号人物的陈公博，首任成都市党部书记长是曹叔实。

民国时期的四川长期是军人主政，国民党的省党部与市党部在政治生活中的作用不如军队。但是，在纯化街的国民党的省党部大院内，还有一个比省党部的作用大得多的机构长期设在这里，这就是国民党最重要的特务机构"中统"。1935年，中统以国民党四川特派员办事处特务室（简称川特室）的名义进入成都，办公机构就设在这里，内部名称叫蓉区。1939年，正式打出了国民党四川省党部调查统计室（简称川调室）的招牌，其下有学运委员会、工运委员会、社运委员会、文运委员会、军运委员会等组织，在全省的各种特务总数最高时近万人，仅是社运委员会之下的宗教运动组之下，就设有佛教小组、道教小组、基督教小组、天主教小组、一贯道小组、回教小组。中统特务在四川无孔不入，罪恶滔天，其指挥部就在纯化街。

在纯化街北，有一座始建于元代的延庆寺，明代仍然是成都的著名寺庙之一，清初重建以后还曾经有过两次修葺，在清代是与大慈寺、文殊院、石犀寺齐名的成都四大寺院，庭院幽深，古木参天。清嘉庆年间，著名学者刘沅募资进行修缮之后，成为一座三教合一的特殊寺庙，既供佛门的如来、观音，也供道教的灵官、吕祖，还供儒家的孔子、关公。清末的光绪年间，在这里开办了小学（最初按当时编号叫十二学堂，以后改为储英学堂）、艺徒学堂和乐善公所。今天的锦江大礼堂和锦江宾馆，就是以原来延庆寺的旧址为基础并拆迁了周围以纯化街为主的一大片民房之后修建而成的。

在清代与民国年间，成都著名的刘氏学术世家的故宅就在纯化街上的儒林第。在纯化街的原延庆寺中，还有刘氏家族于1921年开办的全成都最有名的私塾尚友书塾。

刘氏学术世家的代表人物有刘沅、刘咸炘、刘咸荥等。

刘　沅（**1768—1855**）　字止唐，双流人。自幼苦读典籍，特别是受到了两位隐于民间的哲人静一道人与野云老人的指点教诲，贯通儒、释、道三家，时称"川西夫子"，著有《槐轩全书》，门生弟子遍布西南各省，形成了内聚力与影响力很大的"槐轩学派"，又称"刘门"，有的研究者把刘沅的学说称为"槐轩教"或"刘门教"。在四川近代学术史上,能够如此开宗立派并能有如此强大影响的,只有刘氏一门,故而当代的多位学术大师如陈寅恪、梁漱溟、蒙文通、南怀瑾等都对刘沅的学问有很高评价。刘沅于清嘉庆十八年(1813)在纯化街修建了名为槐轩的宅院(院中确有一株古槐,宅院即以此得名),从此在此设馆讲学、治学42年。而被称为槐轩书院的宅院也因为清末经四川总督锡良启奏朝廷,由翰林伍肇龄题有"儒林刘止唐先生第"的匾额而被称之为儒林第,刘氏后人也都长期在此居住。槐轩书院庭院宽阔,最大时超过50亩,尚友书塾的学生最多时超过300人,按"学无止境"的原则,没有毕业年限,学生最长的学习时间可以超过10年(如当代成都著名学者与书法家刘东父就在此研习了十多年),是全川最负盛名的大型书院式私塾(因为刘鉴泉病故、刘仲韬瘫痪,学生也逐渐减少,"尚友书塾"于1937年停办),刘沅也被尊为"塾师之雄"。《清史稿·刘沅传》说"著弟子籍者前后数千人,成进士、登贤书(按:即中举人)者百余人,明经贡士三百余人……贤名播于乡曲者指不胜屈"。而刘氏后辈在80年间亦有8人中举人或入翰林,被时人称为"八龙挺异"。在成都簇桥,曾经有刘门弟子为刘沅修建的儒林祠,1956年被改建为省物资局仓库,现已不存。由于各种各样的原因,刘沅在今天已经被学术界大多数人遗忘。所幸的是,成都的一批有心者在2006年整理出版了光绪年间编辑刻印的《槐轩全书》,让刘氏的学问得以被重视与研究。

新出版的《槐轩全书》与《推十书》 袁庭栋提供

刘沅在道光二十九年（1849）主持了对武侯祠中雕塑的调整与重塑，现在我们所看到的武侯祠内47尊塑像的格局就是在他的主持下完成的，以后再也没有作过变更，这47尊塑像中又有25尊是由他主持重塑的。为了这次调整，刘沅还刻有《汉昭烈庙从祀功臣记》碑，至今仍立在武侯祠刘备殿内后壁间。如今在武侯祠内还可见到刘沅的各种碑碣共33通。此外，刘沅还在成都西郊修复了黄忠墓。

刘咸炘自题画像

刘咸炘（1896—1932） 字鉴泉，刘沅之孙，出生在儒林第中，幼承家教，年少成名，治学范围广泛，史学与目录学成就尤高，先后任成都大学、四川大学教授。从1918年开始直到病逝，他一直担任尚友书塾的主讲，书塾中有幼学班、少学班和研究班，常年学生达数百人，还办有《尚友书塾季报》，在15年中为社会培养了一大批人才。虽然英年早逝（刘氏英年早逝的原因过去有不同说法，但是据刘氏哲嗣刘叔固之说，应当是在暑天北游剑门、江油的旅途之中染疾而未能及时治疗以致迅速恶化而去世的），但是留下了各种著作达231种、1169篇、475卷，是一位罕见的早悟并高产的学者，海内名家如唐君毅、陈寅恪、梁漱溟、蒙文通等都对他有极高的评价，陈寅恪赞其"识见之高，实为罕见"，蒙文通甚至称之为"一代之雄，数百年来一人而已"。现有《推十书》丛书（内收入他的著作44种，2009年有整理本出版）行世。

刘咸荥（1857—1949） 刘咸炘之从兄，字豫波，前清拔贡，一生中在成都多所学校任教，从事慈善事业，清末曾任四川省咨议局议员，抗日战争中又任四川省临时参议会议员，其道德文章名重一时，是当时成都著名的"五老七贤"之一。

当代活跃在成都的学者与书法家如刘东父、刘伯谷、刘锋晋、刘奇晋等都是刘氏后辈。

清光绪中叶，木刻书店守经堂在纯化街开业，专门刻印出售刘氏各种著术。这是在成都众多书店中罕见的专业书店。

清代的纯化街还有一个很有意思的、在成都也算是别具一格的文公祠。文公祠的来历是这样的：原来在这条街上有一座武圣庙，建于明万历年间，清乾隆时由四川总督福康安重建，是全城几所武圣庙中最重要的一处，每年春秋两季祭祀武圣关羽的官方祭礼都在这里举行，所以香火不错。可是庙中的和尚却不守戒规，胡作非为，成了欺压百姓的恶和尚。有一位姓文的道员（清代的道员是一种中级官员，地位与职掌相当于今天的地厅级干部）对于庙中的恶和尚进行了严惩，为民除害。附近百姓为了感谢并纪念他，就在武圣庙中修建了文公祠，岁时祭祀。武圣庙在民国时期被改称为关帝庙，这座文公祠仍然一直保存在里面，一直到新中国成立以后与关帝庙一道被拆除。

酱园公所街

过去有俗话说"清早开门七件事，油盐柴米酱醋茶"，酱园是过去几乎每条大街都有的商店，出售每户人家天天不可少的酱、醋、油、盐等各种各样的调味品，一些酱园还自己开设作坊，生产酱油、甜酱、醋、豆瓣、豆豉等产品。清代成都酱园业的代表性商家是棉花街相府的卓家（参见"棉花街"），所以在咸丰三年（1853）由卓家出面组织修建了同业公会酱园公所，地点就在今

酱园公所街
2003年
王晓庄摄影

天文殊坊特色文化片区之内的酱园公所街56号（这里在新中国成立以后改建成了酱园公所街小学），酱园公所街因此而得名。酱园公所内的照壁墙上写着一个比斗还大的"酱"字，可能是全国最有特色的照壁墙之一。

成都过去的同业公会应当不少，在清代一般都以"公所"为名，其建筑样式介于寺庙与会馆之间，也要供奉自己的行业神（我国古代酱园行的行业神较多，有蔡邕、颜真卿、关帝等，而且还有专门的"酱祖"与"醋姑"，成都酱园公所所供奉的行业神是哪一位，目前未见到有关的资料。关于四川行业神的介绍见"金华街"）。目前还可以确知的，有设于梓潼街上的酒坊公所，有设于守经街上太清宫内的五帮（指金、银、铜、铁、锡等金属加工行业）同业公所，设于珠市街的船行公所，设于金华街的屠业公所，设于楞伽庵街的四十炉公所。

清代的云南会馆就设在酱园公所街。

被称为我国当代"传奇女杰"的胡兰畦就出生在酱园公所街。

胡兰畦（1901—1994） 成都人，为明初开国功臣胡大海之后。其父为成都袍哥，主张反清。胡兰畦在五四时期就投身于学生运动，并显示出特别的才能。四川军阀杨森欲娶她为妾，被她坚决拒绝。她于1921年秋去泸州，进入当时革命气氛最浓的川南师范学校读书，追随在此任教的中国共产党早期领导人恽代英，参加了恽代英组织的马克思主义研究会。1923年又与蜀中另一位传奇女子杜黄（有关介绍见"金河街"）共同组建了四川妇女联合会。1924年被选为四川代表到上海参加全国学联第六次代表大会。这以后去广州，追随何香凝、宋庆龄、邓颖超，从事妇女运动。1925年参加北伐，1927年毕业于黄埔军校第六期女生队，是黄埔最早的一批女学员，与她的同学李坤泰（后来改名赵一曼）、胡筠、游曦被后人称为"黄埔四女杰"。大革命失败以后，她在湖北与江西继续从事妇女运动，1929年被蒋介石点名通缉，遂去德国留学于德国国立政治大学，与何香凝、廖承志母子一起生活，并在1930年由成仿吾介绍参加德国共产党中国语言组（该组成员以后被中国共产党承认为中共党员，她和新中国成立以后的外交部副部长章文晋是该组主要成员），参加反法西斯的斗争。她组建了"旅德华侨反帝同盟"，自任主席，新中国成立以后的外交部副部长王炳南、北大党委书记江隆基等都是她的下属。1933年她被德国法西斯逮捕，三个月后被驱逐出境。她在巴黎将这段经历写成《在德国女牢中》一书由《世界报》连载，立即引起轰动，被译为多种文字在全球传播，成为一位世界知名的女作家。1934年，她应邀去苏联，参加了苏联第一次作家代表大会，高尔基为她举行了家宴。两年后高尔基逝世，她被选入治丧委员会与高尔基的子女一道执绋送葬。

1934年，胡兰畦(前排右二)在苏联出席全苏第一次作家代表大会时与苏联作家的合影。

1936年归国，任何香凝的秘书。抗日战争爆发后她深入前线采访，写出了《川军在前线》等一批著名的战地通讯，并组建上海劳动妇女战地服务团，自任团长。上海沦陷之后，她率服务团辗转各战区继续工作，行程两万余里，被喻为"战地之花"、"当代花木兰"。她还当过李济深的代表和宋庆龄的助手，并于1939年被国民政府军事委员会任命为少将指导员，成为我国第一位女将军。解放战争之中，她四处奔走，进行国民党军政人员的策反工作，组织国民党将领起义，为革命事业做了大量有益的工作。1949年以后，她长期受到不公正待遇，被安排在北京工学院总务处工作，先后被划为"三反五反"运动中的"老虎"，肃反运动中的"胡风分子"，"反右倾"运动中的"右派"。1975年，她退休回到成都养老。改革开放之后她被恢复名誉，重新入党，成为全国政协委员、中国作家协会会员。1994年12月13日在成都病逝。她在晚年以惊人的毅力完成了《胡兰畦回忆录》上下两卷，1995年由四川人民出版社出版，革命前辈阳翰笙为之写了序言。

胡兰畦与另一位蜀中豪杰陈毅于1923年相识于重庆，1927年共事于武汉，1938年重逢于南昌，他们曾经有过一场刻骨铭心的恋爱，只是因为革命斗争年代的阴差阳错而未能结合，但是她尽最大努力长期照顾了陈毅在四川的亲人，成为一则广为流传的悲情佳话。茅盾的名著《虹》中描写的成都新女性梅行素，就是以胡兰畦为原型。茅盾与胡兰畦并不熟悉，当时也没有到过四川，《虹》是在胡兰畦的挚友、另一位四川的传奇女性秦德君（1905—1999年，忠县人，1923年入党，著有回忆录《火凤凰》）的全力帮助之下完成的。

以雅语吉祥语命名

三多里附三多巷

在顺城大街的东侧，市青少年宫的北边，原来有一条小街叫三多里。改革开放初期成都最有名的服饰连锁店三多里公司的第一家店就开在三多里，所以就以三多里命名。

三多里这个地方原来没有街道。抗战时期为了方便市中心居民跑警报，在这里拆出了一条火巷子（当时民间把救火时开辟的小型通道都叫火巷子，据1940年编成的《成都市市政统计》的数字，全市共拆建打通的火巷子有30多条），抗战结束后这条火巷子被正式命名为三多里。三多里已经在2000年被拆除。

"三多"是我国传统文化中常用的祝福语，即多福、多寿、多子。语出《庄子·天地》中著名的华封三祝："尧观乎华，华封人曰：'嘻，圣人，请祝圣人，使圣人寿。'尧曰：'辞。''使圣人富。'尧曰：'辞。''使圣人多男子。'尧曰：'辞。'"

成都以"三多"命名的街巷还有一条，就是从椒子街至府河的三多巷，当年也是以多福、多寿、多子的祝福语来命名的。这条三多巷早在清光绪年间就有了，也已经在城市改造之中被拆除。

"里"是我国对街坊的一种古称，各地都有，可是清代的成都却从来不以"里"为街巷之称（古代的成都农村中有"里"，那是乡里的意思，民国《华阳县志》记载了十几个，如灵关里、锦浦里之类，全都列入"古迹"之中）。成都街道名称之中的"里"全部都是在民国时期新命名的小巷。除了这里的三多里，还有东大街侧的崇德里、同仁路的民生里、鼓楼洞街的建业里、宁夏街的树德里、大慈寺旁的章华里、玉沙路的仁寿里、小关庙的富德里、江南馆的兴业里，而且得名方式也基本相近：崇德里是1925年由名叫王崇德的商人在此建房而命名为崇德里；民生里原本是同仁路上的同仁工厂旧址，郝墨庄投资重新修建之后，就由他自己命名为民生里；建业里原来是陈家的门道，江建廷买下之后修建成小巷，就由他命名为建业里；树德里则因为孙震在此修建树德学校，就命名为树德里；章华里原来是大慈寺东禅堂的桑园，1925年才建成小巷，就由建房者命名为章华里，寓意为有文章才华之地；仁寿里是仁寿人、原川军师长牛锡光从徐子斌手中买下旧房之后改建成了16个独院来出租的，就由他命名为仁寿里；富德里是另一位川军师长彭植光在圣寿寺旧址修建的住房，就由他命名为富德里；兴业里是1925年拆除部分原来的江南会馆之后新建的出租房，就由新建者命名为兴业里。在青年路旁原来还有青年里，锦江路旁原来有锦江里，提督街南原来有亲仁里，复兴桥（即新南门大桥）侧原来有复兴里（复兴里旁原来有一条街叫华大里，是1981年才命名的），西大街北原来还有共和里，西御街南至今还有同春里，九眼桥南原来还有个与文里，命名时间就更晚，都是抗战时期才建成并命名的。

上面这些以"里"命名的街巷因为都是一些小街小巷，在近年的城市改造之中已全部被拆除了。成都市区至今还保存下来的以"里"命名的街道已经很少了。在下莲池有东南里，是新中国成立以后才命名的。在东一环和天祥街之间有祥和里，更是在改革开放之后新命名的新建街道。

四维街附四维村

今天的新南门地区一直到抗战时期都还是人居不多、建筑不多、街道不多的地区。今天的红星路是新中国成立以后在好几条小街的基础之上扩建改建而成的，红星路步行街基本上是原来的北打金街，红星路四段基本上是原来的南打金街和丝棉街。丝棉街的最南端只到今天的王家坝街口为止，再往南就没有街道了。抗战时期为了方便城内居民跑警报而新开了新南门，在新南门与丝棉街之间也就开辟了一条街道，命名为"四维街"。直到1964年扩建红星路，四维街才和丝棉街、打金街一道消失，而成为红星路的一段。

"四维"是我国传统文化中十分重要的伦理道德境界与追求，语出《管

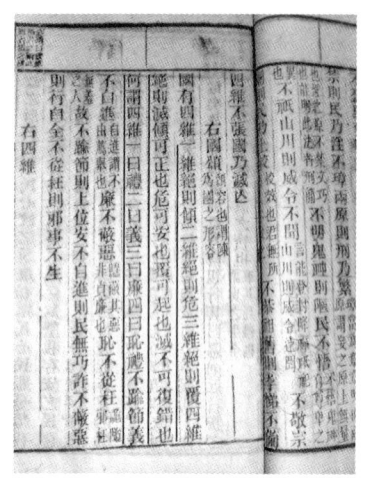

《管子》关于"四维"论述的书影
成都市图书馆提供

子·牧民》:"国有四维,一维绝则倾,二维绝则危,三维绝则覆,四维绝则灭。倾可正也,危可安也,覆可起也,灭不可复措也。何谓四维?一曰礼,二曰义,三曰廉,四曰耻。"抗日战争时期,国民党政府曾经大力宣传"四维",在各地书写着这样的标语:"礼义廉耻,国之四维。四维不张,国乃灭亡;四维既张,国乃复兴。"四维街就是在这种氛围中命名的。

在四维街的南端,也就是原来新南门的两侧,长期保留着残存的城墙,残墙上又修建了一些临时的房屋。从1968年至2001年间,笔者一直在这一地区上班和居住,曾经无数次从新南门两侧的残墙之上经过。直到本世纪初,这些残墙才在推土机的轰鸣之中完全消失。

出新南门往南,在今天的新南路上的成都空军礼堂的对面,抗战时期陆续修建了一些零星的民房,当新南门之内新命名了四维街之后,这里就被当地居民叫作四维村。1960年开始修建一环路之后这一片地区才形成了一条小巷,有了较多的居民与建筑,成都空军招待所就建在这里。1991年,这条小巷被正式命名为四维村。改革开放以后,四维村的对面经过几次改造,形成了一条新建的直通人民南路的街道,并被命名为林荫街(著名的成都七中的大门原来是面向新南路的,建成林荫街后改为面向林荫街)。后来从林荫街向东又扩建为一条新的东西向通道,所以四维村就成为一条新的街道了。

五福街附五福巷 五福胡同 五福村

在东城根中街以东,羊市街以南,有一条五福街,原来还分为上五福街与下五福街。五福街东侧,原来还有五福巷,现已并入了西华门街。

关于五福街的得名,传说是因唐代的剑南西川节度使韦皋曾经在这里修有五福楼,所以名为五福,当然也是为了祈福。"五福"是我们祖先所企盼的五种幸福,语出《尚书·洪范》:"五福:一曰寿,二曰富,三曰康宁,四曰攸好德,五曰考终命。"清代修建满城,这里正位于满城东城墙两侧,所以仍然沿用企盼五福的吉祥语,把东城墙内侧的一条胡同叫作五福胡同,把东城墙外侧的这条街道叫作五福街。当年的五福胡同,就是今天的东门街。

五福街居民小院　1990年　严永聪摄影

五福街不大,但是却因为住家在23号的成都民间收藏家王安廷而吸引了若干远方的来客。王安廷多年来致力于收藏毛主席像章以及与

王安廷和他的博物馆　2006年　王晓庄摄影

毛主席有关的文献资料,以拥有毛主席像章五万余枚、两吨多有关的书刊资料而在全国的民间收藏界颇有名气。1989年,他在自己并不宽敞的家中开办了毛泽东像章展览馆,成为成都市最早的私人收藏展览馆之一,也是全国最为简陋的私人收藏展览馆。

在沙河铺街西边,过去还有一个五福村。因为那里先后有成都市五福村招待所和成都军区望江宾馆,所以被很多老成都人所熟悉。那里原来没有民居,抗战时期城内有五户人家在此建房居住,自己取了个既吉祥祈福而又与五户谐音的名字叫"五福村"。

1949年,蒋介石为了抵御我中国人民解放军解放四川,派他最为看重的嫡系大将胡宗南坐镇成都,指挥几十万兵马进行西南决战。当时胡宗南就住在五福村并以此作为最后挣扎的指挥部,直到大败之后仓皇逃往西昌。

八宝街

八宝街东起青龙街，西接西大街，成都人多把它看作西大街的一段。八宝街在清代是满城中的顺城胡同，到了清末民初，这里已经成了贫民的聚居区，多以成都人所称的箥笆（用竹片编成的厚竹席）为墙壁，所以被人们称为笆笆巷。由于笆笆巷的名称太不雅，后来就以"笆笆"的谐音改名为寓意吉祥的"八宝街"。

八宝街商铺　2001年　韩国庆摄影

"八宝"是在我国民间长期流行的多种吉祥物的总称，各地所指不尽相同，有如今天还在使用的八宝箱、八宝粥一样，基本上是一种表示其多的泛称。不过在民间工艺美术中一般都以宝珠、方胜、玉磬、犀角、古钱、珊瑚、银锭、如意为八宝。

九如村附九如巷

在华西医院后面与南一环路之间，新中国成立以前基本上都是农田与荒地，成都人一般叫作华西后坝。抗战时期一些城内的居民疏散到这一片地区建房，逐渐形成一片新的居民区，最靠近今天的南一环的一片在按当时的保甲制度命名时，被取了一个很有诗意而又吉祥的名字，叫作九如甲。新中国成立以后取消保甲，就改名为九如村。1958年修建锦江宾馆与锦江大礼堂以及新开人民南路时，又有一大片民房被迁建到这里，紧邻九如村就有了从小天二路到小天九路，小天二巷到小天九巷的一个居民新区，成都人一般也都将之叫作九如村。近年来街道扩建，从南一环路到电信南街的街道都叫九如村。

这一片地区过去是农田与荒地，少有住户，华西医院的传染病房曾经建立在这里，当年成都的一些肺结核患者在这里接受治疗。

"九如"这一称呼来源于《诗经·小雅·天保》："天保定尔，以莫不兴。如山如阜，如冈如陵，如川之方至，以莫不增。……如月之恒，如日之升，如南山之寿，不骞不崩。如松柏之茂，无不尔或承。"

由于有关部门的失误，在成都出版的一些地图上，在近年的公共汽车线路图与车站站牌上，把"九如村"误写成了"九茹村"。

成都过去还有一条九如巷，位于椒子街与府河之间，现已不存。当年命名为"九如"，也应当与"九如甲"的用意相同。

九如村　20世纪90年代　韩国庆摄影

吉祥街

在同仁路与长顺街之间、槐树街以南的第一条小街就是吉祥街。吉祥街原是清代满城中的众多胡同之一，原名通顺胡同，又名吉祥胡同。民国初年改名新巷子，后来又改名为吉祥街。

以雅语吉祥语命名　805

吉祥街街口　1998年　赖武摄影

1919年7月，由李劼人主持的少年中国学会成都分会创办的周报《星期日》就在吉祥街8号创刊，经理孙少荆，编辑李劼人。《星期日》是成都第一家以宣传新思想、批判旧制度为主要目的的周报，提倡"劳工神圣"，宣称社会主义是"人类的福星"，刊载过毛泽东、李大钊、陈独秀等人的重要文章，是五四运动时期与《每周评论》《星期评论》《湘江评论》齐名的四大刊物之一。

1946年，四川省第一所会计专业学校在这条街开办，名为四川省立会计专科学校，其基础是原来的四川省立教育学院会计专修科。此校初创于1943年，第一任校长王荫初，当时没有自己的校址，是利用青龙街成都县中的校址（当时成都县中已疏散到郊外），1946年由杨佑之接任，迁入吉祥街的专用校址。

杨佑之（1893—1971） 南京人，在北京大学商科就读时成为我国经济学泰斗马寅初的高足。1938年来到成都，此后一直在四川大学、华西大学、四川财经学院等各大学任教,直至辞世。他是在四川第一个讲授高等会计学的教授,他写成的《会计学》《会计学纲要》《高等会计》《高级统计学》《审计学》等著作被认为是我国会计学领域的权威性著作,他也被认为是我国会计学科的"祖师爷",在52年的执教生涯中培养了数不清的专业人才。

也是在1946年,由著名幼教专家陆秀主持的四川省立成都幼稚师范学校在吉祥街开办,其校址是当时的四川省参议会议长向传义借出的公馆。

陆秀(1896—1982) 女,江苏无锡人,1932年赴美留学,专攻幼儿教育,获哥伦比亚大学学前教育硕士学位。1934年与著名学者、后来的四川省博物馆馆长冯汉骥结婚。抗日战争全面爆发以后,夫妇俩回国入川,她全力投身于四川婴幼教育事业,传播西方最先进的婴幼教育理念与方法。她在茶店子筹建了成都实验幼稚园(园中设有当时极为罕见的婴儿部),主编出版《实验幼稚教育》杂志,在华西大学担任家政系教授,成为当时在大后方实验探索现代婴幼教育的开拓者与引路人。新中国成立以后,她在担任四川省妇联副主任、成都市民政局局长的同时,继续关注婴幼教育,特别是她在1958年以自己的积蓄在老马路开办的婴儿之家先后免费托收了100多名婴儿(其中包括三胞胎、早产儿、体弱儿),百分之百健康成长,对全省的婴儿保育做出了杰出的贡献,在全国也产生了很大的影响。1964年,她的老同学邓颖超来到她的婴儿之家,赞不绝口,当场以自己的工资作为捐赠。她开办的成都实验幼稚园几经演变,成为今天位于茶店子的成都第四幼儿园;原来的婴儿部几经演变,成为今天位于新南门的四川省省直机关实验婴儿园。她开办的婴儿之家在1966年"文革"初期结束。

成都实验幼稚园　1940年　杨显峰提供

国民党元老戴季陶(有关介绍见"枣子巷")在成都的公馆就是在本街中

段，当年的成都市政当局特地将戴公馆的门牌号码定为"新一号"。戴季陶在广州自杀之后遗体运回成都时也就是在这里装殓的。

长顺街

长顺街是成都市区一条很长的街道，在清代可是一条极为重要、却又没有名字的街道。

清代在成都市区偏西部修建了满城，中间有一条中轴线式的主要通道，在它的两边再分出许多条胡同。有人把当年满城的街巷分布比作一条蜈蚣，将军衙门就像是蜈蚣的头，这条通道就像蜈蚣的条状身躯，两边的许多条胡同就像蜈蚣的很多条脚。因为满城的每条胡同都是分配给一部分满蒙兵丁及其家属的用房，所以都有名字，唯独中间的这条主要通道是公用的，故而一直没有命名。民国时期满城被拆除，原来的一条条胡同都改名为街或巷，这条主要通道也就给命名了。最初是用了一个表示长久通顺的名字叫作通顺街，可是因为在城北早已有了正通顺街与东通顺街，为了不致重复，又才改名叫长顺街，仍然包含着长久通顺的寓意。

长顺中街　1998年　赖武摄影

长顺街很长,全长约1700米,所以又被从南向北分为长顺上街、长顺中街和长顺下街。这其中的长顺上街有一点很特殊,就是在最南边一分为二,成了"丫"字形东西两条街。这是因为长顺街最南端就是满城的最高军政官署将军衙门,将军衙门的东西两侧当然都有南北方向的通道,这两条通道原来都没有街名,民国初年为长顺街命名时,就把将军衙门的东西两侧的通道都叫长顺上街,而以东边的为主。两条长顺上街向北一直到支机石街口相会,这一格局就被一直保持到今天(严格来说,这种命名是不妥的),在金河路的金河宾馆两侧可以看到两个长顺上街的街口,而且都立有路牌。据笔者的调查,这种情况在成都所有街道中是唯一的一例。

可能是由于满蒙同胞喜欢吃牛肉的习俗浸润,位于满城中心的长顺街上曾经出现了两种成都最著名的牛肉名肴。新中国成立以后,这两种牛肉名肴都曾经上过北京人民大会堂的国宴。

风靡全国的蜀中名菜夫妻肺片,原来是20世纪30年代郭朝华、张田政夫妇在长顺上街街边小摊所卖的麻辣肺片(有老人回忆说在摆摊前还曾经推车沿街叫卖,故而曾有"车行半边路,肉香一条街"之说),因为滋味绝佳,遂被人们称之为"夫妻肺片",有了名声之后,才发展成为一个小店。正如《锦城旧事竹枝词》中

夫妻肺片创始人郭朝华(右)、张田政(左)夫妇
20世纪60年代 郭瑞秋提供

的描绘:"开店渊源卓马风,唱随举案利攸同。君试牛刀妾司味,拌和佳材莫忘葱。"新中国成立以后,夫妻肺片先在半边桥街开小店,后迁到提督街,才成为一个比较大的餐馆,更加远近闻名。

初期的夫妻肺片原来还有一个很流行的名字叫"两头望"。这是因为早期的肺片就是从钵钵牛肉演变而来的,原无定称,"肺片"本应写作"废片",就是牛身上的下脚料牛头皮和牛肚。把这些牛身上的下脚料用五香卤水煮好以后切成大片,拌上麻辣鲜香的调料,装在大号瓦钵钵中,插上几双筷子,摆在街巷边上,供钱包不鼓的好吃客或小孩子一片一片地买来吃,按片算钱,笔者小

时就曾是这样的顾客。由于站在街边吃钵钵牛肉的形象颇为不雅,而钵钵牛肉的味道又是那样的诱人,所以那些爱面子的好吃客往往是先向两头望一望,确信没有熟人瞧见后,再下筷子,所以钵钵牛肉就得了一个两头望的俗称,以后才有了夫妻肺片的雅号。对于这一蜀中名菜名字的演变,1943年出版的《新成都》的记载最能说明问题,书中的名称是"牛肉肺片",括号中的另一名称是"盘盘牛肉"。

原在长顺街与奎星楼街交口附近的治德号由姚树成开创于1934年,主要出售红烧牛肉面与小笼蒸牛肉,而又以小笼蒸牛肉闻名全城。当年的一种主要吃法是用来夹锅盔,有如成都特色的三明治。新中国成立以后,治德号小笼蒸牛肉成了成都名小吃,总店曾经先后在人民西路、银丝街营业,现在开在三洞桥街。

成都的西城有三条南北向的主要大街,从东到西是东城根街、长顺街和同仁路。这三条大街都因为太长而被分为上、中、下三段。需要注意的是,东城根街和长顺街的上、中、下三段的次序是从南往北排的,上、中、下三字是排在街名之后的,如东城根上街和长顺下街。而同仁路的上、中、下三段的次序正好相反,不仅是从北往南排的,而且上、中、下三字是排在街名之前的,即上同仁路、中同仁路、下同仁路。这种情况是历史形成的,并没有什么理由,但是对于不熟悉街道的朋友来说,往往会把上、中、下三段的南北方位加以混淆,所以有必要在这里加以提醒。

同仁路

在长顺街西边与其相邻的是同仁路,同仁路的由来也与清代满城有关。

今天的成都人很熟悉东城根街,可是很少有人知道原来还有一条与之相对的西城根街。东城根是满城的东城墙边,西城根是满城的西城墙边。由于清代满城的西城墙也就是成都大城的西城墙,所以西城根街也就是成都大城的西城墙里面沿城的一条通道。这个西城根街就是同仁路的前身。

按照清代的制度,满蒙八旗的每个男子都编入旗籍,全民皆兵,一生下来就列入军籍,有一份俸禄,但不能从事工商产业(清末管理松弛以后才有极少数旗人离开满城到大城中从事商业或艺术事业,那就必须脱离原来的旗籍,当时叫作"离旗"。例如著名的川菜前辈厨师、"正兴园"创办人关正兴就是"离旗"的正白旗蒙古族人)。成都的普通八旗兵丁与家属除按月领取粮食之外,每月还有2两饷银,逢年节另有赏赐,各级官员当然另有官俸。清代末期满城内的旗人共有5100多户、21000多人。由于清政府的财力枯竭和官员的贪污中饱,这些旗人中只有少数仍然保留着不练武、不打仗、成天吃喝玩乐的八旗子弟的生活,多数普通旗人的生活却日渐贫苦,有的甚至靠拆房度日。到了清政权被推翻以后,绝大多数旗人一下子就没有了生路,新成立的军政府又不可能再给他们发放粮饷,而如果不解决这些旗人的生计问题则可能出现严重的社会动乱。事实上,清政权被推翻之初,满城中旗人的情绪的确十分紧张,不少旗人还在实业街上的三英小学中聚集,打算与新政权拼死一搏,多年未用的库存武器也被发放到了青壮年手中,在满城中还有三营成建制的旗兵。在这种情况下,四川保路同志会副会长兼交涉部长、军政府副都督罗纶作为军政府

同仁路 2001年 韩国庆摄影

罗纶

的代表,约同愿意和平解决事端的满族士绅代表、四川省咨议局议员赵荣安,前往将军衙门与清政府最后一任成都将军玉昆进行会谈。在玉昆主持下,决定和平解决旗人问题,尽可能弱化汉族同胞与满蒙同胞之间的矛盾冲突。为了达到此目的,罗纶偕夫人迁入满城东门街赵荣安的一位亲戚家中住下,以身家性命作为担保。这以后又经过了东较场的兵变、赵尔丰被杀等几起几伏,最终经双方代表(军政府代表是在成都教育界德高望重的、在旗人中有不少学生的师范学堂监督徐炯以及周凤翔,旗人方面的代表是文锦章、广兴廷、文钧安,另有士绅代表数人参加)在西御街的川东会馆中进行具体商谈之后决定,先是发给每个旗人三个月薪饷,以后再发三月。旗人所有房屋一律发给管业证,允许自由买卖。军政府拨出10万银圆,设立旗人生计筹备处,尽力解决旗人的生计困难。其中的7万元分配给旗人,另用3万元在支机石街中的关帝庙(又称支机石庙)和西城根与今天实业街交口处建立了手工作坊,收纳旗人子弟70余人学习技艺,生产机织线袜、毛巾等日用品,以解决部分家庭的生计问题。与此同时,将军玉昆被礼送出川,满蒙旗人交出全部武器。就这样,成都满城终于得以和平易帜,全城得以平安。为了表示由汉人组成的新政权对于旗人不再如清王朝那样搞民族歧视,而是要一视同仁、五族共和,于是就把手工作坊命名为同仁工厂(这个工厂一直经营到1920年,因为军阀混战、管理混乱而倒闭)。满城被拆除之后,原来的西城根街也就逐渐成了一条众人通行的道路,1923年在经过整修(主持者为市政公所技正杨宝康)之后,形成了一条"长二千零八尺"、"宽一丈四尺"的马路,就把同仁工厂所在的这条西城根街命名为同仁路,这个街名一直用到现在。由于同仁路比较长,所以又分为上同仁路、中同仁路和下同仁路三段。

在同仁路西侧的城墙边,原有满城中的箭道,种有不少树木,面积达十余亩。1924年曾把支机石街以北的这一地区,再加上原来的同仁工厂一部分,建为森林公园,是为成都城中最早出现的森林公园,其中有百年楠木千余棵。因为原来的支机石庙就在公园的南端,所以又被称为支机石公园。这个公园在民国前期是成都除少城公园、中山公园之外的第三大公园,还曾经是当时的群众集会的场所。例如在1928年春天著名的"一中事件"中(有关介绍见"西胜街"),成都各学校学生代表数百人举行的声援一中同学的集会就是在这里举行的。抗日战争时期,森林公园被空军层板厂占用,楠木林也被砍伐,公园遂不复存在。

支机石公园　1924年
舒新城摄影　杨显峰提供

由于同仁路的位置就是老成都的西城墙边,所以近年间在位于上同仁路的原成都纸箱厂和位于下同仁路的成都制药一厂,先后发现了唐代成都城墙(即罗城)遗址,从而可以知道,从唐代到清代,成都城墙的西面位置基本上没有移动。在今天的上同仁路与二道桥街的交口处,用条石与古砖垒着一圈似墙非墙、似堡非堡的建筑,上面还栽有大叶榕,那个位置就是前些年发掘出来的罗城遗址的位置。附近的楼盘聚星城的开发商是一个有心的

同仁路罗城遗址标志　2009年　袁庭栋摄影

知识分子,在修建聚星城时,他就把收集到的条石与古砖在那个位置修建了一个那样的建筑,用以作为罗城遗址位置的地理标志,可以算是今天凭吊唐代成都的一个去处。在罗城遗址位置的一家茶馆也改名叫唐城,并在门前挂着由成都收藏家江功举撰写的对联:"古址遗残墙杜陵觅句曾来此;少城留雅座时彦谈茶正在斯。"

在同仁路与支机石街相接处,也就是在过去的支机石庙的地方,有一个

以雅语吉祥语命名　*813*

十分完整而精致的三进四合院，这就是在1980年成立的成都画院。成都画院初建时是在青羊宫侧的二仙庵中临时办公。1984年，在当时的成都市市长米建书的大力支持下，成都市房管局先是把原来鼓楼街上需要拆除的静安旅馆的两个清代四合院整体搬迁到这里来进行重建，四年后又把红星路上需要拆除的叶家祠堂的一个清代四合院整体搬迁到这里来，与原来的两个四合院有机地结合在一起进行重建，才形成了今天的前、中、后三进的大院落。2004年，同仁路改建扩建工程的原方案对成都画院这个大院落的前部有所影响，在成都市政府的坚持之下，决定保护成都画院的完整，对同仁路的工程方案作了调整（今天看到的扩建后的同仁路在支机石街这一段不是笔直的而是弯的，就是为了保护成都画院而将同仁路街道走向作了调整的结果），这才保存了今天在成都城区还能见到的最完整、最有代表性的清代后期风格的成都四合院，这也是成都市唯一的一处四川省级文物保护单位的四合院。在它门前有两株树龄近千年的古银杏，就是原来的严真观、后来的支机石庙前的古银杏，就连银杏树下

成都画院　2007年　周筱华摄影

花坛上的用砖也全部都是古砖。1987至1989年,成都画院进行了一次全面的维修。2007年又进行了一次工程量更大的内部改造,按"修旧如旧、保持原貌、完善功能、合理利用"的原则,将原来的几个院落以通透式展厅为主重新进行安排,不仅成为一处很漂亮、很有特色的具有川西民居风格的美术馆,而且也是全国唯一的老建筑四合院美术馆。

在原来的同仁路48号,曾经有一个幽静的小院,因堂前有两株楠木古树,而名为双楠堂。在这个小院之中,发生过一件成都当代文化史上的憾事——古琴大师裴铁侠夫妇碎琴自尽。

裴铁侠(1884—1950) 成都人。1904年留学日本,早期同盟会会员。1912年回国,曾任四川司法司司长、川东道道尹、《西成报》总编辑。1915年赴京任内务部顾问。因见政局混乱、国事日非,遂退出政界,回到成都,潜心古琴技艺,收藏海内名琴,成为一代著名的古琴大师。1937年成立"律和琴社",1947年又成立"岷明琴社",都由他自任社长。他收藏了一张我国古琴制作史上的巅峰作品——唐代四川制琴大师雷威制作的"雷琴"(唐代四川雷氏为我国历史上最著名的制琴世家,传名于后世者就有9人之多,他们所制作的古琴均可以称为"雷琴",其中又以峨眉雷威为其顶峰。唐代著名文学家与书法家欧阳询为雷威琴的题词是"合雅大乐,成文正音,徽弦一泛,山水俱深"。目前传世的唐代古琴共有18张,题名"九霄环佩"的雷琴只有4张。2008年刚故世的成都古琴名家王华德先生珍藏有一张古琴,琴身右侧刻有"大唐咸通二年雷威制"字样,是北宋制作的仿雷琴),以及另一张唐琴"古龙吟"。他在以琴会友之中迎娶的夫人沈梦英又从娘家(其父为成都治印名家沈靖卿)带来又一位雷氏名家雷霄制作的另一张"雷琴",于是他家拥有了号称"大雷"与"小雷"的令同行羡慕不已的"双雷",以及宋、

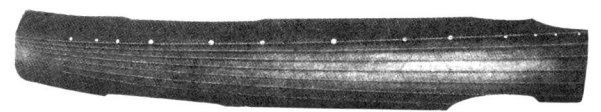

"引凤"百衲七弦琴
琴面首部刻楷书"引凤"二字,左侧阴刻"铁侠"印一方,现藏于四川省博物院。

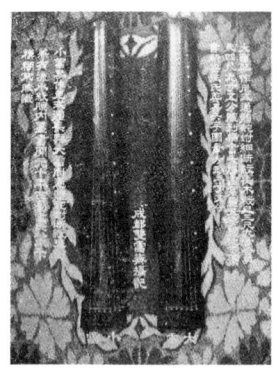 

裴铁侠珍藏的双雷琴
选自1937年《今虞》杂志
向黄提供

1937年裴铁侠与琴友合影（前排右二为裴铁侠，右三为古琴大师查阜西）

元、明、清各种名琴20多张（他所藏的宋琴"龙啸"至今收藏于四川大学博物馆）。抗日战争中为躲避日本侵略者的轰炸，他迁居西郊外沙堰山庄，在此撰写并用木版刻印了著名的《沙堰琴编》《沙堰琴余》。《沙堰琴编》辑琴曲14首，均有记有注，有的还有词。《沙堰琴余》分为琴律、琴音、琴腔、琴品、琴辩，是多年来研习古琴的心得体会。由于他长期沉湎琴艺而深居简出，不问世事，除琴友外几乎不与人交往，新中国成立以后对人民政府的政策法令懵懂无知，对新旧社会的巨大变革不能理解与适应，加之性格孤傲自负、子女生计困难，遂决定与"双雷"一道"玉碎"以求解脱。1950年6月（一说在1951年上半年）一天夜里，他夫妇二人将"大雷""小雷"两张雷琴一起砸碎，然后双双服毒自尽，人琴俱亡，只留下了"本来空寂，何有于物，去物从心，立地成佛"16个大字与一行小字："大小雷琴同登仙界，金徽留作葬费，余物焚毁。铁叟笔。"其实就在这时，国内音乐界的朋友正在为他安排最适合的工作。中国音乐家协会副主席、中央音乐学院民乐系主任查阜西专门发函邀请他携"双雷"赴京从事古琴研究工作。可惜函件到时，人琴俱亡，遂成为成都文化史上的一大憾事。著名诗人、四川大学教授曾缄以此为题，写了著名的长诗《双雷引》，其中有"支机石畔深深院，铜漏丁丁催晓箭"等句，至今还在诗歌爱好者之中流传。

仁厚街

这是原来满城中的仁厚胡同,民国时改名为仁厚街,位于长顺上街与东城根上街之间,北为多子巷,南为桂花巷。

"仁厚"是传统的吉祥语,也是一种道德要求。语出《荀子·富国》:"其仁厚足以安之。"

著名国画家陈子庄晚年的住宅在本街11号(此前先后在康庄街、宁夏街、江汉路居住)。

陈子庄(1913—1976) 号石壶,荣昌人,其父是绘制陶器、纸扇的民间艺人,故而他从小就受到民间艺术的感染。16岁时来到成都,一边习武,一边绘画,逐渐成为著名的武师与画师,并参加了不少社会活动。1949年,他协助成功策划了川军王缵绪部的起义,他本人也以国民党军少将的身份起义。新中国成立以后,他受聘为四川省文史馆馆员,1955年迁居成都,1963年成为四川政协委员,长期从事国画创作与授徒。由于他很少与外界交流,所以他的画艺在生前鲜为人知,可是在他死后,尤其在改革开放之后,却得到了海内外极高的评价,1988年他的作品在北京的中国美术馆展出时,被誉为"轰动京华,震惊世界"。在由文化部编辑出版的《中国美术五十年》中,四川画家列名者只有四人,陈子庄即其中之一(另三人为张大千、石鲁、蒋兆和),很多研究者认为他是继张大千之后四川画家第一人。特别是

1933年四川军阀混战时成都市内发生巷战。此为仁厚街口用街沿石修建的防御工事。
杨显峰提供

20世纪90年代仁厚街一民居门额
昌宗岳提供

1976年7月3日陈子庄在家中作画　　国画《村趣》　陈子庄作

他的写意画中所透出的自然、天真、鲜活的境界，和自成一格的奇兀、峭拔、灵宕的特色，使很多研究者为之倾倒，被评为"中国的凡·高"。在他的家乡，已经建成了陈子庄艺术陈列馆。

亲仁里

这是一条小巷，位于提督街南侧，从提督街向南通到红旗商场后门，已经在 2000 年被拆除。

亲仁里过去是一个汇集这一带污水的地方，提督街、鼓楼南街等地的雨水与生活污水大多流向这里，当地称为大阳沟（在四川方言中，阳沟就是相对于阴沟而言的不加盖的污水沟），抗日战争时期被填平，成为一条新建的小巷。在国难时期为了使来自各方的新居民和睦相处，人们给这条小巷取了一个很文雅的名字，叫作亲仁里。"亲仁"一语是"亲仁善邻"这一古语的简化，出于《左传·隐公六年》："亲仁善邻，国之宝也。"

华兴正街附华兴上街　华兴东街　华兴巷

位于商业场背后的华兴正街是成都人比较熟悉的街道。在它的西边有华兴上街，东边有华兴东街，北边还有一条小巷叫华兴巷。

华兴东街在清代前期叫布前街（因为地处布政司衙门之前而得名），是在皇城坝这个大扯谎坝形成之前成都城内著名的扯谎坝。清人的成都《竹枝词》曾经谈到城内几处有代表性的街道："鼓楼杂货别街无，会府收荒破烂俱。布政衙前全扯谎，人山人海是江湖。"光绪年间将几条相邻的小街扩建为一条长街，被命名为华兴街，寓意为荣华兴盛。这条街在成都被人们所熟悉、所重视是在清末，而其主要原因又是因为川剧。

华兴正街上原来有一座不大的庙宇叫老郎庙，是清代乾隆末年由杰出艺人魏长生（有关介绍见"东较场街"）倡导并筹资所建（修建老郎庙时这里还没有街道，是一片菜地），庙中供奉着古时梨园行（即戏剧艺人）的行业神老郎，又称李二郎。我国古代梨园行所崇奉的行业神先后有30多位，居于首位的行业神是清源师，又称清源妙道真君。关于这位清源师的来历，明代著名

华兴正街　2001年　王晓庄摄影

戏剧家汤显祖在《宜黄县戏神清源师庙记》中明确指出就是成都都江堰的"西川灌口神也",也就是李冰传说之中的李冰之子李二郎。这是因为李冰治水的故事早在唐代以前就已经由在蜀中流传的神话编成了戏剧上演,戏剧的名字叫《斗牛》。李二郎既是著名戏剧的主角,又是名人,所以后来就成了梨园行的行业神。老郎庙修建之后,由魏长生发起,艺人们组建了老郎会,以六月二十四日为会期,年年祭拜。

1905年,由成都新派官员周善培发起,由成都著名的企业家樊孔周创立了官商合办的悦来公司,在老郎庙修建戏园——悦来茶园(同时还在附近的商业场东面的商业场支路修建了悦来旅馆,"悦来"二字取自《论语·子路》:"近者悦,远者来"),1908年正式开业。当时还没有戏园或剧场这类名称,因为看戏者都是坐在一张张茶桌后面,一边看戏一边品茶,所以仍然叫茶园。正如著名文人刘师亮在《竹枝词》中所写的:"悦来茶园亦戏园,紧锣密鼓闹翻天。喝茶看戏嗑瓜子,个个都是小神仙。"悦来茶园实行买票看戏、对号入座,而且首次正式开放女宾入内看戏,只是把入口处分为男女两处,男宾入

民国初年的悦来茶园　成都市建设信息中心提供

口处在华兴正街,女宾入口处在后面的梓潼桥西街,哪怕是夫妻二人亦必须分开。男宾的座位在堂厢,堂厢又分为前池、左池与右池;女宾的座位在楼厢(又称"书楼"),楼厢前还挂有竹帘。这是成都近代文化史上第一个大型的、正规的剧场,在其中演出的戏班都是当时最著名的川剧戏班。郭沫若曾经在他的自传《少年时代》中写道:"成都最首出的新式戏园,名'悦来茶园',是采取官商合办的有限公司制度。那儿初唱的川戏是所谓'改良川戏',自行召集了一批孩子来教练,很有些像日本的'帝国剧场'。"1910年,以周善培为首,又成立了戏曲改良公会,全方位进行川剧的改良工作,这个戏曲改良公会也设在悦来茶园。1912年,以当时有"康圣人"之称的川剧界领袖康芷林(有关介绍见"科甲巷")为首,以著名的川剧演员萧楷成、唐广体、杨素兰等为主,在悦来茶园成立了由8个戏班

悦来茶园书场说书人杨云遥
1984年 [美] Cary Wolinsky摄影

三庆会首任会长、川剧旦角
杨素兰演出《百花亭》。

联合组建的大型戏班——成都三庆会剧社(一般都简称为三庆会),并长期以悦来茶园为演出基地(因为老郎庙的庙产属于老郎会的川剧艺人,周善培和樊孔周要拆除修建悦来茶园必须得到老郎会会首康芷林的同意。经过协商,由周善培出一文约给老郎会:"园址为伶人社让与悦来公司,承办改良戏曲,为伶人永久谋生之所"。这一纸"27字文约",让以康芷林为首的三庆会艺人取得了在悦来茶园永远演出川剧的使用权)。以后又陆续有其他戏班加入,使三庆会成为当时十大名班(长乐班、宴乐班、翠华班、宾乐班、彩华班、太洪班、

成都市川剧团演出根据李劼人小说改编的川剧《死水微澜》 1996年 余小武摄影

颐乐班、舒颐班、桂春班、顺乐班）共同组建的无可争议的"群英荟萃，名角如云"的川剧大本营，悦来茶园也就成了全川公认的集演出、教育、研究三位一体的"戏窝子"。以"五腔共和"为主要特点（即高腔、胡琴、弹戏、昆曲、灯戏五种声腔由一个乐队伴奏，一个班子演出，组成一个融为一体的戏班）的近代川剧形成的一个最重要的标志，就是悦来茶园的出现与三庆会的成立。抗日战争开始以后，由三庆会发起，成都全体川剧与京剧演员于1938年10月成立了支援抗战的京川戏剧业演员协会，也是设在悦来茶园。

悦来茶园与三庆会使华兴街成为当时成都的文化娱乐中心，加上华兴街前面的商业场的初建，再加上商业场前面春熙路的开通，这一地区就成为当时成都市中区新兴的最繁盛的地区。

三庆会一直保存到1950年，联合其他川剧团组建了大众剧院，以后改建为成都市川剧院。悦来茶园1954年改建为锦江剧场，仍然是专门演出川剧的专业剧场，成都市川剧院长期设在此处。1997年在此建立了成都市川剧艺术中心和川剧博物馆，然后对这里进行了长达三年的全面改建，2001年12月，改建之后的成都市川剧艺术中心落成，使这个有百年历史的著名的川剧"戏窝子"得以继续兴旺发达。

悦来茶园在初期不只是演出川剧。在三庆会入驻之前的1911年，悦来茶园从北京邀来宝顺和梆子班演出京剧。忠烈祠街的可园也在同年从北京邀来燕和京班演出京剧。这是成都舞台上演出京剧的开始（在此之前，成都有满族官员在家中清唱京剧以自娱，但是没有戏班演出）。

悦来茶园的大门不是开在华兴正街上，而是开在华兴正街与梓潼桥西街之间的悦来巷（现已不存）中，但是悦来茶园的"粉牌"（写有剧目和演员的黑漆木牌）则是挂在悦来巷口的华兴正街上。进入悦来巷，左侧是颐之时餐馆的侧门，右侧是悦来茶园正门，旁边还有一个只供喝茶的光大茶社，是演员们休息之处。在其侧面，就是当时声播全川的"李记"天福堂药店，店主李少庚，所制的"阿魏丸"在助消化积食方面有很好疗效，闻名远近，被人们称为老郎庙阿魏丸。在老成都人口中还长期流传着一句话叫"黄金无假，阿魏无真"，因为阿魏丸的正宗制作方法非常独特，除了用阿魏草汁之外，还要用被蜂子蜇死的羊子的血，方能制出酸中带臭味的阿魏丸。人们买到的阿魏丸是否真的是如此加工炮制，不得而知，所以在成都民间才会流传着这样一句俗语。

由于华兴正街与相邻的商业场在清末民初的繁盛，引来了其他行业在这里落户。其中最著名的是成都川菜行业早期最负盛名的由李九如开办的聚丰园餐馆（后迁祠堂街，有关介绍见"祠堂街"），还有最受文人雅士喜爱的、由名厨罗国荣掌灶的餐馆颐之时，现在均已不存。颐之时的得名出于《周易·颐卦·象辞》："天地养万物，圣人养贤以及万民。颐之时，大矣哉。"这可能是餐馆命名中出典最有深意的一家。颐之时细腻别致的菜肴如开水白菜、口蘑肝膏汤、干烧鱼翅、笋衣鸽蛋等对川菜行业有过很大的影响，成都美食家们将颐之时与另一著名川菜馆荣乐园称之为"一时瑜亮"，或者"比之绘画，称之为吴湖帆与张大千"。

华兴街上最负盛名的小吃是华兴街煎蛋面。华兴街煎蛋面最早是傅如竹1901年创业于长顺街213号的铜锅煎蛋面，使用清一色的铜锅、铜瓢、铜勺。1932年，傅如竹之子傅松成将店铺迁至东大街。1938年毁于日军的轰炸之后，重开于春熙路，1949年再迁于华兴街。新中国成立以后因公私合营而并入饮食公司，不再保留铜锅煎蛋面的名称，成为一家普通面店。1983年，傅松成、傅治义父子在华兴正街6号开办了华兴街煎蛋面，由于其特殊的美味

▲ "华兴街煎蛋面"小食店
　2005年　陈维摄影

▶ 华兴上街59号"古关帝庙"门额
　2000年　陈锦摄影

（据笔者所知，其中一个关键之处是加入番茄的量与时间的掌握）而受到人们愈来愈热烈的欢迎，以至天天排队，数年不辍，改革开放之后参加工作的这一代成都人几乎很少有没有吃过华兴街煎蛋面的。2010年9月，因为市政工程的需要，华兴街煎蛋面迁至相邻不远的梓潼桥正街。著名川剧表演艺术家周企何生前曾经题词："看戏犹记华兴街，好吃勿忘煎蛋面"。

华兴正街还有一家至今还在营业的著名餐馆，就是1925年由杨汉江、冷远峰、牟茂林合伙开办，由牟茂林兄弟主厨的盘飧市（得名来自杜甫在草堂所写的《客至》诗中的诗句"盘飧市远无兼味"。"飧"字应当读孙，本义有二：一是熟食，二是晚餐。今天有很多人都读为"盘餐市"），它的卤肉夹锅盔先要在炉上用微火烘烤，再浇上热的卤汁，然后用一张干荷叶包上，让你边走边吃而不脏手，曾经在全市享有极高的知名度与美誉度，被誉为"成都三明治"。正如《锦城旧事竹枝词》所说："张帜'华兴'近'老郎'，名出少陵卤菜香。荷叶一包兼肥瘦，锅魁夹食趁未凉。"1995年，盘飧市被国内贸易部正式命名为"中华老字号"企业。

抗日战争中由四川地方势力创办的《华西日报》的营业部，就设在华兴正街（编辑部对外办公先后在总府街、书院南街，多数时间的实际工作地址是在五世同堂67号)。《华西日报》于1934年3月5日创刊,时值刘湘主川,此报是四川省政府的机关报。刘湘去世之后,报社主持人几度易手,最后长期由川军著名将领潘文华任董事长,由潘文华的参谋长罗忠信、机要秘书赵星洲先后任社长,由以潘文华侍从室上校参谋名义为掩护的中共地下党员田一平任经理,中共地下党员李次平任总编辑,在宣传抗战、唤起民众、客观报道国内外大事等多方面都起到了积极的作用,是当时公认的进步报纸,刊载过《中共召开七届二中全会》《中共进入南京情况》等消息,介绍过"中共十大将领"即朱德、彭德怀、刘伯承、徐向前、李先念、林彪、贺龙、陈赓、罗荣桓、陈毅。新中国成立前夕的1949年8月,被反动军阀王陵基强行停刊。新中国成立之初,华西日报社社长赵星洲将全部印刷设备移交给军管会,党和政府利用这些印刷设备和接管《中央日报》《新新新闻》的设备物资,出版了《川西日报》,《川西日报》以后又发展为《四川日报》。一直到红星路修建之前,《四川日报》的大门都设在华兴正街,红星路修建之后,《四川日报》的大门才改到红星路上。

也是在华兴正街的49号,从1937年至1939年间,还出版过一份《四川日报》。这份报纸表面上是几位川军将领所办,其实长期由中国共产党的地下组织所控制,成都的地下党负责人杜枰生、韩天石一直在暗中进行指导,包括新中国成立以后曾经担任《人民日报》总编辑、社长的胡绩伟(四川威远人,当时在川大读书,1937年底由车耀先引路入党)等十多位地下党员都曾经在这里工作,是当时成都地区宣传抗日救亡、报道中国共产党领导人的有关言论的重要阵地。

设在华兴东街的四川日报社大门
1952年　杨显峰提供

著名作家李劼人先生于1891年6月20日出生在华兴东街（当时名叫"经历司街"）。有关李劼人的介绍见"劼人路"。

成都最早的私营银行聚兴诚银行成都分行（总行设于重庆）设在本街，时间在清光绪末年。聚兴诚是成都最早开展储蓄业务的私营银行，它的广告语很多，诸如"一日一钱，千日一千，绳锯木断，水滴石穿"、"一砖一瓦起高楼，子女教育早绸缪"之类，水平与效果并不亚于今天的银行。

华兴街原聚兴诚银行成都分行旧址
1982年　杨永琼提供

四川在清代中叶逐渐流行吸叶烟与水烟，海外传来的卷烟是在1908年才由英美烟草公司驻重庆的推销员徐子良派人到成都开始推销的。通过宣传赠送，逐渐有了市场之后，遂物色了一位叫周友堂的在华兴街开设了专门销售卷烟的"美利亨"商号（后迁城守东大街），是成都第一家卖卷烟的商店。长期以来成都只是一个卷烟市场，一直到1940年才由卷烟经销商陈汉卿开办了成都第一家制造卷烟的工厂"华昌烟草公司"。由于卷烟业市场大，利润高，到抗日战争胜利时，成都已有卷烟制造厂家300多家，只不过大多是手工制作的小厂。

当然，不能忘记的是，民国时期的成都是一个鸦片泛滥的城市。据1935年1月11日《新新新闻》刊载的一项统计资料，当时成都共有公开营业的鸦片烟馆912家，而当年成都的茶馆只有599家。

由广东梁姓人家开设的有容照相馆，是成都最早的照相馆之一，也是在清末开于本街。

现在人们还经常可以听到"卖狗皮膏药"这句话，其实狗皮膏药是过去治疗跌打损伤、风湿疼痛的特效膏药，成都过去制作与出售狗皮膏药的最著名的药店满林春就在华兴正街，它的狗皮膏药的商标叫作"金不换"。

作为当年一条娱乐与商业都十分繁荣的街道，免不了也是社会寄生者较多的街道。如今还保存在华兴街79号院中的那座三层高的古香古色的楼房，在民国时期名叫香山旅馆，曾经是一家高级妓院。

头福街

在文殊坊街区中，五岳宫街与珠宝街之间有一条头福街。其实这条街因为位于西珠市街之南，原来名叫珠市横街，而附近另有一条头福街，是在清末至民国时期经过了一些变化之后才最后定名的。

今天的头福街以南的酱园公所街、五岳宫街、

20世纪80年代的头福街茶铺　杨永琼提供

文殊院街这三条从东到西相连的街道在清代是一条街，总称为头福街。得名的原因是这条街是从北门进城之后位于北大街侧面的大街，各地的朝香拜庙者如果从北大街进入这条街之后，就可以到达白云寺、五岳宫、文殊院等几座庙宇，人们认为这条街是最先得到福佑的地方，所以就名为头福街。酱园公所街叫头福街东段，五岳宫街叫头福街中段，文殊院街叫头福街西段。到了清代后期，这条街的东段在咸丰年间修建了酱园公所，以后改名为酱园公所街。这条街的中段在民国时期因为有五岳宫而改名为五岳宫街，这条街的西段也在民国时期因为有文殊院而改名为文殊院街。在原来的头福街的东、中、西三段都改名之后，民国时期才把原来头福街以北的珠市横街改名为头福街。

祈福是我国传统文化中的重要内容，是古今所有人心中的共同追求，所以成都街道以"福"字命名的比较多。除了这里介绍的头福街之外，有在总府

街以北的双福巷，近年因为修建蜀都大道已经并入南沟头巷；有书院西街东边的福字街，而在福字街以南，原来还有一条福寿街，当年修建四川省科技情报所时大部分被拆除，剩余部分并入了书院东街；有原来位于正府街南侧的半截巷福安巷，近年已被拆除；有文殊院东侧的福善巷，有在李家沱小区的平福街和后来新建的平福路、平福巷和福蓓街（在福蓓街侧有纪念解放成都战役与解放初成都剿匪战斗中牺牲烈士的马鞍山烈士墓）。在改革开放之后的城市建设中，原来城郊的农田新建了很多新的街道，近年来也有以"福"字命名的，如北三环成彭立交桥内侧、洞子口以北地区近年间就有新建成、新命名的福德路、福泉路以及稍南的福宁路。

兴隆街

太升南路与暑袜街之间有一条兴隆街，相传是因为街上过去的裘皮生意很兴隆，故而得名。

兴隆街在很多老成都人的口中被称为海会寺，一来是因为过去在这条街上的确有一个叫作海会寺的寺庙。海会寺初建时间不详，清咸丰三年（1853）重修，一直到1941年才被拆除。二来是在这条街上有一家海会寺酱园，生产成都最著名的海会寺白菜豆腐乳。海会寺白菜豆腐乳原来是蒲江寿安镇的民间食品，寿安镇人罗克之于1933年将这种食品在他开设的海会寺酱园（位置在街的北面，相去不远就是原来的成都市邮电总局）进行生产销售，由于味道极佳，大受成都市民的欢迎，很快成为成都市场上的知名品牌。新中国成立以后，罗克之与其他几家酱园共同组建了成都市酿造厂，也就是发展到今天的成都大王酿造食品有限公司。如今的海会寺豆腐乳已经形成了白菜和鲜酥两大系列，与"大王"酱油、"太和"豆豉共同成为成都酿造产品的三大名牌，也是四川最著名的三大豆腐乳之一，不仅行销全国，而且进入了国际市场。在蒲江等地，白菜豆腐乳仍然在继续生产，远销八方。

就在海会寺旁边，民国后期开办有一所松如女子学校，是当时为数不多的私立女子学校之一。

近代成都最著名的制笔店"刘三友堂"也开设在这条街。它所制作的毛笔选料严格、做工精细,无论是羊毫、狼毫都被公认为蜀中之冠,其行楷笔"无双妙颖"、行草笔"宜书宜画"都是享誉多年的名牌。国画大师张大千特别喜爱蜀笔,而蜀笔中又首推"刘三友",称其为"蓄墨适度,丰满圆润,流畅有力"。新中国成立以后,"刘三友堂"并入了成都制笔社,但是仍然保留了几年"三友堂"专店(设在西顺城街),大约在1958年以后撤销。

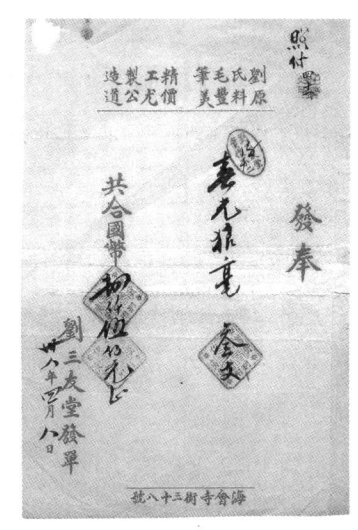

民国时期"刘三友堂"发货单　刘永禄提供

兴隆街上的成都棋院是在1959年成立的成都棋艺俱乐部的基础之上发展起来的,是成都这座被全国棋友称之为"棋城"的"棋窝子",也是全国最著名的棋类运动基地之一,有"国手摇篮"之誉。从早期设在总府街的成都棋艺俱乐部到成都棋院,刘适兰、赵兰、林野、孔祥明、宋雪林、郑弘、王元、古灵益等著名棋手都是在这里培养出来的。

值得注意的是,由于"兴隆"二字是人人喜爱的吉祥名字,所以在成都曾经有多处街道都用过这个名字,如福兴街曾经叫兴隆巷,荔枝巷曾经叫兴隆街,均隆街和玉成街都曾经叫过兴隆街。

隆兴街

岳府街以南、纯阳观街以北,清代就有一条隆兴街,当然是以生意兴隆之寓意命名的。不过还有这样一个传说:当年在这条街上有一家"王包子"面食店,味道很好,生意兴隆,所以这条街就叫作隆兴街。

清光绪三十年(1904),英国政府曾经在这条小街上设立了驻成都的总领事馆，但是因为当时的成都还不是外交条约所确定的通商口岸，所以未能得到清政府的承认，只能以重庆总领事居住成都的名义展开活动，所以在当时叫总领事署，或者叫一个很中国味道的名称"领事行馆"（"行"在我国古代官制中是"代理"的意思），它是成都最早开展领事活动的英国外交机构。民国初年，领事署迁正通顺街，直到1942年英国才设立正式的领事馆，地点在新巷子。

民国时期四川反动军阀王陵基家住此街。

20世纪90年代的隆兴街　王健摄影

被俘后的王陵基

王陵基（1886—1967） 乐山人，1905年从四川武备学堂毕业后赴日本考察军事，参加了同盟会。1908年回到成都，任陆军速成学堂教官，刘湘、杨森、唐式遵、王缵绪等都是他当时的学生。辛亥革命以后他长期在川军中任职。这个曾经担任过同盟会军事部长的人却投靠袁世凯，长期与反对袁世凯、反对北洋军阀的熊克武、蔡锷等部作战，甚至反对北伐。1927年又执行蒋介石的反共命令，在重庆逮捕屠杀杨闇公等共产党人。抗日战争爆发之前，他长期属于刘湘的部下，曾经参加对川陕苏区的"围剿"，结果惨败。刘湘去世以后，他完全投靠蒋介石，先后出任江西省主席、四川省主席，积极反共，制造了1948年的"四九血案"、1949年的"十二桥血案"。四川解放前夕，他组建四川反共救国军，成立"四川民众戡乱自卫委员会"，负隅顽抗到底。成都解放之时，他化装潜逃，经新津、乐山、宜宾，于1950年2月6日在江安被中国人民解放军俘获，以后被送到战犯管理所接受改造，一直到1964年被特赦，1967年在北京病死。四川地方实力派代表人物在新中国成立以后进入战犯管理所的，只有王陵基一人。

德盛路附隆盛街

德盛路既是一条老街道，又是一条新街道。今天的新华大道分为了若干段，在玉沙路与文武路之间有德盛路这一段，是在新中国成立之后经几次扩建而成的。这里原来有三条相连的街道：从草市街到鼓楼北四街的隆盛街，从鼓楼北四街到铜丝街的德盛街（此段可以称为老德盛路），从铜丝街到太升北路的老玉沙街。德盛街在有的文献中又写为德胜街。现在的德盛路是从太升北路口到草市街口，包括了原来的老玉沙街、德盛街和隆盛街，可以称为新的德盛路。

原来的德盛街不宽，街上有几家制作出售丧葬用钱纸的商铺，所以又被称为钱纸巷。

清道光二十七年（1847年），由在成都的陕甘移民后裔共同修建的会馆陕甘公所就建于隆盛街，现已不存。

原来的隆盛街又名太平街。由于过去在成都市中心有两条太平街，一条是这里的隆盛街，另一条位于今天的太升南路的南端与提督街相接，为了不至于相混，所以前者又叫西太平街。今天在九眼桥地区有几条以"太平"为名的街巷，是因为太平寺而得名，得名都要比这两条太平街为晚。

春熙路

春熙路曾经长期被人们称为成都第一路，一来因为它是成都市最早修建的新式街道，二来因为它长期是成都市商业最繁华的街道。

清代成都的主要街道基本上都是用石板铺砌，由于鸡公车铁轮的长期碾轧，到了清末时路面大多破烂不堪。民国初年，政局混乱，城市建设无法提上议事日程。一直到了民国十一年（1922）成立了成都市政公所，在成都尚未建市的情况下，才有了主管市政建设的机构。市政公所设督办总管有关事务，在四川长期军阀混战、军人当政的情况下，先后五任市政督办都由军人充任，他

·成都街巷志·

王缵绪

们分别是刘成勋、陈泽沛、王缵绪、罗泽洲、陈光藻。

今天的春熙路实际上包括了春熙路北段、春熙路南段、春熙路东段、春熙路西段四条街道。一直到民国初年,这里都还没有街道,而是官衙、民房与空地,主要的建筑就是原来清代的按察使衙门。按察使是主管全省司法刑狱的官员,一般简称为"臬台",所以按察使衙门也称为臬台衙门。清代的臬台衙门是一个纵深很大的衙门,里面设有监狱,前门在东大街北边,有一个照壁墙,后院一直到今春熙北路北端。辛亥革命以后的四川军政府不再设臬台,这里的臬台衙门以及臬台直接管理的监狱就一直空着,没人管理,有的被私人改建占用,有的成为危房,还建有一个中城小学,一个英文学校。1924年,四川军阀杨森由北洋政府授上将衔,督理四川军务,成为四川省的军政长官。为了取信民众,建树政绩,杨森在成都的市政建设上做了一些好事,其中很重要的一件事就是

20世纪20年代刚建成不久的春熙路北段。从画面中可以看出,楼上有些房间还没有商家入驻。
[法]杜满希提供

修了春熙路，当时叫作修马路（一直到新中国成立以前，四川民间把城乡的大路都叫作马路）。所以要修这条马路，主要是因为在清代最繁华的商业街东大街与清末新建的商贸娱乐中心总府街的商业场之间没有一条直通的街道，让市民们十分不便；次要原因是臬台衙门一带长期荒废，由若干人私搭乱建，无章无绪，有必要统一规划，合理利用，政府也可

20世纪30年代的春熙路　杨显峰提供

以从中得利。于是，就决定在东大街与商业场之间修一条当时成都最宽敞的街道。这一任务，杨森交给了他的第一师师长兼市政督办王缵绪，王缵绪又任命孙少荆为提调，负责具体事务。

　　在王缵绪与孙少荆的主持之下，1924年5月动工，到了8月，一条新的市内街道就粗具规模（当时没有地下管网设施，只修路面，所以工期很快）。新街道修建之时，有人建议以杨森当时的头衔森威将军将其命名为森威路，但是遭到很多人的反对，遂请江子虞先生命名，江子虞遂命名为春熙路。"春熙"二字出于《老子》第二十章"众人熙熙，如享太牢，如春登台"，又见于潘岳《秋兴赋》中的"登春台之熙熙兮"（按，前几年成都一些学者对"春熙"二字的来历曾经有过争论，主要分歧在于应当是"如春登台"还是"如登春台"。其实这是古籍的不同版本所致。如果要认真进行考察与比较，还是以"如春登台"更妥，因为最流行的王弼本和最新出土的马王堆帛书甲本、乙本都作"如春登台"，清代著名学者毕沅与俞樾在经过考证之后都认为应当是"如春登台"，当代著名学者陈鼓应在对众多版本进行研究之后所作出的《老子校定文》也作"如春登台"）。"春熙"这一词语的运用早见于古代诗词，如唐代李峤《人日侍宴大明宫恩赐彩楼人胜应制》诗"莺喜春熙欲弄娇"；宋代欧阳修《南獠》诗"民物含春熙"。

近年间介绍春熙路历史的文字无一例外都把为春熙路命名的前辈学者江子虞的名字写作"江子鱼"或"江子愚",均误。江子虞先生是双流黄水人,前清举人,辛亥革命后曾任《国民公报》《巴蜀日报》主笔,修建春熙路时是杨森府中幕僚,新中国成立以后任四川文史馆馆员。江子虞国学功底深厚,诗词书法俱佳。1951年作词与毛泽东主席的《清平乐·六盘山》唱和:"边城月淡,路宿长征雁,不划鸿沟分楚汉,放眼纵横九万。 轮蹄踏破云峰,鏖战朔雪炎风,冀北由来多马,而今几个真龙。"毛泽东主席曾经在1952年1月9日亲笔给他回信。据笔者所知,成都诗人与毛泽东主席诗词唱和能得毛泽东主席亲笔回信者,仅江子虞先生一人。

春熙路的命名还开了一个先例,这是成都第一条以"路"命名的街道。

当年修建的春熙路是一条新马路,理应按原计划将北端与商业场对直,可是修成之后却是错开的。所以出现这种结果是因为当年在总府街上的"馥记"西药房的老板郑少馥(一作郑永馥)是法国领事馆的翻译,他借洋人之势坚决不肯拆迁。孙少荆不愿意去惹洋人的麻烦,就只好修成了后来的样子,让春熙路北端与商业场没有形成一条直线。春熙路初建时还有一位商人也起了很大作用,他就是凤祥银楼的老板俞凤岗。他优先买下了北段两侧的大部分地皮和南段两侧的小部分地皮,修建了双间铺面96间用于出租,不仅成为当时成都最大的商业地产商,他修建的房屋格局也就成了整个春熙路街道建筑的格局。

春熙路的岗亭 20世纪50年代

1955年的春熙路北段 成都市建设信息中心提供

春熙路初建时只有春熙北路和春熙南路,1928年才在原来四川财政厅前面的空地增建春熙东路,在新街后巷子增建春熙西路(春熙四路也称为春熙路四段,在成都人口中两个名称一直互用)。当时四段春熙路的总长度是755米,路宽约12.2米,人行道宽约2.5米。

春熙路是成都市新修的第一条马路,大约同时改造街面的还有东大街,稍后继续改造街面的还有提督街、总府街、福兴街、华兴街、暑袜街等,当时称为"第一期干路街"。在1927年编写的《成都市政年鉴》中,对这些街道的路面施工有详细记载,是在压平路基之后铺石子碾压,路面用的是"四合质",即传统的三合土,"石灰、炭灰、河沙各一斗,黏土两斗至三斗。路面盖妥后,彻底细为滚压"。1936年改建为碎石路面,直到1948年才改为水泥路面。

春熙路建成之后,由于地处市中心,故而发展很快,十年之间就成了当时名副其实的成都第一路,若干著名的商家与文化单位云集于此。据1934年的统计,春熙路共有商家157户。著名的银行有重庆银行分行(新中国成立以后为中国人民银行春熙路办事处)、农民银行成都分行、豫康银行、上海商业银行(以上两家都开设在利昌公司修建在春熙西段的成都大楼中,新中国成立以后成都市粮食局就长期设在这里)。

著名商家有浙商宝成银楼、凤祥银楼(其旧址上开办了今天的成都市工艺美术品公司)、宝元通百货公司、亨达利钟表店、亨得利钟表店、协和钟表行(兼营百货,是成都最早使用霓虹灯做店招,也是最早使用扩音喇叭的商家)、廖广东刀剪店(店主廖见初是石板滩的客家人,店铺的柜台是红砂石板制作,而且商品定价不二,故而很有名气,又称为"石柜台")、宋锦武香烟店、华胜鞋家、大光明眼镜店、大光明美发厅(开业于抗日战争初期,是新中国成立以前成都档次最高的理发厅,由一批来自下江的理发师傅集资开办)、及时钟表眼镜公司、上海精益眼镜公司、聚福祥绸缎庄、达仁堂药店、德仁堂药店。

春熙路的上述众多商家与成都人的生活都有着密切的联系,其中最重要的又要数达仁堂和德仁堂药店,成都还有同仁堂药店,两百多年来,绝大多数成都人都吃过这些店卖出的中药与成药。在上述几家药店中,开业最早的是在湖广馆街的成都同仁堂,它与著名的北京"乐氏"同仁堂不是一家。春熙路建成之后,北京"乐氏"同仁堂来此开设分店,因为与成都同仁堂同名,在经过涉讼败诉之后改名为达仁堂继续经营。1948年又改名为德仁堂,药店一直在春熙南路,改革开放之后因为春熙路改建才迁往走马街。在新中国成立初期的公私合营大潮中,包括成都同仁堂与德仁堂在内的全市100多家老药店全部实行公私合营,全都隶属于成都中药材公司。改革开放之后,由于多方面的原因,成都中药材公司连续亏损13年。2000年,成都博瑞集团兼并了成都

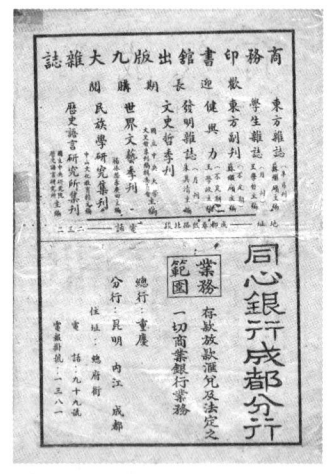

◀春熙路商家的宣传品(左)
　王大明提供

◀民国二十四年成都协和钟表
　眼镜公司手表保用单(右)
　王大明提供

▼春熙路工艺美术商店(原凤
　祥银楼)
　1980年　牟航远摄影

中药材公司，组建了德仁堂集团，在全省有自营与加盟店各300多家，作为在1996年同时荣获了"中华老字号"称号的成都同仁堂与成都德仁堂两家都成为德仁堂集团旗下的著名品牌。2005年，北京同仁堂又以"北京同仁堂"的店名进入成都，在总府路同仁堂的对面开设了在成都的旗舰店，还在全市共开设了三家门市店。这样在成都就同时有了三家"中华老字号"的中药名店：成都同仁堂、成都德仁堂、北京同仁堂。

春熙路上的报馆有新新新闻社、新中国日报社、中央日报社。这其中位于春熙路中段33号（后迁东段29号）的《新新新闻》是民国时期成都本地的第一大报，创刊于1929年9月1日，结束于1950年1月，由川军将领马毓智（有关介绍见"马家花园路"）等人集资

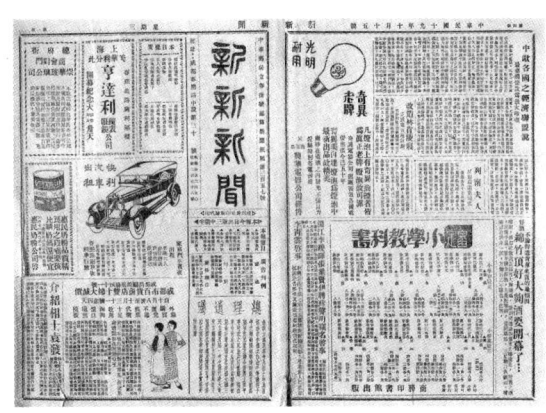

1930年的《新新新闻》　　四川省图书馆藏

创办，主要负责人是社长马秀峰、经理陈斯孝、总编辑陈启明，办报方针是以"小骂大帮忙"的面目为国民党政权服务。《新新新闻》的命名并不是如常人所说是最新的新闻，而是出自《礼记·大学》"苟日新，日日新，又日新"和该报《发刊词》中所说的"我们带着民众的声浪，奏起进行的歌曲，以催促此新中国、新社会、新生活的降临"。该报自己办有印刷厂，1938年开始在四川采用打纸型铸铅版的先进技术印报，最高发行量超过两万份，还办过旬刊和晚报，在当时大后方的报纸中可谓一枝独秀（国民党中宣部曾经以5万银圆的价格收购，未成功）。1946年又自建了位于孙中山先生铜像背后的高达五层的新闻大厦，是当时成都最高的楼房（新中国成立以后曾经长期是成都市总工会所在地），连蒋介石也为大楼亲笔题写了"日新又新"四字金匾。1949年末，成都各界举行的"欢迎率军解放成都的贺龙司令员"的大型集会就是在这座大楼的文化会堂中举行的。

民国时期春熙路上的书店有商务印书馆、中华书局、世界书局、正中书

20世纪60年代春熙路新华书店　成都市建设信息中心提供

局、东亚图书公司、广益书局,以及专门出售地图与地球仪的亚新地学社。新中国成立以后,书店只有新华书店一家,但在春熙路上仍然有新华书店的5家门市部:综合、科技、少儿、外文、古籍,春熙路仍然有着浓郁的文化气息。

20世纪80年代的成都古籍书店　杨显峰提供

　　一直到改革开放之后,在今天中山广场的位置,也就是春熙路东南西北四段的交会之处,都还保留着两幢独立的三层楼房。南边的一幢在民国时期是中华书局和四明银行,北边的一幢在民国时期是广益书局和茂昌眼镜行。在当年老成都的这个黄金口岸之中的黄金口岸上,四家经营实体中竟然有两家书店和一家眼镜行,这应当是成都这座历史文化名城文化氛围之浓厚的一个最佳的写照,曾经受到不少外地人的赞赏。新中国成立以后，北边的楼房开的是瓷器店，南边的楼房则长期都是新华书店下属的成都古籍书店，有三层业务楼面，著名学者与版本学家喻守己曾经长期担任经理。春熙路上的古籍书店曾经是几代学习与研究我国传统文化的成都人心中的圣地，是笔者一生中对成都所有店铺中印象最深的一家、师友最多的一家。该书店已经在市场经济的浪潮之中经历了出租一半、迁出原址、承包经营、关闭拆除四部曲的八年之后，于2009年在高升桥的成都购书中心恢复营业。

春熙路上有着多家书店与报馆，在过去也就有过专门审查书报的机构。1941年7月15日，由国民党文化特务直接掌握的"四川图书杂志审查委员会"就成立于春熙南路17号附2号，执行由国民党中央常务委员会通过的几个审查办法。例如，根据《抗战时期宣传名词正误表》，有22个名词属于"谬误名词"，图书杂志中一律不得使用，如"红军"、"抗日的八路军"、"争取民主"、"亲日派"、"汉字拉丁化"、"新文字"等等。此外，如"工人阶级"必须改为"全国工人"，"工农商学兵"必须改为"农工商学兵"，"拥护抗战到底"必须改为"拥护抗战国策"。

春熙路上的茶旅餐饮业有漱泉茶楼、饮涛茶楼、益智茶楼、撷英餐厅、耀华茶点室、快活林餐馆、春熙大旅馆、五芳斋糕点店。五芳斋的糕点有鲜明的下江风格，夏天还出售在当时很少见的冰激凌、酸梅汤、泗瓜泗（就是加冰块的鲜橙汁，这个难以解释的译音名字是从上海传入的，一直到新中国成立以后还在使用），所以曾经很有名气。

1940年，赵志成开办了成都第一家西餐厅耀华茶点室。茶点室最初是在春熙南段，后迁至西段（赵志成还在致民路开办了成都最大的制造糖果糕点的耀华食品厂），是成都第一家使用电冰箱和冰激凌电动搅拌机的餐饮企业。新中国成立以后更名为耀华餐厅，增加了川菜，聘请荣乐园创办人蓝光鉴与姑姑筵创办人黄敬临为顾问。1958年3月7日，毛泽东主席曾经在此用餐并与职工合影留念。一直到20世纪80年代初期，耀华餐厅的西餐部仍然是成都唯一的西餐厅，也是唯一能够制作供应正宗冰激凌的地方。1964年，柬埔寨国王西哈努克亲王访问成都，住在金牛宾馆，提出要吃冰激凌，就是由耀华餐厅的西餐部制作供应的。1983年，耀华餐厅迁至城守东大街。1995年被国内贸易部授予"中华老字号"证书。2002年因为楼房改建而退出市场。

入选"中华老字号"品牌价值百强榜的成都名小吃的主要代表龙抄手于1941年创立于浓花茶园(在此之前成都最有名的抄手是暑袜南街的矮子斋和青石桥南街的吴抄手)。最初开店在悦来场,后迁至新集场,1963年迁到春熙路南段营业。1986年将原来的平房改建为三层楼房,不再是只卖抄手,开始了成都小吃套餐兼营川菜的经营模式。2007年8月28日,迁址到春熙路中部的中山

开在春熙南路的龙抄手　　陈志强提供

广场新店继续营业,拥有500多名员工和五层楼的营业店堂,成为四川小吃的代表性名店。

新中国成立以前,整个春熙路上共有茶馆17家,是成都茶馆最多的街道(其次是东大街13家、鼓楼街7家)。

文化方面有私立正则会计学校(这是成都很有名的会计学校,培养的会计人才遍布全川)、春熙大舞台(由俞凤岗投资建成于1929年,次年正月十五开业演出,是当时成都唯一一家主要演出京剧的剧场,班底为自汉口来蓉的蒋家班,程砚秋、俞振飞等都曾在此演出,新中国成立以后长期是中国人民银行成都分行所在地)、三益公(见后)、基督教青年会(见"锦华馆")、金石刊刻社金石铭、文房四宝店老胡开文和后期迁入的书画装裱店诗婢家(见"羊市街")。

在今天中山广场的东边,当年还有在成都很有名气的卡尔登,早期是成都官方准予公开营业的豪华大烟馆官膏店,后来发展为成都最洋化的歌舞厅。抗日战争时期改建为中国农民银行成都分行。

春熙北段的三益公最早是川军师长、曾任成都市市长陈书农的公馆花园,由吴毅侯、徐子昌、肖树人合资购买之后修建为一个综合性的娱乐场所,由当年成都最著名的袍哥大爷、特务头子徐子昌出任总经理。建成开业

· 街巷 ·

▲ 春熙路北段的进口电器专销点　1985年　王晓庄摄影
▼ 春熙路东段与春熙路北段路口　20世纪90年代　王学成摄影

以雅语吉祥语命名　841

于1936年9月16日，其中有戏园、茶园、浴室、理发室、中西餐室、国货商店，是当时成都设备最齐全的娱乐场所。原来只演川剧，抗日战争期间沿海的大批话剧演员（包括以后闻名全国的若干明星）来到成都，由中国共产党南方局领导的、以著名艺术家应云卫为社长的中华剧艺社从1944年夏末到1945年2月曾经较长期地租用三益公进行演出。著名演员白杨、秦怡、舒绣文、赵慧深、吕班等曾经在此演出《家》《北京人》《棠棣之花》《结婚进行曲》等著名话剧，受到成都观众热烈欢迎，连续两个多月爆满，每天演出结束都要谢幕。秦怡后来在她的回忆录中说："这是我当演员以来得到的最高奖赏和最大的尊重……在成都我度过了最幸福的280天。"三益公在新中国成立以后更名为人民剧院，长期是成都市川剧团的主要演出场地之一，以后又改为新闻电影院和曲苑茶庄。1988年4月失火以后有过一次改建，从2007年春天开始，又进行了全面的改建。

春熙东段的成都市第一人民医院始建于1942年，是新中国成立以后成都市第一所被正式命名的中西医结合医院，著名中医张澄庵生前长期在此行医。2007年12月，成都市第一人民医院迁往城南高新区的元华大道。

春熙路上最重要的文化景观是孙中山先生铜像。1924年春熙路初成之时，在十字口处安排了成都历史上第一个街心花园，主政成都的军阀杨森就在街心花园中修建了一座"春熙路落成纪念碑"。1926年，杨森在军阀混战中战败，离开成都，战胜者邓锡侯、田颂尧、刘文辉共同进驻成都。这时又正值孙中山先生逝世两周年之际，遂决定废去杨森立的纪念碑，代之以孙中山先生的铜像。当时由美术家江小鹣设计了一尊孙中山身着中山装、一手下垂、一手拄着手杖的立式铜像，碑座前刻有总理遗嘱，四方刻有"大道之行，天下为公"八个大字，由四川造币厂负责铸造。由于当时仍处在军阀混战时期，主办者竟把铸造铜像当作搜集铜材用以制造铜币的机会（有一种说法认为，大慈寺中的两座高大铜佛之一就是这时以铸造铜像为借口而砸碎的）。孙中山先生铜像于1928年1月23日落成，就树立在街心花园中原来纪念碑的位置，在基座的四周还刻有春熙路的修建经过。由于这座立式铜像质量不高，自落成以来，就一直受到各界的批评。到了1943年，在新任成都市市长余中英的主持下，成都各界发起募捐，请著名美术家刘开渠重新创作，由著名实业家卢作孚开办的

春熙路北段与南段路口坐落着孙中山先生铜像　2000年　周筱华摄影

四川机械股份有限公司负责铸造。1945年新的孙中山先生坐像落成（目前所见的公开发表的资料都说新的孙中山先生坐像落成是在1945年3月12日，也就是孙中山先生逝世20周年纪念日。但从建川博物馆馆长、著名收藏家樊建川所收藏的当年的铸造合约原件考察，孙中山先生坐像的交件日期是1945年10月19日，所需生铜是3380市斤，翻铸造价是"国币"160万元），至今仍然高居于新建的中山广场之中，而且在1981年被公布为成都市级文物保护单位。先生身着长袍马褂、手握《建国大纲》、凝神深思地端坐于雕饰有梅花的太师椅上，太师椅下有三级基座，象征着先生一生为之奋斗的"民族、民权、民生"的三民主义。不过令人十分遗憾的是，在改建春熙路、新建中山广场时（目前的中山广场是为了纪念孙中山先生诞辰140周年而在2006年新建的），把孙中山先生铜像背后那两棵大银杏树给毁掉了。可以设想，如果在孙中山先生铜像背后还保留着两棵高大的银杏树，将是何等优雅而庄重的景象。

在春熙路孙中山先生铜像面前，还曾经有过两个曾经引起全城轰动的泥塑。1938年底，大汉奸汪精卫叛国投敌，发出了臭名昭著的"艳电"，顿时引起全国爱国同胞的无比痛恨。当时正在少城公园中的民众教育馆任美术部主任的青年雕塑家、共产党员王朝闻（四川合江人，曾在成都读书与教书，1940

年去延安,后来成为全国著名的美学家与雕塑家)义愤填膺,遂在很短时间内用黄泥精心雕塑了汪精卫与陈璧君这对汉奸夫妇奴颜婢膝的丑恶形象。先是放在公园内荷花池西边的一间展厅里,不久即应广大群众的要求移至春熙路的孙中山先生铜像下边,一时轰动全城,参观群众一边怒骂,一边吐口水,甚至用针刺,用刀割。没过多久,两个民族败类的泥像就遍体鳞伤、千疮百孔,直至被砸得粉碎。

春熙路建成之时,众多商家入驻,为了解决电灯的用电,成都商人罗俊丞等(有关这事另有两种记载,一说是何仲苃为首,一说是彭植先、刘俊逸为首)集资5万元组建了光明电灯公司,购置电机在科甲巷设厂,1930年开始发电(另一说是1931年中秋节前),所发出的电力可供5000盏普通电灯的用电之需。光明电力公司是成都市继启明公司之后的第二家商用电力公司。

春熙路建成以后,也曾经有过血腥。

1925年,军阀杨森曾经下令在这里的闹市之中将一个"谋杀亲夫"的妇女处以凌迟的酷刑。

春熙路夜市的最后一夜　2001年4月21日　韩国庆摄影

春熙路与总府路
交会口
2003年
王晓庄摄影

1930年7月，华西大学校长毕启以"防匪"为名，未经成都市政当局批准，在南台寺地区的学校四周修建围墙，断绝交通，除学校师生之外不准中国人进入。这种藐视我国主权的行为激起了成都各界群众的公愤，纷纷提出抗议。7月22日，召开了"成都市各界民众反对南台寺筑城大会"。成都市政府不支持群众的要求，反而派出一连士兵保护围墙。8月4日，数千群众拥向南台寺，一举拆毁了华大围墙。8月15日，高师附中学生会主席杨国杰等40余人被捕，杨国杰被当局枪杀在春熙路的铜像之前。

1949年12月9日，国民党军队大溃败之时，蒋介石的第三军军长兼成都城防总司令盛文秉承四川最高军事长官胡宗南的旨意，为了维持十分混乱的秩序，再一次以春熙路为刑场，将五个普通老百姓枪杀于春熙路上《新新新闻》报社大门前并暴尸三天。

新中国成立以后，春熙路仍然长期保持着成都商业第一街的地位。从2001年4月开始，春熙路进行了全面而精心的改造，成为一条极富特色的步行街（2002年2月10日正式开街）。2005年，我国著名周刊《新周刊》的新锐榜以养眼、美食、便利、休憩、人气、商业六大指数，将春熙路评为我国西部第一商业街，并在中国商业街排行榜中被评为全国第三名，仅次于香港的铜锣湾和上海的南京路。

春熙路的最新荣誉,是在2012年3月12日被中国步行商业街工作委员会授名为"中国著名商业街"。据统计,此时春熙路日均人流量为23.6万人次,节假日可达50万人次。

有一段话一直在国内广为流传:"城市掘金哪里去,春熙路;品味时尚哪里去,春熙路;打望美女哪里去,春熙路;……哪里都不想去,还是可去春熙路。"

升平街附太升路

升平街是今天的太升南路最北面的一段,即是从玉沙路到童子街的这一段,街名得于清初,正值成都城重建之后,故而寓意能够永庆升平。

成都著名的通信市场一条街太升路因为成都市电信局营业部开设在这条街而逐渐繁荣,它是改革开放之后在原来几条小街的基础之上分期扩建而成的。先建了太升南路,继建太升北路,全部建成并正式命名,是在1989年10月13日。

太升南路　1992年　唐跃武摄影

如果从南到北排一下，太升南路从南到北原来的小街是太平街、玉石街、会府南街（又名忠烈祠南街）、会府北街（又名忠烈祠北街）、升平街。今天的太升南路就是取最南的太平街的"太"字与最北的升平街的"升"而命名的（有人说太升路的命名是得名于"东方红，太阳升"的歌词，不确）。修了太升南路之后又再修太升北路，太升北路从南到北原来的小街是内城北巷子、横通顺街、北通顺街、喇嘛寺街。过去的喇嘛寺街向北一直抵达北城墙，现在没有了城墙，就直达府河的太升路大桥，越过太升路大桥之后与北一环相接。

太升路上的玉石街是过去成都加工玉器和水晶、玛瑙、珊瑚器物较为集中的街道，加工所用的玉石主要都是产自灌县的低档玉石，成都人称之为"土玉"。有关会府、忠烈祠、喇嘛寺的介绍参见有关街道。

东升街

红星路四段以东、龙王庙正街以北有一个小游园，小游园以东就是东升街。

东升街在清代原名毗桥巷（或误写为毗晁巷），从街名上推测，过去这里应当有桥，有桥也就应当有河。这里过去的河道很可能就是唐代的解玉溪。

由于这里在明清时期已经是无河无桥，所以在清代改名为东升街，寓意着旭日东升、幸福吉祥。

斌升街

斌升街东为东城根街，西为长顺上街，北为桂花巷，南为东胜街，清代原名斌升胡同，民国时改名斌升街。"斌升"二字乃是一种吉祥用语，"斌"字由文武二字组成，过去称为文武双全，斌升就是寓意文士与武士都能前途远大。

新中国成立以后在斌升街的基建工程中，曾经发现地下有较厚的唐代文化堆积层，其中不仅有开元通宝、乾元通宝等钱币，还有琥珀，估计这一带应

成都斌升街的德国学校师生合影,这所学校是外国人在四川办的第一所德文学校。
1914年　[德]魏司摄影

当是唐代的南市商业区。

清光绪二十九年(1903),在推行清末新政的浪潮中,在街东口建立了第三小学堂,是当时成都最早建立的新式学校之一。

1935年5月,著名作家李劼人辞去了重庆民生机器厂厂长职务,回到成都,租住于斌升街13号院中。这年夏天,他在这里一口气写出了长篇小说《死水微澜》。这年冬天,又写出了《暴风雨前》的前一部分。次年初,迁居邻近的桂花巷64号,写完了《暴风雨前》,并继续写作《大波》。闻名世界的传世之作"大波三部曲"就是在少城之中的这两个小院里问世的。

著名学者与诗人庞石帚生前长期居住在本街5号。

庞石帚(1895—1964)　成都人,著名学者赵熙的弟子,其诗名与林思进、向楚齐名,曾任成都师范大学、华西大学与光华大学三个大学的中文系主任,当代著名学者杨明照、屈守元等都是他的学生,新中国成立以后任四川大学中文系教授、古典文学教研室主任。著有《国故论衡疏证》《养晴室笔记》《养晴室诗录》《养晴室词录》。我国著名的白酒品牌剑南春如今早已闻名遐迩，可是很少有人知道，"剑南春"这个既有历史文化内涵又极有传统酒香的佳名（唐代多以"春"为酒名），就是新中国成立初期由庞石帚为绵竹酒厂生产的一种优质绵竹大曲酒专门命名的，其根据是唐代李肇在《唐国史补》中的"剑南之烧春"一语。

上升街

人民中路以东有一条与九思巷相对的小街叫上升街。这条街的名字是清代才有的。相传这条街在清代开设了几家旅店，店中经常住有从各州县到成都参加科举考试的读书人。旅店的店主为了祝愿读书人考试顺利，得以上榜，便取了这样一个十分吉祥的名字，以便吸引更多的外州县的读书人来此住宿。

1913年，品香茶园开办于本街，园内演出东洋戏法和川剧，有座位1400个，是当时成都座位最多的剧场。1919年改名社会剧场，以后逐渐衰退歇业。

民国时期，上升街口有一老妇制作出售一种点心叫鲜花饼，雪白酥香，酷似鲜花，内馅有玫瑰、洗沙数种，是一种色味俱佳的名点，受到不少顾客的高度赞赏。曾经有《锦城旧事竹枝词》加以赞誉："妙手栽培惠齿牙，萼开片片绽鲜花。几度回眸凝视久，买来细品伴香茶。"新中国成立以后，成都几家食品厂都曾经加以仿制，但一直未能赶上当年手工精心制作的最佳水平。

上翔街

顺城大街以西的上翔街是一条小街，成都市最大的基督教礼拜堂就设在这里。从1914年开始，法国驻成都总领事署也长期设在这里，1941年撤销。

上翔街在清代前期叫作铁脚巷，因为这里在明代紧邻蜀王府，清代又紧邻贡院，住在这里的居民希望能由此而沾受福泽、上翔兴旺，于是就改名为上翔街。

上翔街的基督教堂始建于1909年，原名圣约翰堂，一般简称为上翔堂。

上翔街法国领事署旧址　1998年　冯水木摄影

1941年7月20日被侵华的日本空军轰炸之后，原来的教堂并未得到完全的恢复，只是经过简单维修之后继续开展宗教活动。1992年因为顺城街的扩建，教堂被拆除，并在原地修建了简易的过渡性教堂。恢复重建上翔堂的奠基仪式在2007年9月15日举行，新教堂保留原有的主教府，新建大小礼拜堂和高约60米的钟楼，还有地下车库。由于它的位置处于成都市中心，建成之后已成为成都市的标志性建筑之一。

改建之前的上翔堂大门　黄茜摄影

从1912年至1926年，基督教圣公会在圣约翰堂办有以《论语》中"以文会友，以友辅仁"命名的"辅仁学社"，建有三层楼房1座，平房110余间，收纳寄宿学生，并开办各种讲座，学习英语和有关基督教与西方哲学、心理学、伦理学的知识。

20世纪40年代的大有巷　杨显峰提供

大有巷

大有巷位于顺城大街以西，东华门街以东，过去是一条弯曲状的街道，现在的街道走向是在近年间的城市改造之后形成的。街道虽然不大，但是因为巷内有一个大有巷小学而为人所知。

大有巷的得名与上升街颇为相似。清代这里开设有一些旅店，旅店中多住有各州县来成都参加科举考试的读书人，为了祝福他们大有前程，便取名为大有巷。

1958年成都大有巷小学"红领巾炼铁厂"（画面上有多次曝光的意外效果）　杨永琼提供

向阳街

大业路以东、青石桥街以西有一条小街向阳街。这条街过去与附近的烟袋巷、染房街等都是手工作坊比较集中的地方，街上多有制作刀剪的作坊，所以在清代名叫刀子巷。到了民国时期，满城被打开了，由于在满城中也有一条刀子巷（后改名多子巷），为了不重名，就改名为向阳街，寓意向阳昌盛。

和平街附骆公祠街

在红星路二段西侧，穿过燕鲁公所街，就是和平街。和平街这个街名极富现代意味，是1954年才命名的，它的前身是在成都颇有名气的子龙塘街和骆公祠街。

子龙塘是一个在成都市中心不多见的水塘，相传这个水塘就是三国名将赵云洗马的地方，原名洗马池。因为赵云字子龙，按我国古代文化中以称字为尊的传统习惯，又称为子龙塘。这条街在明清时期都叫子龙塘街，一直到民国初年还可以见到塘坎边刻有"汉赵顺平侯洗马池"几个大字的青石碑。子龙塘在清代中期还有200多亩，可以划船。清嘉庆年间，周东屏在此修建了巨宅，楼台亭榭，沿池而建。同治年间，周宅转归恒容斋，更名为芙蓉池馆，仍然是成都城内著名的居宅之一。据顾复初的《芙蓉池馆记》所载，当时的子龙塘的面积还有20多亩，园中有院落八院，楼台亭阁数十处。

清同治元年（1862），太平天国的翼王石达开率领从南京出走的10万太平军攻入四川，而四川省内又有在1859年爆发的由李永和、蓝大顺率领的30

骆公祠　1905年　［日］山川早水摄影　刘永禄提供

万人的大起义，纵横40余州县，与石达开互为呼应，使得清王朝在四川的统治经受了一场严峻的考验。清王朝在短时期内有如走马灯一般连续更换了有凤、曾望颜、东纯（未到任即病死）、崇实四任四川总督之后，急调镇压太平天国的著名将领、湖南巡抚骆秉章担任四川总督，率领湘军入川，充当镇压石达开与李、蓝起义的重任。骆秉章重用李、蓝起义的叛徒唐友耕，利用石达开误入大渡河南岸紫打地（在今石棉县境内）绝境的机会，于1863年6月将入川的太平军全部屠杀，石达开也在成都被凌迟处死。骆秉章成为清王朝的大功臣，授太子太保。同治七年（1868），骆秉章在成都病死，部下说看见有天上星宿坠入子龙塘中，四川提督周达武将此事向清王朝上报，并购买了芙蓉池馆，将其改建为骆公祠用以祭祀骆秉章，并把子龙塘街也改名为骆公祠街。当时的子龙塘中还有荷花，但是已经不能划船了。民国时期，水塘愈来愈小，原来的骆公祠建筑被改作了迎宾馆，抗日战争时期又成了成都市参议会会址。新中国成立以后，骆公祠被改建为小学，剩余下的很小的水塘也填平修建了操场。在1954年保卫世界和平运动的高潮中，成都市政府决定废去骆公祠街的名称，改名为和平街。

和平街16号有我国近代著名藏书家严雁峰（1855—1918，号赉园）、严谷声（1890—1976）父子的赉园书库。

严谷声 陕西人，定居于成都。赉园书库于1914年动工，1924年建成，这是成都文化史上最为著名的私家藏书楼，藏有珍贵书籍30多万卷，历代碑帖与名人法帖若干种，其数量与价值均位居西部私家藏书楼之首，有"蜀中天一阁"之称。我国近代很多著名学者如张森楷、廖平、宋育仁、林思进、龚道耕、向楚、于右任、刘庐隐、谢无量、沈尹默、张大千、卢冀野、顾颉刚、蒙文通、庞石帚、任二北、叶浅予、谢稚柳等都曾经在此读书或创作，张大千曾率弟子在此读书作画近两年之久。在整个民国时期，和平街上的前后三进并有三个大花园

赉园书库　2005年　韩国庆摄影

严雁峰著《贲园诗钞》
王嘉陵提供

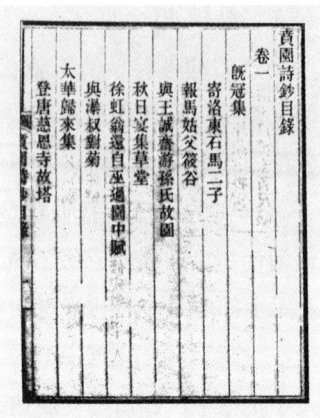
严雁峰著《贲园诗钞》目录
王嘉陵提供

的贲园一直是全四川最重要的文化重地之一。新中国成立以前,严谷声先后不屈于无良军人的两次绑架软禁,拒绝了日本书商的高价收购,拒绝了美国哈佛大学的高价收购,拒绝了国民党政府请他携书去台湾的安排,最后接受了周恩来总理通过邵力子转达的嘱托,将全部珍藏留在了成都,并在新中国成立之后将贲园全部珍藏(其中包括善本书籍5万多卷)和贲园书库全部捐赠给国家,成为今天四川省图书馆的重要收藏。令人惊叹的是,政府进行接管清点时,全部书籍没有一卷有水渍与虫蛀。此外,他还将贲园精心刻印的共有123卷的《音韵学丛书》分别赠送给美国国会图书馆、苏联列宁格勒图书馆和莫斯科大学图书馆、英国剑桥大学和牛津大学图书馆等世界知名图书馆,是四川历史上向世界知名图书馆赠书最多的藏书家。

当年严家在城北天回镇向家湾北沙包建有家祠,并建有专门培养各种奇花异草、名贵瓜果的北山农场(张大千曾经在此居住),位置就在近两年新辟的城北旅游风景区天回镇银杏园内。昔年严氏家祠的旧址位于已经停办的一个小学校的校园之内,小学旧址尚未改作他用,5棵在成都市区极少见的高大的红豆树至今尚在,国民党元老、有"当代草圣"之称的著名书法家于右任手书的严谷声母亲祝氏的墓碑与墓志铭尚存。2006年,民政部门正式将严家祠旧址前面新建的道路命名为严家祠路。

新中国成立以后,最利于防火的砖石结构的贲园书库长期是四川省图书馆的特藏书库（书库原来是三层，新中国成立初期地下的一层被填埋封存，现在只有两层），并将严氏故宅改建为古籍阅览室，供所有读者使用，一直开放到30年前，笔者当年曾经在这里阅读并接受过贲园遗风的熏陶。四川省图书馆在蜀都大道的新馆建成以后，贲园不再为公众使用，但是隐藏在四川省图书馆宿舍楼后面的书库一直保存完好，原来是成都市级文物保护单位，2007年又升级为四川省级文物保护单位，受到政府的保护。

清代的骆公祠中曾经设立过一种很有特色的救济机构叫"恤嫠局"。"嫠"的本义是寡妇，恤嫠局的职责就是在经过调查之后，为贫苦无依的寡妇发给专门的凭证，每月可领得一定的生活费。这种救济虽然主要是出于鼓励寡妇守节的传统观念，但是对于救济贫苦无依的妇女也有一定的积极意义。

和平街11号原有成都蜀绣工艺的重要基地蜀绣二厂，后来改制为皇汉绣庄，既是蜀绣工艺品的生产地，也是参观蜀绣生产的旅游观光地。它由三进相连的古老四合院组成，是成都市中心保存不多的传统四合院之一，已经被列入了成都文物建筑名录。十分遗憾的是，在本书开始写作的时候，皇汉绣庄还保留了两进四合院，而当本书完稿之时，就已被全部拆除了。

这条街上的子龙塘虽然不在了，但成都市有关赵云的最重要的遗迹还在，那就是位于大邑县城东银屏山下的子龙庙和子龙墓，至今保存完好。

天福街

从东大街过东门大桥再向东，就是天福街。由于这里是过去出城向东去的东大路的起点，所以清代在这里建有一座牌楼，以天赐福祉之义而命名为天福楼，天福楼之下的这条大街也就叫天福街。天福街很短，2000年与东边的芷泉街

天福街94号　2000年　赖武摄影

合并,天福街不复存在。

由于近年来东大街的全面扩建,以及无缝钢管厂拆迁以后东大街向东的通道重新打通,在一环路以东新命名了锦东路与东大路。但是在东门大桥与一环路之间原来还有天福街、芷泉街、紫东楼街、牛王庙上街连续几条不长的街道,以后可能要重新命名,目前暂时是用东大街芷泉街段与东大街牛王庙街段的名称,所以目前已经没有天福街,也没有了下面还要介绍的芷泉街与紫东楼街。

芷泉街

天福街向东,紧邻的就是芷泉街,过去是出城的大路。清代初年成都城重建之后,这里的流动人口多,又属于城外,缺乏管理,臭气熏天,还时发火灾。清乾隆年间,当地居民请居住在附近黄伞巷中的当过翰林的顾汝修为街道命名,顾汝修就题写了"茝泉"二字。"茝"字见于《礼记》与《楚辞》,本义是香草,"茝泉"二字相当文雅。街道以此命名,就是想以香克臭,以泉灭火。可是这个"茝"字一般人都不认识,于是又改为音近义同的"芷"。因为白芷是中药材,大家都熟悉。这个十分文雅而又吉祥的芷泉街的街名就一直用到在城市改建中被拆除。

20世纪90年代的芷泉街　王大明提供

新中国成立初期土产公司的广告,上有芷泉街门市的信息,3位数的电话号码反映当时的通讯规模。　王大明提供

1940年6月，以新任书记侯方岳为首的中共成都市委重新组建，其秘密联络点就设在芷泉街的一家旅馆里。这家旅馆是川军刘湘部下的一位廖姓团长开的，比较安全，一直使用到1941年7月才撤销。

著名川剧表演艺术家黄佩莲就出生在芷泉街。

> **黄佩莲（1908—1982）** 本名黄正乾，4岁丧父，8岁时入蓬溪县玉昆班学艺。1922年加入近代川剧的大本营"三庆会"，拜有"表情种子"之称的川剧旦角泰斗周慕莲为师，并改名为黄佩莲。在周慕莲的悉心培育之下，成为一代旦角名家、周慕莲的第一传人、"莲派唱腔"的代表性艺术家，被时人评为川剧四大名旦之一（另三人是周慕莲、白玉琼、琼莲芳，当时全是男旦。到了新中国成立前夕，新评出的四大名旦为陈书舫、竞华、许倩云、杨淑英，就都是坤旦了）。1934年与1936年，他两次应邀到上海录制了唱片30多张，是录制唱片最多的川剧艺术家之一，在全国都有较大的影响。蜀中著名诗人林思进（介绍见"爵版街"）对他甚为欣赏，不仅为他讲解唱词，辅正音韵，还帮他增删修补剧本。1949年组建蜀声川剧团，1957年被错划为"右派"，从此结束了艺术生命。黄佩莲是回族。据一位回族前辈所告，过去四川的回族是不从艺的，黄佩莲算是一位罕见的"颠覆者"。

成都是川剧艺术的中心，几乎所有的川剧名家都曾经在成都献艺，但是在著名的川剧表演艺术家之中，出生在成都市区的却只有天籁和黄佩莲二人（据笔者所见资料，名净蔡如雷也出生在成都，但是具体地点不详）。

紫东楼街附紫东正街

从天福街向东就是紫东楼街，清代建有一座牌楼，名叫紫东楼，以紫气东来的吉祥语而得名。在紫东楼街以东，还有紫东正街。紫东楼街和紫东正街都已经在近年的城市改造中被拆除，但是在新建的高楼中有一个大酒店还在以"紫气东来"为名。

据《史记·老子韩非列传》司马贞注引《列仙传》的记载，当年老子西游过函谷关的时候,关令尹喜事先就看见天上有一股紫气从东而来,他想一定有圣人要从此经过,果然一会儿老子就骑着青牛来了,于是他就请老子写下了《道德经》。所以后世一直以"紫气"为吉祥的征兆,如杜甫《秋兴》诗中就有"西望瑶池降王母,东来紫气满函关"之句。

当年的紫东正街上有一条小河(古家堰的支流)流过,街上也就建有一座小桥。因为小桥横过街中,外观不容易被行人察觉,所以就得了一个很有诗意化的名字叫"无影桥"。

紫东正街　2002年　赖武摄影

紫东正街向明巷中杨家院　2003年　张锦能摄影

宾隆巷附宾隆街

在原人民商场西侧有一条宾隆街,相邻又有宾隆巷。宾隆巷原是成都市中心一条不短的巷子,北起东华门正街,南到东御街,有380多米长,在清代是商旅云集之地。所以名为宾隆,就是寓"宾客盈门、生意兴隆"之意。新中国成立之初,政府在这里修建人民东路与人民商场,宾隆巷被截断,只保留下来南边的一段。后来南端与东御街相接处也修建了高楼,宾隆巷就成了不能通行的半截巷。改革开放之后,人民商场又进行扩建,在人民东路与东御街之间形成了一条新的通道,因为紧邻宾隆巷,所以就命名为宾隆街。

宾隆巷 1997年 韩国庆摄影

宾隆巷与宾隆街的变迁都与人民商场有关。人民商场是新中国成立以后、改革开放以前成都市最大的百货商场,曾经列名全国十大商场之一。从开业到现在,经过了三次大规模的改建与扩建。当初所以选择在这里修建大型商场,一方面是因为这里地处市中心;另一个原因是因为1939年日本侵略者"六一一"大轰炸以后,盐市口周围16条街道全成为焦土。这以后虽然陆续修建了若干房屋,可是直到新中国成立时这一地区的建筑仍然是简易平房,少数地块还是空地,选择在这一地区修建在当时算是很大面积的人民商场,拆迁的规模相对较小,成本较低。

致民路附龙江路　新生路　老马路　群众路

致民路是成都南部的一条重要街道,可也是一条历史很短的街道。

抗战以前这一片地区基本上是农田。1938年新开新南门以后,在新南门外陆续修建了一些简易的房屋,当时称为"新村",用以疏散城内的密集人口,也用以解决日益增多的从全国各地来成都避难的同胞的居住难题,这也是旧成都的城市建设史上为了进行城市拓展而有所规划的唯一一片新村。四川省政府还专门成立了新村筹备委员会,设立有新村办事处,地点设在当时的西北路上(当时把新建成的从新南门通向磨子桥的道路命名为西北路,就是因为其位于整个新村地区西北边而得名。这条路到1966年才改名为红星南路,1981年又改名新南路),在今天成都七中以北。在新村地区当时修建了三条东西向的通道,就是由北向南排列的致民路、龙江路和新生路。因为当时还没有形成街道,所以都称之为"路",其命名都有一定的时代特色:龙江路是江边龙腾的意思,新生路是从抗战烽火中得到新生的意思。致民路的得名由来没有见到文献记载,过去只说是"致民以治"。成都文化研究专家郑光路认为应当是来源于《吕氏春秋·爱类》中根据古老的《神农之教》而悟得的道理:"故身亲耕,妻亲绩,所以见致民利也。"就是要在那国难当头的时刻提倡全民辛劳、同甘共苦、共渡难关。

以致民路为东西向的主干,在南北方向又比较整齐地修建了若干条小街道,就是十一街、十二街、十三街、十四街、十五街、十六街(现已不存)、十七街,还有一些小巷。

致民路一家小五金店　1989年　唐跃武摄影

原来的致民路计划要向东修到九眼桥,但是当时未能修完,1945年工程继续,才修到九眼桥,当时称为新马路。新中国成立以后,改名为致民东路。因为致民东路在新中国成立以前称为新马路,所以抗日战争期间在新马路以南的中坝菜园一带形成的马路就叫老马路。新马路改称了致民东路,老马路的名字却一直用到现在。

新生路建成后不久的1941年,四川省立艺术专科学校在此地一处原来叫小西天的乱坟野地中修建开办。四川省立艺术专科学校是四川梓潼人、留学法国时有"世界色彩大师"之称的著名水

致民路
20世纪90年代
韩国庆摄影

粉画家李有行（1905—1982）创办的。1939年初建时在后子门，名叫四川省立高级工艺职业学校，1941年并入停办的四川省立戏剧教育实验学校（有关介绍见"玉沙路"），迁到此街，是四川省第一所综合性的艺术高等院校。当时，大批著名艺术家来到了抗日战争大后方的成都，故而张大千、吴作人、刘开渠、叶浅予、丁聪、关良、庞薰琹、雷圭元、沈福文、陈白尘、杨村彬、章泯、吴茵、蔡绍序、郎毓秀、许可经、王云阶、喻宜萱等都曾先后在这里任教，"省艺专"也就成为全国著名的艺术专科学校。在著名川籍音乐家许可经的主持下，成都历史上第一个管弦乐队东方交响乐团就是1949年10月11日在这里组建的。

新中国成立以后，先后有华西大学音乐系、南虹艺术专科学校、重庆艺术专科学校、西南人民艺术学院音乐系并入。四川省立艺术专科学校先是改名为成都艺术专科学校，1953年院系调整之后，一分为三，音乐专业留在成都，改名为西南音乐专科学校，设作曲、声乐、器乐三系（1957年增设民族器乐系）；美术专业迁往重庆，划入四川美术学院；建筑专业迁往重庆，划入四川建筑学院。1959年西南音乐专科学校更名为四川音乐学院，成为我国西南地区唯一的一所音乐学院。改革开放之后，学院迅速扩大，已经成为拥有音乐、美术、戏剧、传播等多方向、多院系的综合性艺术院校。近年来已经在新都区修建了新的校区，新生路的老校区仍然继续办学。

·成都街巷志·

四川音乐学院校门　20世纪80年代　王大明提供

20世纪90年代的四川音乐学院　杨显峰提供

1983年,四川音乐学院的老校区建造了一座雕像和一个碑亭,纪念在成都现代历史上十分重要的人物王光祈。

王光祈

王光祈（1892—1936） 成都温江人。他在成都的四川高等学堂分设中学读书时，与郭沫若、李劼人、周太玄、魏时珍等人同学。1914年赴北京，入中国大学学习，同时投身新闻界，成为《每周评论》的重要撰稿人，并结识了李大钊、陈独秀、毛泽东等。1918年，与李大钊、周太玄等发起组建了五四时期我国人数最多、影响最大的进步政治团体"少年中国学会"，并出任首要职务执行部主任，起草了"学会规约"，决心以"完全崭新的态度与做法，去创造一个少年中国"。他介绍了毛泽东、张闻天、赵世炎、恽代英等先进分子入会。1919年与李大钊、瞿秋白共同编辑《晨报》，在报上开辟了"马克思主义研究"专栏。同年还与陈独秀、李大钊、蔡元培、毛泽东、胡适、周作人等发起组建了"工读互助团"。由于他在北京时长期担任李劼人在成都编辑的《群报》与《川报》的驻京记者，五四运动的大量消息就是由他从北京传到成都并在四川传播的。由于五四运动之后在先进的知识分子中流行多种政治主张，出现了多种政治流派，少年中国学会因为长期存在严重分歧而停止活动，工读互助团很快解体（1945年国共两党重庆谈判时，毛泽东曾向周太玄询问过能否恢复少年中国学会的问题）。梦想的破灭使王光祈忧愤难禁，遂决意去国远游，到西方去学习更多的东西（他离开上海时毛泽东曾到码头送行）。他本来打算去美国，因为到了法国以后有了眼疾，于1920年6月到了当时留学费用最低的德国（当时在德国

王光祈墓碑与碑亭
2011年
杨显峰摄影

的中国留学生超过千人)。他在德国主修音乐,他说:"吾将登昆仑之巅,吹黄钟之律,使中国人固有之音乐血液重新沸腾,吾将使吾日夜梦想之'少年中国'灿然涌现于吾人之前。因此之故,慨然有志于音乐之业。"在这种动力之下,他以《论中国古代歌剧》的论文获得了波恩大学博士学位,他又在海外写成并出版了我国第一部《中国音乐史》,对中国和西方音乐进行了大量的比较研究,是我国比较音乐学的奠基人,有《欧洲音乐进化论》《东西乐制之研究》《音乐学》等各种论著50多种,还有用英文和德文写成的论文18篇,被欧洲学者称为将西方音乐介绍到中国的"前驱者"。1936年1月12日,他因突发脑溢血而早逝于波恩,国内为他举行了隆重的追悼会,由蔡元培致悼词,徐悲鸿绘遗像。1938年,他的骨灰运回成都,由他的挚友李劼人于1941年葬于沙河铺菱角堰。在他的家乡温江的公园里建造有他的塑像。

新生路以东过去有一座寺院叫法云庵,抗日战争时期北平的朝阳学院内迁成都,于1938年在此办学,1941年朝阳学院迁往重庆,这里成了四川大学的员工宿舍。新中国成立以后,川大员工宿舍迁出,市政部门于1952年将这里改建成了成都市殡仪馆(新

20世纪80年代的群众路殡仪馆 冯水木摄影

中国成立以后新生路向东延伸,命名为群众路,所以成都市殡仪馆的位置改属为群众路)。成都市殡仪馆在这里为成都市民服务了半个世纪,本世纪初才予以拆除,其殡仪服务功能转往城外的东郊殡仪馆和北郊殡仪馆。

龙江路西头在民国时期开办有文英小学,1952年改建为龙江路小学,以后又在临江西路修建了新校舍,是今天成都最著名的小学之一。

共和路附共和里

九眼桥以南,走过太平南街就是共和路。这一片地区在民国初年都是农

田，只有一条乡村道路，两旁有少许农家，旧名叫徐家巷。抗日战争时期城内人在此建房的逐渐增多，加上四川大学的修建，乡村道路逐渐变成街道，就命名为共和路，并且长期成为四川大学旁边的一条重要道路，向南是文化路，再向南可到三瓦窑。三校合并之后的新四川大学将原来分为两边的原四川大学与原成都科技大学的校园加以合并，位于原来两校之间的文化路不再存在，成了校园之内的文华大道的北段，共和路的南边就是新川大的校园，不能再往前行，只能向西拐往红瓦寺街。

与共和路同名的还有一条共和里，却不在九眼桥地区而在西大街以北，是一条不能通行的半截短巷，原来是民国时期群众集资修建的一片住宅区。在城市改造之中这一片地区的平房大多已经被拆除，以原址为基础修建了新城市广场，但是共和里仍然还保留着。

著名生物学家与社会活动家周太玄当年就居住在共和里（关于周太玄的介绍见"太玄路"）的周家大院，并且在这里修建了成都第一个家庭网球场。

胜利村附胜利街

在今天的成都七中西边，有一片完全是改革开放之后新建的居住区叫旅游村（因为这里最先修建的是四川省旅游局宿舍，还有由四川省旅游局新建的岷山饭店拆迁户的安置房，故而命名）。在旅游村以北地区，有一片居民区叫胜利村。胜利村的形成要比旅游村早，是在1958年为了安置修建锦江宾馆与锦江大礼堂的拆迁户而修建的。当时在这一片地区不仅修了胜利村，还修了相邻的胜利新村。改革开放之后，这里的居民日益增多，原来的小路也变成了一条从大学路通向南一环路的宽阔街道。当年所以会以"胜利"为名，是因为这里原来有一个胜利游泳池。

1945年夏天，在当时完全还是乡村的这一地区修建了一个游泳池，这也是成都的第三个游泳池。为了盼望抗日战争的胜利，就把游泳池命名为胜利游泳池。当时这里既有大柳树，又有梨树园，鸟语花香，风光极好。由于池水是取自乡村的水沟，一直少有人游泳，新中国成立以后就改为了养鱼池。

成都市为了纪念抗日战争胜利而以"胜利"命名的街道还有一条胜利街，位于牛市口地区，建于1947年，原来是东起东永安街，西到鸡市街，已经在城市改造中被拆除。

安全巷

在顺城街与文武路之间，过去是由两条小街连接，南边的一段叫线香街，北边的一段叫安全巷。这一片地区原来都是很狭窄的平房，只有一条被称为火巷子的狭窄通道。抗日战争时期为了跑警报的方便，遂将其拆开加宽。为了表示对于和平安全的祝愿，就命名为安全巷。在城市改造中把从盐市口到文武路的道路逐步全部改建，在过去的西顺城街的基础之上形成一条宽阔的大街，命名为顺城大街，安全巷就成了顺城大街的最北一段，原来的安全巷不复存在。

正通顺街附东通顺街

从太升路大桥向南进入太升北路不远有一个十字口，西边就是正通顺街，东边就是东通顺街。原来有一个小庙叫古佛庵，所以本来名叫古佛庵街。由于这里在清代是北城墙内的民居，街巷狭窄，清光绪年间改名为上通顺街，本义是求其通达顺畅。可是这条街在民国初年却变得愈来愈堵，不得不拆房辟路，并把周围的几条街都取名为"通顺"，所以这里曾经有正通顺街、东通顺街、北通顺街和横通顺街。现在只剩下正通顺街和东通顺街。

正通顺街现在是成都最受人们关注的街道之一，因为在这条街上至今还有一口著名的双眼井，这条街曾经有我国著名作家巴金的故居。从出生到离开成都，除了小时候跟随父亲在广元生活的两年时间，巴金在这里生活了20年。

巴　金（1904—2005） 本名李尧棠，字芾甘。巴金是他在1929年开始

青年巴金

使用的笔名,以后遂以笔名行世。巴金出生于成都一个封建大家庭,五四运动让他"从睡梦中惊醒",从此投身于新文化运动,开始写文章、编刊物,组织社团,走上了文学之路。1923年离开成都到上海、南京等地求学,1927年赴法国留学。1929年回国,同年发表了著名中篇小说《灭亡》,引起了文坛极大的震动。接着又发表了包括"爱情三部曲"(《雾》《雨》《电》)在内的很多作品,成为一个职业作家。1931年他写成了影响了我国几代人的、以成都为背景的著名长篇小说《家》(据不完全统计,只是在大陆,《家》就印行了52个版次,是我国新文学史上拥有读者最多的一部小说),加上以后陆续写成的《春》和《秋》,共称为"激流三部曲"。这以后,他还写了大量的小说、散文和理论作品,翻译了大量文学与理论作品,是我国最多产的作家与翻译家之一,创作总字数达1200多万字,人民文学出版社出版有《巴金全集》26卷和《巴金译文全集》10卷。"文化大革命"结束之后,他以80高龄写出了随笔集《随想录》,推心置腹地与读者交流自己对祖国和人民命运的深沉思索,坦诚地进行自我解剖,再一次震撼了成千上万的读者,被称为最感人的"讲真话的书",他也被人们誉为"代表着中国知识分子的良心"。他在晚年又倡议建立中国现代文学博物馆和"文化大革命"博物馆,再一次得到了成千上万人的支持。从1977年开始,他长期担任中国作家协会主席直至辞世,长达28年。从1983年开始,他长期担任全国政协副主席直至辞世,是我国唯一的担任国家领导职务的百岁老人。巴金一生中获得了包括国际笔

巴金赠书印章
汪致正作

20世纪60年代四川省人民剧院在成都演出由巴金名著改编的话剧《家》

会推出的"世界七大文化名人之一"在内的中外所授予的无数荣誉,2003年更获得了国务院授予的"人民作家"称号。经国际天文联合会下属的小天体命名委员会批准,北京天文台发现的8315号小行星被命名为"巴金星"。

巴金的故居原来是一个比较大的院落,南北向进深约77米,东西宽约40米,五进三重四合院,占地面积超过3000平方米,位于今天的成都军区战旗歌舞团大院,前门在正通顺街,后门在东珠市街。古老的院落已经在1971年被拆除。但是街上那个别具一格、距院落旧门不到20米的双眼井还在,那

▲ 1907年,巴金的外祖母(前排左一)、母亲(后排右一)和巴金(外祖母怀中)。

◀ 20世纪30年代巴金旧居的中西合璧式大门

▼ 清末巴金的祖父辈和父辈的合影。中排右八为巴金祖父、右四为巴金父亲、左四为巴金母亲。

(此页图片由李致提供)

里是巴金小时候不知走过多少次的地方，所以他在1987年返乡时曾经说过："只要双眼井在，我就可以找到童年的足迹。"

由于地下水位下降，如今的双眼井已经成为无水的枯井，但是作为巴金故居的最有代表性的遗迹，井后的石碑上这样写着："双眼井，位于正通顺街24号，原为新开寺内之古井，井深八米，宽三米，上盖石板，板凿两眼。该井始筑年代不详，据形制推断为宋代。井北侧为巴金故居，1994年5月7日公布为区级文物保护单位。"

关于正通顺街上这座巴金的故居，曾长期被人误解。

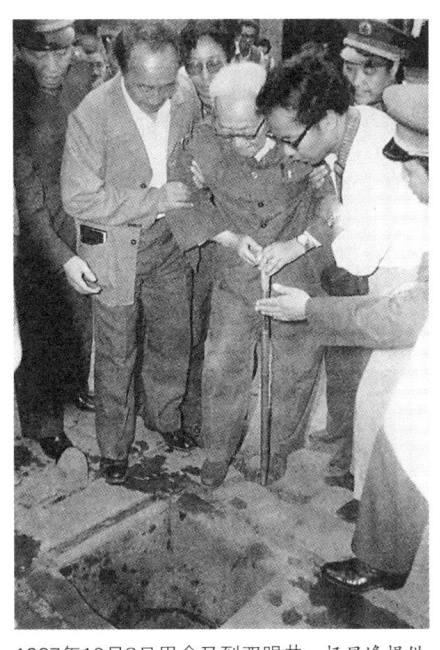

1987年10月8日巴金又到双眼井　杨显峰提供

今天所见到的战旗歌舞团大院，是由新中国成立以前的三个院落组成的，偏北的是孙家大院，偏西的是张家大院，偏东的才是巴金的故居李家大院。李家大院早在1927年就卖给二十九军军需处长罗度能。抗日战争开始后，院中曾经办过两年中学，叫"大中中学"。1939年再次转卖给时任四川省城保安处长的川军将领刘兆藜，刘家对院落曾经有过一些改建，直至新中国成立时，还有三列平房是李家旧宅。新中国成立以后这里作为战旗歌舞团用房曾经进行多次改造，所以巴金故居即民国初年的李家大院的房屋目前已经完全见不到了，还可以见到的旧物就只有一棵桂花树和一道院墙。有不少巴金著作的爱好者总想去寻找巴金在《家》中所描绘的那个古老的院落，特别是鸣凤投湖的大花园，其实是不可能的。

现在战旗歌舞团的西院还有几间平房，不少参观者误认为是巴金故居遗迹，所以就出现在很多摄影作品与美术作品之中，那都是不对的。因为西院现存的那几间老房子是张家大院的建筑，张家大院原来与李家大院相邻，门牌号是正通顺街98号（李家大院原来的门牌号是正通顺街97号），最早是清末驻藏大臣凤荃的公馆。1928年,凤荃之子钟子和将大院卖给广汉人张尔嘉。1950年,张家将大院卖给川西军区后勤部,先是作为印刷厂,1952年并入了战旗文工团。现在还保存的几间老房子就是张家大院第三重院子的部分房屋。笔者的老岳父是张尔嘉的亲兄弟,笔者的爱人就是在那个大院中长大的,所以对正通顺街几家老院子的情况有一些比较真实的了解。

四川省和成都市有关部门早就有意将已经不存的巴金故居作为重要的文化纪念地予以恢复。但是因为巴金在生前多次明确表示,不同意恢复他家的故居。为了尊重他的意愿,他的故居就一直未能恢复,只是在成都的百花潭公园内按巴金在《家》中对高公馆的描绘修建了一处纪念地,取名叫作"慧园"。四川省的巴金文学院建在东郊的龙泉驿,在巴金文学院中陈列有根据认真考证之后制作的巴金故居的模型。

正通顺街在清代还修建有云南会馆,而且与李家大院相邻。

正通顺街在清代有一座很特别的大仙祠,所祭祀的不是一般的神仙,而是狐仙,也就是人们常说的狐狸精。在我国古代曾经有过祭祀狐仙狐神的习俗,如唐代的《朝野佥载》所载:"唐初以来,百姓多事狐神。房中祭祀以乞恩,食饮与之同,事者非一主。当时有谚曰:'无狐魅,不成村。'"但是在清代的城市中还建有这样的一座大仙祠,却是极为罕见的。这座大仙祠的香火在民国时仍然兴旺,一直延续到新中国成立之初才被关闭。直到关闭之前,在大门外的红墙上都还有信众用红布写着"信不信由你"之类的大字,所以在成都一直流行这样的一个歇后语:"大仙菩萨的匾——信不信由你。"

当代著名学者、书法篆刻家徐无闻祖宅在成都北郊玉局村,但是他出生在正通顺街。

徐无闻(1931—1993) 本名永年,因为中年失聪,遂更名无闻。他自幼得到他的父亲、著名书法篆刻家徐寿的严格教导,又相继受到著名学者与书法篆刻家周菊吾、易均室等人的长期培养,打下了十分深厚的国学基础,青年时代即已成名。四川大学毕业之后,长期在西南师范大学工作,1957年即加入中国作

徐永年自刻用章"无闻"

家协会，并出席全国青年积极分子代表大会。他一生中教学与科研成果十分丰富，对古典文学与书法篆刻的研究造诣很深，是《汉语大字典》字形部分的主要撰稿人，是极少有的甲、金、篆、隶、真、行、草的全能书法家，晚年更以中山王器字体书法独步全国。早在20世纪80年代，他就是唐宋文学与书法篆刻两个专业的研究生导师，建立了全国第二个、西部第一个书法篆刻专业的硕士点，以后又主编了高校教材《书法教程》与《书法教程参考资料》。

清光绪三十四年（1908），基督教会内地会购得原正通顺街60号至66号张氏的铺面与住宅，改建为福音堂和外国传教士的招待所，是成都的早期福音堂之一。

1914年，德国的西门子公司在正通顺街62号开办了"西门子洋行"，这是目前已知的世界著名企业在成都开办的最早的业务机构。

清安街

清安街是一条小街，今天知道者已不多。但是，如果说是改革开放初期安顺桥北边的小食品一条街，很多老成都就会想起它，因为它和南边相邻的青莲上街、三元正街一道，是改革开放初期成都最早、最繁荣的小食品批发一条街。别说做小生意的，就是普通的家庭主妇，很多都到这里买过便宜的糖果饼干。

20世纪90年代的清安街小食品批发市场　杨显峰提供

清安街北边是东门大桥内侧东大街南边的小街月城街（在城建改造中已被拆除），南接青莲正街，因为这里紧邻东门大桥，所以清代命名时，以清洁平安为其企盼，名为清安街。

光明巷附天灯巷　南灯巷

连接鼓楼北一街和内姜街的一条东西向的横街，就是光明巷。光明巷原名天灯巷，新中国成立以后才改为比较文雅的光明巷，并将东端很短的富德里并入其中。

"点天灯"是古时常见的习俗，就是在年节喜庆的日子里，在固定的或临时设置的高杆上（四川一般都因为颇似船上的桅杆而把这种人工竖立的高杆叫作桅杆）点上一盏油灯，用以祈求吉祥。成都人一般认为天灯的高度是愈高愈好，被风吹后的方向以向南最为吉利，那是峨眉山普贤菩萨在显灵，被人们称为"万盏神灯朝普贤"。也有些地方用向天空放出孔明灯作为一种点天灯的方式。在这条巷子中过去有一根专门用来点天灯的高竿，所以被称为天灯巷。

点天灯过去在成都较为普遍，所以成都过去被称为天灯巷的街巷还有几处，如在今三槐树街与玉皇观街之间的天灯巷，新中国成立以后曾经改名为红星巷，在修建红星路时已被拆除，并入了红星路一段。又如原来在上南大街与红照壁交口西北位置的天灯巷，是新中国成立以后因为与天灯巷同名才改名为南灯巷的。南灯巷也已经在城市改造中被拆除，而在原址新建了宽阔的金盾

20世纪90年代的南灯巷　青羊区文管所提供

路。与致民路平行的老马路是在抗日战争时期形成的一条道路，以后又发展为一条街道，原来的名称叫作天灯杆子，可知过去也是有天灯的。

20世纪40年代，天灯巷中开设了一家扬州台基的高级妓院，女老板叫何知言。她专门培养了一大批妓女为成都军政界人物提供吃喝玩乐的服务，从而当上了"成都妇女协会会长"，进一步为军政界的各种活动牵线搭桥，她所开的扬州台基也就被时人称为"政治妓院"。1950年9月，何知言被人民政府处以死刑，成为新中国成立以后被判处死刑的唯一的妓院老板。

永安街附东永安街

在鼓楼洞街以东、大墙西街以北，有一条略呈三倒拐曲折的街道，清代就名叫三倒拐。民国时期因为成都市内有两条三倒拐街，为了避免重名，就把这里的三倒拐以永保平安的寓意改名为永安街，但是成都人一般仍然将其称为鼓楼洞子三倒拐。

民国时期川军中的传奇式人物陈离的故宅之一就在永安街。

永安街老院　20世纪90年代　王健摄影

永安街口　2002年　赖武摄影

陈离一家

陈　离（1892—1977）安岳人，四川陆军军官学堂毕业后长期在川军中任职。先后任过旅长、师长、副军长、四川防空副司令、成都市市长、泸州专区专员。他从1927年开始就长期与中国共产党合作，曾经在自己的部队中建立党组织（新中国成立之后长期担任上海市市长的曹荻秋就是负责人），曾经投资创办上海的进步书店辛垦书店，与朋友共同创办成都著名的"左倾"学校协进中学。1930年他部下的两个团由中共川西特委领导发动了著名的广汉起义，建立过短时的苏维埃政府（他本人当时不在部队）。这以后，他多次掩护、帮助、支持党的活动。抗日战争中一直与八路军、新四军暗中合作，多次到过八路军总部，先后与林伯渠、朱德、周恩来、彭德怀、任弼时、李先念等都有过联系。1938年，中共中央中原局认真研究了陈离的入党申请，认为"陈离是党的最忠诚的朋友，政治上坚定不移，完全够入党的条件。但是，由于他的地位很重要，作用很大，为了他能安全隐蔽并长期为我党做秘密工作，以不入党、不是党员为好"。他接受了中原局的决定，以后仍然在特务的监视之下努力为党做了大量工作。抗日战争时期，他率军在前线和川军名将王铭章（参见"祠堂街"）等并肩奋战，曾经在台儿庄大战中身负重伤，撤回武汉协和医院治疗时，周恩来、董必武、叶剑英等曾专门前去探望。1944年他出任成都市市长，在保护进步人士与学生、抵制国民党政府的横征暴敛上做了不少有益的工作，最后是因为支援"成都市粮民索谷团"索回被国民政府预征的粮食的请愿活动而被罢官。他一生中被国民党政府罢官四次，四次都是因为与共产党的接触有关，故而在当时被誉为"桃红色将军"（1949年冬，胡宗南率国民党嫡系部队到达成都后，给四川省主席王陵基一份必须立即逮捕的黑名单，第一名就是陈离。只因陈已经转移到农村，故敌人未能得逞）。1949年，他为发动川军起义迎接解放做了大量工作，最后与刘文辉、邓锡侯等一道参加了著名的彭县起义。新中国成立以后，他先后担任了西南水利部副部长、湖北省副省长、林业部副部长、民革中央委员、民革湖北省主任委员。被称为"党外的布尔什维克"。1977年病逝之后，首都举行了隆重的追悼大会，李先念、邓颖超等送了花圈，胡耀邦等出席了追悼大会。

著名美术大师徐悲鸿于1942年来成都时，就住在永安街陈离的家中。

・街巷・

在牛市口地区还有一条很短的小街叫东永安街，建于1945年，因为街内建了一座保佑平安的小庙，庙内神像是从城内的东岳庙中移来，所以在给小街命名时就叫东永安街。东永安街原来是南起胜利街，北到工农村，已经在城市改造中被拆除。东永安街在新中国成立之后实测时全长只有37米，应当是老成都最短的一条街。

永兴巷

永兴巷位于暑袜北街与梓潼桥西街之间，原来是一条没有名字的半截小巷。1939年打通了东边与梓潼桥西街的通道，才以永远兴旺的寓意改名为永兴巷。新中国成立以后，永兴巷经过了扩建，才成为今天的较为宽阔的街道。

清光绪二十八年（1902），四川最早的警察学校四川警务学堂开办于永兴巷，五年后改名为四川高等巡警学堂。

今天的永兴巷因为新建有省级机关的办公大楼而为人们所熟知。改革开放以前这里是永兴巷7号，是1951年建立的省级机关招待所。无产阶级革命家彭德怀元帅在被撤职幽禁多年之后，于1965年11月30日到成都，被安排

永兴巷（右侧主体建筑是省直机关的办公楼） 1999年 唐跃武摄影

以雅语吉祥语命名 875

担任当时的西南三线建设委员会第三副主任,就住在这个招待所的平房里。1966年12月22日,被受"四人帮"指使的红卫兵揪回北京迫害致死,也是从这里出发的。所以,永兴巷是彭德怀元帅在成都的纪念地。成都诗人刘佳士有《彭德怀在成都》一诗如下:"立马横刀敢犯颜,万言请命谪归田。出山角号鸣人望,振岳旌旗赖帅肩。三线筹谋重抖擞,四川建设记甘酸。永兴巷宅青灯闪,疑是将军夜不眠。"

永兴巷招待所的旧址在民国时期是两个大院,西头的是沈公馆。沈公馆的主人是银行家沈子衍,沈子衍经常住在重庆,他的儿子沈伯谋与余莲隐夫妻二人都是中共的地下党员,所以沈公馆就成了中共在成都的重要活动场所,不少地下组织的负责人在此隐蔽过,多次训练班在此举办过,1938年的省工委扩大会就是在这座公馆中召开的。

永兴巷招待所东头的大院是清光绪二十一年(1895)由四川总督鹿传霖开办的四川洋务总局,民国初年是四川交涉署,以后又改为外交部特派交涉员署,长期是四川省处理外交事务的地方。为了给办理洋务提供人才,成都最早培养翻译外事人员的英法文官学堂也于光绪三十年(1904)在这里开办。与早期外事活动密不可分的成都电话局也是于1911年开设在本街与纯阳观街的交口处,所以这里曾经是清末成都市处理有关外事活动的主要场所。成都外交部特派交涉员署裁撤以后,此处被改建为一处著名的公馆"植苑",人称潘公馆,它的主人就是川军著名将领、爱国民主人士潘文华。

潘文华(1885—1950) 仁寿人,1908年入四川陆军速成学堂,从此进入四川军界。因为与川军领袖人物刘湘是速成学堂同学的关系,以后一直是以刘湘为首的四川军界"速成系"(因为刘湘字甫澄,时人多尊称为甫公,所以亦称"甫系")的主要成员,刘湘1938年病逝之后他则是公认的"速成系"首领。从1928年开始,潘文华曾担任重庆市市长达8年之久(他在重庆的公馆位于上清寺,为今天重庆市妇联所在地),对重庆的市政建设多有建树。全长3.5公里的中山路是在他主持下修成的,重庆自来水公司和重庆电力公司是在他主持下建成的,从七星岗到菜园坝、上清寺到曾家岩、牛角沱到李子坝这一大片相当于旧市区一倍的新市区是在他主持下开拓的。1935年任二十三军军长,1937年率军出川抗战,先后担任过二十八集团军总司令、川康绥靖公署副主任、川陕鄂边区绥靖公署主任,但是一直与蒋介石保持距离,暗中反蒋,竭力维护四川地方实力派的利益。从1938年开始,他与中国共产党建立了联系,曾多次与我党负责人周恩来、董必武、林伯渠、王若飞等见面长谈。根据中共南方局的指示,中共地下党员田一平在以他为会长的川军刘湘系核心组织"武德励进会"中担任了组织科长(对外名义上是潘文华侍从室的上校参谋),并成立了以田一平为书记的党支部,在川军中发展了一批地下党员。1942年,周恩来派八路军重庆办事处电台

川军二十三军军长潘文华在前线观测敌军阵地
建川博物馆提供

潘文华墓　2009年　袁庭栋摄影

台长钱松甫到潘文华的司令部设立电台,长达三年。1944年,潘文华与刘文辉一道秘密参加中国民主同盟,长期为民盟提供经济支持。由他担任董事长的《华西日报》以及《华西晚报》先后聘请中共党员田一平、杨伯恺、黎澍等人主办,成为在四川影响很大的进步报纸,千方百计与蒋介石集团进行斗争。1945年之后,他逐步被蒋介石解除兵权,所辖的军队全部被肢解。1949年,他积极与我党联系,迎接四川解放,并将他还能支配的旧部四个团交地下党指挥。12月,他以西南军政长官公署副长官的身份,与刘文辉、邓锡侯共同发动并领导了彭县起义。新中国成立以后,他被任命为西南军政委员会委员。1950年10月病逝于成都潘公馆中。按照他的遗言,他的后人将他安葬于刘湘墓旁的一片农田之中(在今西一环路一段内侧正则会计学校内),距南郊公园内刘湘墓的直线距离约300米。

以雅语吉祥语命名　*877*

谈到永兴巷的电话局，附带在这里介绍一下成都过去的市内电话。成都最早的电话局是在1911年成立的，大门最初开在纯阳观街，后来改在本街，由四川总督赵尔丰从北京的邮传部请来技师周学春，安装了500门磁石式电话交换机一部，只供官府与军警使用。为了方便军队的管理，还曾经一度改名为陆军电话局。1924年，成都的军政领袖杨森为了加强市政管理，又才恢复了成都市电话局的名称。后来发展为成都电报局话务科，一直到成都解放，这里一直是全市市内电话的中转机房。据统计，开办之初，全市只有用户207户；发展到1943年，全市共有电话用户3990户。成都电话局也曾经开办了公用电话，第一次安装是在1925年，全市共安装三部，地点是少城公园的绿天茶社、中城公园的中城茶社、商业场的宜春茶楼。

玉成街

大慈寺路以南有一条不大的玉成街，清代时因为有屠宰场而叫杀猪巷，民国初年曾经改了一个吉祥的街名叫兴隆街，但是因为与早有的兴隆街重名而未被大家所使用，仍然叫杀猪巷。1927年，有一个经营房地产的商人夏玉树在这条小街购地建房出售，就把这条小街改名叫玉成街，既很文雅（"玉成"一语出于宋代著名学者张载的《西铭》："玉女（汝）于成"），又把"玉"字嵌入其中，有爱之如玉、助之使成的含义，从此这条街就被称为玉成街。

望平街

府河东侧从玉双路到东风路之间有一条望平街，原来叫作望平正街，过去与望平正街相邻的还有望平后街、望平横街、望平河边街。在府河南河综合整治以后，就只保留了这条望平街。

清代后期，这里基本上还是东城外的一片农田，清末民初逐渐形成了一条小街，1924年被命名为望平街。其寓意很明显，就是为了表达老百姓渴望太平的心声。

1924年已是辛亥革命之后十几年了，成都人为什么还在渴望太平？这是因为辛亥革命之后的四川并没有得到过真正的统一与平安，而是陷入了长期的军阀混战。据统计，从1913年到1933年，20年中全省共发生了军阀混战470多次，其次数与规模不仅位居全国各省之冠，甚至是遥遥领先。仅以1924年之前的三年为例：1921年初，四川宣布"自治"；6月，刘湘任川军总司令兼四川省省长。7月，熊克武等部与刘湘激战，刘湘下野。11月，刘成勋任川军总司令兼摄民政。1923年2月，北洋政府支持的杨森、邓锡侯等部进攻刘成勋。4月，邓锡侯等部攻入成都。5月，熊克武、刘成勋等部收复成都。6月，熊克武、刘成勋等部与杨森等部在隆昌一线激战。9月，刘湘在杨森、邓锡侯等部支持之下复出，任川康善后督办。滇军唐继尧部、黔军周西成部相继入川，支持熊克武、刘成勋等部，10月攻占重庆。刘湘、杨森等部反攻得胜，12月攻入重庆，1924年攻下成都。5月，杨森任四川军务督办，入驻成都。就是在这时，杨森对成都的市政建设进行了一些整顿，新修了春熙路，望平街也就是在这个时期得名的。这一小段相对和平的时期并不长。1925年，杨森又和刘湘与黔军的联军开战，兵败之后逃往宜昌，刘湘等部又入驻成都。此后还有一连串的军阀混战。在这种情况之下，成都的老百姓怎能不渴望太平！

望平街上最主要的经营业务是今天的成都人所难以想象的行业——收集、储存与转卖粪便。在望平街的背后，就是若干个有如池塘一般的粪塘（民间称为粪塘子，还有一个文雅的代称叫"金窖"），一直到新中国成立之初，这里仍然还有好几个几亩大的方格式的粪塘。这种情况的出现是因为往日的成都从来就没有修建过排污设施，城内几十万居民的粪便全部是由近郊农民每天早晚到大街小巷中一家一户收集起来（民间称为"倒桶子"），或是粪桶挑，或用粪车拉，运送出城。运送出城之

20世纪50年代成都街头的淘粪工人
成都市建设信息中心提供

以雅语吉祥语命名　879

后，有的是在府河与南河边上的若干个"尿水码头"上通过十几米长的"尿水槽子"流进河中的粪船（每只粪船可装粪便20吨左右），运往郊区农村作为肥料，有的则储存在若干个粪塘之中，等农村需要肥料的季节再向农村出售，那是比今天的化肥要好得多的有机肥。由于家家户户都需要处理粪便，农村也很需要这种优质肥料，所以长期都有一个专门的粪便运销行业，正如《锦城旧事竹枝词》所记述的："深坑贮藏利攸隆，岁时丰稔首肥功。人遗我取常不匮，悠游鲍肆习因同。"在过去，还有控制这一行业的"粪商"乃至"粪霸"。东门外望平街以及相邻的天祥寺街一带就是因为邻近府河而形成了成都最著名的粪便储存转运与销售市场（还有一处市场在北门外的豆腐街），还出现过一个在20世纪中期控制这个市场的粪霸刘万金，由于多年间欺行霸市、横行无忌，民愤不小，新中国成立以后被人民政府枪决。北门一带的粪霸姓薛，他的公馆被人们称为薛公馆，至今还在解放路一段15号。

旧社会的成都卫生条件极差，绝大多数居民家庭均无厕所（个别大户人家的自家厕所也都是简陋的旱厕），白天解手上公厕，晚上解手用马桶。每天早上，几乎家家户户都在大街小巷等着"倒桶子"，可谓一条别有风味的风景线。正因为如此，成都的每条街巷都有一个或几个公厕，成为当时成都的"三多"（即茶馆多、小吃多、厕所多）之一。由于粪便是肥料，可以卖钱，所以公厕（成都过去一直称厕所为"茅厮"，所以民间把公厕叫"官茅厮"）是由官方或袍哥大爷修建并管理，用于"倒桶子"的粪车也是由官方或袍哥大爷制造并管理，再加上四门外的粪塘子和水上的粪船，就形成了一条由官方和袍哥大爷控制的粪便产业链。据记载，当年一个公厕一年的粪便可换几百斤大米，超过一亩水田的收成。各个军阀控制成都时都要控制这个有稳定收入的产业。刘文辉的二十四军控制成都时，由上校秘书叶前辉兼任卫生委员，专门负责此事，其下共有200多个公厕、30多辆粪车、10多个粪塘子、8条粪船。

新中国成立以后，政府在九眼桥旁的宏济路成立了成都市肥料公司，为各单位清除粪便，统一管理全市的大多数粪塘，并将粪便转卖给农村做肥料。一份1952年的资料上可以见到，当时卖给郊县农民的粪便价格是干粪每吨15.2元，水粪每吨3.04元。由于工作量太大，一个国营公司很难管理周全，所以后来又在城区内成立过东、西城区的粪便清运合作社，再加上清洁管理所，共同管理城市粪便的清除与转运。1959年，市清洁管理所曾经将天祥寺街的粪塘改建为两个大的储粪池，占地面积达6411平方米，容量为3500吨。一直到20世纪50年代末期，笔者还在南河中经常见到进城收集与运送粪便的粪船。如今在成都街巷中清除粪便的真空抽粪车，乃是改革开放之后才出现的新设备。

年丰巷

一环路东五段以西、牛王庙上街以南，有一条小街叫年丰巷，"文革"以前有东门地区规模最大的年丰巷蔬菜市场。

这里一直到民国时期都还相当僻静，再往南的莲花池是死刑刑场。20世纪30年代以前还是沿用清代的砍头之刑，30年代以后改用枪决，不时有因为无人收殓

年丰巷　2002年　赖武摄影

而陈尸荒野的现象发生，所以这一地区行人稀少，到抗日战争时期才有较多的房屋而形成街巷。在巷的南端过去曾经有一座重建于清乾隆五十一年（1786）的年丰桥，这座桥早已不存，为了祈求吉祥，就把这条小巷命名为年丰巷。

年丰巷中原来有一座规模不小的古寺，初建时间最迟也在宋代，原名净胜院，清代重建之后改名普慈寺，寺中有释迦牟尼佛、接引佛、文殊菩萨、普贤菩萨的铜像各一尊，还有阿难和迦南尊者的铁像各一尊。

古雅坡路

塔子山公园对岸沿沙河西侧的道路就是长近一里的古雅坡路。过去这里

只是一条偏僻的郊区小道，新中国成立以后在这里开设的几家企业也都是污染严重的猪鬃厂和翻胎厂。通过近年的沙河综合整治，这里已经成了沙河风景区中宽阔漂亮的大道。

古雅坡路过去并不是一条街道，只有一个很不雅的地名叫乌鸦坡。所以有这个不雅的地名，是因为清代末期有五户人家在这里购买土地作为家族墓地，被周围的人称为五家坡；又因为墓地栽种的柏树上常常聚集有成群的乌鸦，所以叫作乌鸦坡。一直到1981年地名普查的时候，才以比较文雅的谐音，命名为古雅坡路。

大同巷

在合江亭东北地区，原来的双槐树街与锦官驿街之间，有一条大同巷，已经在城市改建中被拆除。

大同巷原来没有街道名称，只有一个地名叫大坟包，是因为这里过去曾经有过一个大的坟墓（成都俗称坟墓叫坟包）。由于"大坟包"作为街道之名太不文雅，1936年才以"大同"命名。

大同巷最窄处只有80厘米，连三轮车都不能正常通过，是笔者见过的成都最窄的巷子。

大同巷
1996年
陈锦摄影

存古巷

大同巷东邻的一条平行小巷叫存古巷,相传过去曾经出现过老虎,故而在清代有了"猫猫巷"这个名称。和大同巷一样,它也是在1936年才改称为存古巷,"古"与"虎"谐音,存古就是表示这里过去出现过老虎。

存古巷中送奶人　1992年　陈锦摄影

明末清初时期,成都由于遭受长期战乱,人口锐减,房舍多毁,在清初的十几年中成都城内既无居民,也无房屋,一片荆榛,狼狐纵横。在有的传说与文献记载中,说这时在成都城内曾经有老虎吃人。这种说法是事实还是有所夸大,目前很难确知,但是成都除了这条存古巷,还有下面的老古巷,可知城内很可能真的有过老虎。

老古巷

老古巷是一条小巷,位于学道街以南,新半边街以北。老古巷过去的老街名叫老虎巷,俗称猫猫巷,在1909年以"古"与"虎"的谐音改名为老古巷。这条小巷的得名与存古巷一样是成都城中曾经出现过老虎的传说。老古巷距锦江很近,存古巷更是在锦江岸边,而据过去的有关传说也正是在锦江岸边看见有老虎吃人。

目前设在老古巷的成都师范学校附属小学是成都最古老的和最著名的小学校之一,初建于1908年,是前几年才从梨花街迁入的。2008年10月25日,该校庆祝了建校100周年,100年前倾其家产建校的蜀中著名教育家陆慎言的四世孙陆正庄出席了庆祝大会。

以雅语吉祥语命名

除了老古巷之外，成都安顺桥南在明代有一座东岳庙，也是因为有出现老虎的传说而在清代称为猫猫庙。也是和猫猫巷一样，后来改称为老古庙。这座老古庙抗日战争时期在修建新村时拆除，其残存遗址至今在十一街还可见到。

千祥街

千祥街位于江汉路以南、青龙巷以北，是一条与铁箍井街平行的小街。

在清代，千祥街东侧就是成都县的监狱，沿监狱围墙外的街道就叫监墙街。监墙街的名称实在不雅，后来就以"监墙"的谐音"千祥"，改为喻义吉祥的千祥街。

千祥街上曾经拍出了成都历史上第一部电影，而且还是故事片。

淞沪抗战之后，著名的电影人万籁天从上海辗转入川，与曾经留学法国的成都人邹昕楷（邹昕楷也是智育电影院的创办人之一，还是四川第一个农村水电站——中和场水电站的创办者）

千祥街　2002年　赖武摄影

合作，于1934年成立了成都历史上第一个电影制片公司——大同影片公司（创办大同的经费曾经得到刘湘的资助），附设有大同电影戏剧学校。在拍摄了第一部纪录片《锦绣河山》之后，又拍出了故事片《峨眉山下》，而且还是有声片，1935年5月9日在智育电影院正式上映。大同公司的办公地点就设在租用的黄徐氏宅院千祥街37号。《峨眉山下》的投资、监制与主演是成都的黄氏结拜三姊妹，即黄侯、黄今、黄美。《峨眉山下》的外

◀ 大同影片公司的黄氏三姐妹：黄今（右）、黄侯（中）、黄美。　刘永禄提供

▼ 大同影片公司摄影棚内　刘永禄提供

景是在峨眉山下拍的，内景是在上海拍的，由万籁天担任编导，著名戏剧家田汉修改过剧本，内容是写一个不愿再打军阀混战的退役军人在乡村搞生产救国的故事，由黄氏三姊妹担任主角，并请当时著名的"电影皇帝"金焰加盟助演（他只助演了经由田汉修改过的那一场戏）。其中的插曲《峨眉山歌》由沙梅作曲，黄氏三姊妹用四川方言演唱。这首歌充满四川民歌特色，歌词是："大麦老了二麦黄，割了二麦种高粱，好吃不过高粱酒，好要不过少年郎。高山顶上去采樵，路又远来草又高，草又高来犹小可，一对花鞋要糟糕。隔河望见牡丹开，好朵鲜花不过来，惟愿天爷下大雨，风吹牡丹过得来。葱白衫子补蓝疤，眼望贤妹纺棉花，知心山歌唱一个，两人合拢变一家。"还在当时最著名的百代公司出了唱片，曾经风靡一时。

由于《峨眉山下》票房效果不佳，再加上"大川饭店事件"的牵连（有关"大川饭店事件"的介绍见"骡马市街"。事件中被打的四个日本人暗中入住的房间是由一个汉奸安排的两个妓女的包房，而这两个妓女因为在大同影片公司当过群众演员，对外曾以大同影片公司演员的身份招摇过市，故而使大同影片公司在事件之后受到牵连），大同影片公司只拍了这一部影片就不得不关闭。故而《锦城旧事竹枝词》有如下的慨叹:"'大同'电影说当年,百代留声唱牡丹。黄氏三姊人何在,《峨眉山下》难团圆。"

　　黄侯不再拍电影之后,先是参加中央军校的血花剧社演出话剧,以后转入摄影界,曾经在少城公园对门开了在成都颇有名气的皇后照相馆,"皇后"就是"黄侯"二字的谐音。她又创办了西南摄影通讯社,自己当发行人兼摄影记者,还曾经应邀专赴南京为中国空军运动会拍照。她是我国最早的女摄影记者,曾经在西南摄影通讯社成立一周年时发表过这样的感想:"摄影记者的条件是健康的身体,机警的动作,耐心,脚勤,把握时间和空间,抓住新闻的特殊动态,便可胜任。只要具备这几条,何须分男女?"对于这样一位曾经改名为"黄自强"的有成就的成都新女性,今天知道她的人已经很少很少了。黄侯晚年与新中国成立后第一批特赦的国民党将领、黄埔一期生、四川威远人曾扩情结婚,1964年病逝于沈阳。

　　大同影片公司虽然业绩不多,但是开办在布后街成都大戏院的大同电影戏剧学校却在不长的时期内,在万籁天与陈明中的主持下培养出了一批四川籍的电影戏剧人才。例如新中国成立以后活跃在电影戏剧战线的中国青年艺术剧院院长、文化部副部长吴雪、中央广播文工团艺术指导陈戈(吴雪和陈戈也是著名话剧《抓壮丁》最初的主创与主演)、重庆市文化局副局长席明真、陕西省文化局局长郭衡秋等都是大同学校的同班同学。

永靖街

　　清政府在成都修建满城之后,为了尽可能和缓在当时还相当对立的满汉矛盾,遂在"湖广填四川"的大移民中,特地从西北迁入一部分回族同胞,把他们安置在皇城以南地区居住,在市中心的满城与汉族居住区之间起一个缓冲区的作用。这种缓冲区今天当然见不到了,但是位于天府广场西边的那座宏伟的皇城清真寺,却在默默地诉说着当年的那一段历史。这座皇城清真寺是近年间因为扩建天府广场而迁址新建于小河街2号的,它的原址就在天府广场西侧两棵大银杏树附近,那里原来有一条永靖街,这两棵大银杏树就是当年永靖街

皇城清真寺照壁　1996年　罗韵希摄影

皇城清真寺外　1997年　韩国庆摄影

皇城清真寺内，正面是清真寺大殿。　20世纪90年代　赖武摄影

83号皇城清真寺大门前的银杏树。

据统计,清代到民国时期成都共有13个清真寺。因为成都的回族同胞多聚居在皇城附近,从西北来到成都做生意的回族同胞也都集中在皇城附近,所以皇城附近就有好几座清真寺,但是规模最大、最为重要的是永靖街上的皇城清真寺,是众多清真寺的中心,最盛时期摄受教民达1200多户。过去一般都称为清真古寺,或相对于清真北寺与南寺而称为皇城中寺。

永靖街小院　1996年　周孟棋摄影

皇城清真寺于清康熙五年(1666)始建在永清街上,是清代重建成都城时修建最早的一座清真寺(有一说法是由云南籍穆斯林契巴巴捐资修建),以后又有过扩建,在雍正至咸丰年间达到全盛,在整个西南地区乃至全国都有一定的影响。1917年成都军阀混战之中大部被毁,1924年修复重建,还附设有清真女子小学,后改名为回民小学(即后来的人民西路小学)。新中国成立以后,皇城清真寺长期是省、市伊斯兰协会的所在地。遗憾的是,在"文化大革命"时期对于文化的大破坏中,皇城清真寺所存包括在成都很少见的100多块名人榜书匾额在内的大量珍贵文物惨遭毁灭,不能复见。

永靖街地处明代的皇城以南,在清代时分为两段,东段称西鹅市巷(过去在今天府广场东侧还有东鹅市巷),西段称为永清街,永清街的得名与回族同胞的清真信仰有关。当皇城清真寺在1924年重建之后,把两条街并为一街。为了不忘战乱之苦,祈求和平安定,也为了表示"永葆伊斯兰纯洁",遂将街名更名为永靖街。靖者,安定也。

荔枝巷

荔枝巷位于盐市口与春熙路之间的闹市区,东头是中新街与南新街交口,西头是暑袜中街与暑袜南街交口,南边与东大街平行。这条街虽然不长,但是因为地处市中心,清代时曾经因为生意兴隆而命名为兴隆街,因为与成都另外几处的兴隆街同名,所以一直未曾流行。因为街面狭窄而又是东面不能通行的丁字街(春熙路在1924年才开通为街道,原来是官府衙门,不能通行),形状颇似猪的肋骨,所以周围的居民将其叫作肋肢巷。春熙路开通以后,肋肢巷以东就是春熙路西段,成为更为重要的商业街与东西通道,就把不太文雅的肋肢巷按照谐音改名为颇有诗意的荔枝巷。使用花果的名称命名街道却又不是因为花果,这在成都仅此一例。

成都在唐代是出产过荔枝的,证据就是张籍的一首《成都曲》:"锦水近西烟水绿,新雨山头荔枝熟。万里桥边多酒家,游人爱向谁家宿?"

荔枝巷的钟水饺是川味水饺的代表,由钟燮森(一作钟茂森)创业于清末的1893年。店名最初叫协森茂,地点就在荔枝巷,一直到1931年才改名并挂出"荔枝巷钟水饺"的招牌,此后又称为钟水饺。钟水饺的主要特点是皮薄馅嫩全肉馅,味分红油与清汤两种,红油味的在吃完之后一般都还要蘸酥锅盔。不过它的红油水饺只是俗称,在川菜味型的分类上实际上不是红油味型而是蒜泥味型,是要加蒜泥而不用白糖,甜味是从复制酱油中出来的。原来钟水饺的店面太小,20世纪60年代迁到提督街经营,现在已经成了有多家连锁店的企业。

民国时期的荔枝巷除了有著名的水饺,还有一家著名的荞面馆叫翼德来(这个名字很怪,笔者请教了两位前辈都说店招确是这三个字,但是不明其由来,不知是否是从三国大

20世纪60年代的钟水饺　郑光华摄影　杨显峰提供

将张飞字翼德而来,因为荞面颜色不白,略呈黄黑),使用如今偶尔还能见到的杠杆式压面法当场将荞面压入鼎锅,煮熟后所放的臊子有牛肉与猪肉两种可供选择。《锦城旧事竹枝词》有过这样的描述:"进才一指出如丝,直下鼎锅正开时。挑来任选猪牛臊,别有风味在荔枝。"翼德来除了压荞面还压水粉,两种可以捞入一碗,就称为"鸳鸯"。荞面因为味道与面条、水粉都不同,有一股特殊的香味,再加之杠杆式压面法很有观赏性,故而很受想改变口味的城市居民的欢迎。在每年一度的青羊宫花会上,顾客最多的特色小吃有两种,就是荞面与三大炮。

改革开放之后,与荔枝巷相邻的青年路成了成都市最早出现的个体经营的服装与小商品市场,荔枝巷很快也被扩展其中。发展到今天,青年路已经成为成都人心目中从盐市口到春熙路之间的大型商场的代称,以至一些年轻人虽然在荔枝巷经过了好多次,却不知道在青年路市场中还有一条街叫荔枝巷。

珠市街附东珠市街　西珠市街

东门大桥以南的沿府河内侧的街道过去一直叫珠市街。一直到1999年,在对府河南河进行综合整治以后才改名为天仙桥南路,与北边的天仙桥北路形成一条沿府河内侧的南北走向的大街。

这里地处府河岸边,过去长期是成都东门繁华的水码头。在清光绪年间的地图上,曾经明显地标出了珠市街旁府河边上的一码头、二码头、三码头。由于运到成都的生猪在这里上岸之后要出卖,所以就形成了一个猪市;而猪市上又经常是遍地猪屎,所以人们就把这里叫作猪市街或者猪屎街。这个非正式名称实在不雅,所以才按谐音正式命名为珠市街。昔年珠市街大宗的货物还有竹木、木柴、盐巴、煤炭,煤炭又分为烟囱大灶用的原煤(成都方言叫"生炭")、炉子上用的焦煤(成都方言叫"岚炭")、已燃过的二炭(就是北方叫的煤核,是穷人家的孩子从已燃过的煤灰堆中拣出来的,虽然火力不大但是不冒烟,街头贩卖汤圆、醪糟、小面的担挑多用这种二炭),《锦城旧事竹枝词》对此有过记载:"乌黑光亮整船装,府河夜泊下载忙。堂馆行业皆赖此,醪糟担

· 街巷 ·

珠市街大码头　1993年　陈维摄影

东珠市街　2000年　赖武摄影

以雅语吉祥语命名

子扯风箱。"

在古老的猪市街上，曾经有过与成都河道水运关系密切的水神祠和船行公所，但是早已不存，现在已经无法寻到当年的遗迹。

与珠市街的得名相近的街道还有东珠市街与西珠市街。

东珠市街与西珠市街位于北大街两侧，连接起来就是一条街，南边与正通顺街、酱园公所街平行，向北过一条马道街就是北门大桥和府河。一直到清代后期，这里还是从北门运送各种货物入城的市场，没有形成整体的街道，而且因为有一个猪市而被人们直接称之为"猪市"。清咸丰年间，巴金的祖父李镛在这里购地修建宅院，位置就在今天的正通顺街与东珠市街之间。当他出入后门时，认为这里的地面不清洁，地名也很不雅，就出资在这里修建了一些民房，正式形成了一条街道。因为从此向西就是文殊院附近的珠宝街，所以就把两条街巷命名为东珠市巷与西珠市巷，以后又改名为东珠市街与西珠市街。

1914年，德国驻蓉领事署设于西珠市街，不久撤销。

西珠市街上有建于2003年、名列《全球旅游盛典》的观华青年旅舍，是

东珠市街小巷　20世纪80年代　王健摄影

拆迁中的东珠市街　2003年　王晓庄摄影

西珠市街德国领事馆　1914年　［德］魏司摄影　　西珠市街刘家花园　1999年　杨永琼提供

西珠市街德国领事馆中的庭园　1914年　［德］魏司摄影

由新加坡人沈观华、日本人植田麻纪夫妇创办的（2007年底已迁往城北，更名为老沈青年旅舍），专门接待外来的旅游者。这里在新中国成立以后是部队办的八一幼儿园，有池塘、水榭、假山、回廊，现在还剩下一个小花园和一幢中西结合式的小楼。这里就是民国时期有名的刘家花园，原本是四川著名军阀刘存厚的故宅妙园。

刘存厚（1885—1960）简阳人。在日本士官学校与阎锡山、孙传芳、唐继尧、程潜、尹昌衡等是同班同学。回国后先在云南军界任职，1911年与蔡锷等发动了著名的"重九起义"，任云南都督署参谋部次长。四川军政府成立之后，他回川任川军第四师师长，参加了护国战争。滇军入川后，他出任

熊克武（左三）、刘存厚（左四）等合影　［法］杜满希提供

第一军军长。1917年，他先是站在川军一方与滇军在成都展开巷战，以后又与黔军戴戡所部再次在成都展开巷战，获胜之后当上了四川军务会办和四川督军，但是两次巷战使成都人民的生命财产受到很大损失。以后他长期站在北洋政府一方与站在广州政府一方的川军对峙，以川陕边防督办的名义驻军川北与陕南，一直到1933年才纳入南京政府的国民革命军序列，任二十三军军长。在围攻川陕革命根据地时，他被徐向前指挥的红四方面军打得大败，只得向蒋介石请求处分，自免军职，回成都闭门读书，皈依佛门，并特地在与文殊院相邻的西珠市街修建了这座公馆。1949年成都解放前夕，刘存厚逃往台湾，1960年在台湾病故。

张家巷

张家巷的得名并非因为巷中的张姓人家。

张家巷位于原来的簸箕街（今解放路二段）以东，在清代本是北门外的一处倾倒垃圾的渣滓坝，故而人称"脏家坝"。后来居民渐多，形成街巷，因为"脏"字太不文雅，就以其谐音改名为张家巷。

清光绪二十七年（1901），张家巷建有一座法国的天主教堂，至今仍在，

2007年还进行了较大规模的维修。在其周围当年还有修女院,位置就在今天的张家巷小学;还有孤儿收容所,后迁平安桥,再迁马道街,改名为圣婴院。1911年,法国天主教会在这里建成了成都最早的微生物研究所巴斯德细菌研究所,研究所可以生产防治天花的血清和防治狂犬病的疫苗,产品除供四川地区使用,还曾经发放到云南与河南。

1906年,法国天主教会在这里建成了一家教会医院平安医院,专门收治贫苦无靠的危重病人。因为有几百亩田产,又有教会的补助,所以不仅不收分文,连死后安葬都由医院解决,故而又叫孤贫医院,成都人则用方言称为干瘪子医院。最多时有病床200张,每年收治病人最多时达4000多人,送葬2000多人。医院于1952年停办,由成都市民政局救济分会接收。

医院与研究所一直到抗日战争中的1944年才最后停止工作。原来的位置今天已经变成了中建二局的宿舍区,当地老人把这一片宿舍区叫作福辈小区。1947年,法国在张家巷39号重建领事馆。

张家巷往东的绳溪河上有一座石桥,它有一个很特别的名字叫"哑巴

▲1911年开办的巴斯德细菌研究所　[法]杜满希提供
▶张家巷天主堂旧貌　1999年　冯水木摄影
▼1906年建成的法国教会医院　[法]杜满希提供

桥"。据当地的老人说，这是一座古桥，原来只是一座木板桥。新中国成立以后改建为石质的拱桥，一般人都叫作拱背桥。20 世纪 60 年代初，桥头开办了一家聋哑人印刷厂，每天都有一些聋哑人从桥上经过，人们就改称为哑巴桥。今天已是一座可以通行汽车的桥梁，当地人仍然把它叫作哑巴桥。

铲布巷

就在张家巷之西，有一条名称很难理解的小巷叫作铲布巷。铲布巷已经在不久前的城市改造之中被拆除。

过去的铲布巷情况与张家巷颇为相似，只是北门上的一处乱坟坝，相传只住有三户人家，都是以盗墓为生，而且所盗之墓都是平民百姓的小墓，所盗的东西也大多是死人身上穿的衣服，当时被称为"鬼皮"。当这里逐渐形成一条小巷时，就被人们称为鬼皮巷。因为这个名称实在难听，所以才改名为稍为好听一点的铲布巷，但是如果仔细加以琢磨，还是能够知道其中的含义。

良医巷

在原来的中北打金街的西侧，与东边的金玉街相对，有一条既短且窄的小巷良医巷，新中国成立以后仍在，在修建红星路三段以后消失。

按照过去的习俗，洗了之后晒晾着的被子与床单之下是不能有他人通过的，妇女的衣裤之下更不能有他人通过，甚至干脆就不能在室外公开晒晾。这条既短且窄的半截小巷中基本上没有外人行走，所以小巷中的居民就可以比较大胆地把竹竿撑到两边的屋檐上去晒晾各种衣物，于是这条小巷从清代前期就被人们称为晾衣巷。到了清代后期，巷内的人们也觉得这样晾衣有些不雅，就不再在巷中屋檐上公开晒晾各种衣物，并且以晾衣巷的谐音改名为比较文雅的良医巷。

巧合的是良医巷中真的出生了一位大名鼎鼎的良医，他就是李斯炽。

李斯炽　王大明提供

李斯炽（1892—1979） 原籍河南，祖父李仙洲入仕四川，卸职后遂定居成都。李斯炽在成都高师毕业后留校任教。他自幼即从董稚庵学习医术，出于对传统医学的热爱，他辞去教职，专心学医，以"不为良相，当为良医"为平生意愿。20世纪20年代初即在三桥南街开设"李斯炽医寓"，挂牌行医。1932年，成都霍乱流行，他约集中医27人组成"壬申防疫队"（是年岁次壬申），由众人集资，以民间验方"防疫避瘟丹"为主药，深入皇城坝一带发病率最高的地区治病防病，为成都控制疫情、减少死亡发挥了很大的作用。为了反对当时政府废止中医中药的错误决策（国民党政府曾在1927年与1936年两次下令取消中医中药），他"誓与国医共存亡"，于1932年联合中医界同道组建"四川省医学会"，再于1936年发起组建"四川国医改进会"，创办《医药改进》半月刊，开办四川国医学院，筹办中医院和中医疗养院。所有这些行动，在四川医药发展史上都是第一次。按照当时国民政府教育部的明令规定，中医药不得设立院校，所以四川国医学院一直不能正式注册，毕业生的资格不被官方承认。但是他仍然不辞千难万苦，哪怕债台高筑、走上法庭，终于把四川国医学院一直坚持办到成都解放，一共培养了12届毕业生，为促进四川传统医药的发展起到了难以估量的巨大作用（四川国医学院初设于何公巷，后迁兴禅寺街，抗战爆发后迁西郊银桂桥）。新中国成立以后，毛泽东主席在北京接见了他，政府帮助他偿还了为办学而欠下的债务，并请他出任成都中医进修班主任。1956年他参加了成都中医学院的筹建，并出任首任院长。1958年毛泽东主席来成都召开成都会议时得病发烧，就是由他为其诊治。他一生中先后与毛主席见面13次，毛主席一直以"名医"相称。1959年他当选为全国人民代表大会代表，荣获卫生部颁发的金质奖章。1978年被授予我国第一批中医学教授职称，有《实用内经选释义》《中医内科杂病》《金匮要略新诠》《李斯炽医案》等著作20余种行世。

成华街

过了万福桥向北，在西藏饭店那个十字口，东边是成华街，西边是成华西街，成华街的两侧还有成华南街、成华巷和成华北巷。

这一片地区在新中国成立以前还是一片少有人居的荒地野冢，成华街这片的老地名叫檬子树，成华南街这片的老地名叫芋子田、炭灰坝，成华北巷原来全是坟坝和菜地。新中国成立以后建成了人民北路，逐渐把这一片建成了街道，于是在1962年正式有了成华街这个街名，其寓意十分明显，就是希望成为一条繁华的街道。其他几条街巷则是1981年地名普查时才正式命名的。

花圃路附花圃北路

在成华街以东，有与之相邻的花圃路与花圃北路。这一片在新中国成立以前基本上都是农田荒地，因为有一些回族同胞的坟地，所以叫作回回坟。在花圃路这一位置有一条很窄的小巷，名叫猫猫巷。新中国成立以后，因为城建部门在这里原来城隍庙后花园的基础之上建立了园林育苗基地城北花圃，所以在1953年扩建这条小巷时就更名为花圃路。这以后，在城北花圃中逐步增加了一些体育运动设施，并于1970年更名为城北体育公园，1980年修建了城北体育馆，至今仍然是城北最大的综合性体育活动中心，并附设有青少年业余体校。今天的花圃路和花圃北路也就成了围绕在城北体育公园西边与南边的两条

城北花圃　1992年　陈锦摄影

城北体育场　20世纪70年代末　牟航远摄影

街道。花圃北路是在1981年才命名的。

因为和著名的城隍庙电子电器市场相邻，如今的花圃路和花圃北路事实上成了著名的城隍庙电子电器市场的一部分。

庆宪街

在北较场西路以西，通锦桥路的北边有一条庆宪街。这里紧邻北较场，新中国成立以前都是原来中央军校的家属住宅区，曾经命名为报国村与复兴村，新中国成立以后仍然是一个居民区。因为报国村与复兴村的名字明显具有国民党中央军校的政治色彩，1954年决定为其重新命名。这时适逢庆祝中华人民共和国第一部宪法的颁布，于是就命名为庆宪村。庆宪村不久就发展成为一条街道，到1989年更名为庆宪街。

迎曦上街附迎曦下街

清代的成都东边城墙外在清末时期逐渐修建了一些背靠城墙的房屋，形成了街道。民国初年的1913年命名叫护城街，后来又因为地处全城之东方，每天最早迎接晨曦而改名为迎曦街；又按从北到南分为两段，名为迎曦上街和迎曦下街，位置就在武成门桥到东风桥之间的府河内侧。在近年间的府河南河综合整治工程之中，扩建了内环线，原来的迎曦上街和迎曦下街被拆除，变成了新建的东安南路。

由于迎曦下街是背靠城墙修建的，所以在它的背后还保存着一段清代的老城墙，过去不为人所知，在这次拆除老街时才被发现。经过维修之后，目前是娇子苑楼盘内庭中的一处景观，也是目前成都还能见到的经过修复的两处清代城墙的遗址之一。

考古工作者在这里进行清理和保护性的恢复重建时，在清代城墙下面可以清楚地见到从唐代、宋代到明代城墙的遗迹，而且可以见到唐、宋、明、清城墙底部基础的宽度分别是7.4米、12.7米、24.5米、28米，这就不仅证明

正在修复的原迎曦下街
清城东部残墙
2009年 喻磊摄影

了成都东部的明清时代的城墙是在唐宋旧城墙的基础之上建造的，而且城墙愈来愈厚，愈来愈宏伟。

公行道

在原来华西协合大学南墙外侧有一条泥土小道，平时少有行人。抗战爆发后居住者愈来愈多，这条小道也就逐渐形成了一条街道。由于是新建的公众通道，而孙中山先生又最为赞赏《礼记·礼运》中的"大道之行也，天下为公"一语，很多地方都悬挂着他手书的"天下为公"的横幅（孙中山先生一生中曾经多次题书"天下为公"四字，据调查只是题赠友人的就有32件，在很多场合都把"天下为公"作为孙中山先生的遗训），所以1938年在为这条街道命名时就命名为公行道。成都的街道正式以"道"为名，这里是最早的一条。近年在城市改造之中，对公行道进行了改建与扩建，成为一条通向新建的电信南路的大街。

成都出生的民国时期重要军政人物张群在抗日战争时期回川任职，在公行道4号修建了一座官邸，是当时无数军政要人出入的地方。原建筑在新中国成立以后曾经作为云南省政府驻川办事处的办公地，近年改建为云川宾馆。

在公行道上，至今还保存着一座名叫"颐庐"的小院（"颐庐"二字为戴季陶手书），院中有一座三层的青砖小楼，修建于1940年，它的修建者是华西大学校董张世煜，但是长期居住在这里的是他的长女、曾经在美国纽约州立大学

公行道中的张群公馆　杨显峰提供

留学并成为我国第一位牙科女博士的张琼仙教授和她的丈夫、著名农学家陈志平博士。张琼仙一生执教行医于华西口腔医院，曾经为朱德、聂荣臻、贺龙、张爱萍等党和国家领导人治牙。2010年9月28日，华西口腔医院为她举行了百岁庆典。2013年2月20日，被喻为"华西口腔活化石"的张琼仙老人因病逝世。

小税巷

小税巷位于簧门街以南、国学巷以西，北边与坛神巷相对，是一条很小的半截巷，至今仍然存在。

小税巷的名字很难懂，它的得名与清代成都的著名武将杨遇春（有关杨遇春的介绍见"前卫街"）有关。杨遇春去世之后，住在这条无名小巷的杨氏族人得到消息较晚，不能按当时大户人家所应当依照的古礼按时举哀治丧。作为补救，决定按照古代"小功不税"的礼仪安排治丧活动，并从那时起把这条无名小巷命名为小税巷。这个名字就一直用到如今。

我国古代大户人家的丧葬礼仪基本上都是按照先秦时期的《仪礼》与《礼记》两部儒家经典的记载来安排，礼仪的等级与规格以与死去亲属的亲疏远近来区分。古人把亲属分为宗亲、外亲和妻亲三大类（今天还有"三亲六戚"的说法就是由此而来）。三大类中的所有亲属又按亲疏关系分为五等，这五等的名称是以亲属死后自己应当穿的不同丧服的名称来命名的，按从亲到疏的五个等级是：斩衰（音崔）、齐衰、大功、小功、缌麻。这其中的小功是第四等，指用较粗糙的熟麻布做的丧服，穿丧服的时间是五个月，适用于曾祖父母、祖父的兄弟与其妻子、父亲的堂兄弟与其妻子这一等级关系的亲属。"小功不税"是孔子弟子曾子所说的话，见于《礼记·檀弓上》。这里的"税"字的音义都与"蜕"字相通，读为"退"，其本义是指脱去常服，改穿丧服治丧。"小功不税"的意思是说：如果听到丧讯的时间已晚，而又是"小功"这一等级的亲属的话，可以不再改穿丧服治丧。也就是说，当时住在这条小巷中的杨氏族人与杨遇春是属于"小功"这一等级的亲属关系，但是没有穿上用白麻布做的丧服用五个月来治丧，而是穿的常服治丧，这就叫"小功不税"，并被杨氏族人简称为"小税"，并用来为自己居住的小巷命名。

飞龙巷

盐道街以东是南府街，南府街以北原来有一条小巷叫飞龙巷。这条小巷在清代可以向北直通东丁字街，名字本来叫青龙巷，由于与另一条青龙巷同名，1938年改名叫飞龙巷。这个名字很古雅，来自《周易·乾·九五》："飞龙在天，利见大人。"

早在民国时期，这条小巷的北半部就已不通，成了一条半截巷。当地居民也一直沿用旧名而仍然称为青龙巷，以致有的地图也写为青龙巷，直到新中国成立以后飞龙巷的名字才被普遍使用。2000年，飞龙巷在城市改造中被拆除。

文明巷

在童子街以北原来有一条半截巷，本来叫作童子巷。新中国成立以前巷内开有妓院，颇令巷内居民脸上无光。新中国成立以后，妓院关闭，市政部门为了支持巷内居民提倡文明、开创新风的愿望，就把童子巷改名为文明巷。

文明巷已经在城市改造之中被拆除。

互助路附爱民路 先锋路

在一环路北三段以北、解放路一段以西有互助路，互助路以西，又有爱民路和先锋路，从这几条街道的命名中可以感觉到很明显的新时代的气息。这一地区原来都是农田，1958年在"大跃进"的高潮中，成都市中心进行了一些改造，如修建成都文武路与人民中路交口地区的成都仪器厂和成都剧场，修建庆云街的二医院等，有不少原来居住在市中心的居民被拆迁到这一地区定居，也就陆续修建了一些居民住宅，形成了几条街道，于是就分别命名为互助路、爱民路、先锋路，发展到今天，都已经成了繁华的区域。只不过原来的爱民路已经与先锋路合并，今天的爱民路是改革开放以后在小沙河边新形成的街道而使用了原来的爱民路的名字。

清洁巷

这是位于染靛街以南、与凉水井街平行的一条小巷，已经在近年间的城市改造之中被拆除。这里过去有一条小河，河水发臭，附近人们都把这条小河叫臭水河，小巷也就叫臭水河。新中国成立以后，经过挖淤排污，臭水河不再发臭，于是在1953年改名为清洁巷。

忠孝巷附仁义巷

陕西街的南侧，过去有两条小巷，一条叫忠孝巷，一条叫仁义巷。忠孝巷得名于清代，仁义巷原来叫狮子巷，因为与忠孝巷连接，所以民国时改为仁义巷，以便与当时所提倡的"忠孝仁爱信义和平"的"八德"相符。"八德"是孙中山先生对中华民族传统道德的一种总结性的说法，他在《民族主义》第六讲中说："讲到中国的固有道德，中国人至今不能忘记的，首先是忠孝，次是仁爱，其次是信义，其次是和平。"1934年，蒋介石领导的国民政府曾经在全国发起"新生活运动"，把《管子·牧民》中提出的"礼义廉耻"这"四维"与孙中山先生提

忠孝巷22号　1989年　赖武摄影

出的"八德"作为道德修养的主题。

1935年6月,中国共产党在成都的组织遭到完全破坏,1938年3月底,中国共产党成都市委员会重新建立,其机关与开会地点就在忠孝巷。

忠孝巷目前还保留了一部分,仁义巷已经在近年的城市改造之中被拆除。

万年场上街附万年场下街　万年场路

今天的万年场是东二环的热闹街口,可是在清代却只是成都人去往外东所经过的一条道路。道光二十二年(1842),这里修了一座不大的五显庙,于是五显庙就成了这里的地名。由于当道,以后逐渐形成了一个道路从中穿过的场镇。在民国初年的新风之中,当地人考虑到以五显庙作为场镇的名字实在不雅,就在1915年更名为万年场,以求万年平安。抗日战争时期,城内的居民迁移到这里居住的有所增多,原来的五显庙也改作了小学校。新中国成立以后,这里成为东郊工业区的一部分,新都机械厂和成都配件厂就在两边,无缝钢管厂和川棉一厂也在附近,所以很快成为成都东边的闹市。新建二环路后,万年场的街道被切为两半,于是就分别命名为万年场上街和万年场下街。改革开放以后,随着城市建设的发展,新增了万年场横街,万年场上街被拆除,新修了宽敞的万年场路。2004年,原来的牛龙路(从牛市口到龙潭寺)改名为

万年场路　1999年　唐跃武摄影

跳蹬河路
1997年
唐跃武摄影

跳蹬河旁的
成都热电厂
2001年
唐跃武摄影

成华大道，作为牛龙路最西部分的万年场路和跳蹬河路（成都东郊的跳蹬河是成都人比较熟知的地方，因为过去在沙河水少时在河中安放有可以踏步过河的石墩而得名。但是，长期所使用的跳蹬河的"蹬"字是一个别字，本来应当写为"墩"，实际上过去也是写作"墩"的）、崔家店路的名称都被取消，万年场路不复存在。

需要说明的是，近年间有些介绍万年场的文章说这里原来因为有"五仙庙"，所以老地名也就叫"五仙庙"，这是错误的，应当是五显庙。五显庙是过去在四川城乡比较常见的庙宇，一般都不大，供奉五显神。五显神在不同地区也称五通神、五路神、五圣神，是民间信仰的一种财神，宋代以后起源于江西，四川的五显神崇拜很可能是湖广填四川时从江西传入的。

解放路

在"文革"的狂热中,成都的很多街道名称与地名都曾经在1966年以后被改为"革命化"名称,甚至还被使用过一段时期,诸如春熙路被改名为"反帝路"、盐市口被改名为"英雄口"等。这些街道绝大部分在后来都恢复了原名。但是也有一个例外,这就是解放路。

解放路北起沙河上的驷马桥,南到府河上的北门大桥,中间又以一环路为界分为解放路一段与解放路二段,是一条总长度达2300多米的南北主要通道。这是为了纪念成都解放二十周年而在1968年改名的,因为这条大道正是当年中国人民解放军举行入城仪式的大道。

从驷马桥入城的街道,多年来就是从北面进入成都的主要通道,也是从秦汉到明清的绝大多数时候由统一的中央政权的国都进入成都的主要通道,在老成都人的口中被称为北大路。解放路就是在原有的多条街道的基础之上扩建而成的。从驷马桥向南,原来的这些街道依次是:高笋塘街(驷马桥到

解放北路一段　20世纪90年代　严永聪摄影

二环路)、平福街(二环路到田家巷)、豆腐街(田家巷到马鞍山路)、簸箕下街(从马鞍山路到一环路,即梁家巷)、簸箕中街(从一环路即梁家巷到张家巷)、簸箕上街(从张家巷到北门大桥)。以上这些老的街道名称不仅为老成都人所熟悉,而且至今仍然在人们的口中经常使用。

1968年在改名时,本来是把从驷马桥到武侯祠这条纵贯全城南北的主要通道都改作了解放路,又分为解放北路、解放中路和解放南路,在其下再分为若干段。1981年在地名普查时,取消了解放中路和解放南路的名称,只保留了原来的解放北路,并更名为解放路。一来是因为应当保留这条解放路的名称以作为解放成都的永久纪念,二来是因为当年解放大军入城时所走的路线并不是从驷马桥到武侯祠。

根据有关记载和当年解放大军入城亲历者的回忆,解放战争在大陆上的最后一个大战役"成都战役",以国民党军队的第五兵团投降和十八兵团宣布起义为标志,结束于1949年12月26日。1949年12月27日,解放军先遣部队入城。12月30日,解放军举行了盛大的成都入城式,由贺龙、王维舟、李井泉、周士第等率领的中国人民解放军第十八兵团机关与第六十军将士在军

1949年12月30日,四川大学师生在成都盐市口欢迎中国人民解放军入城。

长张祖谅的指挥之下正式进驻成都。大军由驷马桥入城之后的路线是：向南经簸箕街、北大街、草市街、玉带桥、皮房街、顺城街，向东转入提督街、总府街，向南转入春熙路，向西转入上东大街、盐市口、东御街、西御街、祠堂街，汇入少城公园，然后分别入驻西、南、北较场和皇城等地。贺龙等入驻在商业街励志社（今中共四川省委大院），第六十军军部驻北较场。

以景物特色命名

芙蓉巷附芙蓉街

自五代后蜀成都城遍种芙蓉以来，成都即有芙蓉城的美名，清乾隆五十四年（1789）成都城内外再一次遍种芙蓉。1983年5月26日，芙蓉花被确定为成都市的市花。可是今天的成都却没有一条以芙蓉为名的街道，而只有一条不为人知的芙蓉巷。

说芙蓉巷不为人所知，是因为在目前所有的成都地图上都找不到它，在目前最详的《成都街名指南》上也找不到它。据笔者所知，这是二环路内所有街巷中唯一的一条完全失载的成都街巷。

芙蓉巷位于光荣小区的光荣北路南侧，是1990年在农田上修建了这一片居住区之后在几幢楼房之中形成的一条小巷。因为有一株至今仍在的大芙蓉树而被命名（据笔者所见应当是成都城内最大的一株），两边实际上是三个院落，所以它一直就只有三个门牌号码，即1号、2号、3号。

成都是有过芙蓉街的，而且有过两条，只是后来因为各种原因而改了名。

今天的陕西街在明代和清初都叫芙蓉街，得名于街中曾经

芙蓉巷　2009年　袁庭栋摄影

有过的一座芙蓉桥,而芙蓉桥的得名又因为从明代开始在这一片有较多的芙蓉花。明代蜀王府正门外的两侧是西边多种芙蓉,东边多种梨花,故而西有芙蓉街,东有梨花街,直到清代还有"西御(街)对东御(街),芙蓉对梨花"的民谚。由于康熙年间在这条街修建了陕西会馆,而当时的陕西商人在成都又有着很大的影响,所以这条街就被改称为陕西街。陕西会馆的旧址修建了今天的蓉城饭店,蓉城饭店里边还保存着陕西会馆的部分老建筑,也算是对曾经有过的"芙蓉"二字的追念。

芙蓉花下　2009年　李杨摄影

今天的帘官公所街过去也曾经叫芙蓉街,那是因为清嘉庆年间的成都知县张人龙与教谕王子诏共同发起募资,在这里修建了芙蓉书院,街名也就叫作芙蓉街。咸丰三年(1853),芙蓉书院迁到了青龙街,原来的房舍改建为帘官公所,所以这条街才改名为帘官公所街。芙蓉书院迁到青龙街以后,并入了墨池书院,再以后又改建为成都县立中学。民国时期的中学生都要按高中、初中的不同穿规定的校服,男生一律戴规定的帽子。早期的成都县中男生所戴的帽子上的帽徽图案,就是一朵芙蓉花。

芙蓉本称木莲、木芙蓉,古人别称为拒霜。作为成都的市花,今天在市内很多地方都可以见到,品种最多的观赏地是成都植物园和百花潭公园,在新建的绕城高速路与成龙路上也栽培了很多,目前见到的最老的芙蓉树就在光荣小区的芙蓉巷中。

芙蓉花虽然有拒霜的品德和多彩的风姿,但却有一个难以克服的弱点,就是特别容易遭受蚜虫等病虫害,容易得白粉病。自从芙蓉花被评为成都市花以来，成都市园林科研所的专家们经过了24年的潜心研究，先后培育出了6种抗病虫害的新品种，被称为第二代芙蓉花。从2007年9月27日开始，成都市园林科研所邀请广大市民为第二代芙蓉花命名。经过两轮专家评审，最后从338个名字之中确定了以下的芳名：锦蕊、成都紫、彩霞、百日华彩、锦碧玉、醉云。这其中的成都紫被专家与市民们称之为芙蓉花王。迄至2012年，成都的芙蓉花品种已从1987年的7个发展到19个。

在我国的古代诗文之中，有不少咏诵芙蓉的佳作，如宋代文同的《二色芙蓉》："蜀国芙蓉名二色，重阳前后始盈枝。画调粉笔分妆处，绣引金针闲刺时。落晚自怜窥露沼，忍寒谁念倚霜篱。主人日有西园客，得尔方于劝酒宜。"但是需要注意的是，在古代，"芙蓉"在有的场合是指的荷花即水芙蓉，而不是指的木芙蓉。正如宋代诗人宋祁在《木芙蓉》一诗中所说："芙蓉本作树，花叶两相宜。慎勿迷莲子，分明立券辞。"

虽然成都主城区已经有一百多年没有以芙蓉命名的街道，但是改革开放之后在不断扩大的新建区域中却陆续出现了多条以芙蓉命名的道路，例如成华区和温江区都有芙蓉路，还有去往温江区的芙蓉大道、去往新都区的金芙蓉大道。

银杏路

银杏在四川民间称为白果，是成都市的市树，也是国家一级重点保护植物。在成都市内有很多苍虬扶疏的古银杏树，可是长期以来却没有以银杏为名的地名与街道名，这是因为与以芙蓉花为市花一样，以银杏为市树是1983年才确定的。

20世纪80年代，成都有了白果林小区、白果林街道办事处，还有了一条北起文华路、南到四川广播电视大学的银杏路。2004年，白果林街道办事处与西安路街道办事处合并为西安路街道办事处，但是白果林小区的名字仍然存在。

位于西一环外侧的白果林小区是改革开放之后新建的小区，原来都是营门口乡青羊村、石人村、抚琴村的农田。因为薛家院子中间有一片白果林，所以在新建小区的时候就以白果林为名。南北纵贯小区的银杏路则因为原来就有23棵高大的银杏树而得名（现在在四川广播电视大学校园内）。

　　银杏是我国著名的古老树种，不仅在成都城乡有着普遍分布，而且自古以来就受到成都人的热爱与保护。据成都市绿化委员会和林业局、园林局联合调查之后于2013年8月公布的资料，成都市五城区共有树龄在100年以上的银杏1804株。这其中，树龄在1000年以上的老银杏有7株：杜甫草堂有2株，金牛宾馆有2株，百花潭公园、陕西街的汪家拐街道办事处、提督街的石化大厦中各有1株。最集中的大银杏林有三处：一是四川大学华西校区的钟楼之侧，一是电子科技大学主楼之后，一是西御河沿街的白果林。如果要找银杏最多最美的道路，就是这里所介绍的银杏路、四川大学华西校区法医大楼前面的道路和成都美国领事馆旁边的锦绣巷。当然，全市最为有名的银杏绝对应当是青城山天师洞的银杏王，相传为汉代张天师手植，就是在全国，也是最古老最有名的银杏王之一。此外，百花潭公园1984年12月从汶川漩口胜因寺迁来的唐代古银杏树龄达1400年，是如今成都主城区最古老也最著名的银杏。

　　如果从古老、漂亮、有文化内涵三重标准选拔，成都的银杏树中应以都江堰离堆公园中的"张松银杏"位列首位。这颗银杏树龄有1800年，树干周长达4.7米，形状有如仙鹤欲飞，又名"白鹤仙"，而且自2000年以来年年结果，故老相传为三国名士张松手植，多年来一直被呼为"张松银杏"。由于这棵名贵的银杏位于离堆公园内，园艺工人经常为其修枝，所以也可以视为成都最大、最美、最有文化内涵的树桩盆景。

　　2007年3月，青城山天师洞的银杏王与其他九棵千年古树一道被评为成都十大树王。除了树龄在1800年以上的青城山天师洞的银杏王之外，其他的九大树王是：彭州丹景山树龄在2000年以上的汉柏、大邑雾山乡接王寺树龄在1850年以上的红豆杉、都江堰中兴镇上皇观树龄在1300年以上的唐杉、龙泉山长松寺树龄在1500年以上的银杏、崇州化成山大明古寺树龄在1500年以上的化成双楠、都江堰向峨乡棋盘村树龄在1350年以上的大青冈（此树已于2014年5月宣布死亡）、大邑斜源镇太鹏寺树龄在1300年以上的罗汉松、都江堰大观镇普照寺树龄在1200年以上的古楠、大邑西岭镇树龄在1200年以上的黄心夜合（又称宝石木兰）。而被评为成都市民最喜爱的古树则是位于昭觉

"百果大仙"——百花潭古银杏
2009年　林立摄影

"天府树王"——昭觉寺古榕树
2009年　袁庭栋摄影

寺中的树龄在300年以上的极为漂亮的古大叶榕（成都叫黄葛树），相传为清顺治年间丈雪大师手植，已被四川林业厅正式命名为"天府树王"。

在成都城区，过去最受人关注的老银杏是现已不存的在将军衙门的两株，民国时人陶世杰在《银杏》一诗中写道："曾阅朱明与满清，龙争虎斗不关情。昂宵银杏如双阙，镇尔城南老树精。""六百年来万事殊，浑忘黄发（按，指老人）困泥途。饯疏如读唐人画（按，此指汉代疏广、疏受年老同时辞官故事，唐人有《饯二疏图》），合赞贤哉二大夫。"

2008年，从琴台路到合江亭香格里拉大酒店的3.8公里长的南河北岸新建成了一条银杏大道，这其中包括了现在的锦里西路、锦里中路、锦里东路、滨江西路、滨江中路、滨江东路，而在锦里西路、锦里东路和南河交汇处形成了两片银杏林。与此同时，武侯区决定与成都大学美术学院合作，将银杏树集中的锦绣街与锦绣巷打造成为银杏文化街区，形成独特的银杏景观。

作为以银杏为市树的成都市，在2009年12月又做出了一个在全国首次的颇有诗意的决定：当冬日的银杏落叶将大地打扮成金色一片的日子里，环卫

锦里西路银杏道　2005年　周孟棋摄影

工人对以下12条街道与6个小游园的银杏落叶"只拣不扫",让广大市民尽情欣赏"接天连叶无穷金"的美景。这12条街道与6个小游园是:锦江区的大慈寺街、合江亭周边、人民东路口街心花园,青羊区的锦里东路、锦里西路、西华门街、拒霜园、银杏园,金牛区的银杏路、金沙路、为民街街心花园,武侯区的锦绣路、锦绣巷、浆洗街小广场,成华区的建设北路一段、香木林街心花园,高新区的锦城大道、天府大道北段。

根据2013年的资料,成都全市共有树龄在100年以上的古树名木8020

锦江银杏　1997年　喻磊摄影

株，位列全国省会城市之冠。五城区中除银杏之外，还有楠木 1503 株、黄葛树 357 株、樟树 325 株、柏木 293 株、皂荚 228 株、红豆树 192 株、罗汉松 152 株。这其中，500 年树龄以上的有 39 株，1000 年树龄以上的有 7 株。古树名木分布最集中的地点的前三位是杜甫草堂、武侯祠、望江公园。

桂花巷附桂花街

这是清代满城中的一条胡同，因为栽有丹桂而名丹桂胡同，民国初年改为桂花街。因为与南城的桂花街同名（这条桂花街不长，位于指挥街以南，中间以盐道街为界，过去西接东桂街，因为修建岷山饭店而拆除），所以又改名为桂花巷，一直使用到今天。

1935 年 12 月，著名作家李劼人从斌升街迁居桂花巷 64 号"聚园"，在不到两年的时间中，继《死水微澜》之后，在这里写成了他的不朽名著《暴风雨前》和《大波》，著名的《大河三部曲》得以完成。

正在拆迁的桂花巷　1985年　陈锦摄影

东桂街

东桂街位于南大街东侧，西边与文庙前街相对。因为是进入老南门之后的第二条街，所以也称为南门二巷子。因为修建锦江大礼堂和人民南路而拆除了大半，所以今天的东桂街是一条很短的半截街。在过去，东桂街一直要通向指挥街以南的桂花街。

东桂街一带在明代是蜀王的花园，种有很多桂花，所以在清代修建为街道之后便命名为桂花街，康熙二十六年（1687）更名为东桂街。

东桂街在清康熙二十六年建有文昌宫，是当时成都多处文昌宫中最重要的一处（另一处较重要的文昌宫建在九眼桥北，又名"江上灵宫"），每年春秋两季的官方祭典都是在这里举行，所以当时也把这条街称为文昌宫街。东桂街在清代还建有两广公所，即两广移民于广东会馆与广西会馆之外在成都新建的会馆，现已不存。

成都最早的红十字会于1912年设在这里，名为中国红十字会成都分会。

辛亥革命前一年即1910年，四川省咨议局的机关报《蜀报》创刊，报馆就设在东桂街（四川省咨议局设在与东桂街相邻的纯化街，印刷是在金玉街的文伦书局）。社长由四川省咨议局局长蒲殿俊兼任，总编辑由四川著名诗人朱山担任，著名学者吴虞等任主笔，堪称四川报刊史上罕见的豪华阵容。一直到1911年9月蒲殿俊被赵尔丰扣捕，《蜀报》被查封，共出报12期。作为当时四川君主立宪派的主要言论阵地，《蜀报》上发表过不少反清排满和支持保路运动的重要文章，单是吴虞的文章就有十多篇。

1924年12月，成都最早的艺术专科学校——私立四川艺术专科学校在东桂街开办，初任校长周稷，军阀杨森曾出任董事长。按当时男女分校的规矩，女部设于东桂街，男部设于后子门。学

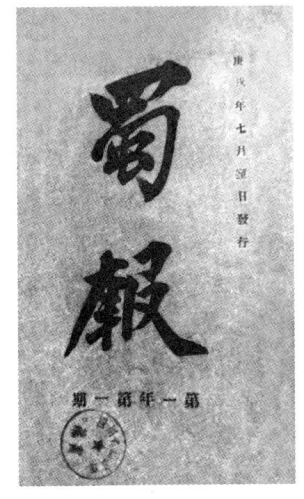

1910年创刊的四川咨议局机关报《蜀报》 四川省图书馆藏

校之下又分为高师四科。抗战时期初迁于正府街,改名四川艺术职业学校。后疏散到彭县,以后迁回九眼桥办学,改名岷云艺术专科学校,专业增为8科,著名画家赵完璧(1904—1994)任校长。新中国成立前夕学校解散,是新中国成立以前成都办学时间最长的艺术专科学校。

鹦哥巷

羊市街北侧,原中共成都市委西侧有一条小巷叫鹦哥巷。

成都方言中的"鹦哥"是鹦鹉的别称,但是这里的"鹦哥"却不是鹦鹉,而是一种植物鹦哥花树,也就是大叶刺桐。因为在这条小巷中过去栽有两棵鹦哥花树,所以就叫作鹦哥巷。

我国西南地区民间把刺桐花叫作鹦哥花,见杨慎《升庵诗话·三句诗》:"刺桐花,云南名为鹦哥花,花形酷似之。"

清代成都的民间著名慈善机构"慈幼堂"即设于鹦哥巷,所以此巷也曾经叫作慈幼堂巷。清光绪三十二年(1906)在成都著名的"五老七贤"之一的方旭主持下,在此巷内开办了慈幼学堂并附设"保赤院",这是仿日本幼稚园的办法在成都开设的第一家官办幼儿园。慈幼学堂和附设保赤院的旧址以后曾经改建为小学与托儿所。1952年,在这里开办了成都卫生学校,近年间已经成为成都大学的一个校区。

另有一种说法认为,过去要劝说人们捐资,往往都是以积德行善、因果报应为说。因为这里曾经设有积德行善的慈幼堂,所以此巷最早叫因果巷,后来因为谐音而误写成了鹦哥巷。

竹林巷附苦竹林街 竹叶巷 上半截街 竹林村

竹林巷位于红星路二段以西,北接桂王桥西街,南接和平街,本名金狮巷,因为位于过去的子龙塘(介绍见"和平街")的西侧,那里曾经有过一片竹林,故而又名竹林巷。

成都近代历史上最著名的藏书家、爱国人士严谷声(介绍见"和平街")晚年就住家在与和平街相邻的竹林巷。川剧界一代宗师周慕莲的故宅也在竹林巷。

康芷林与周慕莲合演《玉簪记》

周慕莲(1900—1961) 成都人。13岁学戏,1920年加入著名的"三庆会",得到康芷林等多位名师指点。1934年还专门出川,到上海等城市向各派名家虚心学艺,与京剧"四大名旦"都有多次切磋,有"表情种子"之誉,是公认的川剧旦角一代宗师。他还培养了一批著名的旦角表演艺术家,如黄佩莲、青莲(邓先述)、紫莲(邓渠如)等,他们与另一周门弟子、著名文武小生赵仕莲一起并称为"周门四朵莲"。新中国成立以后任重庆市川剧院院长、中国戏剧家协会常务理事,著有《周慕莲舞台艺术》一书。郭沫若在《题周慕莲舞台艺术》一文中曾经这样评价周慕莲:"前有青莲(按,指李白),后有慕莲。一为诗仙,一为剧仙。纵横九域,上下千年。春风度人,桃李满川。"

成都产竹,过去以"竹"为街名的还有苦竹林街和竹叶巷。苦竹林街就是今天江汉路的一段,可是竹叶巷却不是因为竹叶得名,而是另有一番由来。

在原来满城中长顺下街的两侧有几条半截巷。东半截巷在民国时期即已不存,西半截巷一直存在,到前几年旧城改造时才被拆除。上半截巷一直存在,民间长期只名叫半截巷,现在名叫上半截街。下半截巷这个名字自改名以来一直不被当地的居民所接受,因为在成都方言中把人的下半身也呼作人的下半截,用作街巷名称就颇为不雅。当时在下半截巷中住有一位祖籍安徽桐城的姚姓人家,是我国著名的桐城派文学家姚鼐的族孙、曾经任过左都御史的清代学者、著名书画家姚元之后。姚元之家修有竹叶亭(竹叶亭旧居今天仍在,即桐城市北街小学所在地,是桐城市市级重点文物保护单位),自号竹叶亭生,其著作以《竹叶亭杂记》最为知名。所以这户姚姓人家就以自己是桐城

竹林巷35号　1994年　陈维摄影

西半截巷民居　2002年　赖武摄影

竹叶亭后人的名义，于1923年向市政当局提出建议，申请将下半截巷改名为"竹叶巷"。这一申请得到了批准，从此以后成都就有了一条竹叶巷。竹叶巷的位置就在长顺下街以西、四道街与焦家巷之间，已经在城市改造之中拆除。

中国共产党第一个成都市委员会是在1927年冬天建立的，第一任市委书记是张秀熟。这个成都市委机关的办公处与联络点，就设在竹叶巷8号李静轩（当时是川军刘文辉的参谋长，已经加入了中国共产党）的私宅里面。

关于上半截街与半截巷，有几点需要说明：第一，由于"半截"与"半节"读音相同，意义相近，所以上述的几处半截巷在成都不少地方也写作"半节"。不妥，应当是"半截"。第二，新中国成立以后，陈毅同志的三弟陈季让住家在原四川电影院侧的另一条半截巷（现已拆除），所以曾经有一些文章把上半截巷误认为陈毅同志在成都的故居，这也是不对的。第三，上半截街目前仍在，位置在长顺下街东侧，东二道街与过街楼街之间，街道标牌写着"上半截街"，而且真是一条很短的半截小巷，门牌号码只有12—20号。可就在这8个门牌上，却有"上半节街"、"上半节巷"、"半节巷"三种错误的写法（原因应当是成于不同的时期），多年未改正，是成都街道门牌中错误最突出的一处。

竹林村原来是从九眼桥往南向三瓦窑方向道路旁边的一片四合院式的平房，北邻劳动路，东边就是府河。新中国成立以后是在四川大学校园以外的员工居住区，周围全是农田，因为院子四周多有竹林，所以名叫竹林村。与竹林村相邻的就是当年的河心村、今天的东湖。著名学者谢无量曾有《成都近郊河心村》一诗描绘当年景色："木槿编篱土筑墙，田家住在水中央。五月穿棉六月冷,门前夜夜稻花香。"近年来四川大学校区扩大,原来的竹林村已全部变成了校区内大片楼房的宿舍区,但是仍然称为竹林村。

泡桐树街附外南泡桐树

泡桐树街位于实业街与支机石街之间,原来是清代满城之中的仁里胡同(与上述的上半截巷的仁里胡同同名)。民国初年取消胡同的名称,因为街内有一棵大泡桐树而改名为泡桐树街。

创建于1961年的泡桐树街小学是教育部授牌

泡桐树街　20世纪90年代　周孟棋摄影

的全国现代教育技术实验学校,位于本街的东头,是四川省和成都市最负盛名的小学之一。

四川省第一条公路成灌公路的修建与管理单位成灌马路总局当年就设在泡桐树街。据笔者所知,我国所筹划修建的第一条公路不是在沿海,而是成都的成灌公路。1912年,护理四川都督胡景伊采纳了一些新派人物的建议,决定在成都与灌县之间修建一条可以通行汽车的公路(当时叫马路),委派巡警总监戴鸿畴为总办,聘请刘锡松为主任技师。测出的线路就是今天的老成灌路,全长55公里。修筑是从灌县首先开工。因为沿途均有人以"破坏风水、有扰墓地"等种种理由坚决反对,特别是沿途四县(成都、郫县、崇宁、灌县)的哥老会全部不予支持,所以只修了一公里示范性的路基到赵家院,就不得不全面停工,已修的这一公里也在以后恢复为农田。而在第二年,即1913年,湖南从长沙到湘潭的公路就修成了,成都的这个"第一",就只能留在文献记载之中。成灌公路停工以后,就开始了讨袁之战,然后就是无休止的四川军阀混战。一直到1924年,杨森主政四川,他决定把官办改为官商合办,招募商股,最大的股东是江津人张鹿秋。于是张被委任为成灌马路总局会办,办公机构也由灌县迁到成都泡桐树街张鹿秋的家中。与此同时,又组建了商办的成灌马路长途汽车公司,共有汽车9辆。

抗战时期的成都客运　刘永禄提供

四川著名爱国民主人士张为炯在成都的故居就在泡桐树街。

张为炯(1888—1972)　四川德昌人,在西安陆军中学读书期间参加同盟会。因为他是德昌人,又与刘文辉在保定军校同学,所以长期是刘文辉的重要助手。西康建省后,他担任省政府秘书长,只要是刘文辉不在西康,他就代行省政府主席职务,故而长期被称为"代主席"。他一生信佛,清廉自守,在西康地区有很高的声望。1949年12月12日,他根据刘文辉与他商议好的决定,在雅安宣布西康省起义,接受北京中央人民政府的领导(当时刘文辉在成都举行彭县起义,不在西康)。由于当时由他指挥的兵力有限,解放军一时又不能到达,国民党军队田中田部进攻雅安,原刘文辉部师长唐英又意图叛变。紧急时刻,张为炯以坚定的立场和沉着的毅力,率领省府人员避走灵官寨(今宝兴县灵关镇)固守,一直等到解放军进入雅安。他的这一举动受到了党和人民高度的赞扬,被选为西康省人民政府副主席。西康与四川合并之后,他又担任了成都市副市长、四川省副省长和民革四川省委主任委员。

成都以泡桐树为地名的还有一处,就是今天的锦里西路。新中国成立以前,因为这里的南河边上有一棵很大的泡桐树,又地处南城墙之外,所以人们就把这一带叫作外南泡桐树。新中国成立以后这里修成了道路,命名为外南人民路。近年间南河沿岸的街道进行扩建，更名为锦里西路。

柿子巷

柿子巷位于同仁路与金河路之间，是一条 L 形的街道。原来是清代满城之中的太平胡同。民国初年取消胡同的名称，因为街内有一棵柿子树而改名为柿子巷。近年来，因为成都市服务就业管理局职业介绍中心设在这里而为很多成都人所熟知。

闻名全国的四川骨科杜、何、杨、郑四大流派中的两家都出于柿子巷，这就是以杜自明、杜琼书父女为代表的杜氏骨科和以何仁甫、何天祥父子为代表的何氏骨科。他们两家的故宅都在柿子巷。

杜自明（1878—1961） 出身于一个满族骨科世家，自幼习武，并随父学习骨科医术。从 1902 年开始悬壶济世，逐渐成为当代骨科泰斗级人物，他的骨科手法与叶心清的金针针刺被时人称为成都的两门绝技。1931 年，成都女子师范学校发生塌楼大事故，伤百余人，经杜自明逐一治疗，没有一例残疾，更无一例死亡，成为中国抢救伤员的一次奇迹。新中国成立以后被聘到成都铁路医院工作，为当时在修建铁路中大量的骨伤患者解除了病痛。1956 年，因邓小平、贺龙的推荐，

柿子巷杜自明医馆旧址
2001 年　冯水木摄影

以年近 80 的高龄进京，在中医研究院创建骨科并任主任，以其独特的手法治疗各种骨科难症。铁道兵司令员李寿轩中将多年的脊椎病被他治愈后，下令铁道兵 8 个师各派一名骨科医生来京向他学习。北京很多舞蹈家与著名运动员如陈爱莲、白淑湘、郑凤荣、李富荣等都曾经接受过他的治疗。他在成

都时被选为成都市人民代表,在北京时被选为第三届全国政协委员,有《中医正骨经验概述》《扭挫伤治疗常规》等著作行世。

何仁甫(1895—1969) 出身于蒙古族正骨世家,为何氏骨科第四代传人。他武功高强,自制方药,一生中为无数患者解除了病痛,特别是为很多运动员和表演艺术家治好了各种伤痛,往往有手到病除的奇效。撰写有《仁济医话》《无暇斋正骨经验》《特呼尔氏骨科手法》。如今在成都有很高知名度的四川舞蹈损伤研究所所长何天祥、八一骨科医院院长何天佐、四川省中医研究院骨科医院院长何天祺都是何仁甫之子。

20世纪90年代设在柿子巷中的何氏骨科诊所
杨显峰摄影

梨花街

梨花街是人民南路一段与大业路之间的一条小街,这里在明代地处蜀王府外城东南(蜀王府外城南墙很可能在今东御街与西御街一线),曾经栽有不少梨树,形成街道之后就定名为梨花街。到了清代,梨花街就只是街名,街上已见不到梨树了。

当代的成都名校成都师范附属小学设于本街西头(后门开在染房街,在较长时期主要从后门出入)。因为城市建设的需要,已迁入学道街老古巷的新校区。这所学校的前身是1908年开在文庙后街的淑行女子师范学堂的小学部,后迁红照壁,1960年迁来梨花街。2008年10月25日,这所古老的小学庆祝了建校100周年。

清道光十三年(1833),东外净居寺的潜溪书院迁来本街的东头。清末开办新学时,于光绪二十九年(1903)将潜溪书院改建为华阳县立高等小学堂(国民党元老张群就是第一班即甲班的学生),是成都地方政府开办最早的公办小学。1906年更名为华阳县立中学,而华阳县立小学则改建在中学对门。在1917年的军阀混战中和抗战时期日本侵略军的轰炸中,学校曾经两度被毁。1945年以后初中部是在文庙街何公巷中的华阳县文庙内办学。1952年华阳县立中学与布后街的大成中学合并为成都三中,在布后街办学。在原华阳县立中学旧址,曾经办过光华街小学和光华街中学。

  民国时期的华阳县中曾经是成都的中学名校之一(民国时期长期有"成华联"之称,即成都县中、华阳县中、成属联中),蜀中学界诸多著名人士均曾在此授课(如著名教授庞石帚、赵少咸教国文,华西大学校长张凌高教英语,原成都高师校长周叔阜教地理,冯玉祥驻川代表高兴亚将军任军训教官),林思进曾经担任校长。学校春秋两季各收一班,但是每次报名人数都近千人。1934年和1935年两次全国中学生作文比赛(题目分别是《拒毒论》和《抗战必胜论》),冠军均为该校学生获得(当时还只有初中,高中是1941年才开办的)。抗日战争时期为了躲避日本侵略者的轰炸,于1939年迁至东外高攀桥桂溪寺办学。1945年迁回城内之后,桂溪寺在1947年继续开办了一所特别的学校——私立桂溪中学,由中共地下党组织领导的四川大学进步学生

1908年开在文庙后街的淑行女子师范学堂,为成都师范附属小学的前身。 马小弥提供

团体"中国教师社"创办，其目的是储备人才、迎接解放。校长黄大洲等负责人都是地下党员，学校中进步空气十分浓厚，有如成都的小解放区。语文教材以鲁迅著作为主，"公民"课教材有《新民主主义论》和《土地法大纲》。师生们修建的两条道路则命名为"五一路"和"五四路"。当时的教育厅曾经两次下令查封，但学校仍然坚持到成都

1957年12月成师附小的学生为纯化街幼儿园的小朋友接龙衣　杨永琼提供

解放，全校的学生有80%参加了中国人民解放军，余下的学生并入了川大附中，川大附中以后更名为成都十二中。

梨花街上过去有全市著名的药王庙（另一著名的药王庙在陕西街），每年农历四月二十八都要举办药王会，祭拜唐代大医药学家、药王孙思邈（成都长期传说孙思邈于四月二十八在青城山撰成著名的《千金方》之后白日飞升，其他地方多传说四月二十八是孙思邈的生日），医家免费诊病，药店免费施药，病人则跪拜祈福祛病，甚至有几步一叩的求医问药者。清人《竹枝词》中写道："脂粉不施露真面，梨花街上拜香台。轿帷深下豪家女，不为药王谁走来！"

改革开放之后，梨花街与相邻的染房街一道成了小商品批发市场，梨花街2号的4层大楼是四川省图书音像批发市场（俗称四川书市），它在十几年间一度是全西南最大的书市，四楼上则有西南最大的古旧书市场。虽然四川书市现在已经迁往解放路，但是它依然是四川一代读书人难以忘怀的地方。

枣子巷

枣子巷位于西安中路到西一环之间，是新中国成立以后从一条乡村小道逐渐发展为街道的，因为过去在西段的南侧有一片枣树林，所以定名为枣子巷。近年来在街头又栽了几棵枣子树，夏秋之际又可以见到树上挂着的枣子。

巷北有四川社会主义学院。著名女书画家、诗人、学者黄稚荃晚年就居住在学院的宿舍中，直至辞世。

青年黄稚荃

黄稚荃（1903—1993） 江安人，出身书香世家，自幼学习诗词书画。1930年毕业于成都高等师范学堂，次年以全国第四名考入北京师范大学研究生院，师从著名学者黄节研究古典文学，从此走上治学与教学之路，曾任国史馆纂修和四川省内几家高校的教授。她以诗、书、画、史"四绝"驰誉全国，被公认为蜀中才女，名重士林。新中国成立前夕，国民党当局送上机票两张，劝她携幼子去台湾（她丈夫冷杰生早已被四川反动军阀暗杀），被她坚决拒绝。新中国成立以后任四川省政协常委、中华诗词学会顾问、四川诗词学会名誉会长、四川诗书画院顾问、成都市书法家协会名誉主席。

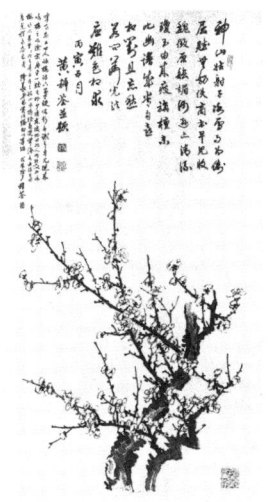

黄稚荃绘《墨梅》

黄稚荃撰书的楹联

黄稚荃、黄筱荃、黄少荃姐妹三人，均为蜀中著名才女，早有"黄氏三杰"之誉。筱荃毕业于成都大学，曾任江安中学校长，精于中医。周太玄任川大校长时，聘其为校医，"文革"中被迫害而自杀身亡。少荃毕业于中央大学,新中国成立以前执教于华西大学,曾受到抗战时在成都的国学大师钱穆的高度评价,新中国成立以后执教四川大学历史系,是笔者恩师,也在"文革"中被迫害而自杀身亡。对于"黄氏三杰"的身世遭遇,周汝昌等前辈都写有专文深切悼念。

著名学者刘子华生前也住在枣子巷。

青年刘子华

刘子华(1900—1992) 成都龙泉客家人。1919年与陈毅同船留学巴黎,他在法国期间运用我国古老的八卦学说预测出了太阳系中第十颗行星的存在,并以天文学中通行的按照希腊神话命名的原则,为之命名为"木王星"。他以1938年完成的这项研究成果《八卦宇宙论与现代天文——一颗新星的预测,日月之胎时地位》获得了巴黎大学的博士学位和法国的国家博士学位。第二次世界大战结束之后,刘子华于1945年回到国内,由于种种原因,他的才能一直未能得到应有的发挥,他的博士论文也一直到1989年才由四川科技出版社正式出版。1999年,在龙泉洛带镇举行了刘子华100周年诞辰的纪念活动,他的汉白玉雕像同时在龙泉桃花沟长松寺陵园揭幕。

1925年刘子华在巴黎医学院预备班上课(第三排右起第三人)　　[法]杜满希提供

据笔者所知，在如何对待刘子华的研究成果这一问题上，学术界存在着很大的争议，世界天文学界的权威机构一直不承认太阳系中存在第十大行星。随着科学研究的新进展，近年来连过去曾经被列入九大行星的冥王星也不再列入，而只承认太阳系中的八大行星。但是，作为科学研究

1919年留法勤工俭学会四川分会颁发给刘子华的会员证　[法]杜满希提供

的探索者，刘子华大胆将我国传统的思维方式用于自然科学高精难题研究，其开拓精神永远值得后人敬佩。

四川现代史上著名人物戴季陶死后就葬在枣子巷。

戴季陶

戴季陶（1891—1949） 广汉人。在留学日本时参加了同盟会，后任《天铎报》总编辑，写了大量反清文章。五四运动时期曾经宣传马克思主义，还参与过中国共产党最初的创建工作，创办过著名刊物《星期评论》，约请陈望道翻译了《共产党宣言》的第一个中译本。但是他最终拒绝参加中国共产党，而成为国民党内的重要理论家和蒋介石的主要谋士。先后任广州大元帅府秘书长、国民党中央宣传部长、黄埔军校政治部主任，并从1928年开始担任了20年的考试院院长（当时的国民党政府由立法院、行政院、司法院、考试院、监察院五院组成，在名义上五院平行，考试院是选取与任用全国所有官员的最高机构）。他与蒋介石的私交极深，他与日本姑娘重松金子的非婚子交与蒋介石终身养育，就是蒋介石的次子蒋纬国。蒋介石一生最重要的理论著作《中国之命运》事实上主要出自于他的手笔。抗日战争胜利以后，他对蒋介石坚持内战的做法并不赞同，对于国民党政府的一败涂地感到绝望，于1949年2月11日在广州服毒自杀，当局在广州为之举行了公祭。他的长子戴安国将灵柩护送回成都，在国民党元老居正主持之下举行国葬仪式之后，与夫人纽有恒（纽氏死于1942年）合葬于枣子巷戴家花园其母墓

地之侧。1949年9月12日蒋介石来到成都，当天下午立即到戴季陶墓前献了花圈。1954年因为枣子巷南边新建成都中医学院，戴家坟墓由其女戴汉英迁于罗家碾。"文化大革命"中，其墓以无主坟墓被抄平，戴氏夫妇与其母的遗骨被附近一家农民收拾另葬。1993年，戴氏夫妇的骨灰在运去台湾由蒋纬国举行了祭奠仪式之后再运回成都，经昭觉寺方丈清定法师的协助，由蒋纬国的代表祝康彦与在成都的戴氏后人共同将戴氏夫妇的骨灰改葬昭觉寺。蒋纬国在匾额上题写了"唯

昭觉寺中的戴季陶夫妇骨灰墓
2009年　袁庭栋摄影

心是佛"四字，墓碑上的文字由原台湾"故宫博物院"院长、国民党中央党史委员会主任委员秦孝仪篆书。

有记载说，枣子巷就是因为民国初年戴季陶在他母亲墓园中栽了两行枣子树之后才得名的。

拐枣树街

太升南路以东、玉沙路以南有一条小街名叫拐枣树街，因为清代街北头的曹进士公馆内有一株百年拐枣树而得名。

拐枣树是一种果树，果实很小，有如小豌豆，人们吃的并不是它的果实，而是它形状扭曲、颜色红褐、肉质肥厚、甘甜如饴的果柄。四川所称的拐枣就是它的果柄，其他地方又称鸡爪枣、金钩子、木蜜、木珊瑚、牙米子、变罗罗。拐枣是一种中药，老成都人特别喜欢用拐枣泡酒，有活血化瘀、去湿平喘的功效。

《诗经·小雅·南山有台》中的"南山有枸"的枸，很多学者认为就是

拐枣。《史记·西南夷列传》记载了一种只有蜀地才出的"枸酱",远销"南越"。对于这种古代蜀地的著名外贸产品,有的学者认为就是用拐枣制成的。

清嘉庆六年(1801),成都县令张人龙集资创建芙蓉书院于本街北端的慈云寺旧址,所以本街北端就有了芙蓉街的街名。咸丰三年(1853)芙蓉书院迁往青龙街墨池书院,芙蓉书院原址成了科举考试的帘官公所,于是拐枣树街的北段就改称为帘官公所街。

皂角巷

一环路北二段以南,原来有一条无名小巷,1981年地名普查时因为巷口有两棵很大的皂角树而命名为皂角巷。皂角巷已经在城市改造之中被拆除,两棵皂角树现在也只剩下了一棵。

皂角又名"皂荚",是一种可以长到20米以上的高大乔木,果实长在肥厚的荚中。这种荚古时就称为肥皂荚,简称肥皂,在四川民间则称为皂角,泡在热水之中或用水煮沸之后可以用来洗衣洗头。千百年来我国洗衣洗头的主要洗洁用品就是由皂角树的皂荚与另一种患子树的果实来承当的(在四川还有一种以白泥加草灰做原料的球形"退油丹"),早在汉代的《急就章》与《南齐书》《南史》中就有好几处记载。患子本名应当是无患子,四川通称为患子或菩提子(所以把患子树也称为菩提树),古时也称为肥皂果或肥珠子,也可以简称为肥皂。直到现在,很多中老年的女同志仍然认为洗头还是皂荚与患子这种天然的生物原料最好,所以在农贸市场上偶尔还可以见到贩卖皂荚

20世纪80年代成都肥皂厂生产的"芙蓉牌"肥皂　何家秀提供

与患子的小贩（现在多是用一口大锅熬成溶液之后瓶装出售），生意仍然不错。西郊原苏坡乡培风村四组有一株300多年树龄的"皂角王"，要三个成人方能合抱，每年可产成熟皂荚600多斤，长期供全组300多人洗头洗衣之用。

据笔者所见，目前在成都市中心最古老、最大的皂角树在东胜街，已经被园林部门作为珍贵古树用铁栏杆加以保护。

当从西方传入以油脂和氢氧化钠溶液制成的肥皂后，四川民间长期称之为"洋碱"，而"肥皂"这一名称正是借用的皂荚与患子的名称。

东胜街的老皂角树　2009年　林立摄影

白蜡村

双桂路以南、五桂桥以西的原无缝钢管厂职工住宅区内，有一个名叫白蜡村的居民区，已经在近年的城市改造之中被拆除。白蜡村的得名，是因为这里过去种有白蜡树。

今天绝大多数的成都人都没有见过白蜡树，甚至不知白蜡树为何物，以致在很多场合都把"白蜡村"误写为"白腊村"，包括一些介绍成都的书籍与地图。

白蜡树是一种落叶乔木，因为树上可放养白蜡虫以收取白蜡而得名。白蜡虫是一种小昆虫，一般寄生在白蜡树与女贞树上。雄性的白蜡虫所分泌的白蜡是一种不多见的动物蜡，是医药、纺织、军工、电子工业的重要原料，也是我国的特产，所以在世界上又称为"中国蜡"。我们的祖先很早就掌握了放养白蜡虫以收取白蜡的技术，所收获的白蜡是我国传统的重要出口物资之一。四川是我国最大的白蜡产区，峨眉山地区的米心蜡是全国最著名的优质白蜡（峨眉山上万年寺中著名的普贤铜像就是用白蜡做模型制作出来的）。白蜡村这一地名是成都城区过去也出产白蜡的罕见证据之一。

今天的成都已经不出产白蜡，但是成都街道上的行道树中有不少女贞树（成都人俗称"爆屹蚤"）上有时也会有白蜡虫。因为雌性白蜡虫产出的虫卵是生存在一个个大如李子、小如豌豆的介壳中，每个介壳中都会孵化出很多白蜡虫，所以峨眉山区的农民有时会到成都街道上寻找这种长在女贞树上的小"果果"，摘下来运回家乡去挂在白蜡树上放养。这就是我们有时会在四五月份看到一些农民爬到行道树上摘那些小"果果"的原因。

槐树街

槐树街原来是清代满城中的槐树胡同，民国时期改名为槐树街，位于长顺街和同仁路之间。改革开放之后新建从羊市街向西出城的通道，当时的工程名称是羊市街西延线，简称"羊西线"。整个新通道建成之后分段命名，从东到西分别是东门街、槐树街、永陵路、抚琴西路、蜀汉路、蜀西路、西芯大道。成灌高速建成以后就是成灌高速的主入口。由于羊西线这一非正式的工程名称早已在人们的口中普遍传用，槐树街这一正式名称反而被羊西线的俗称代替而少为人知。

当年的槐树胡同有过好多老槐树，还有一片槐树林，今天只剩下几株，但是还有几株高大的老银杏树立在车水马龙的大街之旁。在成都市区的主要交通干道上还有几棵高大老银杏树的，也就只有这条槐树街了。

民国时期著名法学家、吴虞的堂弟、担任过北京大学教授、成都大学教务长、四川大学秘书长与法学院院长的吴君毅（1886—1961）的私宅就在当年槐树街西头的34号。著名学者向宗鲁1935年至1941年在成都时期也居住在本街的李炳英宅（李炳英也是一位著名学者，曾先后担任四川大学、光华大学、川北大学、四川师范学院中文系主任）。

槐树街 1910年
［英］威尔逊摄影

槐树街
1988年
赖武摄影

槐树街上有风俗画
的院墙
1990年
赖武摄影

向宗鲁（1895—1941） 重庆人，自幼饱学，《昭明文选》这样的大部头典籍可以全书背诵，人称"向书柜"。在成都存古学堂求学时为廖平的得意弟子，也是非正式的学术秘书。生前长期担任重庆大学与四川大学教授，抗日战争时期在峨眉山伏虎寺卒于四川大学中文系主任任上。向宗鲁是蜀中著名的古文献学家，所校注的文史典籍多达十余种。由于他具有蜀中前辈学人轻易不言著述的严谨传统，故而他的研究成果在生前多未问世。直至他去世之后多年，《校雠学》《说苑校证》《周易疏校后记》《月令章句疏证叙录》等著作方由其弟子屈守元、王利器等整理出版。

民国时期，有3位蜀中文史名家英年早逝，这就是36岁的刘咸炘、36岁的吴芳吉、46岁的向宗鲁。

干槐树街

干槐树街位于布后街的东边，原来的街名也叫布后街东段，清末因为原来的三号院中有一棵干枯的老槐树，所以改名为"干槐树街"。红星路建成之后，原来的布后街被分隔为东西两段，为了方便，就把红星路东侧原来属于布后街的一段划入了干槐树街，所以今天的干槐树街要比原来的干槐树街长，原来属于布后街二号的省文联大院今天就位于干槐树街了。

设在本街的成都市第三幼儿园的前身是在1915年由四家基督教会联合开办、共同管理的"树基儿童学园"。这是成都（也是全省）最早开办的以近代教育管理方式进行管理的幼儿园，也是各种设施与环境最好的幼儿园。以幼儿教育为主，陆续开办有婴儿园、小学、女子师范学校、幼儿师资培训班，还有为职业妇女设立的托儿所、为贫苦家庭设立的平儿班。"树基儿童学园"还有一个特点，就是多年来一直由女性担任园长。

从抗战时期直到新中国成立前，干槐树街曾经是高级妓女的出没之所。成都第一家也是最著名的一家以扬州妓女招客的"云裳台基"就是由扬州鸨母管金秀（时称"三姨妈"）于1933年开设在干槐树街11号。抗日战争时期，从江苏、浙江等地来到成都的妓女被称为"扬州台基"，其资格最老、等级最高、势力最大的鸨母就是管金秀。新中国成立以后,管金秀被人民政府判刑15年。

"台基"一词起源于上海,是一种不挂红灯不挂牌的较为新型的妓院,时人称"台基者何?借台演戏,仅租基地,云雨自兴,巢窠是备"。又据流沙河先生考证,"台基"一词应当起源于宋玉《高唐赋》中"巫山阳台女名瑶姬"中的"台姬"。今日色情行业所称的"坐台""出台",据说就是源于当年的"台基"。

双槐树街

双槐树街位于锦官驿片区,东接金泉街,西接水井街,过去这几条街就组成了从九眼桥进城的主要通道。

清代时,街北有两株大槐树,街道因此而得名。直到新中国成立以后,还有一棵大槐树。2006年,这棵老槐树因虫蛀而死去,但是在这条街以及相

双槐树街21号院　2006年　周筱华摄影

邻的金泉街与水井街上，至今还可以见到好多棵比较老的槐树。

清代与民国年间，这条街的主要从业人乃是制作棺材者，使用通过锦江从各地贩运而来的木料制成各种档次的棺材出售的商铺有十多家，是全市最著名的棺材一条街。由于制作棺材的毛利超过100%，所以双槐树街上最大的棺材铺老板王剑鸣财大气粗，曾经出任四川省商会会长，甚至竞选过"国大代表"。

双槐树街老院过道的千脚泥
2001年　周筱华摄影

三槐树路

从新华大道入城，过了新华路大桥（即俗称的二号桥）就是三槐树路。这条路是新中国成立以后为了新建东郊工业区的交通需要，对几条小街小巷进行改建和扩建之后形成的。原来的双凤桥街、三槐树街和贵州馆街都在这个时候被拆除了。1966年被定名为新华东路一段，1988年整个新华大道全线贯通，各段分别命名，这一段因为原来就有"三槐树街"而被命名为"三槐树路"。据当地老人讲，过去街上有王姓大户，栽有三棵槐树，故而有三槐树街之名。又因为与贵州馆街相邻，所以也被叫为贵州馆街。

在我国现代史上，四川的军阀混战无论是其时间之长、次数之多、规模之大、危害之烈，均居各省之首。而在四川军阀混战之中，还出现了若干奇闻怪事，其中堪称"牛鬼蛇神"第一人的刘从云，就长期居住在三槐树街。

刘从云（1884—1957） 威远人。自幼在江湖上学习各种歪门邪道，以算命卜卦、预测吉凶为生。稍有名气之后创立"孔孟道"，自任道长，在各地收徒开馆，任弟子称他为"神仙"，并逐步把影响扩大到军政人物之中。1923年他来到成都"传道"，刘湘、杨森、田颂尧、刘存厚、邓锡侯、潘文华、刘文辉、王缵绪、王陵基、李家钰等川军的绝大多数高级将领都先后拜他为师。他被授予多种头衔，刘湘任命他为"军事高等顾问"兼"模范师总办"，成为公开的"军师"，在三槐树街32号为他修建了豪宅"鹤居"，时人称之为"神仙府"，拨巨款给他组建一支"神军"（对外番号叫"模范师"），骨干全由他的"神仙弟子"担任。1933年，蒋介石任命刘湘为四川"剿匪总司令"，统率各路川军进攻川北的红军。刘湘为了利用刘从云来缓和川军各派系的矛盾，就任命他为四川"剿匪"各军前方行营委员长，以选择"吉日"与"吉路"的"神术"指挥作战。其结果是被红军打得大败，各路川军损失惨重，一些川军将领要求"诛刘妖以谢川人"。在这种情况下，刘从云只得辞去军职，往重庆、汉口等地活动，建立"经纬公"、"玉虚圣学院"等组织。四川解放前夕，他疯狂地组织反动势力潜伏各地，企图进行长期破坏。成都解放以后，他被政府逮捕法办，判处死缓。1957年病故。

成都人十分熟悉的猛追湾游泳场于1957年在街道的北边建成，这是成都市建立的第一个大型游泳场。

以"槐树"命名的街道在成都有好几条，说明过去在成都城中有过很多槐树，很可能与现在北京城中的老街相似。如今成都城中的老槐树已经不多见了，据园林部门调查统计，目前可以称得上古树的槐树只剩下5棵，最具观赏性的是两棵"国槐"，分别位于川大华西校区和武侯祠中。

倒桑树街

南门大桥以西、南河的南岸，有两条相邻的街道，东头是染靛街，西头是倒桑树街，今天已经成了新建的"春江花月"风情商业街的一部分。

倒桑树街得名于过去在街上的确有一株倾斜得就要倒下的桑树。在清代，这一片地区原本是农田，栽有不少桑树，也有不少人家以养蚕治丝为业。

民国时期倒桑树街侧的南河渡船　王大明提供

1910年在这里开办过德兴丝厂，1928年又开办过民生丝厂，所以这条以桑树命名的街道，的确与蚕桑有过很大的关系。

本街在清代曾经有过一座净土寺。清末的1909年，四川劝工总局在净土寺旧址开办四川实业机械厂，这是成都历史上仅晚于天成机器工厂（见"天成街"）的民用机器制造厂，生产榨油机、圆盘印刷机、压面机、压路机、织布机等，还生产过小型的车床、刨床。到了军阀混战的1932年，机械厂改建为造枪厂，就在武侯祠外生产、修理步枪和机枪。所以，就连当年的《华阳县志》的编者也不能不在书中感叹："改为造枪厂，日造杀人之器矣。"

2007年，倒桑树街进行了街面改造，由于这里邻近武侯祠，所以在临街的围墙上绘制了以三国故事为主题的大型连环壁画。

双林路附双桥路

这是改革开放以后成都新建的东城主干道之一，从二环路东三段的万年场向西，跨过一环路东三段到新华桥（即二号桥）与三槐树街相接，也是横贯成都东西的主干道新华大道的东头第一段。今天的双林路实际上已经成为一个片区名，因为除了双林路这个主干道之外，这里还有双林北一街、双林北支路、双林北横路、双林一巷等以"双林"为名的街巷若干条。

双林路的得名是修建双林住宅小区，而双林住宅小区的得名则因为这里

以景物特色命名　**939**

川西坝子林盘人家
1980年　牟航远摄影

处处林盘的成都平原
1978年　牟航远摄影

原来是保和乡的农田，小地名叫"双林盘"。

"林盘"是四川方言，就是环绕农家院落的以慈竹为主的竹木林。千百年来，得益于都江堰自流灌溉系统的川西平原的农家都是分散居住于平畴绿野之间，多数都是独户，宅旁必有小溪流过，周围必有竹林环绕，竹林有大有小，其中有时也有一些树木。林盘中的竹林既是多种农具和生活用具的原料，也是修建茅屋的建筑材料，竹笋是食品，竹叶是燃料。所有的农家都离不开林盘，成千上万个林盘就是闻名中外的天府之国的细胞，整个川西平原就是由成千上万个林盘构成的生态大花园。

清代曾任四川盐茶道的钟蘧庵退休之后，在双林盘修建了乡间别墅"来青丙舍"，内有当时城东的著名花园"一弓园"。

在双林路以南还有一条与之相邻而平行的双桥路，其得名却不是因为双林盘，而是因为原来在这里有一个小地名叫双桥子。双桥子所在地区过去完全是一片农田，还有两条相邻不远的水渠，一条灌溉今天万年场的农田，一条灌溉今天牛市口的农田。清咸丰元年（1851），当地农民在这里的两条小渠上同时用石板搭成了小桥，故而周围就把这一片地区叫作双桥子。新中国成立之初，国家在这里兴建了大型的军工企业新都机械厂（成都人一般都叫420厂），制造航空发动机，成了成都东郊新兴工业区的一部分。1958年在新都机械厂宿舍区中形成了一条主干道，工人们习惯地称之为"上班路"，以后逐渐发展为连接东一环路与东二环路的一条街道，属于保和公社万年场大队范

▶ 成都无缝钢管厂与420厂交会处
　2004年　唐跃武摄影
▼ 通向420厂的铁路桥
　2001年　唐跃武摄影

以景物特色命名　941

围。1962年正式命名为双桥路，在经过了扩建改造后，成了成都东郊的一条主要街道，街道附近的新都机械厂也发展成了著名的成都发动机集团公司。在成都东郊老工业区的调整之中，"成发集团"于2007年外迁到新都区三河镇的成发工业园建立新厂区，老厂区由华润置地公司开发修建为面积达1082亩的大型商住新区"二十四城"。电影导演贾樟柯以这次迁建为背景拍摄了电影《二十四城记》。

三桂前街附双桂路

在原来劳动人民文化宫的西侧有一条南北向的小街叫三桂前街，在其西边原来还有平行的三桂中街和三桂后街。

三桂前街位居城市中心，原来因为街上有一座观音阁而叫观音阁巷，后来因为街上有三棵大的桂花树而改名为三桂前街，附近的两条小巷也就被命名为三桂中街和三桂后街。这三棵大桂花树早已不存，现在街上的桂花树是改革开放之后新栽的。

成都的双桂路是一条大街，就是蜀都大道东头的第一段。这条街道是在新中国成立以后为了东郊工业区，特别是为了修建无缝钢管厂的需要而在农田上新建的，原名东风路三段。1987年建成蜀都大道时，把这一段命名为双桂路，但是与桂花无关，而是指这一段是从西边的双桥子到东边的五桂桥，并从两端分别取了"双"字与"桂"字，命名为双桂路。

我们在上面介绍了老成都一些以花木为名的街道。这里有必要附带介绍一下成都近年来在市政建设中着意打造的一批新型的、以花木

双桂路尽头的成都无缝钢管厂专用铁路线叉道口
2004年　唐跃武摄影

为特色的街道,它们比之老街不再是只有名字而不见景色,而是在园林工作者的手下真正为成都增添了若干有特色的植物景观。除了我们在上面已经介绍的以市花芙蓉和市树银杏为特色的街道之外,还有:春花特色街红星路和一环路东段,夏景特色街一环路北段和一环路南三、四段,秋叶特色街东城根街和西大街,花箱特色街沙湾路,五彩地被特色街大安路、东安北路、青华路、天仙桥南街,修剪整形特色街马家花园路和总府路,竹类特色街新光华街,热带植物特色街一环路南一、二段和机场路东沿线,香花植物特色街长顺上街和小南街,药用植物特色街北大街,月季特色街迎晖路,立体花箱特色街府青路和人民北路。

水碾河路

水碾河路位于蜀都大道与一环路东段的交会处,是成都人向东出城的主要交通孔道。在水碾河路以南、以北还有好多条以水碾河命名的小街,都是属于原来保和公社的万年大队。

水碾河的得名缘于这里过去的一条小河(这条小河是由从新鸿路附近的府河分水的一条小河与从麻石桥附近的沙河分水的一条小河汇合而成的),以及小河上一座清代即已使用的水碾,水碾所在地的小地名原来叫双林盘,这条小河过去也就叫水碾河。这座水碾一直到新中国成立以后仍然在使用,位置应当是在今天的成都饭店的后面。1958年至1960年期间,笔者曾经多次拉着架架车从东一环路经过,每次看到田野之中这座在成都城区附近唯一还在使用的水碾时就会想到家乡的水碾,只不过这时所见到的水碾只有水碾而没有林盘了。也就从1958年开始,为了东郊工业区建设的需要,开

四川省农业改进所的水碾
1943年 [英]李约瑟摄影 杨显峰提供

始修建从总府街向东延伸、穿过一环路到五桂桥的东风路（东风路的西段是在旧城区之内改建，东段是在田地之中新建），两旁的建筑也愈来愈多，水碾和水碾河都不复存在，只留下了水碾河这个地名。

在没有电动的钢质碾磨之前，成都有很多水碾，《成都通览》所记载的"成都之近城水碾"就有11处。目前成都市区内以水碾为街道名称的还有石人小区内的罗家碾街，这是改革开放之后在农田中新建的街道，得名于当年在磨底河上的罗家碾。

随着城市建设规模的扩大，水碾河已经从过去的城市东郊变成了城市中心区的东部。1981年这段道路叫作东风路二段，1987年更名为蜀都大道水碾河路。新建的成都饭店和成都艺术中心都在其与一环路的交会处。在这个交会处的街心花园中，1985年建成了由任义伯设计的成都市城市雕塑的代表作品——《建设者》，在全国第一届城市雕塑建设成就展中获奖。为了解决一环路交通拥挤的难题，这座成都人极为熟悉的雕塑已被迁至沙河的成都工业文明博物馆前。

雕塑"建设者"在水碾河街心花园举行落成典礼
1985年　杨显峰提供

水碾河路北边的成都饭店建成于1984年，1992年被评为我国西南地区第一家四星级饭店，在饭店内拥有多项全省乃西南第一：歌舞演出厅蜀乐宫、对外开放的美食街、室内恒温游泳池、高尔夫练习球道、自办的旅游部。由于经营不善，1997年被降为三星，产权也被转让。这以后，经过查封、托管、接管、拍卖，于2008年全部歇业，2012年10月被拆除。

莲花池街

九眼桥北端往西的锦江北岸，在唐宋时期是成都人从陆路向东的一条进出通道，是人们迎来送往的地方。当时曾经有一个佛寺净胜院，后改名普慈寺。寺侧有一个莲花池，直到清代初年，仍有方圆数里的荷塘。清代末年，普慈寺仍存，附近建成了小街，而且还能够

20世纪末期的莲花池街　杨显峰摄影

见到一个不大的莲花池，所以街道就被命名为莲花池街。莲花池街已经在近年的城市改造之中被拆除。

莲花池地区在民国时期还相当荒凉，曾经是成都枪毙死刑犯的著名刑场，有一个少有香火的尼庵叫地藏庵，其主要经济来源就是用于临时停放死刑犯的遗体。

莲花村

1958年城内新建与改建东风路，遂将原来居住在棉花街、书院正街等街道必须拆迁的居民，和新南门外修建临江路需要拆迁的居民，统一迁到郊外莲花池街以东原桂溪公社莲花大队（当年在这里真还有一大片栽种莲藕的荷田），新建了这片居民区，所以就名为莲花村。其下又从新一组到新十组分为10个组。这个居民区逐年来不断扩大，到1981年地名普查时，正式把片区内的主街命名为莲花村上街、莲花村下街以及莲花村东街、莲花村南街、莲花村西街、莲花村北街，此外还有以东、南、西、北命名的多条小巷。在近年的城

市改造过程中,这一片以莲花村为名的街巷已经完全被拆除,与同时被拆除的新桂村共同建成为规模不小的莲桂小区,虽然新建了莲桂东路、莲桂西路等街道,但是仍然留下了一片叫作莲花村的片区名。

上水巷附下水巷

在今牛市口以东、得胜上街以北,一直到前几年都还有一条不短的巷子,清代名叫水巷子,是从赖家店进得胜场的主要道路。后来又分为两段,分别叫作上水巷与下水巷。所以有这个名字,是因为巷子旁边就是灌溉农田的水沟。新中国成立以后,因为成都无缝钢管厂的修建,这一片都变成了新建筑,但是水巷子的街道名称依旧保留。2001年,上水巷与下水巷都在城市改造之中被拆除。

水津街

东门大桥以南,沿府河东岸的一条街就是水津街。这里在清代曾经有过两个渡口,古代将河道的渡口称为"津",所以这条街在清代就叫水津街。在水津街以南的府河东岸,原来还有一条不长的外东上河坝街直抵南河,在清代曾经是很热闹的两河汇合处的东门水码头。

水津街临河民居　1995年　周筱华摄影

与万福桥旁边的上河坝街相似,很多与水运有关的商铺都开在水津街和外东上河坝街,单是卖柴卖炭(包括煤炭与木炭)的就有几十家,可以说是柴

・街巷・

水津街（左）和水井街（右）交会处　2001年　周筱华摄影

炭一条街。在家家户户都以木柴为主要燃料的年代，在"柴米油盐酱醋茶"这开门七件事中将柴列为首位的年代，水津街对于城市居民生活之重要可想而知。正如《锦城旧事竹枝词》所说的："南河一水汇锦官，驿外舣舟供薪传。莫谓开门七事小，万家瓦屋上炊烟。"一直到了20世纪50年代后期，笔者还看见过从眉山、彭山等地装着一捆一捆"南路柴"的船只开到南河边卖柴给居民，或与居民交换实物。也有商贩将船上的木柴卸下来之后，再把城内居民的粪便装上船运走，成了一种城乡两利的行业。近年来在府河两岸的综合整治之中，水津街被加宽改直，原来沿河一边的房屋全部被拆除，改建为宽阔的绿化带，外东上河坝街也被并入了水津街。

新中国成立之后的东城区图书馆曾经建在本街，成都中药厂原来也在本街。

上池正街附上池北街　南城塘坎街

在新建的锦里东路以北，南大街以西，有一条上池正街，上池正街以北还有一条不长的上池北街。

以景物特色命名　947

上池是上莲池的简称，现在还能见到的上莲池、中莲池、下莲池、小淖坝等都是原来的内江故道遗存，关于这一点，清代著名学者刘沅在《成都石犀记》一文中就已确认。如果把这些地名连接起来，早期从城南流过的内江的路径也就大致可以恢复了。

上莲池又名江渎池，因为邻近祭祀江神的江渎庙而得名。江渎庙初名江渎祠，始建于秦，是当时全国祭祀江神的重要祠庙，重建于隋，原址在今文庙西街一带。清代的江渎庙于康熙六年（1667）重建，正门开在文庙西街，民国时期在其旧址的一部分开办了南城小学，即新中国成立之后的汪家拐小学（原来的祠庙老建筑一直使用到1966年才因为是危房而完全拆除），此后在其旧址还开办了卫生干部管理学院。江渎祠所以会修建在成都，是因为在明代著名旅行家、地理学家徐霞客考察江源之前，我们的祖先一直以岷江为长江之正源，以锦江为岷江之正源。

在成都古代历史上，江渎池是城南一个十分有名的池塘。宋人田况在《伏日会江渎池》一诗中说："江渎池前有流水，灌注蓄泄为池塘。沉沉隆夏压平岸，好树荫亚芙蕖香。"看来在宋代这里就已经是成都城内的一处名胜，而且已经栽种莲藕，所以后来就改名为上莲

上池北街街区小巷子25号　1995年　陈锦摄影

上池北街的旧书摊　20世纪90年代　赖武摄影

池。清人《竹枝词》中这样描绘过这一带的风光："城南人户绿杨株，江渎祠前风景殊。几处洼溏一堤转，上莲池作小西湖。"从清光绪五年（1879）的成都地图上可以看到，当时的上莲池已经分割为一大二小共三个池塘，在三个池塘以东、南大街以西当时还有一条莲池街，后来就形成了西口正对着上莲池的上池正街与上池正街东边的上池北街。

一直到抗战以前，上莲池都还有一片水面。抗战时为了城内居民跑警报方便，在这附近的南城墙上挖开了通向城外羊皮坝的豁口，同时又在这一小片水面中用垃圾泥土填出一条道路，上莲池因此缩小了很多，但仍然保留着中间有一条道路的左右两个池塘。20世纪50年代，这里的城墙陆续拆除，修建的房屋愈来愈多，池塘终于消失，逐渐形成了街道，遂在1958年命名为南城塘坎街，一般都简称为南塘坎街。

明代成化七年（1471），江渎庙铸造了"江渎太子"和两个"江渎妃子"共三尊坐式铜像，在明末清初的战火中十分侥幸地留存未毁，民国时期被移于少城公园中的通俗教育馆收藏。因为体量巨大，没有展厅可放，就一直露天陈放在公园的一条路旁，一直到新中国成立之初仍是如此。四川省博物馆在人民南路的新馆建成以后，三尊铜像被运至新馆，仍然无展厅可以安置，就长期放在展览厅北端的墙外，成了成都著名的长期露天安放的重要文物。

20世纪50年代陈放在人民公园中的江渎庙明代"江渎妃子"铜像

中莲池正街附大塘坎街 小塘坎街 小淖坝街

这条小街原来位于东府街以东、前卫街以南，在它的南边还有一条中莲池横街。

中莲池正街　1996年　赖武摄影

中莲池也是古代内江故道的遗迹，一直到民国初期都还有大约10亩栽有莲藕的池塘，还是"芰荷极盛，周匝植绿杨，春水涟漪，凫鸭晴放，极似江南野塘"（民国《华阳县志》卷二十八）的景色，但是在民国后期即已被填平，现在只留下了地名。

中莲池正街一带位于新南门城内，过去属于成都的贫民区，布满了若干小巷，除了中莲池正街和中莲池横街之外，还有几条小巷名叫小淖坝、大塘坎街（旧名莲池巷）、小塘坎街，这些街巷都已经在近年的城市改造中被拆除，只保留了一条经过改建后的大塘坎街。从它们的得名一望可知都是与水塘湿地有关，因为都是来自于过去的中莲池。

值得注意的是"小淖坝"这个地名。这里原来是一片不大的池塘，淤塞之后成为空坝，清光绪年间得名叫"小淖坝"。"淖"音"闹"，本义是泥沼，早在《左传》中就被使用。但是据笔者的考察，"淖"这种对泥沼的称呼古代基本上都是在北方使用，当代也基本上是在北方使用。四川方言中把"淖"读为"洛"，应当是北方"淖"字读音的变异，又只在成都的"小淖坝"这个地名中使用过一次，在四川其他古今地名中从来不见使用。在蒙古语中，"淖"的意思是湖泊，写成汉字是"淖尔"。所以，笔者怀疑"小淖坝"这个地名中

· 街巷 ·

小淖坝街　1996年　陈锦摄影

的"淖"字有可能是清代在成都的蒙古语汇的遗存。

就在这条狭窄的小街上，过去却曾有一家很时尚的企业的办事处，这就是美国好莱坞的米高梅影业公司。民国时期我国西南地区的美国影片的发行供应，就是在这条小街上进行的。

1960年四川省地方志编纂委员会成立，曾长期设在本街，直到改革开放之后才迁往永兴巷。

下莲池街

从中莲池向东穿过今天的红星路、在王家坝街的东头，就是下莲池街。街道不长却又弯曲，正好说明了当年修建街道时这里还有池塘（在1950年8月绘制的《最新成都街道图》上，下莲池的位置与形状还清晰可见）。明代在下莲池畔建有东岳庙，清代重建，民国时犹在，现已不存。

清光绪三年（1877），在这一地区修建了成都历史上第一家采用近代技术的机械制造厂"四川机器局"（有关介绍见前"拱背桥街"）。

以景物特色命名　　951

1921年,华洋大药房在这里开设制药部,开创了成都化学药品生产的历史。这个小型药厂先后经过多次变化,开设了70多年才在东南里片区的城市改造之中被拆除。

在清末民初,这一带比较荒凉,一度成为官府执行死刑的刑场。四川义和团青年领袖廖观音(本名廖九妹)于1903年1月15日在这里被杀害,中共西南大学支部书记张竟若于1930年11月11日也在这里被杀害,而我们成都人特别不能忘记的则是1928年的"二一六"惨案。

1928年2月16日拂晓,当时的反动当局借口解决省立一中的师生冲突(一中师生拒绝国民党党棍杨铨出任校长,杨铨率军队强行接管而被学生打死),按事先拟定的名单,逮捕了时任成都师大附中教务主任的袁诗荛等进步师生100多人。当天下午,将中共川西特委委员兼宣传部长袁诗荛、中共川西特委委员兼成都职工运动委员会书记郭冀棠、中共川西特委学委书记龚堪慎、中共成都大学特别支部书记钱芳祥、共青团成都市委书记周尚明等10名共产党员、两名共青团员和两名革命青年共14人未经审讯而枪杀于下莲池(刑场的具体地点在原东风制药厂原料车间)。这就是成都现代史上著名的"二一六"惨案,也是蒋介石在上海发动的"四一二"反革命事件在四川的继续。新中国成立以后在磨盘山修建了烈士墓园,立有"二一六革命烈士之墓"墓碑,新南门大桥南侧桥头东边的南河南岸也立有纪念雕塑。

下莲池街民居
1996年
赖武摄影

▲ "二一六"惨案部分烈士（左起）：袁诗荛、龚堪慎、钱芳祥、周尚明、张博诗、韩钟霖。　中共成都市委党史研究室提供

▼ "二一六"烈士纪念雕塑　严永聪摄影

袁诗荛（1897—1928）　盐亭人，五四运动时期成都学生领袖，曾任四川省学生联合会副理事长，创办了《四川学生潮》杂志。1919年11月，领导了全市36所学校一万多名学生抗议军阀暴行的罢课斗争，取得了预期的胜利。他在当时与巴金是很好的朋友，曾经共同创办刊物《革命》，一道追求"理想的新世界"。巴金在后来的回忆中说过："《春》里的方继舜，真名就是袁诗荛。"1920年他参加了王右木组织的马克思主义读书会，共同创办《新四川报》，他还是《人声报》的撰稿人和在南充地区的推销员。1921年他从成都高师毕业之后，应张澜之邀到南充任教，曾任南充中学教务长，罗瑞卿

就是他培养出来的学生之一。1925年春加入中国共产党,以后以盐亭县教育局局长的身份在川北宣传马克思主义。1927年春,党组织决定他以国民党川北特派员的身份开展革命工作,并出任了驻军三台的二十九军田颂尧部的政治部主任兼高等顾问。"四一二"政变发生后,他被党组织调到成都,担任中国共产党川西特委委员兼宣传部部长,其公开身份是成都师大附中的教务主任。他是中国共产党在四川地区的早期重要领导人之一,也是在革命斗争中被敌人在成都杀害的中国共产党在四川地区最重要的领导人之一,牺牲时年仅31岁。

方池街

方池街在小南街以西、蜀华街以北,新中国成立以后四川省总工会长期设于此街。

清代这里位于满城之内,名叫钟灵胡同,得名于胡同东头有一个钟灵坊。后来把街内原有的一个池塘加以整修,改建为一个方形的池塘,故而胡同也改名为方池胡同,民国时期又改名为方池街。这个方池最大时有5亩,栽有荷花,是整个满城中最大的水面。从方池街的方位来分析,街上的池塘极有可能也是古老的内江故道的遗迹,遗憾的是这个池塘早已填平。值得一提的是,附近的老百姓当年把那个池塘叫作"大坑沿儿"(附近的小南街则称为大坑沿后街),很明显是满城中的满蒙同胞的叫法,是北京方言词汇在成都的使用,与今天北京的南河沿儿、北河沿儿相似。

从1982年到1986年,在方池街的基建工地上,相继发现了丰富的古代文化遗存,出土了石器、骨器、陶器、卜甲和卜骨,可以确认这里是一处极为重要的、成都主城区内第一次发现的从新石器时代晚期至战国时期的文化遗址,特别是青石圆雕捆缚人像、陶塑猪龙和三条竹篾笼络卵石砌筑的堤埂(这一治水工程遗迹的时间要早于都江堰几百年)的发现对于古蜀文化的研究有着十分重要的意义。此后在将军衙门、抚琴小区、指挥街相继发现了古蜀时期的笼络卵石埂护岸工程和木桩排列坝体工程的遗迹,表明了成都地区早期水利工程十分普遍。

▲ 方池街古蜀水利工程遗址
　1986年　周尔泰提供

▶ 方池街李家钰兄弟住宅
　1998年　齐鸿摄影

抗日名将李家钰烈士（有关介绍见"广福桥街"）在成都的住宅有两处，现在都基本保存了下来，而且都在2001年被列为成都市首批22处文物建筑之一。其中一处是李家钰自己居住的文庙前街92号（现由中国共产党四川省委老干部管理局管理使用），另一处就是由李家钰兄弟居住的方池街22号（现由四川省总工会管理使用）。

王家塘街

八宝街以北、江汉路以南，有一条王家塘街。因为这里过去长期有着三个池塘，街内又有王姓人家聚居，一般人就把这三个池塘叫作王家塘，这条街也就在清光绪年间被命名为王家塘街。

在今天的成都城内，除了几个公园内专门保护起来的水池外，已经找不到一个有水面的池塘。而在过去的成都城内，却一直都有好多大大小小的池塘。清末的《成都通览》一书就记载了成都城内的池塘共有28个，诸如王家塘、白家塘、老关庙塘、庆云庵塘、文庙后街吴家祠后塘、桂王桥北街圣心堂后潦塘、永清胡同塘、里仁巷塘等。总之，从有明确记载的唐宋时期开始，成都城内的水面是愈来愈少，直到当代全部消失（公园小区中灌注的水面除外）。

王家塘街的三个池塘在新中国成立初期还可以见到，最大的一个有两三亩，水面上常年长满浮萍，周围的人还可以在这里钓鱼。直到现在，每逢夏季暴雨，王家塘片区仍然会时有积水，可知这一片的确是地势相对低洼的片区。

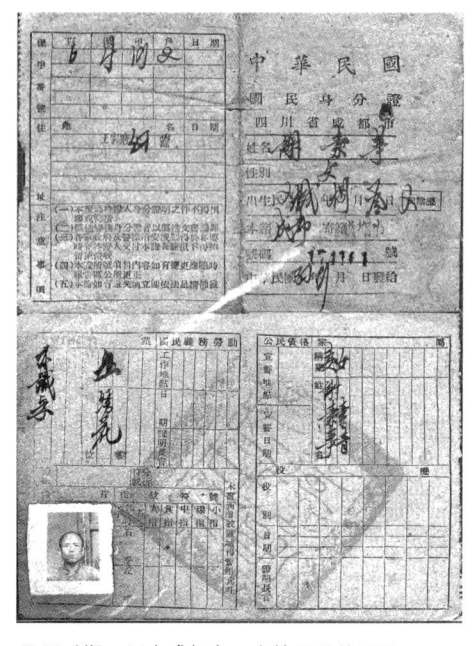

民国时期四川省成都市王家塘居民的国民身份证两件　王大明提供

白家塘街

人民中路以东、文殊院街以南，有一条白家塘街。白家塘街的得名与王家塘街相同。

一直保留到新中国成立以后还可见到的白家塘的面积比王家塘大，大约有10亩。虽然白家塘与王家塘今天都已经不复存在，但是这两个地名却让我们对于历史上的成都城有了更多的了解。

我们的祖先选择成都这个地方作为自己的家园，并且早在金沙文化时期就已经成为古蜀王国的都邑，这肯定是经过了长期的比较与优选。这里的海平面要比北边的金堂、南边的新津略高50米左右，可以避免大的洪灾。又有几条小河穿过，生活十分方便。但是成都毕竟地处盆地底部，地势低湿，在小范围内仍然会有短期的排水不便,所以自古以来城内城外都会形成一些或大或小的水面,或被称为"池",或被称为"塘"。唐宋时期在市中心的摩诃池是一个很大的城中湖泊(参见"后子门街"),曾经在成都存在了一千多年。一直残留到近代的王家塘、白家塘,还有在原来十三中的洗墨池,基本上都分布在一条线上,很可能是摩诃池水面北部的遗存。

粪草湖街

成都市内没有湖泊,但却有一条以"湖"命名的街道,而且还是以极不雅观的"粪草"二字命名。位置就在市中心盐市口的南边,现已在城市改造之中被拆除,在原来的锦江路、粪草湖街和烟袋巷的旧址上新建了宽敞的大业路。

为什么会有"粪草湖街"这样一个街道名称呢?目前有两种解释:

一种解释是说唐代的大慈寺僧众很多,有专门的船只运送粪便,这些粪船要从这里进入金水河,不免有一些粪水污物流入水中,于是就被称为"粪草湖",以后就成了街道的名称。这种解释在过去是最有影响的,但是可信度不大,因为大慈寺距此较远,不必做较远的绕道运输。

又一种解释是说清代前期在这里曾经有一个池塘,因为地处东大街与南大街的连接地段,池塘边上有几家骡马店,骡马店中的粪便马草等污物往往会倾入这个池塘,再进入金河顺水流走,

粪草湖街 1997年 韩国庆摄影

人们就称之为粪草湖,也叫顺草湖或顺草河。这个池塘干涸之后,人们把在这里修建的街道也就叫作了粪草湖街。相对来说,这种解释更为合理。

当在清代有了粪草湖街之后,这里就与粪便马草无关,而且还是一个相当热闹的街道。清代后期,全城最著名的茶馆"临江亭"就开在此街。

九龙巷附青年路 横九龙巷

今天的成都人知道九龙巷的可能不多,但是都知道青年路,青年路的原名就是九龙巷。

成都在没有排污系统之前,城市污水的绝大部分都是经过一些小的污水明沟或暗渠(成都方言称为阳沟或阴沟)排入府河或南河。九龙巷地处市中心,地势较低,排水不畅,原来巷内有一条横穿水沟(其上游就是被误称为"狗头巷"的沟头巷),附近的几条小污水沟也都是经过蜿蜒流淌汇入此沟。一位读书人就给这条有几条小污水沟流淌的巷子取了一个很文雅的名字叫九龙巷,在九龙巷的旁边还有一条横九龙巷。抗战时期日本侵略者在"六一一"大轰炸中使这一地区的 16 条街道尽成焦土,一直到 1943 年九龙巷才开始修复重建。而此时正值大后方军政当局决定组织青年军和英美共同开辟印缅战场与日军作战,号召广大懂点英语的知识青年踊跃志愿参军,"一寸山河一寸血,十万青年十万军"的标语口号在成都响彻云霄之时(此次组织青年远征军,共选择征集 12 万人,1944 年编成 9 个师,四川占有 4 个,位居全国第一),成都市政当局就把重建的九龙巷命名为青年路,把青年路北侧新修的居民住宅命名为青年里,而此处原来就有的横九龙巷则保持旧名未改。

改革开放之初的 1978 年,成都市最早的一批"吃螃蟹"的个体经营者,选择了既是位于春熙路与盐市口两大商业中心之间,又少有汽车通过的青年路摆地摊、卖夜市,成了成都市乃至整个四川省最早的一个成规模的自由市场。成都市有关部门因势利导,于 1981 年正式建立由当时的东城区工商局直接管理的成都市青年路服装市场,按当时的街道范围是东起春熙路、西至顺城街、北至总府街、南至东大街,实际上包括了当时的荔枝巷、中新街、南新街、暑袜南街、暑

20世纪50年代的横九龙巷　杨显峰提供

1944年知识青年入伍接受训练　建川博物馆提供

袜中街、交通路、沟头巷、横九龙巷、青年里这一大片街巷在内。这里从300多户摆地摊、在自行车上搭架子的个体户起家，迅速发展成为西南地区最大的服装市场，在全国服装市场上与武汉的汉正街、广州的高第街鼎足而立。据2004年的统计，这里已经走出了19位资产超过千万的私营企业家。成都早期个体户的代表"杨百万"（本名杨义安）等人都是从青年路起步的。杨百万的蚊帐公司正式注册于1987年，营业执照号为0001号，是成都首家注册的私营企业。

青年路所以成为改革开放初期成都最早的夜市与自由市场，不仅是因为它的区域优势，还有一个历史的原因，因为在抗战后期与抗战结束以后，这里就是成都最大的夜市，每晚都十分热闹，主要商品是各种旧货和军政人员与驻蓉美军的二手货，还有大量的旧书，老一辈成都人至今仍然记忆犹新。新中国成立之初，这里仍然保持了摆摊售物的传统，是工商部门允许在街边摆摊设点的街道。据1954年统计，共有摊点（包括少数商铺）244户，1955年将有条件的商家迁入了新建的人民商场，这里的摊点才逐渐消失。

可能是一种巧合，今天的纺织品大市场所在的青年路与横九龙巷地区，历史上也是一个纺织产品的集散区。不过，过去的主要产品不是服装，而是一种叫"栏杆"的商品。

"栏杆"是成都方言中的一个特殊词汇,并不是一般意义上的可以翻越的木质栏杆,而是指各种彩色的或有花纹图案的丝质长带,成都人又称为"辫子"。在过去广泛用于衣服鞋帽边缘的装饰,在少数民族地区的用途比汉族地区更广,几乎是无衣不用,所以曾经是一种市场需求量很大的商品,也是成都丝织业的主要产品。清代曾经远销陕西、山西、河南、山东、河北、湖北、江苏、浙江、云南、贵州等地,乃至成都51种商帮中不仅专门有"栏杆帮",而且往往还名列于51种商帮的前列。当年有《竹枝词》记其事:"绸缎绫罗任意穿,栏杆镶滚又花边(按,滚即绳边,四川方言,就是在衣服边缘镶上一条装饰或用手工线加上一道装饰)。共说好看年年换,只计时新不计钱。"民国时期,当丝绸服装不再流行之后,栏杆就成了成都丝织业的最重要的畅销产品之一。九龙巷与横九龙巷就是从清代到民国时期成都栏杆业的制造与销售最为集中的地区。《锦城旧事竹枝词》在描绘九龙巷中情景时说:"辫子缘衣不用梳,

▲ 在青年路卖蚊帐发家的"杨百万" 1984年
[美] Cary Wolinsky摄影

▶ 青年路服装自由市场 1984年
[美] Cary Wolinsky摄影

斑斓裙袖色相须。取裁长短分宽窄，巷内闻声走妇姑。"直到抗日战争时期，栏杆业的旺势才逐渐衰退。

"栏杆"一词在两位成都方言大家的笔下写法并不一致，傅崇矩在《成都通览》中写作"栏杆"，而李劼人在《死水微澜》中写作"阑干"。应当以哪一种写法为正确？其中有何含意？笔者在20多年前整理《成都通览》一书时就曾苦思而不得其解，至今仍然不得其解，尚祈高明能有所指教。

玉沙路附玉石街

玉沙路是今天的新华大道之一段，东边是红星路口，西边是太升路口，是新中国成立以后新建新华大道时在原来的贵州馆街（西段）、玉沙街（又曾经分为东玉沙街和西玉沙街，西玉沙街又曾经叫作新玉沙街）、成平街的基础之上形成的。玉沙街有可能就因为曾经位于唐代的解玉溪畔而得名，而解玉溪的得名又是因为河中出产可以解玉、治玉的硬沙。

与玉沙路有关的街道还有一条玉石街，今天已经成了新建的太升南路的一段（原来是从兴隆街到大墙东街），与玉沙路相距很近。这条街过去是以解玉治玉商店集中而得名，所用的玉料成都人叫"西山土玉"，其实是灌县出产的石料。这条街与玉沙路一样，也可能与唐代的解玉溪有关。

1914年，留日学生池龙珠等人在玉沙街开办了成都最早的一家私人西医医院"民生医院"。

1938年8月，四川省立戏剧教育实验学校（当年一般都简称"省剧校"）在原成平街74号开校。

省剧校是在抗日战争的烽火中由著名的戏剧家熊佛西率领入川的中华平民教育促进会抗战剧团的基础之上成立的，是与当时开办在江安的国立戏剧专科学校齐名的戏剧专业学校，设有大专和中专。熊佛西倡导"读书自由"、"信仰自由"，明确办校的目的是"培养以戏剧与音乐为武器的民族战士"，教师阵容强大，民主气氛浓烈，建立有中国共产党的支部。为了躲避日本侵略者的轰炸，学校一度迁到郫县新民场吉祥寺办学，在农村开办农民夜校，组织了两个

清末玉石街　　［德］魏司摄影

1999年玉沙街原省老干部活动中心老建筑

宣传队到省内各地宣传演出,在全省产生过很大的影响,也为国家培养了大批艺术人才。国民党当局先是勒令将学校从大专降为中专,继而勒令学校停办,还有两个学生被捕之后杀害于重庆白公馆。

　　成都第一次演唱《黄河大合唱》就是1940年春天在郫县新民场的场口,由我国著名音乐家、省剧校教授王云阶排练指挥。王云阶在这里结婚生子,他的儿子贝贝就是后来被海外评为当代四大国际童星之一的王龙基——电影《三毛流浪记》中的小三毛。2011年，王龙基回到他出生之地新民场，参加了吉祥寺革命遗址纪念墙的揭幕仪式。

民国时期川军代表人物之一、著名爱国民主人士刘文辉的公馆就在原来的新玉沙街今天的新华宾馆的位置，是一处西式风格的庞大建筑，其中的多功能厅可以放电影。原来的大门开在方正街（所以在很多回忆录中又把这座公馆称为方正街公馆），有了汽车之后就不方便出入，于是把大门改在了新玉沙街与帘官公所的拐角处。1949年12月11日，刘文辉在彭县起义，迎接解放。

玉沙路旁的老房子群落
1991年　唐跃武摄影

国民党军盛文部为了报复,也为了掩护蒋介石逃离成都,遂在12月13日深夜攻打并炸了位于新玉沙街的刘文辉公馆,将其洗劫一空(与此同时,还洗劫了刘文辉部下及女婿伍培英和其侄儿刘元瑄的公馆)。新中国成立以后,刘文辉将公馆捐给国家。在经过修缮之后,新建的西南民族学院就设在这里(同时还购买了周围的200多间民房)。1951年6月1日,西南民族学院正式成立并开学,有24个民族的500多名学生。一直到1956年4月,西南民族学院才迁往武侯祠外新建的校园。1960年中共中央决定恢复各大区的中央局,这里又成了中共中央西南局的办公地,直至"文化大革命"后西南局撤销。

刘文辉

刘文辉(1895—1976) 大邑人。14岁入四川陆军小学,1916年进入四川军界,长期担任二十四军军长,1929年任四川省主席。1932年在与刘湘的"二刘之战"失败之后,退守西康地区。1935年任西康省建省委员会委员长,1938年任西康省主席,直至解放。刘文辉是民国时期四川军阀的主要代表人物之一,也是四川实力派长期抵御蒋介石对四川的全面控制的主要代表人物之一。抗日战争开始之后,他逐步走向民主与进步的政治道路。1942年2月与周恩来秘密会晤之后,他与中国共产党建立了长期的秘密联系。在他的保护之下,从1942年7月起,中共中央派杨少春在他控制的雅安建立了秘密电台,一直工作到雅安解放。1944年冬,他秘密加入了中国民主同盟,并在经济上与活动上长期给予支持。1945年2月,中共代表张友渔在他玉沙街的家中与他进行了长达一个多月的密谈(刘在回忆录中称为"党派他来帮助我进行政治理论学习"),每天一次,从未间断。此后他进一步加强了与中共的联系与与蒋介石集团的斗争。在经过长期的秘密准备之后,他联合四川地方实力派代表人物邓锡侯、潘文华于1949年12月11日夜通电全国,在彭县宣布起义,迎接解放(关于彭县起义的时间,一般都写作12月9日,其实是在11日夜,发出通电的真正时间是在12日凌晨)。当时,解放大军已经入川,再加上他们的这一革命行动,逼得蒋介石不得不逃离大陆,从此再也没有踏上大陆一步,为四川全省的解放做出了很大的贡献。新中国成立以后,刘文辉受到了党和政府的欢迎,荣获中央人民政府授予的一级解放勋章,先后出任了西南军政委员会副主席、国防委员会委员、林业部长、民革中央常委兼四川省主委,第一、二、三、四届全国人大代表,第四届全国人大常委,和第一、二、三、四届全国政协委员,第二、三、四届全国政协常委。

半边街附新半边街　伴仙街

成都既有半边桥街,又有半边街,半边街又分为老半边街和新半边街。上述的几个"半边"都与过去的金河有关。

老半边街位于督院街与走马街之间的拐角交口处以南,实际上是一条小巷。过去是在金河的北侧,因为东边就是总督衙门前面的空坝子,只能在西边修建民房,所以叫作半边街。民国时期,总督衙门前面的空坝子也修建了民房,半边街就不再是只有半边街道,但是半边街的名称却没有改变。

新半边街位于老半边街以西,青石桥街以东,因为过去有一段街道一面是金河,一面才是民房,所以也被叫作半边街,而且还曾经分为东半边街和西半边街。民国时,为了与督院街旁边的半边街有所区别,就把督院街旁边的半边街

新半边街　1991年　赖武摄影

新半边街街头书报摊　2008年　周筱华摄影

称为老半边街，把这里称为新半边街。金河被废以后，新半边街也不是只有半边街道了，但是名称仍然没有改变。

在清代，这一片地区因为位于金河岸边，而且有不少丝织业作坊与商家，所以就成了成都丝织业（当时称为"长机帮"）的中心。从这里往北到走马街，集中了"师夔兴"、"马天裕"、"长发美"、"马正泰"、"范裕顺"等成都最著名的机房。"马天裕"和"马正泰"的产品曾经参加1909年的南洋劝业博览会，获得特等奖。有《锦城旧事竹枝词》记其盛况："临街濒河只半边，机杼声声响年年。抛梭走线天孙巧（按：天孙即神话中之织女，因为相传她是天帝的孙女，故有此称），织成锦缎构图鲜。"民国时期，这一地区的丝织业逐渐衰落。改革开放以后，青石桥地区又成了市中心最大的农贸市场，新半边街也就成为市场的一部分。

成都被称为半边街的街道过去还有一处，就是九眼桥侧的伴仙街（已在近年的市政改造中并入了新建的顺江路）。这条街因为在府河北岸，过去的确是只有半边有建筑，故而原来也叫半边街。因为与金河边的半边街同名，1924年才被谐音的伴仙街取代。

丁字街

成都的丁字街有三条，而且都是相邻的街道，位于青石桥南街以南，新开街以北，即东丁字街、西丁字街、横丁字街。丁字街的得名是因为在新开街建成以前，这条街与青石桥街虽然相交，却不是一个十字口，而是呈丁字形，所以叫作丁字街。

清代著名文学家李调元在成都时就住在东丁字街他的亲家杜耐庵宅。

李调元（1734—1802） 罗江人。在成都锦江书院读书时为著名的"锦江六杰"之一（日后四川总督李世杰曾邀他出任锦江书院山长，他未就），清代四川最著名的学者与诗人，无论是研究与撰述都是一位百科全书式的全才。一生中著作丰富，交游广泛，又编辑刻印了大型丛书《函海》，是对四川在清代学术振兴中最有贡献的人物之一。改革开放以后，在他的家乡罗江建有李调元纪念馆。

1913年3月，成都商人王紫峻等组织了东亚舞台合资有限公司，邀请一个名叫日本东洋奇术团的演出团从重庆来到成都花会上演出魔术和杂技（当时叫东洋奇技），很受欢迎，花会结束后又在梓潼桥街的大观茶园继续演出。为了让这种演出在成都得以继续，东亚公司与位于东丁字街18号的两湖公所商定（两湖公所是成都有了湖广会馆之后新建的另一处湖广会馆，主事者不再主要是清初的移民，而是在四川为官的两湖籍官员），将两湖公所中的戏园改建为演出东洋奇技的场所，并从"中华"与"东瀛"中各取一字，命名为华瀛大舞台。日本东洋奇术团在此一直演出到1918年。此后华瀛大舞台一度出租给军政部门使用。1938年由著名京剧演员刘奎官主持再次改建之后，主要演出京剧，成了成都六大演出场所之一（另五处是华兴街上的悦来茶园、春熙路

▶ 成都唱片厂门市部
　20世纪80年代　刘永禄提供

◤ 成都唱片厂宣传品
　20世纪80年代　刘永禄提供

▼ 20世纪80年代成都唱片厂生产的塑料薄膜唱片　周筱华提供

西丁字街川剧艺术墙前　1999年　唐跃武摄影

上的春熙大舞台、祠堂街上的锦屏大戏院、布后街上的成都大戏院、棉花街上的永乐戏院）。1947年，著名京昆表演艺术家俞振飞偕夫人黄曼云曾在此演出《贩马记》等剧目。1946年3月，四川地方实力派中部分人士为了给代表蒋介石入川主政的张群一点颜色看，故意不理睬张群宣布的严禁四川袍哥集会结社的禁令，决定在华瀛大舞台举行袍哥组织"合叙同"总社的开山立堂大会，到会的全川24个支社、分社的代表2800多人，由"合叙同"的总舵把子、川军一六四师师长彭焕章的军队维持秩序，成了四川袍哥史上最大也是最后一次大规模的聚会。

　　1953年，华瀛大舞台被拆除，在1955年改建为苏式的杂技演出场所，作为成都杂技团的演出场所。以后则是成都杂技团和成都唱片厂的驻地，仍然保持着过去的文化气息。新建的规模与档次都属川剧界第一的四川省川剧大剧院在兴建时也是在西丁字街，建成之时才把大门开在指挥街。

三倒拐街附斧头巷

　　"倒拐"是四川方言，就是拐弯，由于我们所见到的老成都的街道并不是在统一规划之后修筑的，是清代在明代街道的基础上逐步建成的，有很多随形就势、因地制宜的因素，所以就会出现一些斜向的、丁字的、拐弯的甚至是拐了两道弯的街巷，在街道名称上就会留下几处以"三倒拐"为名的街巷。

成都最著名的三倒拐街位于暑袜北街以东、岳府街以南，街只有196米，其北口接岳府街，以南稍偏东的朝向向南而去，中间拐了一个弯，成为东南方向，最后再拐一个弯成为东西向，在东口接慈惠堂街。这条街至今还在，而且仍然是很少见的三倒拐的走向。

三倒拐街与附近的纯阳观街曾经是成都著名的布鞋生产销售集中片

斧头巷　1994年　赖武摄影

区。布鞋生产商家有一百多家。新中国成立初期，为了欢送修筑川藏公路的中国人民解放军十八军将士入藏，这里的布鞋生产商家们联合起来，共同向解放军赠送了一万双布鞋，传为一时佳话。

三倒拐街上还发生过一件与倒拐的街道有关的笑话：1949年冬，成都临近解放，国民党军队处在惊慌失措之中。有一天岳府街上的成都警备司令部中有一辆当时还很罕见的坦克开出来，上了三倒拐街，就被三倒拐的街道所困，进退失措，以致开进了民房，撞倒了围墙。这成了当地流传很久的笑谈。

过去，成都还有过几条名叫三倒拐的街道，后来都为了不至于重名而改了新名。如大墙西街以北的永安街，前卫街以北的斧头巷，原来都叫三倒拐。

叠湾巷

在今天天府广场东边，原来有一条从东鹅市巷到宾隆巷的叠湾巷，修建锦城艺术宫以后被切断,成为一条半截巷,天府广场扩大之后已被完全拆除。

叠湾巷位于当年市中心的最拥挤处,在几条街巷之中曲曲折折,弯了三次,也是一个三倒拐,所以被叫作叠湾巷,过去还曾经被谐音误称为蝶窝巷、德窝巷。

叠湾巷因为紧邻人民商场,当年在修建人民商场时就在这里修建了一个剧场。新中国成立以后成都市唯一的一个评剧团新蓉评剧团就在此演出,成都木偶剧团以后也曾经在此演出。

小通巷

这是少城中的一条半截小巷,位于奎星楼街以南、中同仁路以东,清代名仁风胡同,民国初少城中各胡同改名时,因为这条胡同的巷道狭窄,有如一条通道,所以就命名为小通巷。

小通巷中曾经住过一位今天几乎已经快被人遗忘的我国现代文化史上的

小通巷　1992年　陈锦摄影

先辈曾孝谷。

曾孝谷（1873—1937） 成都人。幼时随父在山东与北京读书，1906年考取官费留学日本，与著名学者、艺术家李叔同（即后来的弘一法师）一道进入东京美术学校西洋画选科，并与李叔同、唐肯等人创立了我国第一个话剧团体"春柳社"。1907年2月，曾孝谷翻译了著名话剧《茶花女》，并在公演中扮演亚猛的父亲，这是我国演出的第一出话剧。1907年6月，他根据美国斯陀夫人的小说名篇《汤姆叔叔的小屋》创作了话剧《黑奴吁天录》，并在公演中饰演黑奴之妻。《黑奴吁天录》是我国第

1906年曾孝谷（右）与李叔同在日本组织春柳社时的剧装照

一个话剧剧本，被公认为是中国现代话剧诞生的标志，著名戏剧家田汉曾经说过，曾孝谷的创作"展开了中国话剧运动的第一页"。2007年，在纪念我国话剧诞生100周年的活动中，北京人艺与国家话剧院还专门编写并上演了《寻找春柳社》以作纪念。曾孝谷1911年从东京美术学校西洋画选科毕业之后，曾经读了一年研究科（这也是我国第一个攻读西洋画的研究生）即退学回国。在上海短期生活之后回到成都，于1915年在成都高等师范学校担任图画教授，是成都最早教授西洋美术的教师，也是成都的第一个油画家。他又在成都组织了成都第一，也是全国最早的话剧团体之一的成都"春柳剧社"，组织一批成都县中的中学生在1918年进行了成都历史上的第一次话剧（当时俗称为"幕表剧"）演出，剧目仍然是《黑奴吁天录》。这以后，他曾经担任过少城公园中通俗教育馆的第二任馆长（第一任馆长是创立者卢作孚兼任的），做了大量的文化普及工作。曾孝谷后来做了中学教师，晚年生活清苦，把自家在小通巷的独院"梦明湖馆"大部出租以维持全家的生活，死后的安葬费都是靠包括当代成都著名画家屈义林在内的一些学生凑集的。著名文士林思进赠他的挽联是："杜甫一生逢乱世；郑虔三绝少知音"（按：唐代大画家郑虔擅长诗、书、画，被时人誉为"郑虔三绝"）。曾孝谷的诗作有《梦明湖馆诗》一书传世，由他的老朋友谢无量序作。

东城拐街附东城拐下街

东城拐街位于府河南岸的红星路一段与太升北路之间,也就是老成都所称的下河坝一带。这里原来是北城墙外的一片荒地,还有一些坟园。民国时期在没有统一规划的情况下自发地修建了一些房屋,为了将就那里并不平整的地形,就逐渐形成了一条弯曲的街道。成都方言中把转弯称为倒拐,所以这里的街道就叫作了东城拐街。东城拐街不短,全长有600多米,在府河两岸综合整治之后改建成了宽阔的大安东路。

从东城拐街向东,穿过红星路一段,还有一条平直的东城拐下街。这条街过去是没有的,是在新中国成立后拆除城墙之后形成的一条新街,原来也没有名字。1981年地名普查时,就循东城拐街之名而命名为东城拐下街,其实这条街道并没有任何拐弯。

穿巷子附不穿巷子 穿院巷

在成都方言中,把能够通行的街巷叫作穿得过去的街巷,把不能够通行的小巷一般都叫作穿不过去的半截巷或者死巷子。可是把能够穿过与不能够穿过的小巷干脆命名为特别直白的穿巷子与不穿巷子,全城只有这一处(原来在南府街还有一条很短的穿院巷,当地人都叫作穿院坝,已拆除),就在大慈寺路以北,红星路二段以东,锦江区委的西侧。穿巷子与不穿巷子原来只是一条巷子,而且的确就是半截巷,只能向北通往藩库街和爵版街。抗日战争时期为了居民跑警报

穿院坝 1993年 陈锦摄影

方便，就开通了向南到今天大慈寺路（当时叫棉花街）的通道。可是只打通了东边的半边，西边又被建筑物所堵，于是成了两条相邻的小巷，人们就以最直白的语言分别将其命名为穿巷子与不穿巷子，用以提醒跑警报的和想过路的人们不要误入半截巷。城市改造发展到如今，穿巷子还在，不穿巷子已被拆除。

红石柱街

白家塘街以东有一条不长的红石柱街。街的东口是一个十字口，东边是楞伽庵街，南边是金丝街，北边是金马街。在这个位置，过去有过一根红色的石柱（现已不存），红石柱街也就以此而得名。这根红色的石柱原来是什么建筑留下来的，已经无法确知，有学者认为有可能是宋代"碧鸡坊"的遗物。

我们在前面谈到金马街的时候曾经说到，"金马碧鸡"是我国古代在西南地区流传很广的一个神话。至晚在唐代，成都的街坊中就有金马坊和碧鸡坊，其位置很可能在今天的东胜街一带，而且在唐末就已毁于战火。由于唐代筑罗城，内江改道，所以宋代时就在城北重建了金马坊和碧鸡坊，规模不小，是一个城内的小游园，还修有金马碧鸡祠。宋末时，金马坊、碧鸡坊、金马碧鸡祠和成都的其他建筑一道被毁，以后就再也没有恢复重建。据当代学者的研究，故地应当是在红石柱街以西的白家塘一带。

清代的红石柱街上有昭应寺（又名灵隐寺），又有东岳庙，还有一座明代建造的石牌坊，现在均已不存。

民国时期在红石柱街这一带曾经建有北城公园，范围大约是北起白家塘与红石柱街，南到文武路，东起金丝街，西到学署街，是当年与少城公园、中城公园、支机石森林公园并列的成都四大公园之一。

红石柱正街附红石柱横街

红石柱正街以及相邻的红石柱横街位于东升街以东、三圣街以南，与上面说到的红石柱街是不同的街区,相互之间也没有什么关系。老成都人为了让两处红石柱街有所区别,就在前面加上限制词,称之为东门红石柱与北门红石柱。

明清时期,红石柱正街和红石柱横街之间还有一根六棱形的红色石柱,石柱的顶端还刻有石狮子。按所在的位置分析,很可能是唐代大慈寺大门外的遗物。虽然石柱已经不存,但是以此命名的街道名称却一直保存到现在,而这个街道名称又为唐代大慈寺的研究提供了一个有价值的旁证。

黄瓦街

黄瓦街原来是清代成都满城中的松柏胡同,在今天的商业街后面。因为有两位没落的贵族用红墙黄瓦修建了自己民居的围墙,这在当时的成都是十分罕见的,故而民国时期就叫作黄瓦街。

中国共产党在四川的早期重要领导人刘愿庵生前家住黄瓦街,中国社会主义青年团成都地方委员会(也称特别支部)的机关1926年4月以前就设在刘愿庵的家中。

黄瓦街上的成都市满蒙人民学习委员会会址
1999年　冯水木摄影

黄瓦街　2009年　桑格格摄影

刘愿庵

刘愿庵（1895—1930） 陕西人，自幼随父在成都长大。辛亥革命时期投身军界，为人正直，同情贫穷。1922年在任丰都县长时，因为惩治贪官污吏、废除苛捐杂税而被军阀上司撤职，可是老百姓却给他树了德政碑。回到成都后，他结识了四川无产阶级革命的先行者王右木、恽代英、吴玉章等，开始学习与宣传马克思主义，并以四川省议会秘书长的公开身份投身革命运动。1925年，他加入了中国共产党，并于年底任中国社会主义青年团成都地方委员会书记，次年任中国共产党成都特支书记。1927年调往重庆，任中共四川省委秘书长。1928年3月，在省委书记傅烈牺牲之后，任代理书记。不久即去上海向中央汇报工作，并去苏联出席中国共产党第六次全国代表大会，被选为中央候补委员。1928年底回到成都，在新省委中任常委兼宣传鼓动部主任。1929年6月，任省委书记。1930年5月5日，因为内奸的告密在重庆被捕。军阀刘湘派刘愿庵的亲属劝降，许以"院长""厅长"等高官，但在刘愿庵面前完全无效。5月7日，刘愿庵英勇就义。

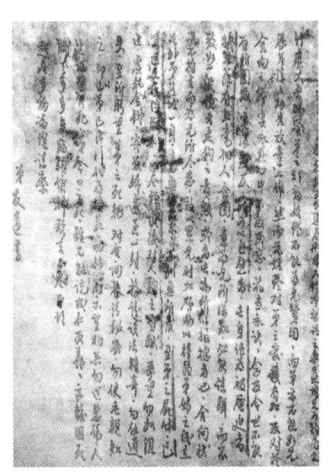

刘愿庵牺牲前给友人的遗书

1938年夏天，中共成都市委的秘密机关曾经从忠孝巷转移到黄瓦街的一处二楼上，那里是当时的市委宣传部部长张宣租用的临时住房。

红墙巷

与黄瓦街相似，红墙巷原来也是清代成都满城中的一条胡同，位于长顺上街以东、东马棚街以北，原来名叫普安胡同，又叫吉祥胡同。因为街上过去有一座关帝庙,庙外的围墙涂成红色,红墙也就成了这条街的景色特征。民国时关帝庙已不存,但是仍然改名叫红墙巷。

著名的四川小吃担担面在今天几乎是处处可见,但是老成都过去最有名的担担面就是在红墙巷的东头北侧,一直到1956年才从这条小巷迁往提督街。

成都名小吃"担担面"　20世纪80年代　牟航远摄影

红墙巷　20世纪90年代　赖武摄影

铁箍井街

人民中路以西、江汉路以南,有一条铁箍井街,因为过去街中有一口水井的井口包有铁箍而得名。

成都的城市生活用水过去都是取自井水与河水。据清末《成都通览》的统计,当时成都市区共有2515口可以使用的水井,平均每条街巷在5口以上。据1943年出版的周芷颖所编的《新成都》的统计,当时全市共有水井4741口。成都水井的特点是水位不深,水量丰富,所有的人家都可以在附近找到可以汲水的水井,有很多水井甚至就在院坝中间,用一根三米长的竹竿就可以很方便地把水桶扯上来,所以成都方言把从井中汲水叫作"扯水"。在笔者所见到的前辈回忆文章中,水位最高的水井是春熙路北段17号原银匠工艺饰品厂(原重庆银行旧址)院内的水井,一直到"文革"前,夏天的井水快要漫到井口,可以用面盆直接从井中舀水,冬天的水面离井沿也不到两尺。由于近年来地下水位急剧下降,目前在主城区内已经没有一口还能用的水井了,只是留下了一些地名供我们回忆,如宽窄巷子文化片区内的井巷子,顺城大街北段原来的大井巷,青龙巷的"大井口"。

过去的水井还有一个今天所想不到的功能,是在炎炎夏日用于食品的冷藏。在没有冰箱的年代,如果当天剩下的菜饭较多,就可以把装菜饭的盆钵放在竹篮里,用绳子吊到温度大大低于地面的井底,第二天取出,绝对不会坏。20世纪70年代,笔者家住盐道街26号,曾经多次在中午把买回的西瓜丢到井中,晚上再用桶打起来吃,就有如今天放在冰箱中的"冰镇"西瓜一样。

铁箍井街茶铺　1999年　杨永琼提供

因为有很多地面的污水渗入井中，井水并不清洁，所以除贫苦人家是全用井水，并美其名曰"圆河水"之外，家境较好的人家都是只把井水作为清洁用水，吃水都是用锦江中的河水，因为当时的河水比井水更加清冽甘甜。在老成都人看来，泡茶更是绝对不能用井水（郊外的优质井薛涛井除外），因为井水略带咸味，如果用井水泡茶，茶水表面会有一层薄膜（成都方言称为"干子"），在清人笔下说是"映光视之，五色斑斓，令人作呕"。所以茶馆中泡茶必须用河水。一直到20世纪50年代后期，笔者还在成都街头见过店铺前面挂着的"河水香茶"、"河水豆花"等店招。过去茶馆中出售的洗脸水和洗脚水之类的热水是用井水，所以稍微讲究的茶馆中都有两个贮水的瓮子，或是把一个大石缸分为两半分别贮水，使其"井水不犯河水"。

可是，并不是家家都住在河边，更不是家家都有下河挑水的劳动力，于是就出现了一种专门上门送河水的职业，主要是用肩头挑水的"水夫子"。从1938年开始还出现了叫作"送水坊"的店铺，用专门的装着扁形大桶的木轮板车，将河中的清水送往需要的人家。清代的成都每天晚上要按时关闭城门，实行宵禁，可是"水夫子"和"送水坊"却需要天不亮就出城取水。于是当时的官府就在验证之后发给"水夫子"和"送水坊"专门的号衣和腰牌，每天四更时分就让他们出城取水运水。如果过了清晨，有良心的挑水夫则要远离河岸到河中间去挑干净的"河心水"。乾隆年间还曾经确定过一批穷苦人家作为专门送水的世袭水夫，数量不明。据《成都通览》记载，清末在警察局登记在册的挑水夫共有436人。一直到新中国成立初期，成都仍然还有这样的挑水夫。他们有的还是流水作业，一个负责从河中挑进城门，一个负责从城门送到用户。不少挑水夫在挑水时口中还一直哼着一种有节奏的号子，著名作家何满子抗战时期就在成都生活，他回忆说挑水号子"这一声声的腔调很像现在电视里常见的日本松下电器公司广告中最后那一声'松下电器'。以致我现在看电视听到这广告声时，不免要想起成都卖水人的吆喝声"。

2008年底，笔者还见到当年还健在的从1946年开始做"水夫子"的段明智老人对往事的回忆文章。他当年就在老南门挑水，每天固定给河边的肇明饭店挑水20多挑，因为当时物价飞涨，所以按大米计酬，月酬大米1斗2升；另外为浆洗的商铺挑水，月酬大米4升。如果不是包月而是零算，获酬因为不

拆迁中的铁箍井街　2006年　韩国庆摄影

同时期的物价而有所不同,新中国成立初期是每挑人民币旧币两百元(合新币2分,按当时的物价可以买一个锅盔)。据笔者所见清代的材料,因为清代的"水夫子"是限量的,人数不多,所以获酬较后来要高,每挑水获酬可以买四个锅盔。

清康熙时期满城初建,满汉之分还相当严格,满城的城门防守也相当严格,不允许汉族挑水夫进入。为了解决满城内官员及其家眷对河水的需求,曾经在南河上架设过高逾4丈的筒车8架,用竹筒超越城墙,送水流入满城,形成一个利用河水冲力而长期越墙输水的自流系统,也算是当时的一道独特的景观。遗憾的是,这个越墙输水系统是何时建成使用,又是何时停止使用,目前还未见到准确的资料。

新中国成立以后,成都的自来水管网在逐渐扩大,但是一直到改革开放初期,绝大多数街巷人家仍然没有能够铺设管网,而是在街头巷尾设立一个有专人管理的公用水桩,守水桩也就成为一种职业。街巷人家的饮用水基本上都是各家挑着木桶以两分钱一挑的价格到水桩购买,笔者自己就曾经在指挥街与盐道街交会路口的自来水桩挑水多年。如果家中没有能够挑水的劳动力,则仍然有职业的挑水夫帮你挑自来水,每一挑收取五分钱。

铁箍井街并不临河，但是在清代却建有一座龙王庙，现已不存。

清代后期一直到民国，铁箍井街开有一家米花糖店，老板姓朱，所制的米花糖少用常见的猪油，多用其他人不用的香油，故而风味独具，颇为知名，在老成都人口中常常是以"铁箍井的米花糖、粪草湖的沙胡豆、蜜桂芳的花生糖"作为成都风味小食品的三绝。

水井街

由金泉街往西，过了双槐树街就是水井街。由于街上木材铺与木柴铺多，容易引起火灾，街中居民一方面修建了荧惑宫（即火神庙，我国古代将火星称为"荧惑"。为了祈求火神保佑，免除火灾，我国过去在城乡各地多有火神庙，但是成都没有以火神庙作为名称的街道保留下来），一方面多在院中挖井，故而这条街上的水井比其他街道为多，而且在每个有水井的院子大门上钉有一个"井"字牌，水井街也就因此而得名。

清代的水井街上有大佛寺，相传寺内的大佛能够镇住地下的"海眼"而免除成都的洪水灾难，因而香火极盛。清乾隆五十一年（1786），由陕西凤翔移民入川的王氏兄弟在大佛寺旁边开设了名叫"福升全"的烧坊（过去成都把酿酒称为烤酒，把烤酒的作坊称为烧坊）。"福升全"的命名则是出于企求大佛的保佑，而将"全身佛"三字倒用为"佛身全"，再谐音为"福升全"，这一用心良苦的命名，当时只有他们王家自己知道。所以要选定这一地方开烧坊，还有三个重要原因：一是水井街很早就有开烧坊的传统，二是位于锦江岸边运输方便，三是因为河对岸有一口水质极好的薛涛井，清澈甘洌的井水是酿造优质酒的重要保证。"福升全"开办之后，更以"薛涛酒"作为自己产品的名称。薛涛酒问世之后，立即受到成都市场的欢迎，正如清代的《竹枝词》所说："枇杷深处旧藏春，井水留香不染尘。到底美人颜色好，造成佳酿最醺人。"薛涛酒就是今天中外驰名的全兴大曲的前身。道光四年（1824），"福升全"在市中心的暑袜街开设新的烧坊，把"福升全"的尾字作为新烧坊的首字以示延续，才有"全兴成"烧坊的出现，才有了新生的品牌"全兴酒"。1951年，以

水井街的福字照壁
2007年
周筱华摄影

水井街居民院落
20世纪90年代
朱林摄影

水井街的"福升全"烧坊为基础，建立了国营的成都酒厂，开始生产"全兴大曲"。1963年，全兴大曲首获中国名酒金奖，以后更是多次获奖，成了我国白酒最著名的八大名酒之一和酒乡四川的"五朵金花"之一。最为专家们所称道的是，在全国八大名酒中，成都酒厂是唯一一家位于大城市中心的酒厂，既无青山又无清泉（由于生产规模扩大，成都酒厂早就不使用薛涛井的井水），为什么会生产出以"窖香浓郁，醇和协调，绵甜甘洌，落口净爽"为特点而驰名天下的名酒呢？

对于上面的问题，专家们有过各种各样的解释。一次重要的考古发现为这些解释提供了极为有力的新物证。

1998年8月，由原来的成都酒厂改制扩建而成的全兴集团，在水井街15号到23号的曲酒厂车间的老式平房改装天然气管道，当民工们挖沟挖到两米

水井坊遗址　1999年　李绪成摄影

深处时,在地下发现了古代的酿酒遗址。1999年3月,考古工作者开始正式发掘,共发现酒窖8口、晾堂3座、炉灶4座、灰坑4个,以及大量的陶瓷酒器(根据酒器上的"天号陈"三字,全兴集团后来生产出了以"天号陈"命名的高档酒)。当时经由全国的多位考古工作者研究证实,这是一座全世界已经发现的年代最早、保存最完整、设施最齐全的白酒酿造遗址,同时又是卖酒的酒馆。这个前店后厂式的被称为水井坊的烧坊从元末明初直到今天连续几百年生产白酒,成为我国白酒酿造工业的无字史书。这次发现被国家文物局评为1999年度全国十大考古发现之一。2001年,水井坊被国务院公布为全国重点文物保护单位。

全兴集团的技术人员从"水井坊"连续使用的窖池中分离出了赋予水井坊极品香型的特有菌种,被称为"水井坊一号菌"。在利用现代化微生物技术激活之后,繁殖出了宝贵的古糟菌群,从而生产出了我国的高档经典白酒"水井坊"。

在水井街古代烧坊遗址上原地修建的水井坊博物馆,与周围的锦官驿、合江亭、薛涛井等文化旅游点共同形成的文化旅游区成为成都新的文化景观。

就在水井坊遗址旁边,原来的水井街73号这个不大不小的院落是四川大学的教职工宿舍。新中国成立以后的二十多年中,曾经有三位我国著名学者在此居住，他们就是蒙文通、林如稷、任中敏。蒙文通老师与林如稷先生都是在此辞世。笔者认为，这里应当修建一座成都的文化胜地"三大师馆"。

蒙文通

蒙文通（1894—1968） 盐亭人。自幼接受严格的传统文化教育，12岁到成都读书，先后进入当时最著名的四川高等学堂分设中学、四川存古学堂，成为廖平、刘师培、谢无量等大师的弟子，郭沫若、李劼人、王光祈等才子的同学。他在四川存古学堂学习时写成的《孔氏六经说》使经学大师廖平叹为："文通文如桶脱底，佩服佩服！后来必成大家！"这以后，他游学全国，曾经与章太炎切磋经学，与欧阳竟无研讨佛学，与熊十力、汤用彤、钱穆等共事，曾经在北京大学等学校任教，写出了《古学甄微》《周秦民族史》《经学抉原》《中国史学史》等一系列重要的著作，成为名闻中外的经史大师。新中国成立以前，他曾长期担任四川省立图书馆馆长，新中国成立以后长期任四川大学教授，并兼任中国科学院历史研究所学术委员。1964年开始，虽然经受着"四清"、"文革"的巨大冲击，他仍然完成了具有极高学术价值与重要现实意义的《越史丛考》一书，被学术界称为"标志着我国古代史研究的一个方面达到新的水平"。改革开放之后，他的很多著作得以重新出版，在国内外产生了重要影响，其治学面之广博、眼光之独具受到学术界的高度赞扬。我国著名学者、"夏商周断代工程"首席科学家李学勤先生曾经对笔者说过这样的话："你们蒙先生是难得的博大精深的前辈学者，在他的书中，往往是一句话就可以作为今天的一篇博士论文的题目。"

蒙文通学术著作集

林如稷（1902—1976） 资中人。1919年到北京读书，在五四新文化运动中开始文学创作，1921年与陈炜谟、陈翔鹤、冯至等在上海成立"浅草社"，编辑出版《浅草》杂志，他这时的小说《将过去》被鲁迅选入了《中国新文

青年林如稷

学大系·小说二集》。1923年到法国留学,在法时期,他与同学敬隐渔把《阿Q正传》第一次介绍到了西方。1930年回国,与杨晦等继续编辑出版由《浅草》改名的《沉钟》("浅草社"在1925年改名为"沉钟社"),并从事小说写作与翻译,左拉的名著《卢贡家族的命运》就是由他翻译出版的。鲁迅先生曾经这样称赞说:"沉钟社确是中国最坚韧、最诚实、挣扎得最久的团体。"抗日战争全面爆发以后,他回到成都,一面继续创作与翻译,一面在四川大学任教。新中国成立以后,他长期担任四川大学教授,并长期兼任成都市文教局、文化局副局长。"文革"中虽然备受摧残,仍然留下了"莫言垂老贪微命,留待春来听杜鹃"的诗句。

(上图由林文询提供)

任中敏(1897—1991) 别号二北,扬州人,在常州的江苏五中读书时,与瞿秋白、张太雷是同班同学。1918年入北大学习,是我国词曲研究泰斗吴梅的入室弟子,其《敦煌曲初探》《敦煌歌词总编》《唐戏弄》《唐声诗》《优语集》《隋唐五代燕乐杂言歌词集》等著作是中外学术界享誉很高的名著,被称为以曲艺、戏剧、音乐三鼎足建造了系统的唐代文艺学。新中国成立以后长期在四川大学工作(他在成都生活了26年),1980年才返回家乡扬州工作。1981年,他以85岁高龄出任我国首批博士生导师。2007年,扬州大学在他110周年诞辰之际,为他塑造了铜像。

1956年任中敏(前排左一)与川大同事合影
李玉松提供

上述的川大教职工宿舍是在水井街的南侧，斜对面就是1950年在原来的真武宫废址上修建的望江剧场，"文革"前在成都颇有名气的望江川剧团就长期在这里演出。

在水井街上，还曾经住过一位成都当代的著名中医唐步祺。

水井街望江剧场　20世纪90年代　朱林摄影

唐步祺（1917—2004） 蜀中中医"火神派"代表人物郑钦安"郑火神"（有关介绍见"东华门街"）的主要传人之一（他的祖父是郑钦安的弟子），不仅自己医术高明，更将郑钦安的三部主要著作《医理真传》《医法圆通》《伤寒恒论》进行阐释出版（以后又汇为《郑钦安医书阐释》修订再版），使之在中外广为传播，所以也被称为"唐火神"。他擅治咳嗽，所著《咳嗽之辨证论治》一书在医学界有很大影响。从1992年起，他以古稀之年先后三次赴德国、瑞士、荷兰、新西兰等国家讲学行医，受到热烈欢迎，还招收了一些洋弟子，为中华的传统医学在世界传播做出了杰出的贡献。

凉水井街

在2004年才被拆除的凉水井街位于武侯祠大街以北，原来是向北与染靛街和倒桑树街的交口相接。这条街因为街上有一口水质清冽的古井而得名，但是早在清末古井即已废弃。

清代的凉水井地区四周都是农田，清末时的四川劝业道周善培（有关介绍见"商业场街"）在这里开办了农事试验场（另一个农事试验场在望江公园对面），培植了一些新品种花草，还有几头从国外引进的"美利奴羊"。所以，这里应当是成都最早的近代农业试验地。1935年，成都南门汽车站设在这里，往乐山、峨眉等地的汽车就是在这里发车。到了改革开放以后,则又是以南门地区的大型农贸市场而为人所知。

经过近几年的城市改造,原来的凉水井街已经变成了著名的休闲餐饮地"春江花月"(又名"天下耍都"),但是原来的凉水井小学还在。因为凉水井街已经不存,所以凉水井小学更名为锦里小学(以附近的武侯祠旁新建的锦里一条街而命名),而且正在努力打造为全国第一所以三国文化为主题的小学,学校为学生开设有关三国文化的必修课和选修课,把武侯祠和锦里作为学校的第二课堂,让小学生成为小小"三国通",到武侯祠去担任义务导游,而且校服也将具有一定的汉服风格。据笔者所知,这样的文化主题小学在全国是创新办学的第一个。

凉水井菜市的辣椒摊位　1999年　赖武摄影

铜井巷

这是一条小巷,位于王家坝街的北面,龙王庙正街的东面。过去小巷内有一口水井的底部铺设有一块多孔铜板,以方便每年的淘井。清光绪年间,这条小巷就被称为铜井巷。成都过去不知有多少口水井,而在井底铺设过滤板的水井,只见到这一处。

铜井巷在成都被人所知,是因为这里的"铜井巷素面"。在成都名小吃之中,以街道名字命名的仅此一家。

铜井巷　1998年　齐鸿摄影

铜井巷素面创业于20世纪30年代,由陆少云、陆淑佩兄妹先后主厨。特别是被时人称为"烹饪巾帼"的陆淑佩所把握的素面佐料,被评为"增之一分则太多,减之一分则太少"。不仅一般市民,就是达官贵人、文人墨客,也都前往品尝。据老人们回忆,铜井巷素面最早和当年成都的很多小吃一样,也是挑担沿街贩卖,因为在华西坝、新南门一带卖出了名声(出名的不仅有素面,还有甜水面),以青年学生为主的一些回头客干脆就跑到他们在铜井巷的家中来吃,于是才改在铜井巷5号家门口摆摊营业,也就被人们称为了"铜井巷素面"。1953年,铜井巷素面迁往鼓楼北三街,1954年再迁华兴正街营业,1958年被评为"成都名小吃"。"文革"中改为综合性的饮食门市部,几度迁徙,店名也改为青碧居。1991年,陆氏后人在华兴正街重开铜井巷素面。直到2010年本书初版之时,陆淑佩老人仍然健在,已经是101岁的老寿星。

铜井巷素面的特色是不用肉臊,而以芝麻酱和复制酱油出香,复制酱油选择以德阳酱油为基础,在麻辣味的调配上必加蒜泥。

金泉街

金泉街位于过去从九眼桥北端入城的大路上,东边是星桥街,西边是双槐树街。在近年的城市改造中,已经成了水井坊特色民俗片区的一部分。

▲ 金泉街 2003年 赖武摄影

◀ 金泉街上的"捡瓦匠" 2008年 周筱华摄影

金泉街的得名不是因为泉水,而是因为井水。清代后期这条街上有一眼水井的水质特别清洌,人们喻之为珍贵如金泉,金泉街也就由此得名。

栅子街附双栅子街

在长顺中街与中同仁路之间有栅子街与栅子西街,两条街原来是一条街,因为当年扩建中共四川省委第三招待所(今实业宾馆),中间被隔断,就成为两条街。

在红星路二段以西、布后街以北有双栅子街。前面已经介绍过的中新街过去也曾经叫作中栅子。

栅子街在清代是满城中的一条胡同,因为胡同中建有一座里仁坊,所以叫作里仁胡同。进入民国以后,"胡同"这一名称不再使用,因为还保留着栅子,故而被称为栅子街。双栅子街则是因为街南端的确有两道栅子而得名,因为这里距藩库街很近,藩库是省里的官家库房,建有官栅,街道上又建有街栅,所以就有了双栅子的街名。

"栅子"是四川方言,就是木制的栏杆门。清代的成都每条街都有栅子，栅门边都有更棚。夜晚三更时栅子一律关闭上锁，钥匙由更夫掌握，居民有紧急之事要进出栅子必须请更夫开锁。这种办法事实上是实行了全城的宵禁，对于维护社会的治安具有积极的作用。1905年成都有了警察之后，社会秩序由警察负责，栅子不再上锁，栅子也就逐渐失去作用。1924年杨森主政四川时，曾经对成都市政建设采取过一些"新政"，其中一项就是宣布取消街巷中所有的栅子。但是这以后凡是到了城内出现秩序不安、治安不良之时，各条街巷总会在街巷两端重修栅子。

成都最后一次大规模修建栅子是在成都临近解放的1949年11月中旬。由于此时国民党军队节节败退，成都的散兵游勇、匪贼流氓愈来愈多，由进入成都的国民党军队第三军军长盛文担任司令的成都防卫总司令部立足未稳，只知如何保卫刚到成都的蒋介石等少数国民党要人的安全，根本无心也无法维持愈来愈乱的社会治安。在这种情况之下，为了保卫全城百姓的生命财产安全，在中共成都地下组织的支持下，由已参加中共外围组织"新民主主义实践社"的"成都民众自卫总队"副总队长乔曾希出面（"成都民众自卫总队"是当时在四川地方实力派支持之下，由成都市政府出面组织的维持地方治安的不脱产的民众地方武装，按全市14区147保进行编制，共有队员3万多人，长短枪4000多支，总队长由市长冷寅东兼任，此时的冷寅东也已经接受了中共成都地下组织的指导），发动全市市民出钱出力，在十几天之内，全市所有的街口、巷口和城墙缺口都建起了木制的栅子。不在本街巷居住的陌生人进出栅子都要受到盘问，在重要街口还安放了枷榇和沙包。这一措施为增加市民的安全感、防止兵痞盗贼起到了相当重要的作用。包括蒋介石、顾祝同、盛文在内的国民党头目认为这一措施会造成城内军政力量的分割，影响军队的调动，三次下令拆除栅子，但是由于冷寅东、乔曾希等人的暗中抵制，由于全城老百姓的软顶硬抗，成都全城街巷的栅子一直保持到1949年12月27日解放军先头部队入城之时才全部拆除。从此以后，成都人就再也看不到栅子了。

我国现代著名学者吴虞在成都居住时间最长的故居是在栅子街50号，并将之命名为"爱智庐"，吴虞与夫人曾兰也是病逝在这里（吴虞在成都还有一处故宅是在文庙后街）。

青年吴虞

吴 虞（1872—1949） 新繁人。1891年入尊经书院学习，但是他对西方新学更有兴趣，时人称他是"成都言新学之最先者"。1905年去日本留学，1907年回到成都，发表了一系列非儒反孔、抨击专制主义的议论与文章，又公然因为家庭问题的冲突而与父亲打官司对簿公堂，故而被保守派称为"名教罪人"、"士林败类"。四川教育总会将他"逐出教育界"，四川护理总督王人文更是下了逮捕令，他只得逃至乡下避难。辛亥革命之后，他在成都新闻界、教育界十分活跃，在北京的《新青年》等刊物发表了大量震撼全国的反对封建礼教的文章，与陈独秀南北辉映，被胡适誉为"四川只手打孔家店的老英雄"（按：在很多介绍吴虞的文章中都把此话误写为"打倒孔家店"，原文见《吴虞文录》胡适序，这里有无"倒"字是含义有别的）。特别是在1919年第六卷第六号《新青年》上发表的《吃人的礼教》一文，与鲁迅的《狂人日记》一起在全国产生了空前的影响。1921年去北京，先后在北京大学、中国大学等校任教。1925年回到成都，在成都大学、四川大学等校任教，仍然坚持他一贯的非儒反孔的学术观点，反对国民党当局尊孔读经的教育方针，以致被特务邮寄左轮枪子弹以进行恫吓。吴虞晚年基本上退隐于家，趋于消沉。1941年"皖南事变"爆发之后，他写下了《读廉颇列传》一诗对国民党反动派的倒行逆施加以申斥。1949年4月27日病逝，与夫人曾兰合葬于新繁龚家碾。

曾 兰

曾 兰（1875—1917） 吴虞夫人曾兰也是一位在成都现代文化史上值得纪念的人物。她出生在文庙前街，是一位著名的女诗人、小说家、书画家，与吴虞比邻而居，青梅竹马，15岁时嫁入吴家，是吴虞一生中倡言新学、反抗旧礼教的支持者。1912年出任过由孙少荆主办的成都第一张妇女报纸《女界》的主笔，撰写了一系列倡导女权的文章，有的还发表于著名的《新青年》杂志上（当时全成都的《新青年》订户只有5家，她家就是其中之一），是引导四川女界登上社会舞台的重要推动者。例如，由于《女界》的呼吁，四川省临时参议会专门设置了接待女记者的会议室，第一张入场券就是送给曾兰的。1914年，成都的《娱闲录》发表了她的白话短篇小说《孽缘》，次年由著名的上海《小说月报》转载，这是我国最早的现代小说作品之一（比《狂人日记》早3年）。他们夫妇及其两个女儿吴楷、吴桓都能诗，而且一家四口都参加了著名的文学团体"南社"，被"南社"盟主柳亚子委托为"南社"在四川的联络人，成为成都文化史上的一段佳话（当时全川参加南社者约有20人）。有不少研究者认为，吴虞所以会在晚年消沉乃至颓废，应当与曾兰的过早病逝、缺乏支撑有很大的关系。曾兰一生著述有《定生慧室遗稿》二卷传世。

吴虞在成都的故居已经不存，但是他于1938年在故乡新繁正北街买的一处命名为"爱智庐"的住宅至今仍在，是新都区文物保护单位。

抗日战争结束以后，国民党最大的特务组织军统改名为国防部保密局，原军统的"川康区成都站"改名为保密局成都站，是成都地区最重要的特务机构，新中国成立前夕发生在成都的很多罪恶活动都是该站干的，其站部就设在栅子街44号。1949年1月13日夜，当时的川西地区中共地下党主要负责人蒲华辅就是在这里的审讯室中叛变的。

双栅子街在民国时期有号称"朱财神"的朱良辅私宅，内有当时成都私家花园中最大的菊园，育有菊花数千盆之多，人称朱家花园，非亲朋雅士难以入内。相传其育菊施肥的主要方法是在每棵菊花根部埋一个鸡蛋作为底肥。

老同盟会员、老共产党员李筱亭晚年一直居住在双栅子街34号。

李筱亭（1880—1961） 宜宾人，1911年由龙鸣剑介绍加入同盟会，投身保路运动与辛亥革命，成渝两地军政府合并组成四川都督府时，其正式文告就是由他执笔的。这以后，他参加了四川的反袁、护国斗争，1921年担任了孙中山先生办公室的机要秘书。1925年，他是国共合作的国民党四川省临时执行委员会的3位常务委员之一，是负责四川军事工作的3位特务委员之一（另两人是吴玉章和刘伯承）。当刘湘就任国民革命军二十一军军长时，代表国民政府授旗的就是李筱亭。1928年初，他在全国革命处于低潮、一片白色恐怖的关键时刻，放弃高官厚禄，毅然参加了中国共产党。从此他隐姓埋名，奔走各地，长期出生入死地在统战工作战线与军事工作战线为党工作，一直到1949年参与策动了川军将领的彭县起义。新中国成立以后，他出任了西南人民监察委员会主任、四川省人民政府副主席、四川省副省长、四川省政协副主席。

宽巷子附窄巷子

在清代成都满城的西南角,有两条相邻的胡同叫兴仁胡同和太平胡同,属于当年镶红旗的驻地,因为一条较宽,一条较窄,所以清代就有人将其叫作宽巷子与窄巷子。到了民国时期为满城中的胡同重新命名时,也就将其正式改名为宽巷子与窄巷子。

在过去的满城之中,宽巷子与窄巷子是并不重要的两条胡同,民国时期也少有达官贵人居住,新中国成立以后也没有机关单位在这里拆除平房改建楼房(据原宽巷子45号的老住户回忆,当时大院内的菜园大约8亩,有一口全城罕见的大口水井用于浇灌,菜农都有好几户。修建体育场时,从东华门迁入了30多户人家前来菜园建房,大院才变成了大杂院)。正是由于这种长期的平

宽巷子11号"恺庐"门额　1997年　赖武摄影

民性使得宽巷子与窄巷子基本上没有大拆大改，到了改革开放之后仍然难得地保持了老成都街巷的旧时风貌，保存了一批具有地方特色的小四合院，而没有一幢高楼，使清代至民国时期的建筑风格完整地保留下来，成了成都市中心最有价值的一片老建筑集中区和最有价值的民俗风物保存片区。早在20世纪80年代，成都市有关部门就决定把宽巷子与窄巷子作为城市的特色文化片区加以保护，将其作为供研究者考察和供旅游者参观的窗口。成都市中心一共保留与保护了四个老

宽巷子砖木结构楼房　1998年　齐鸿摄影

成都的特色文化片区（宽巷子与窄巷子片区、大慈寺片区、文殊院片区、锦官驿片区），相对来讲，宽巷子与窄巷子片区是保留与保护得最好的一处。无数参观者到此观光，数不清的影视作品在此拍摄，宽巷子与窄巷子已经成为老成都的一个标志。从2005年开始，成都市有关部门对宽巷子与窄巷子（还加上相邻的井巷子）的大多数建筑进行全面重建，为这一片区铺设现代城市的各种管网，修建了地下停车场，并对整个街区进行了全面改造。重建之后的宽窄巷子已经在"5·12"汶川特大地震后的2008年6月正式开街，成为老成都文化的展示区和极有特色的文化旅游街区。

我们说宽巷子与窄巷子过去少有达官贵人居住，不是说就没有文化名人和达官贵人居住。例如著名学者张圣奘、李植和徐仁甫，著名民主人士韩文

·成都街巷志·

宽巷子、窄巷子的日常生活

▲1996年　周孟棋摄影
▼2003年　周筱华摄影

· 街巷 ·

宽巷子、窄巷子的日常生活

▲ 1996年　周孟棋摄影
▶ 1997年　周筱华摄影
▼ 1996年　陈锦摄影

以景物特色命名　　995

◀ 宽巷子建筑群落
　2004年　唐跃武摄影

▼ 宽巷子龙堂国际青年旅舍
　2005年　陈维摄影

·街巷·

▲ 窄巷子冬雾
　2002年　陈锦摄影

▶ 窄巷子拴马桩（中）
　2002年　陈锦摄影

▶ 窄巷子27号古井（下）
　1996年　陈维摄影

畦、四川师范大学教授郭诚永,还有民国时期成都最著名的恶霸流氓石肇武,都曾经在这里居住。

张圣奘

张圣奘(1903—1992) 湖北荆州人,张居正十三代孙,自幼随曾担任北洋政府教育总长同时也是著名学者的叔父张国淦长大,在天津南开中学读书时与周恩来同班4年。1918年,年仅15岁的张圣奘考入北京大学历史系,成为李大钊的学生、毛泽东的朋友,是马克思主义研究会的7名发起人之一。1922年,他在上海时以学识与书法被孙中山先生看中,特地让他清抄缮写了著名的《建国方略》。后赴英国、德国、美国留学,精通英、法、德、俄、西、葡、日等国语言和梵文,先后获得了文学、医学、法学、经济学、史学等五个博士学位(值得一提的是,1926年他在美国俄亥俄州立大学获得经济学博士,论文题目是《计划经济与市场经济的比较研究》,他在牛津大学获得文学博士,论文题目是《杜甫与莎士比亚比较研究》)。在欧洲期间,与周恩来、邓小平等都是朋友。他还受到过英国女王的接见,和未上台的墨索里尼与希特勒也有过交往。他曾将《周易》译为英文,在英国组织了"神州易经学会",写有《易经新笺》《易经辩证法》等五部有关周易研究的著作。1929年回国,先后执教于东北大学(在东北大学期间,他用文言文写成了著名的《回鹘史大纲》一书)、复旦大学、交通大学、重庆大学、中央大学(因为他擅长书画,尤能画马,故与时在中央大学任教的徐悲鸿大师成为至交,当时名噪一时的徐悲鸿与蒋碧微的离婚仪式就是在他家中举行的)等多所学校。因为他精通9国语言,开出了28门课程,所以被著名学者、中央大学校长罗家伦尊称为"万能教授",当时的教育部聘他为部聘教授,蒋介石曾经礼请他为其上课,他为蒋介石讲的是《周易》。他是重庆大学的创办人之一,是1946年开办在内江的蜀中大学(这是自贡大盐商王、李、颜三家共同出资创办的大学,下设有文学、商学、工学3个学院11个系科)的主要创办人。1933年至1936年,还曾经在成都主办《新四川报》。1950年修建成渝铁路时,由他的老朋友邓小平点将,让他出任文物调查征集小组组长,是著名的"资阳人"头骨化石的发现者。1953年在北京召开"资阳人"学术讨论会之后,毛主席与周总理专门请他在毛主席家中做客,一道进餐,畅叙旧谊。1954年，他被任命为四川省文物管理委员会办公室主任，主持具体工作，是新中国成立以后第一次全面考察四川石窟艺术的负责人，发表了《大足安岳的石窟艺术》的重要论文，写出过《编纂中国大百科全书的建议》。1962年任四川省图书馆研究员，1986年任四川省文史馆特约馆员、四川省政府参事室参事。他一生喜爱毛主席诗词，曾为37首诗词各作唱和5首，共得185首，精心装裱成卷。"文革"期间他被抄家，诗词手卷竟然被辗转送到了北京毛主席的手中。毛主席十分高兴，还用铅笔作了圈点。1972年，特地转给章士钊欣赏。章士钊读后又交给了因公到成都的女儿章含之，将诗卷送还给了张圣奘。1991年，他抱病写出了平生最后一篇文章：《我发现资阳的人头骨化石》。他晚年一直住在宽巷子24号邓泽生院中，直至1992年1月7日辞世。

李植

李　植（1885—1975）字培甫，垫江人，同盟会早期会员，辛亥革命元老，曾长期居住在宽巷子19号（晚年居住在焦家巷）。武昌起义之后，他曾在南较场召开万人大会，发表革命演说，同时高悬"同盟会会长孙文"大旗，让孙中山的名字在四川家喻户晓。他曾任大汉四川军政府参赞和四川靖国军总司令部顾问，但是很快就退出了政界。他曾经在日本从章太炎学习国学，是蜀中著名学者，在文字音韵学上有很高造诣，尤其是对"古纽"（即先秦两汉时期汉语的声母）的研究有着自成一家的独到见解。中年以后一直在成都各大学任教，曾任成都高师国文部主任、四川大学与成华大学中文系主任，1952年从川大退休。1936年9月27日，四川各界人士公祭于6月14日辞世的章太炎先生，李植撰写的集句联被誉为当代最佳名联之一："富贵不能淫，贫贱不能移，威武不能屈；泰山其颓乎！梁木其朽乎！哲人其萎乎！"

徐仁甫（1901—1988）大竹人，成都高等师范学堂毕业后一直在多所学校执教，潜心于古代汉语的研究，是四川晚清以来"今文经学"派后期的代表学者之一。他一生著述丰富，在改革开放之后的10年间连续出版了《杜诗注解商榷》《广释词》《古诗别解》《广古书疑义举例》等多部学术著作，在学术界影响颇大。笔者在出版社工作时，曾任先生重要著作《左传疏证》一书的责编。

韩文畦（1895—1983） 内江人，著名学者、佛学家，擅章草。新中国成立前曾任西康省教育厅长、西康省通志馆馆长。抗日战争时期在成都创办《重光》月刊，后来成为我国新儒学代表人物之一的唐君毅就是该刊的编辑。他在1946年加入中国民主同盟，曾任民盟成都分部主任委员，为迎接新中国的诞生做了大量有益的工作（有几位前辈在回忆录中都说1949年刘文辉等在彭县起义的通电文稿就是由他起草的）。新中国成立以后，历任川西农林厅副厅长、绵阳专区副专员（笔者那时就读于绵阳高中，曾经听过他给学校师生作的报告）、四川省政协常委、民盟四川省委常委、四川省人民政府参事。他在1957年"反右"运动中蒙冤，继而入狱。晚年以"保外就医"名义出狱，就住在窄巷子的女儿家中，直至辞世。

石肇武（？—1933） 屏山人。自称是太平天国翼王石达开的后代（在四川民间，一直有石达开晚年隐身于江湖，在成都殉难的石达开并不是真正的石达开，而是相貌极似的替身的传说），由土匪而加入川军，拜刘文辉为义父，10年间官升警卫旅长。他在成都最初的公馆就在宽巷子（时间大约在1926年），1931年才迁往鼓楼南街的新公馆（即有名的"肇第"，两年后即被没收）。石肇武是民国时期成都人最为切齿痛恨的大恶霸、大流氓，奸淫估霸，绑票抢劫，无恶不作，无人不恨，以致在1933年军阀混战的"二刘之战"中兵败被李家钰所俘时，刘湘下令立即枪毙，并将割下的首级在人民公园挂笼示众。直到现在，在一些老成都人口中还流传着这样的一个歇后语："石肇武的脑壳——宰了！"

井巷子

下同仁路东侧、窄巷子以南，有一条折弯状的小巷，在清代初年名为如意胡同，后因胡同北部建有明德坊，又名明德胡同。民国初年更名时，因为巷内有一口水井，所以定名为井巷子。

井巷子中的这口水井在清代的满城中颇有名气，因为在当地流传着这样一个传说：当清军攻入成都时，很多水井都因为战乱、火灾而被污染或填埋，军队的吃水问题发生了困难。这时，有几匹战马聚在这里用舌头舔着地面不愿离去，清军官兵仔细一看，发现这里的土壤特别潮湿，便向下挖去，很快就挖出了清冽的地下水，解决了军队饮水的困难，于是就在这里凿建了一口水井，还特地用石料修建了井盖。由于这口水井的水质好，水量大，成为满城中最著名的一口水井。

井巷子中康熙年间的水井
1994年　周孟棋摄影

一直到新中国成立以后，井巷子中的著名水井仍然在使用，而且位置就在巷子的中间。近年来由于水量愈来愈少，已经停止使用。但是为了保留这口著名的水井，又不致妨碍交通，市政部门把井口移向了靠北的人行道上。1990年，西城区人民政府还在井口旁立了一块石碑，上面写道："此井乃康熙年间满蒙八旗军驻防成都时饮水而凿，地处原少城明德胡同清军营房前。辛亥革命后因巷中有此水井，改名为井巷子。"

井巷子与邻近的宽巷子、窄巷子一道作为成都市中心的民俗文化街区而进行了整体的改造，成为成都著名的旅游文化区。雕塑家朱成以井巷子南侧原协进中学的围墙为基础，设计建造了老砖艺术墙，在艺术墙上展现了近代成都的民俗文化，成为宽窄巷子民俗文化街区中最有代表性的文化景观。

新巷子

在红星路的东侧，干槐树街的北面原来有一条小巷，名叫新巷子，已经在城市改造之中被拆除。

新巷子以东，是惜字宫街。清光绪年间，教会在惜字宫街修建四圣祠医院的女医院，在院外形成了这条无名小巷，巷子上方建有天桥，连接巷子两边的教会所属的医院与学校。民国初年，因其新建，被命名为新巷子。这以后，巷中房屋逐渐增多，成为一条全是民居的清静小巷。新中国成立以后，巷子南侧原来的熊克武公馆大院成为四川省文联以及各下属协会的办公处，北侧的19号大院也就成了文联的宿舍，《四川文学》编辑部曾经长期设在这里，著名作家沙汀、艾芜、柯岗、曾克、戈壁舟等也曾经在此安家，直到搬迁到大慈寺对门的新建宿舍时的40多年间，四川有不少的文艺界著名人士都曾经在此居住。

1942年，英国在成都设立了经当时的国民政府同意的正式的领事馆，地点就在新巷子17号。

1980年在原新巷子省文联宿舍合影，从右至左分别为艾芜、阳友鹤、沙汀、车辐。
杨显峰提供

新开街

位于青石桥街以南的新开街是一条历史很短的小街，是清光绪二十年（1894）为了连接青石桥南街和盐道街而开辟的一条通道，故而以新开街为名。

新中国成立前，新开街46号曾有一个福音堂。从民国一直到改革开放，新开街都只是一条布满民居的很安静的街道，基本没有商铺。改革开放以后，因为与青石桥的蔬菜市场为邻，逐渐兴起为成都城内的第一个"花市"。从最初只是沿街出售盆花，一直发展到建成若干专业的商铺，经营品种也逐渐扩展到花盆花肥、各种苗木、观赏鱼类、各种宠物，范围也扩展到相邻的南府街、东府街和横丁字街。在经过市政部门整顿以后，至今仍然是一个出售花鸟和各种宠物的专业市场。

新开街兰园茶社　1986年　陈锦摄影

新开街花市　1986年秋　陈锦摄影

卧牛巷

卧牛巷是一条鲜为人知的小巷，很短，位于北巷子以西，巷南还有一条因为住有杀猪的屠户而得名的杀猪巷。但是卧牛巷的得名却不是因为屠牛，而是因为这里过去曾经是满族与回族同胞的坟地，有一个不小的土堆形状好似卧牛，当地老百姓称为卧牛台。抗日战争时期，市中心的一些居民疏散到这里建房，逐步形成街巷，所以就命名为卧牛巷。卧牛巷曾经一度被叫作平湖路，得名于著名画家、平湖人吴一峰，因为由他在1939年至1940年间自己设计并监督施工的故居"一峰草堂"就修建在这里。

吴一峰（1907—1998） 浙江平湖人。1932年随国画大师黄宾虹入蜀写生，因为慕蜀中山水之神奇而留于蜀中，并在蜀中娶妻安家，以至终生。他以"大走客"自称，足迹几乎走遍巴蜀以及云贵地区，一生中创作出了大量的山水画佳作，其中包括长达17.37米的《岷山胜概》长卷，和长达22.28米的《嘉陵山色》长卷，得到谢无量、刘海粟、张大千、谢稚柳、李可染、陆俨少等海内名家的高度评价，称之为"山灵知己"、"蜀山写照第一人"。一

1933年吴一峰（中）偕东方美专学生游川北留影

峰草堂是他在抗战时为了躲避日本侵略者的轰炸而修建的居所，包括世界著名汉学家、诺贝尔文学奖评委马悦然在内的很多中外人士都曾是一峰草堂的客人。当年吴一峰先生出于对家乡的思念，曾经在小巷中钉有一个上书"平湖路"三字的木牌，此名不胫而走，但在流传中又被误写为平福路。20世纪80年代，包括一峰草堂在内的这一带旧房被拆除，但是先生的故乡浙江平湖市所修建的吴一峰纪念馆，其外观就是仿照了成都的一峰草堂。

《嘉陵山色》长卷（局部）　吴一峰作

狮子巷附狮马路

帘官公所街以北、小关庙街以西，有一条狮子巷。清代时巷中有一座土

· 街巷 ·

1943年狮马路中华女中初中22班毕业留影　李素芳　陈乃霖提供

地庙，庙前有石狮一对。过去的土地庙一般都是小庙，庙前少有石狮。这里的土地庙前的石狮就成了巷中较为显著的标志，于是这条小巷就叫作狮子巷。

　　1920年，《半月》半月刊在狮子巷40号创刊（后迁灶君庙街9号），创办人宋希来、吴先忧等，当时还是外国语专门学校学生的巴金曾经担任编辑。《半月》思想的主要倾向是无政府主义，存在的时间只有一年即被查封。但是，在四川新文化运动处于低潮的时期，它公开攻击反动军阀，宣扬十月革命，号召社会革命，在当时曾经有过不小的影响。

　　狮子巷虽然并不宽敞，但是在20世纪二三十年代却是全城颇有名气的四大公开赌场（当时称为"明堂子"）之一，赌博方式有牌九、掷骰子、摇宝、单双、扑克等，同时还公开贩卖鸦片，每天进入其中的赌客不下数百。四大"明堂子"全为川军军官所开，都有军警把守。狮子巷的"明堂子"是二十四军军长亲信、手枪大队连长冷少康所开，牌坊巷的"明堂子"是二十四军手枪大队长朱瀛洲所开，塘坎街的"明堂子"是二十八军军长副官喻载阳等人所开，八宝街的"明堂子"是二十九军团长张绍泉所开。

　　狮子巷以北已经靠近北城墙，在清代时还是空地。1921年有位名叫张少斋的商人在此建房出售出租，以后居民增多，逐步形成了一条街道。因为街道的北口就是城墙边,南口在小关庙街,往西可到狮子巷,往东可到马镇街,所以就以狮子巷的"狮"字与马镇街的"马"字,把这条街道命名为狮马路。

筒车巷

卧牛巷以北有一条不短的筒车巷,北起马家花园路,南到金仙桥街。过去这里都是农田,桃花江从此流过,沿河筑有土埂,架有筒车从河中汲水,所以这条土埂就叫筒车埂。抗日战争时期,市中心的一些居民疏散到这里建房,逐步形成街巷,所以就命名为"筒车巷"。

当地传说桃花江的命名出于五代时期著名的花蕊夫人。因为这里过去曾经是河水清澈、桃红柳绿、景色撩人的近郊,花蕊夫人认为这里颇似她的家乡桃花沟(花蕊夫人的家乡在今天的都江堰市),故而经常到此游玩,于是人们就把这条河叫作桃花江。

民国时期锦江上的筒车　刘永禄提供

筒车是我国南方很早就使用的提水农具，在蜀中的数量最多。一般是架设在小河上，利用流水的冲力转动圆形的大轮盘，轮盘边缘的若干个斜状竹筒在低处的河中装满了水，转到高处时倾入水槽，再流向农田之中。最高筒车的提水高度可以达到10米以上，过去是农村中很普遍的提水农具（另外还有一种筒车是安在没有流水的堰塘之中，人在大轮盘中行走，利用人的重力转动大轮盘来提水，川西地区称为"走车"或"踩车"）。一直到新中国成立初期，在成都郊区还能看到这样的筒车，今天则只可在旅游景区看到了。

大田坎街

出东门大桥往东去牛市口，过了牛王庙街、一洞桥街、一心桥街，就是大田坎街。这里曾经是过去成都人出东门的主要街道。近年来从东门大桥向东，由芷泉街、紫东楼街，通过一环路再向东，修建了笔直而宽阔的锦东路，原来弯曲的一心桥街与大田坎街就显得不太重要了。但是，在抗日战争时期，这里作为成都通向重庆方向的东大门，曾经有过一段相当繁荣的时期，很多公司的仓库、货栈都设在这里。

大田坎街的得名，是因为这里过去有一块很大的农田，有一条很长的田坎，当地人都叫作大田坎。民国时期这里形成街道后，就叫作"大田坎街"。"田坎"是川西地区的方言，也叫田埂，就是田塍。

设在街上的大田坎小学在清末即已办学，原名聚星学堂，民国时改名华阳县得胜乡高等小学堂，是陈毅元帅于1913年就读的母校（关于陈毅在成都的青少年时代的介绍见"花牌坊街"）。就是在这所学校里，十分喜爱他的裴书堂老师将他原来的名字陈世俊改为陈毅。2007年，大田坎小学正式改名为聚星小学，在学校里有陈毅陈列室。

需要说明的是，近年来在一些介绍陈毅生平的文章中，称陈毅曾经在成都的"华德高"学校读书，而又不知这是一所什么学校。其实这所学校就是1913年新开办的聚星学堂。聚星学堂是在华阳县得胜乡两位前清举人冯湛恩与何秋帆的倡导与襄助之下，得到陈姓乡绅捐出陈家祠堂的百亩良田作为校产而开办起来的。1915年改名为华阳县得胜乡高等小学堂，华得高是其简称，华德高则是其误写。这所学校就是今天的聚星小学。

在成都人近几十年的生活中曾经有过极大知名度的成都三级花茶的出产地成都茶厂原来就在这条街上。成都三级花茶作为群众最喜爱的产品，几乎走进了成都城镇的每一个家庭。

簸箕街

从街名上看，簸箕街与灯笼街、油篓街很相似，似乎就是过去以手工编造与出售簸箕为特色的街道。因为四川人把用竹篾编成的筛筐状竹器叫"簸簸"，箕状的竹器叫"筲箕"与"撮箕"，故可以统称为"簸箕"。可是这条簸箕街却不是因为制作与销售簸箕而得名，而是因为过去在今天的华西集团大楼前有一个坡坎，坡坎交界处由几块大青石相砌，形状颇像簸箕，所以才有了簸箕街这个名字（另有一说法认为原来街西有一块大石形状像簸箕，名叫簸箕石，故而得名。如果按这种说法，其本名就应当叫簸箕石街，簸箕街就只是其简称）。

过去的簸箕街比较长，从北门大桥出城一直到马鞍山路都叫簸箕街，所以还分为簸箕上街、簸箕中街、簸箕下街。1968年，把从驷马桥到武侯祠的南北主干道统一改名为解放路，用以纪念成都解放20周年，这时的簸箕街就成了解放北路一段。1981年地名普查，整个解放路的名称被取消，只保留了解放路一段和解放路二段，原来的簸箕下街属于解放路一段，原来的簸箕中街和簸箕上街属于解放路二段。

过去的簸箕街是通过北门外的"官道"即北大路运来成都的各种干杂食品与海产品的主要集散地，"锦云轩"等干杂店在全城享有盛名。正如《锦城旧事竹枝词》所描述的："黑是木耳黄是花，口蘑卦笋（按：大的笋干剖开后有明显的分格状竹节，很像过去卜卦时用的卦，所以称为卦笋，今天成都人所叫的玉兰片就属于卦笋）并芝麻。地当北户临官道，零售批发两不差。"

簸箕街上过去有不少寺庙，如今天的成都六中原址是金绳寺，今天的成都八中原址是丞相祠，今天的华西集团（原四川省建设厅）原址是广福寺。此外还有清代著名将领、川陕总督年羹尧在世时由部下为他修建的生祠（年羹尧被雍正皇帝处死以后，在原址改建了文昌宫），有年羹尧自己下令修建的武曲宫，由陕西旅蓉同乡公建的露泽寺，由山西旅蓉同乡公建的甘露寺。

凡是对首都北京稍有了解的都知道，北京有几处古代皇帝祭祀大典的祭坛，如天坛、地坛、社稷坛、先农坛等。可是很少有人知道，成都过去也有几处古代地方官用于祭祀的祭坛，目前所知的有社稷坛、先农坛（附八蜡坛、雩坛）、神祇坛、禜坛、厉坛，每年都要定期举行祭祀，在旧志上还载有专门的祭文，这一礼仪一直到1928年才停止。清代的社稷坛位于武侯祠的旁边，但是内部的情况不详，目前知道内部情况的只有簸箕街上的神祇坛。其他几处祭

"文革"时期，位于簸箕中街的北门汽车站成立革命领导小组。　王大明提供

坛是只知方位，更具体的位置已经无法确指。

簸箕下街西侧在清初即建有山川坛，嘉庆十六年（1811）根据清王朝礼部的来文，正名为神祇坛，老百姓一般都称之为"北坛"。坛内供奉着三个木主，即中间的"风云雷雨之神"，左边的"本境山川之神"，右边的"本境城隍之神"，成都的府县两级官员都要定期来此恭行礼仪祭祀。

成都历史上第一家使用机器磨制面粉与制作挂面的麦利公司于1911年开设在簸箕街。抗日战争时期开始有了成都向北外去的汽车，当时的北门汽车站设在簸箕街。

马鞍山路

在曹家巷以北、一环路北四段以南的一大片地区都叫马鞍山，这里有马鞍东路、马鞍西路、马鞍北路、马鞍南路，过去还有马鞍南街、马鞍北街，此外还有一条没有相邻的马鞍山路。

在成都主城区，以"山"命名的街道只有这里的马鞍山，但是这里并没有一座山。这一片地区在新中国成立之初全是农田荒地，还有一些坟地。因为坟地起伏有一点像马鞍，所以有人就把这里叫作马鞍山。1958年人民公社化的时候这里的生产大队要命名，就叫作属于圣灯公社的马鞍大队。四川省建设厅等单位逐渐在这里修建宿舍，以后逐渐形成了街道，可是一直没有命名。直到1981年地名普查的时候，才以当地曾经有过的这个马鞍山的名字，把三条街道分别命名为马鞍东路、马鞍西路和马鞍北路。这以后，这一片地区的房屋愈来愈多，新的街道不断增加，到了1989年，又将相邻的新的街道命名为马鞍南路、马鞍南街、马鞍北街。而在一环路以北，因为1983年修建了马鞍山居民点，后来也形成了街道，在1989年的时候也被命名为马鞍山路。

没有在这一地区居住的人去到这一地区往往被街道的名字搞昏。这里可以告诉大家：在一环路以南，有马鞍东路、马鞍西路、马鞍北路、马鞍南路，是标准的"十"字形街道。在马鞍东路的东端，又有一个"十"字形街口，东西两边都是马鞍东路，而南北两边则是马鞍南街、马鞍北街。在一环路的北边,还有一条马鞍山路。

在马鞍山路上,有一座罕为人知的马鞍山烈士墓,埋葬着新中国成立之初川西军区所属部队在成都地区剿匪战斗中牺牲的40多位烈士。由于当时的历史条件,加之"文革"之中的破坏,这里只留下了32位烈士的姓名,还有10多位烈士的姓名以及烈士们的事迹都没有能留下来。但是,1988年成都市西城区人民政府重修烈士墓时在大门上写有如下的门联:"斗顽敌诛匪枭舍生忘死为捍卫人民政权;戡暴乱平叛逆献身成仁何惜热血谱春秋。"让后人仍然能够对烈士们产生无比崇高的敬意。

马鞍山烈士墓　2012年　杨显峰摄影

以往昔建筑命名

顺城大街

从盐市口向北直达文武路的市中心南北主干道,就是今天的顺城大街。

顺城大街是在1992年为了迎接第二年的"全国第七届运动会"和"成都国际熊猫节"通过扩建改造之后形成的,它的前身是原来的上西顺城街、中西顺城街、下西顺城街、线香街、安全巷等几条相连的街道。这几条西顺城街是清代形成的,也是清代成都市中心连接南北的主要通道。在没有建成西顺城街的明代,成都城内连接南大街和北大街的主要通道是暑袜街,而连接东大街和西大街的主要通道则是暑袜街与鼓楼街。

上西顺城街在清代本名叫半济堂街,因为街内有一家著名的半济堂药店而得名。半济堂的主人是一位中医,名李经兰,故又称李半济堂,在东门城门

20世纪50年代的西顺城街　陈德龙摄影

· 街巷 ·

顺城街与线香街交会路口　1992年　严永聪摄影

口还开有分号。半济堂药店自开业以来每逢初一、十五售药只收半价，用以济世助人，故以"半济"为店名，这在过去的商家中是很有特色的一家。

中西顺城街在清代本名叫皮房街，是因为这里有多家加工并出售皮货的商家而得名。一直到改革开放初期，街面上仍然还有一些出售皮货的商家，所以至今还有一些老成都人把这里称为皮房街。

下西顺城街在清代就叫西顺城街。到了光绪年间，把这三条相连的街道统一命名为西顺城街，因为这条街长度超过了1公里，所以又分为上、中、下三段。不过在成都人的口中一般仍然是统称为西顺城街而少有上、中、下之分。

顾名思义，所谓西顺城街，就是在它的西边原来就是城墙，它是顺着城墙而形成的一条街。这道城墙就是明代蜀王府外墙的东墙。

明代的蜀王府有内外两道城墙。内城的规模与四界基本上就是清代的贡院，即老成都所熟悉的"皇城"。外城又称萧墙，这是很古老的叫法，先秦时期就已使用，今天还在使用的成语"祸起萧墙"就是出于《左传》中的故事。据明代正德《四川志·藩封·蜀府》的记载："外设萧墙，周围九里，高一丈五尺。南为棂星门，门之东有过门，南临金水河，三桥九洞以度。桥之南设石兽、石表柱各二，红桥翼其两旁。萧墙设四门，东曰体仁，西曰遵义，南曰

以往昔建筑命名　**1013**

·成都街巷志·

修建天座商城的施工现场　20世纪80年代　王文相摄影

顺城大街地下天座商城　20世纪90年代　王文相摄影

端礼，北曰广智。"萧墙在明末的战火被毁以后清代未曾恢复，所以我们今天对于明代的萧墙也就相当陌生。据研究，明代蜀王府萧墙的位置大致是：东墙在西顺城街一线，南墙在东御街和西御街一线，西墙在东城根街一线，北墙在羊市街和西玉龙街一线。

顺城大街1992年扩建时在盐市口到玉带桥的街面之下修建了全长1243米、总面积达3.5万平方米的大型地下通道，建有27个出入口与良好的通风设施。在和平时期，这是一个号称"中华地下商业第一街"的大规模的地下商场，名叫天座商城（天座商城正式启用于1993年9月），在战争年代则可作为大型的地下防空设施。

在顺城大街东侧的银河王朝大酒店以南，是民国时期成都最大的货币市场与投机交易市场安乐寺。在民国初年，安乐寺是官方批准的"银钱总市"，全市的油米钱业公会就设在这里。抗日战争爆发后，安乐寺的银圆与美金交易对全省的金融货币市场都有着举足轻重的影响。

成都所以会出现这样一个存在几十年、喧嚣几十年的货币市场，在今天是难以想象的。自从辛亥革命以后，四川的政局一直动荡，"城头变幻大王旗"，有广州政府的统治、北京政府的统治、川军的统治、滇军的统治，有防区制时期十几个军阀各自割据多年的统治。每个统治者都有权发行自己的货币并用枪杆子强迫流通，这样就在成都的市场上长期流通着五花八门、形形色色的货币，大约可以分为纸币、银币、铜币、镍币四大系列，单是纸币就有四大中央银行（中央银行、中国银行、交通银行、农民银行）发行的不同纸币，四川省内除各大银行发行的不同纸币外，还有十分流行的美钞；比起纸币来说相对安全的银圆，就有大清的"龙版"、北洋的"袁大头"（因为有袁世凯的头像而得名）、海外的"鹰洋"（主要生产于墨西哥，是由英国商人传入的）、四川的川版、云南的滇版、成都的厂版和杂版等等，不同的银圆又是真真假假，成色不同（今天在一些影视作品中我们经常可以看到这样的情景：演员手上拿着一块银圆，用嘴使劲一吹，然后马上放到耳朵边上听，以检验含银的高低，含银愈高，响声愈大，含银愈低，响声愈小）。由于大小不同的铜币的种类之多，在今天的收藏界已经成了一种专门的学问。就是在军阀混战与防区制结束、国民党政府统一四川以后，市场上仍然是纸币、银圆、铜币、镍币和美钞、黄金混合使用，其中单是中央银行发行的纸币在短时期之内就出现了法币改关金券、关金券改金圆券、金圆券改银圆券，银圆券几同废

新中国成立前夕的大面额金圆券　刘永禄提供

民国时期的安乐寺市场
刘永禄提供

纸之后又出现满街复古使用铜圆与镍币的变化,有时甚至恢复到原始的以物易物(1949年笔者8岁,清楚地记得曾经历的以物易物的几个月,所有交易都是以大米为一般等价物,连戏园子门口都是摆放着大的箩筐,进去看川戏者都是从衣服口袋里抓出一大把大米放进箩筐中代替用钱买票)。在这种情况之下,成都出现安乐寺这样一个喧嚣几十年的货币市场也就不足为怪了。

安乐寺建于明代,清代康熙年中重建,清末时已经基本毁完。1909年在此开办过华阳县初级小学堂,民国时期曾经是益寿慈善会会址。因为益寿慈善会的会董多是商界人士,这里又地处市中心,所以就逐渐成了一处洽谈生意之所。在老成都人的传说中,安乐寺是明代特地给刘备的儿子刘禅修的小庙。刘禅贪图享乐,不理政事,亡国亡家,当了魏国的俘虏之后还说"此间乐,不思蜀",被魏国封为贬义的"安乐公",可谓遗臭万年。明代在重建昭烈庙时没有他的地位,不准他入庙。但是考虑到他毕竟是刘备的儿子,也是蜀国的一代皇帝,所以就在这里给他修了一个小庙,名字就叫安乐寺(另有一种说法认为安乐寺是明代第一代蜀王朱椿为自己建立的两个以寺庙为名的游乐宴息场所之一,另一个是原在鼓楼南街的太平寺)。

当年的安乐寺也曾经短期成为穷苦百姓的乐园。1905年,当时号称成都"四大名医"之首的著名中医沈绍九("四大名医"中的其他三位是张子初、陆景廷、顾燮卿)自出巨资,并邀约了几位志同道合的名医在安乐寺中开设了一家无名的义诊医馆,无论何人来此诊病拣药都分文不取,只需排队领号签就可以依次诊病取药。医馆每年4月开诊，9月结束，每年就诊者都在万人以上，每年所需经费超过3000个大洋，全由沈绍九承担。这家医馆是成都近代历史上时间最长、口碑最佳的义诊医馆，一直到1936年沈绍九逝世之后方才结束。直到现在，在一些老成都人的口中还念念不忘这位善人兼名医沈绍九。沈绍九的弟子唐伯渊、杨莹洁在1975年整理有《沈绍九医话》，由人民卫生出版社出版。

新中国成立以后，安乐寺改建成与对面的大型百货商场人民商场配套的大型食品商场中心菜市场，以后再改建为红旗菜市场。改革开放之后开通蜀都大道，将红旗菜市场拆除并从中穿过，今天在蜀都大道以北的红旗商场是蜀都大道建成之后新建的，蜀都大道以南的西南影都北部还有一点原来红旗菜市场的旧地。在"文革"以前，红旗菜市场和总府街上的东风菜市场是成都新建的最重要的两大食品商场。

清代的顺城街邻近贡院，一些商家把主要客户放在从各州县来成都参加科举考试的读书人身上，故而有的店招颇为特别。最著名的是一家帽店叫"正人冠"，一家鞋店叫"书山展"，颇能反映当年成都市井文化所具有的文雅特色。

在当年的西顺城街东侧、安乐寺的旁边，有一条东边没有出口的半截小巷，清代叫作布袋巷，民国时期成为一条无名小巷，新中国成立初期还在。抗战时期这条小巷中有一处银行宿舍，1938年4月20日生于成都的当代著名女作家琼瑶（原名陈喆）幼时就住在这里，1942年才离开成都返回老家湖南。

"文革"中"造反派"在红旗菜市场大门前
杨永琼提供

1938年4月20日在四圣祠仁济医院（即今二医院）妇产科（当时叫福音女院）亲手为琼瑶姐弟龙凤双胞胎接生的助产士段仪明长期在二医院工作，一直到2009年11月2日去世。2002年，琼瑶特地给老人寄来了描写自己生平的《我的故事》，上面写着"段老太太留念"。

琼瑶在回忆录《我的生活》中说她幼时家在"暑袜街布袋巷"，应是误记。这幢老建筑今天还保存在总府街81号院内，仍然是银行职工宿舍，已经作为目前成都主城区内为数不多的银行业西式公馆建筑而列入了成都市第三批历史建筑保护名录。

这幢旧楼可能就是琼瑶出生地
2011年　杨显峰摄影

在顺城大街上，有一座在成都当代城市建设史上最为别样的、不能不加以记载的熊猫城。1993年，成都第一家民营上市公司新能源在此开建面积达50万平方米的、号称亚洲最大的"摩尔"熊猫城，计划投资25亿元。开工不久，项目因新能源董事长陈宇光被捕而停工，所挖基坑一放8年，被戏称为"成都第一坑"。8年之后，主要由深圳铜锣湾集团接手重建成都熊猫铜锣湾广场。2005年开业，仍有10万平方米的营业规模，特别是以西南最大的餐饮项目"中华大厨房"为人所注目，但是开业不久即因营业状况太差而关闭。2010年3月，广百百货集团入驻，12月重新开业，纯商业面积达25万平方米。不到一年，2012年仍然因为营业状况太差而停业。故而这里被戏称为"10年唤不醒的熊猫城"。这种情况在成都是唯一的，在全国也是罕见的。

东顺城街附北顺城街

与西顺城街相对，在老东门附近又有东顺城街。这是沿着原来成都东城墙的内侧所形成的街道。由于街道较长，所以又分为了东顺城北街、东顺城中街和东顺城南街，这其中的东顺城北街在清末曾经改名为新化街（参见"毛家拐街"），新中国成立以后又定名为北顺城街。由原来的一条东顺城街分为三段的三条街目前都还存在，位于武成大街以南、东安南路和天仙桥南路以西。

清人《竹枝词》中有："无数伶人东角住，顺城房屋长丁男。五童神庙天涯石，一路芳邻接魏三。"由是可知，成都东边的东顺城街、五童庙、天涯石街一带是清代居住川剧演员较多的地方，包括清代中期名震京师的魏三即魏长生的故宅在东较场街，当代著名的丑角大师周企何住在东较场附近的东新街，而一代清音大师李月秋则长期居住在东顺城北街。

李月秋（1925—1996） 成都人，出身贫苦，9岁随蒲光明学艺，12岁出师，从此卖艺为生。她以清亮甜美的天赋嗓音、滋润柔媚的演唱风格、十分浓郁的生活气息和一丝不苟的敬业精神，成为全四川最受欢迎的清音艺人（清音在清道光年间就已经形成为一种比较成熟的曲艺演唱形式，但是一直被称为"小曲"、"小调"、"唱琵琶"。1935年，若干艺人组建了"成都市清音职业公会"，第一次有了"清音"这一名称，一直到新中国成立以后，才正式定名为"四川清音"），早在20世纪40年代就有了"成都周璇"的美称。新中国成立以后参加成都第一实验书场，以后担任成都市曲艺队队长、成都市曲艺团团长和中国曲艺家协会四川分会副主席，多次到全省、全国各地巡回演出，多次参加各种全国会演并多次获奖，1953年还曾经参加赴朝慰问团去朝鲜慰问志愿军将士。1957年她以东方民歌手的身份参加在莫斯科举行的第六届世界青年联欢节，演唱清音《小放风筝》《忆我郎》《青杠叶》，荣获金质奖章。这是四川曲艺第一次走出国门参加世界大赛并获奖。她回到成都后举行汇报演出，笔者曾经是听众之一。李月秋于1988年退休，1993年8月在成都锦江剧场"群星梨园"书场举行的"巴蜀曲艺一代名师荟萃献演"，是她一生中的最后一场演出。

1953年第一届全国民间音乐舞蹈会演，李月秋（左）、傅万才（中）、熊青云（右）演出清音《秋江》。　付兵提供

东城根街附老东城根街　横东城根街　西城根街

　　"城根"的本义是城脚边，这一词汇古已有之，如唐诗中就有韦应物《酬秦征君徐少府春日见寄》的"城根山半腹，亭影水中心"。在近代将"城根"作为街道名称却是北京方言。这种称呼在成都方言中本来是没有的，是清代住在满城里面的满蒙同胞用的老北京人的称呼（北京在今天仍然还有"皇城根"，不过已经改为"黄城根"了）。今天仍然还在使用的街道名称中，成都仅此一例。据笔者不很全面的考察，甚至在整个南方也仅此一例。成都的叫法与北京也有一点不同，就是北京方言中叫"城根"一定要加上儿化韵（包括距北京不远、受北京影响的保定），而成都是不加儿化韵的。"胡同"、"城根"、"牌楼"、"小淖坝"、"大坑沿儿"是成都地名中几个明显的北京方言的遗存，目前在知名街道中只还保存下来一个"东城根"。

　　东城根街所指的东城，就是清代满城的东城墙，是清初在完全拆除了明代蜀王府的外城即萧墙的西墙之后修建的，建筑所用的城砖有的就是蜀王府外城的城砖，其墙基就是蜀王府外城的墙基。因为清代的满族同胞把满城东城墙

东城根街上的"老妈蹄花"　2008年　赖武摄影

20世纪80年代的
东城根下街集贸市场
杨显峰提供

脚下的沿墙道路叫东城根,所以民国初年拆除满城之后在这里所形成的街道也就叫作东城根街。

东城根街是在民国初年分段陆续建成的,是成都城中在民国时期修建的第一条街道。1913年开始拆除满城城墙(革命老人、著名教育家张秀熟曾在一首题名为《东城根街回溯》的竹枝词中写道:"漫话成都城坊考,癸丑我是见证人。祠堂东门两街口,城墙拆尽路未平。"这里的"祠堂东门"指的就是祠堂街口的满城东门,"癸丑"就是1913年),1916年开始在拆除满城东城墙的基础上修建马路。1918年初步建成时,当时主管四川军政事务的四川靖国军总司令、四川辛亥革命元老熊克武曾经将其命名为靖国路(这是为了纪念当时拥护孙中山先生的四川靖国军就在此街组建),还曾经在今天的东胜街口建立了一座石碑,上面由另一位四川辛亥革命元老、靖国军的另一位负责人但懋辛手书了"靖国路"三个大字(但氏工书法,特别以榜书名世,今天的郫县望丛祠中望帝与丛帝陵墓前石碑上的大字就是但氏所书)。由于附近居民把这里称为东城根已成习惯,所以这个靖国路的街名并未流行。1924年,担任四川督办的杨森在成都市中心几处实行扩建马路的计划,东城根街也被拓宽,并从南面的祠堂街一直拉通到北边的青龙街口,总长度超过了1.5公里,从南到北分为东城根南街、东城根上街、东城根中街、东城根下街四段。这种名称与分段一直保持到今天。但是今天的东城根下街并不是原来的东城根下街，而是为了将原来拐弯的东城根下街取直而新开通的街道。原来的东城根下街与东城根中街之间有一个拐弯，街道仍然保留，但是为了与新建的笔直的东城根下街有别，就命名为老东城根街。

在老东城根街以西、新建的东城根下街以东还有一条不长的横东城根街。这是新中国成立以后新开东城根下街时切断的原东二道街的东段，因为已经与原来的东二道街分别位于大街的东西两边，所以命名为横东城根街。

东城根街是民国时期建成的新街，商业并不繁盛，但是在老成都人的文化生活中，位于东城根街与西御街交口处有一家锦春茶社却是让人难以忘怀的。锦春茶社的出名在于当年远近闻名的"锦城三绝"或称"锦城三子"：贾瞎子演唱的竹琴、周麻子提壶掺茶的绝技、司胖子卖的花生米（民国后期，成都还有另一种著名的"锦城四绝"，是指全市最著名的曲艺艺人，即竹琴贾树三、扬琴李德才、相书曾炳昆、清音李月秋）。

贾树三在演唱中能够熟练地运用广东、陕西、苏北等多种方言，充分地反映了成都这个移民城市的文化特色，这在清末的成都艺人中是很少见的。

贾瞎子（1894—1951） 本名贾树三，回族，生于成都回族聚居的皇城坝。一岁时父母双亡，三岁时双目失明，从此人们都称他为"贾瞎子"。贫困的家世让他六岁时就沿街叫卖梨膏糖，十岁时向一位李姓的草药郎中学唱竹琴，以后先后拜马少成与蔡觉之为师，并将过去的五人坐唱（有如今天的扬琴）改为一人独唱，一人唱一台戏，一人唱多个角色。他吸收了川剧名家与扬琴名家的唱腔精华，成为闻名全川的竹琴圣手，开创了竹琴演唱中的"贾派"。从1930年开始，他在成都文化界知名人士、《国民公报》主笔谭创之的大力支持之下，在锦春茶楼设竹琴专场，每天晚上演唱，风雨无改（抗日战争时期为了躲避轰炸，曾短期改在老西门外茶店子），长达20年，创造了民间艺人专场演唱的一项难得的纪录，也是成都现代文化史上极光彩的一页。正如挂在台口的由谭创之撰写的名联："听罢悲欢离合，回首依然贾瞎子；拍开风花雪月，伤心谁问李龟年？"不仅是成都的各界人士喜欢他的演唱，连冯玉祥这样的生长在北方的军政领袖、胡愈之这样的走遍全国的著名记者、谢添这样的著名演员，都是他的"粉丝"。冯玉祥说："我认为北京的刘宝全（唱京韵大鼓的一代'鼓王'）和四川的贾树三可称为独唱双绝。"当代著名作家茅盾先生抗日战争时期在成都时曾经这样说过："在成都不听贾瞎子的竹琴，枉自来成都。"成都著名政坛前辈、曾任四川军政府都督的尹昌衡曾赠贾瞎子如下一联："盛时之元音已杳，今又逢师旷重来，绝技

1948年贾树三（前）、李德才（右）和车辐的合影。
王大明提供

出瞽盲，最好是《楚道还姬》《李陵饯友》《浔阳送客》《子胥渡芦》，串生旦净丑而各肖神情，慷慨激昂惊四座；历年之国步多艰，只赢得长沙痛哭，幽情寄弹唱，恍如闻'渐离击筑''雍门抚琴''越石吹笳''祢衡挝鼓'，从忠孝节义以扶维教化，发扬蹈厉足千秋。"

周麻子本名失传，是成都传统茶艺的卓越代表。他在为客人服务时，总是右手提装满开水的紫铜茶壶，左手手掌上卡着6个黄铜茶船，上面放着重叠的6个白瓷茶碗加茶盖（多的时候可以拿着十几副盖碗茶茶具），走到茶桌之前，只见他左手一撒，茶船有如飞碟旋转到各位茶客面前，再听到"嚓嚓嚓"的一阵声响，一个个茶碗如鸟归巢般放进了一个个茶船之中，然后他抬起右手，铜壶中的一道道水流从茶客的耳边飞过，注入茶碗，桌面上不见一滴水珠。茶客们正在惊叹不已之时，他用左手的小指头将桌上的茶盖轻轻一挑，只听见当当声响，一个个茶盖就稳稳地盖在了茶碗之上。这种茶艺是完全从实用出发的，用最快速度为客人服务的技艺，是用多年的勤学苦练得来的真功夫。

新中国成立以后，有此技艺者愈来愈少。1989年秋，笔者还在人民公园鹤鸣茶社中看过一位吴师傅的表演，现在已经基本上失传了。改革开放之后成都出现的由廖氏兄弟开创的长嘴壶掺茶技艺，是以武术功夫为基础的表演技艺，与传统的以快速掺茶为目的短嘴茶壶的实用技艺是两种路数，未可同日而语。

司胖子的确是一个大胖子，是姓司还是姓司马已无从确考。他专门手提竹篮在茶馆书场叫卖用纸包装的炒花生米与南瓜子，口中不不停地反复叫喊着四句话："金钩花生，五香胡豆，慢慢细吃，很有味道。"花生米都是一样大，颗颗香脆而且红衣不破，南瓜子全是"鸦雀嘴"，粒粒均匀饱满。如果发现有一颗霉烂，立即赔你两包，这在当时的成都也是一绝。

今天的东城根街是成都市中心南北向的重要街道，也是很多重要的党政机关与企业的所在地，交通十分繁忙。可是过去的东城根街向北止于八宝街，向南止于西御街，两端都呈丁字形，对于市中心的交通大有不便。20世纪90年代在城市改造之中，东城根街向北新建了万和路直达府河上的五丁桥，向南新建了文翁路直达南河上的南河桥，交通大为疏畅。因为这三条大街形成了成都市中心的又一条主要的南北通道，而又是以东城根街为主干，所以不少市民都把万和路俗称为东城根街北延线，把文翁路俗称为东城根街南延线。

东城根街上的东城根街小学是出生于成都的著名作家巴金的母校，从1991年5月15日起，巴金曾经先后9次给学校的孩子们写信或寄书，鼓励孩子们读书时认真读书，玩耍时放心玩耍，说话要说真话，做人要做好人。为了永远地纪念这位文坛巨匠，东城根街小学已经正式更名为巴金小学，塑造有巴金的铜像。

既然有东城根，也应当有西城根。清代满城西边城墙边的通道当时就叫西城根，也有人叫作西城根街。辛亥革命之后，把西城根正式命名为同仁路，西城根的名称也就消失了。

东门街

如今被成都市民俗称为羊西线的第一段就是东门街。这条街在清代是满城中的五福胡同。民国初年改名时，因为它是出入满城东门的胡同，所以改名为东门街。

清代满城共开有五道城门，东边有两道，靠北的叫迎祥门（门内是五福胡同和长发胡同，门外是羊市街和五福街），靠南的叫受福门（门内是祠堂街，门外是西御街），成都市民一般简称为大东门和小东门。东门街东口所在的东门，就是满城的大东门。

东门街今天有成都著名的成都市第一骨科医院。这家医院是著名的成都杜氏骨科传人杜琼书与郭钧主持建立的，最初是设在柿子巷的西城区骨科联合诊所，1957年迁往东御街，1959年迁至东门街，改名为西城区骨科医院。杜琼书本人则先后被调入四川省人民医院与四川省中医研究所。

西皇城边街

"皇城"这一名称在成都人心中是作为地区名称的，而作为街道名称留到今天的则只有这条西皇城边街。

西皇城边街因为原来地处贡院后门的西边而得名，位于今天的人民中路以西，成都市体育中心的对面，西御河沿街以南，是一条东西向的小街，在西端拐一个弯，南接西御河边街，长度在500米左右。

西皇城边街一直到改革开放之后还在，在城市改造中大部分被拆除，只在西端保留了一小段小巷，其余地段则建成了成都市房管局和房地产交易中心。

东华正街附东华门街　西华门街

清代在成都城中心的贡院是在明代蜀王府的基础之上修建的，在东西各开一门，分别名叫东华门与西华门。东华门与西华门之外的街道也就名叫东华门街与西华门街。在东华门街西端，还有与之垂直的东华门北街和东华门南街，呈丁字形排列。民国时废贡院，东华门与西华门也不再存在，并将东华门街改名为东华正街，将东华门北街和东华门南街简称为东华北街和东华南街。清代的贡院已不在了，如今还在街道名称中保留下来的，就只剩下缘于贡院的东华门与西华门命名的东华正街、东华门街与西华门街了。

如果以清代的城墙作为老成都城范围的话，在清代的前期与中期，东华

20世纪40年代的东华正街　成都市建设信息中心提供

东华门街口　1985年　林青摄影

门处在正中间的位置，所以清代有《竹枝祠》写道："东西南北一城环，四条大街对四关。十字分开详细算，东华门在正中间。"一直到清代后期有了一个四方相通的商业口岸盐市口之后，成都人才把盐市口作为成都城的中心。

今天的东华正街（清代名东华门街，民国时改今名）位于顺城大街南段以西，与提督街口相对。2003年街道扩建之后，原东华北街和东华南街再加上东华北街北边的大红土地庙街、小红土地庙街一道合并为东华门街，北通西玉龙街，南通蜀都大道，只不过原来的东华南街与蜀都大道人民东路段的交口要比今天往东一些。这是因为1986年这里要修建物资大厦，而当时的东华南街正在物资大厦的红线之内，所以就把原来的东华南街拆除，向西迁移16米，修建了一条新的东华南街。在2003年之前，这里还有一个明显的拐弯。2003年街道扩建之后，就完全拉直，看不到过去老街的路线了。

清代的东华门街与西华门街这两条东西相对的街道的格局不对称，东华门街是出东华门之后一直向东的东西向街道，同时又有南北向的东华门北街和东华门南街。西华门街却是出西华门之后的一条南北向街道，所以今天的西华门街仍然是南北向的。原来的西华门街不长，位于人民西路以北，往北走是马道街、平安桥街、五福巷，再往北才上羊市街，一共只有900米长，却分成了4条相连接的街道。2003年把这四条街加宽拉直，合并为一条长街，统名为西华门街，南口在人民西路，北口在羊市街。

在这里，有两个情况很容易误解，一是今天的东华门街的街道名称是2003年才有的，而今天的西华门街的名称却是清代就已存在；二是无论是今天的东华门街还是今天的西华门街都与过去不同，都是2003年才扩建与重建的新街。今天的西华门街是在过去三条街道的基础之上重建的，而今天的东华门街则不是过去的东华门街（过去的东华门街是今天的东华正街），而是过去的东华门北街、东华门南街，再加上过去的大红土地庙、小红土地庙四条街道合并加宽而成。

古老的东华门街与西华门街上，先后住着成都近代历史上三位著名的国医大师。

在原来的东华南街上，住着我国中医"火神派"的开山鼻祖郑钦安。

郑钦安

郑钦安（1824—1904） 生于四川邛崃，长在成都，年轻时号称"槐轩教主"的成都著名学者兼名医刘沅问学，但以学医为主课。24岁时在成都正式悬壶行医。同治八年（1869）刊行《医理真传》一书，五年后刊行《医法圆通》一书，光绪二十年（1894）再刊行《伤寒恒论》一书。他的医学理论与医学实践都是推崇《伤寒论》，以辨阴阳为主旨，以用生姜、附片等热性药为特色，治好了不少疑难杂症，被时人称为"姜附先生"、"郑火神"，在我国中医界别开生面、独树一帜，他与他的后继者也被称为"火神派"或"扶阳学派"，至今仍然是成都中医内科的一个特色流派。2009年11月，国家中医药管理局在广西中医学院设立了我国第一家中医传承工作室"钦安卢氏医学流派传承工作室"，由"郑火神"嫡传弟子"卢火神"卢铸之孙、有"小火神"之称的成都名医卢崇汉负责主持，与此同时，该工作室的教学基地"卢火神扶阳中医馆"也正式揭牌。

在原来的东华南街上，开设有著名的黄济川痔瘘医院，即如今迁建在太升南路的成都市肛肠专科医院的前身。

黄济川

黄济川（1862—1960） 四川内江人，本名黄锡正。17岁时患严重的肛瘘，八方求医无效，后经富顺民间医生龚心裕用挂线疗法治愈，遂拜龚为师，五年学成，乃改名"济川"，誓用平生之力在四川济世救人。1897年在泸州开办痔瘘诊所，1904年到成都祠堂街开办黄济川痔瘘诊所，1907年迁东华门南街6号。1954年他将自己的全部秘方秘法献给国家，卫生部组织他在全国进行推广。1956年又将全部产业献给国家，开办了国有的成都痔瘘专科医院（1998年更名为成都市肛肠专科医院），亲任院长。他所制作的枯痔散与药线和他所运用的挂线疗法不仅在我国，甚至在东南亚国家都有很高声誉。1955年他出版了《痔瘘治疗法》一书。生前任中华医学会外科学会副主任委员、四川省政协常委，曾受到周恩来总理的接见。

当代成都的国医大师、被成都人称为"王小儿"的著名儿科专家王静安生前长期居住在西华门街9号（民国时期成都还有一位著名的"王小儿"，指的是顺城街药铺"王荣丰堂"中的王朴臣。新中国成立以后，王朴臣携其子王伯岳入京，以后一直在北京行医）。2005年"王小儿"被中华中医药学会授予"国医大师"称号，2006年"王小儿"被全国中医药高等教育学会儿科学会授予"一代宗师"称号。2007年9月6日，"王小儿"病逝于家中。

东辕门街附西辕门街

在清代贡院亦即旧皇城的大门外，沿着墙垣是有街道的，大门东边的叫东辕门街，西边的叫西辕门街。进入民国以后，因为西辕门街的皮革加工作坊较多，就被改称为皮房前街和皮房后街，但是西辕门街的名称仍然在继续使用（由于东、西辕门街位于皇城明远楼外，所以还叫作皇城明远东、西街），而东辕门街的名字则一直使用到新中国成立初期。

辕门原本是古代军营大门的名称。古代军队出征时，将帅的指挥部大多时候都在野外临时搭建的军营中，军营不可能是砖木结构的固定建筑，只能是较大的帐幕。为了显示将帅指挥部大门外的威严，往往将当时军队中最为重要的军事装备战车排在两边，让车辕朝上搭成拱形，作为临时性的大门，这就叫"辕门"。我们今天在古典小说与戏曲舞台上还可以经常听到这一称呼，比如"辕门射戟""辕门斩子"等。虽然在宋代以后军队中的战车已不如过去那样重要与普遍，但是辕门这一称呼不仅在军队中保留了下来，连官府的大门也可以叫作辕门。清光绪五年（1879）绘成的成都地图上，在贡院南大门外就清楚地标着大门两侧的东辕门和西辕门。大门两侧墙外形成的街道，当然也就叫东辕门街和西辕门街。因为紧靠皇城，所以在成都人的口中，也被叫作皇城东街与皇城西街。

1950年，在皇城（当时的皇城里面是成都市人民政府所在地）南门前面的三桥正街、三桥南街被拆除，扩建为初期的人民广场。广场两边的东辕门街和皮房前街也进行了扩建，并改名为人民东路与人民西路。人民东路就是原来的东辕门街，人民西路就是原来的皮房前街，今天都成了再次扩建之后的蜀都大道的一段。

1937年，在我国穆斯林中有很高声誉的北平西北公学（始创于1928年，原名清真中学）从北平辗转迁徙到成都（同时有另一部分迁徙到兰州），决定在成都继续办学。1938年就在当时的西辕门街上开办了私立成都西北中学，创办的领衔者是当时著名的回族名将白崇禧，董事长是成都回族的著名人士马毓智（参见"马家花园"），先后主持校务的是金鼎铭与韩怡民。为了躲避日本

西北中学迁川后首任校长金鼎铭

西北中学副董事长马福祥

新中国成立之初西北中学校长韩怡民

1945年1月西北中学初八班的毕业照　　　　　　　　（以上图片由成都西北中学提供）

侵略者的轰炸，1939年初迁到西郊回族聚居区土桥办学，而西辕门街上的校舍在1939年秋就被日寇完全炸毁。西北中学初办时只招收回族学生，以后逐渐无此限制。1946年学校从土桥迁回西辕门街，新中国成立以后迁往小河街修建新校，人民西路建成后才把校门开在人民西路。由于教学质量稳定，该校一直是成都的著名中学之一。1960年首届高中毕业生参加全国统一高考，升学率名列全省第一，在当时被称为放了一颗"文教卫星"，成为"全国红旗学校"。2002年，西北中学与成都十五中合并，分设南北两个校区，原来在人民西路的校区成为西北中学北区。

西城巷

西城巷是一条很短的半截巷，位于西大街以北，过去因为有一口灌溉菜园的水池，在发生火灾时可以从池中汲水救火，所以被附近居民称为火巷子。新中国成立以后这里原来的菜地建起了楼房，水池也被填平，逐渐形成了一条小巷。因为这里位于原来的西门城墙之内，所以就被命名为西城巷。在旧城改造之中这一片地区都被拆除，建起了今天的新城市广场，但是西城巷仍然还保留着。

西城角巷附西城角边街　西城角街

西城角巷在西城巷以北，北接通锦桥路，向南拐弯之后，东接宁夏街。这是在抗日战争时期形成的不短的小巷，当时因为地处城墙的西北角，就命名为西城角巷。在西城角巷的西南边，还有一条很短的西城角边街，原来是城墙边的荒地，新中国成立以后才修建为民房，也是因为地处西城角而命名。西城角巷至今仍在，西城角边街则在城市改造之中，扩建为新建的同心路，北接通锦桥路，向南通过西大街直通上同仁路。

本来在这里原来还有一条西城角街，是在抗日战争时期形成的。早在

"文革"以前，就因为扩建新华西路而消失了，原来的位置就在现在的通锦桥路的中段。

城边街

在过去的城墙外面一般都有城濠，也就是护城河。成都的清代城墙外面基本上是以府河、南河、西郊河为护城河，但在一些地段因为城墙距河流的距离较远，所以又开挖了一段护城河。这些护城河在民国时期都已填平，城边街就是在填平护城河之后形成的街道。

城边街原来位于老南门大桥以西，柳荫街以北，西都街以南（西都街原来在城墙内侧），半皮坝街以东，1937年才命名。也就是说，在老南门大桥以西的城墙外原来是有两条平行的小街，北边是靠近城墙的城边街，南边的是靠近南河的柳荫街。南城墙拆除之后，这种格局仍然一直保持到改革开放之后。是在全面整治南河的工程中，才把城边街与柳荫街以及西都街一片加以拆除，修建了包括四川政协大楼在内的若干建筑，并在原城边街的基础之上修建了今天的锦里东路。

大墙东街附大墙西街

大墙东街和大墙西街位于原成都市劳动人民文化宫的背后，太升南路以西。劳动人民文化宫的前身是清代的提督衙门，原来的后墙比较高大，老百姓一般称为大墙（这道大墙已在1953年拆除），所以大墙后面的街道最初就名叫大墙后街。后来因为大墙后街的中部与永安街和三桂前街相交，所以又把大墙后街从这个相交口分为了东西两段，命名为大墙东街和大墙西街。

大墙东街和大墙西街在清代与民国时期是市内制作与出售日用小型木器与竹器的商店（因为加工时多用脚踏的老式转轮镟切木制小件，所以民间称之为"车车铺"）集中地，制作神主、木盒、轴辊、擀面杖、鸟笼之类，有《锦

大墙东街街口　2002年　赖武摄影

城旧事竹枝词》描述:"街东庙傍'都城隍'(按:成都的都城隍庙过去就在大墙东街),泥塑神灵佑一方。刨花如雪车车转,小件玲珑糊口忙。"一直到改革开放以后,这里仍然有多家制作出售镜框、画架的小店。

东马棚街附西马棚街

东马棚街和西马棚街在清代都是满城中的胡同,东西相邻,当时名叫仁德胡同和广德胡同。这里是满蒙旗兵养马较多的地方,原来有很多竹木搭建的马棚,少有住户。民国时期不再在这里养马,并逐渐修建了若干民房,并把街道名称改作了东马棚街和西马棚街。

西马棚街成都市特殊教育中心和西马棚街小学
2009年　牟薇摄影

以往昔建筑命名　**1033**

1912年四川外国语学校从昭忠祠街迁到东马棚街，1914年改称为四川公立外国语专门学校。1919年9月，15岁的巴金以李尧棠的名字与他的三哥李尧林一同考入此校读书，从补习班到预科、法文本科，直到1923年春

东马棚街四川公立外国语专门学校旧址　20世纪60年代

天离开成都取道上海去法国留学。因为巴金自幼在家读私塾，没有上过小学和中学，没有中学的毕业文凭，所以被学校列为旁听生，没有得到毕业文凭。但是，四川公立外国语专门学校是巴金青年时期所上的最重要的一所学校，他不仅在这里初步掌握了英语、法语和世界语（巴金是我国世界语运动的先驱者之一），他的第一篇公开发表的文章与最早的一批文学作品也都是在这一时期问世，他所参加的第一次社会斗争（为反对军阀刘存厚而举行的罢课与请愿活动）和参加社团、编辑杂志也都是在这一时期。所以，四川公立外国语专门学校对于巴金的成长具有相当重要的作用。

长期在东马棚街办学的成都市第一中学现与树德中学合并，称为成都树德实验中学，就是开办在当年的外国语专门学校的旧址上（这个旧址还包括1914年开办在这里的四川省立第一师范学校，省一师于1919年迁盐道街）。而成都一中的前身又是1931年在这里开办的四川省立女子中学（另有省男中在五世同堂街）。正因为这里过去办的是女子中学，所以成都一中在建校后很久仍然是新中国成立以后成都仅有的两所女子中学之一（另一所是成都十一中），现已改为男女合校。

民国时期，东马棚街上的一个宅院中出售一种由家庭主妇自己制作的豆瓣酱与红豆腐，颇有口碑，人们都称之为"太太胡豆瓣"。

抗日名将孙震在成都城内的故宅在今西马棚街小学校园内。

过街楼街附过街楼横街

过街楼是我国古代城镇中修建在不大的街巷之上的通道,其使用性质好似今天的跨街天桥,但是上面有屋顶,颇似河流之上的廊桥。过街楼街原来是清代满城之中的集贤胡同(又名永兴胡同),就是因为有一座这样的过街楼

过街楼街小院　20世纪90年代　青羊区文管所提供

而在民国时期被改名为过街楼街,在旁边还有一条过街楼横街。成都城内的过街楼直到新中国成立以后还有好几处(可参见"崇德里""骑楼"图片,骑楼也是过街楼这种建筑形式的一种),都已经在街道的扩建之中被拆除,现在是一座也见不到了。

红牌楼北街

明代嘉靖年间,蜀王为了迎接从西藏前来向朝廷送贡礼的官员和接待来成都做生意的藏族同胞,在成都南郊修建了东西两座三门式的牌楼,并按藏族同胞喜爱的颜色全部涂上红漆。在两座牌楼之间,还建有一座用于接待住宿的楼房,也是红色。后来这里逐渐形成了郊区的一处集市,被称为红牌楼。在明末清初的战乱中,牌楼被毁,但是地名却保留了下来。民国初期,当地的士绅为了祝愿五谷丰登,上报官府批准,正式把已经形成场镇的这一地区命名为永丰场。从此之后,传统的红牌楼的地名与正式的永丰场的地名长期并行使用。今天在红牌楼修建的南二环的立交桥叫作永丰立交桥,桥南还有条小街叫永丰场街,就是如此而来的。

成都过去没有叫作红牌楼的街道，红牌楼一直是一个地区的名字。今天的南二环四段以北、东方家园对面有一条三倒拐式的红牌楼北街，是改革开放以后在新建的居民区中命名的新街。

在成都方言中不称牌楼，只称牌坊，红牌楼这一名称中的"牌楼"是典型的北方词汇，而且在成都所有地名中只保存了这一处。民国《华阳县志·卷二十七》特地为此加以说明："明嘉靖中，蜀王于此建坊。北人谓坊曰牌楼，当时藩府亦沿是称，故今俗犹称红牌楼也。"改革开放以后，在红牌楼地区的基建工地上发现了一大片明代蜀王府的太监墓地，墓葬的规格很高，出土了大量文物。这一情况很可能与明代在此修建牌楼有关。

花牌坊街附牌坊巷

从西大街往西，过了石灰街就是花牌坊街，再往西越过一环路，就是营门口路。

清道光年间，本街刘氏女尚未出嫁，已下聘的丈夫即得病身亡，刘氏女按当时的旧礼教终身不嫁，为尚未成婚的丈夫守节。此事被地方官上奏朝廷，朝廷准予在本街建立一座贞节牌坊。由于这座石质牌坊的雕刻甚为精美，民间都称之为花牌坊，这条街也就叫作花牌坊街。花牌坊已在抗日战争中被拆除，但是花牌坊的街名一直使用至今。

牌坊又名牌楼，是古代社会中一种礼仪性纪念性的建筑物，或用于官方表彰忠义节孝人物与立功立德的人物，或用于殿堂、庙宇、陵墓、桥梁等重要建筑物之前，有些地方也用作城镇入口的标志。牌坊绝大多数都是石质建筑，故而能够较长期保存。成都地区保存到今天的古代牌坊不多，在四川地区，目前保存牌坊最多的地方是隆昌，现在还可以见到17座牌坊。

花牌坊街南侧的成都电子机械高等专科学校原名成都无线电机械学校，其前身是1913年4月创办的四川省立第一甲种工业学校（参见"包家巷"），老成都一般称之为"甲工"，是我国最早的工科类技术学校之一，以后又改名为四川省立第一工科高级中学校，再并入学道街的四川省立成都高级工业职业

清代成都西郊的节孝坊　　［法］杜满希提供

学校。抗日战争时期学校迁往茶店子（今天的成都二十中是其旧址），以后再迁往花牌坊街。1916 年 3 月至 1917 年 6 月，陈毅元帅在这所学校染织科就读（在学校所用的名字是陈允明，是他到成都读书之后因仰慕苏洵的文章而以苏洵之字"明允"而改名为"允明"的）。成都著名文士徐炯是陈毅的国文老师，十分欣赏陈毅的文学才能，在课余专门给予辅导，用陈毅后来的话说，"把我推上倾心于文学的道路"。1963 年 10 月 5 日，陈毅特地从北京发来贺电庆祝"甲工"建校 50 周年。

陈毅元帅祖籍湘西新宁县，康熙年间随"湖广填四川"的大潮迁入四川乐至，清末迁到成都。他父亲在牛王庙街开了一间店铺经销家织布，所以他 9 岁时即来成都上学，住家先后在今天东湖附近的上河心村（原桂溪乡永兴村）和猛追湾附近的法华寺，最先是在锦官驿小学读书，1913 年考入本年新开办的聚星学堂读书。就是在这所学校里，对他十分喜爱的裴书堂老师将他原来的名字陈世俊改名为陈毅。1916 年 15 岁时即入"甲工"。1917 年考入四川留法勤工俭学预备学校，1919 年 6 月 1 日赴法留学。

成都电子高专已在 2010 年从花牌坊街迁往郫县的新校区，2011 年 8 月 26 日是陈毅元帅诞辰 110 周年纪念日，成都电子高专在郫县新校区举行了陈毅纪

花牌坊街
1985年　冯水木摄影

原牌坊巷改建的少城路
1991年　唐跃武摄影

念园中的陈毅塑像揭幕仪式和四川省立第一甲种工业学校旧址复建落成剪彩仪式。陈毅子女陈昊苏、陈丹淮、陈小鲁、陈珊珊全部回乡到陈毅纪念园中参加了仪式。

2012年，成都电子机械高等专科学校升级为成都工业学院，主校区在郫县，花牌坊街的老校区继续使用。这所学校从1913年办学以来先后使用了12个校名，是成都众多学校中更名最多的学校。

成都著名的茶馆"各说阁"当年就开在花牌坊街。有评论家认为，"各说阁"应当是四川所有茶馆之中命名最为贴切、最有特色的名字。

民国时期的花牌坊街，建有一座豪华的公馆，其主人就是民国时期成都著名的恶霸、特务头子、袍哥码头"西城社"舵把子、号称"成都四大天王"

之首的徐子昌。当年的"成都四大天王"都是集大恶霸、特务头子、反动军官、袍哥大爷于一身，也被称为"成都四大歪人"，他们是西门的徐子昌、北门的银运华、东门的黄亚光、南门的蒋浩澄。新中国成立以后，除蒋浩澄有重要的自首立功

徐子昌旧居　2011年　杨显峰摄影

表现只判处五年徒刑之外，其余皆被人民政府枪决。徐子昌是"成都四大天王"中势力最大、为恶时间最长最多的一个，曾经长期担任成都警备司令部督查长，血债累累，被称为成都"西霸天"。1947年，蒋介石决定召开"国民大会"，圈定时任二十二集团军总司令、郑州绥靖公署主任的川军著名将领孙震为成都市的"国大代表"。徐子昌竟然敢于公开与之叫板，宣布参加竞选，在成都四门成立竞选办事处，让大小袍哥为之拉了十几万张"选票"。时任四川省主席的邓锡侯不得不向徐子昌多方疏通，许以高官，方才让徐退出竞选，保证了蒋介石圈定的"国大代表"孙震不至落空。徐子昌花牌坊街的公馆在新中国成立以后被政府没收，成为成都无线电机械学校校园的一部分，其主要建筑曾经是校党委办公室和卫生科用房。2009年，成都电子机械高等专科学校分批迁往郫县，这幢老建筑被保留了下来，并被确定为"成都市优秀近现代建筑"而挂牌保护。

成都原来还有一条牌坊巷，就是清代满城之中东南部的永顺胡同，位置在今东城根街与蜀都大道交口以西，已在1981年修建蜀都大道时拆除，在原来的基础上成了蜀都大道的少城路的一段。

牌坊巷并不宽敞，但是民国时期街上开设的赌场却是全城颇有名气的四大公开的赌场（当时称公开的赌场为"明堂子"）之首，为川军刘文辉部手枪大队长朱瀛洲所开。

牌坊巷已经不存，但是却留下了与它有关的几种民间传说，其中流传最

广的传说是：清光绪年间，四川总督锡良的母亲病重，请了多位名医均未能治愈，只好四门张贴告示求医。皇城边上一个人称"王瓜子"的卖瓜子老人揭了告示，入府医治，但是开出了300两银子开一张处方的高价，锡良只得应从。"王瓜子"先后开药三服，虽然都是很普通的草药，却真把老人的病治好了。锡良派人去请王瓜子进府以示酬谢，王瓜子却不知去向，只在桌上留下一封信与900两银子。信中说：老夫人只是微疾，但是医生们害怕用药太普通而受责，遂多用珍贵药材进补，致使病情加重。我索取重金只是为了取得信任，用草药却是真正可以治病。如今老夫人病已痊愈，我却不便久留，恐招其他医生嫉妒而生是非，故远走天涯去卖我的瓜子，请总督大人用这900两银子修一座无名牌坊，鼓励天下人多做无名之事、做无名之人。锡良见信后十分感动，就在满城东南角修建了一座牌坊，于是就有了这条牌坊巷。

锦华馆街

春熙北段的东侧有一个不大的街口，进入之后会看到一条很短的小街可以通向科甲巷，在今天还叫作"街"的成都街道之中，它应当是最短之一，

春熙路基督教青年会　2003年　喻磊摄影

这就是锦华馆街。

早在春熙路修建之前的1914年,就有商家利用这里的空地修建过一个仿效商业场格局的小型商场。为了商场能够繁花似锦,就取名叫锦华馆(另有一说,是因为这里曾经是贩卖蜀绣制品的集中地,所以名为锦华馆)。其中有浴室、茶厅、赌场,一度在袍哥的控制之下成为当时成都"黄赌毒"的集中地。春熙路建成之后,位于春熙路背后的锦华馆虽然难以繁华,但是因为与春熙路已经融为一体,所以一直保留了下来,而且作为一条街巷被命名为锦华馆街。

成都建筑中仅见的锦华馆穹顶
2009年 袁庭栋摄影

建在锦华馆街的成都中华基督教青年会与成都中华基督教女青年会(成都人一般都简称为青年会)是锦华馆街上的核心建筑,以至于有很多老成都人就直接把锦华馆街叫作青年会。中华基督教青年会是我国基督教历史上存在时间最长的宗教和社会团体,成都的中华基督教青年会最早是1910年由美国人谢安道成立于文庙西街,1913年在原来臬台衙门空地上修建了中式会所,并于当年就迁了过来,所以历史比春熙路还要早11年。1925年又建成了西式会所。青年会宣称以发展"德、智、体三育为宗旨",办有学校、阅览室、体育场(包括足球场、篮球场、排球场、网球场)、体育馆(这个砖木结构的体育馆后来改建为青年会电影部,1943年改名明记青年会电影院,1945年改名大华电影院,新中国成立以后还在使用,后来改名为新闻电影院,迁到了对门的原来三益公)、可奇班(即体育指导员训练班),总面积有100多亩,原来大门开在科甲巷,春熙路建成以后经过改建,就把大门改在了直通春熙路的锦华馆街。民国时期,青年会曾经在成都开展过很多文娱、体育、卫生、文化补习、科普、乡村服务活动,也是文化界人士聚会之所,成都很多重要的文化活动都曾经在此举行。特别是在抗战时期，当今世界公认的华人摄影大师郎静山、国画大师黄君璧、漫画大师丰子恺都曾经在此开过个展。成都历史上第一个正规足球场最初由青年会修建于文庙西街（一边靠近君平街，同时还有网球场和羽毛球场），青年会迁到科甲巷之后，在科甲巷又修建了一个。成都最早的"夏令营"、"春令营"、"冬令营"也是由青年会从1918年开始组织举行的。由于新建的春熙路正好从足球场穿过，所以这以后科甲巷的足球场就不再存在了。青年会在1966年停止活动，1988年恢复活动，办有各种培训班。它设在一楼的免费报刊阅览室是繁闹的春熙路上一个难得的清静所在，到这里来阅读报刊的人们可能很难想到，这幢由美国人修建的纯中式建筑竟然已经有了百年以上的历史。

成都中华基督教女青年会于1921年12月成立于文庙后街77号，过去长期与成都中华基督教青年会共同开展活动。

抗战时期，青年会请在蓉名家举办文学讲座，华西大学的尹德华教授别开生面地主讲英国作家哈代的名著《德伯家的苔丝》，很受欢迎。于是中苏友好协会又请马宗融教授在春熙西路的撷英餐厅主讲俄国作家屠格涅夫的名著《春潮》。此后类似的世界文学名著讲座不断，被称为"洋评书"。正如《锦城旧事竹枝词》所说："教授周末说《苔丝》，《春潮》带雨梦如诗。妄拟'评书'非正论，也胜灯红酒绿时。"

天成街

这是一条位于正府街南边的小街，再向南可以通往大福建营巷。

天成街在清代原本是一条半截巷。光绪三十一年（1905），嘉定府（今乐山市）属各县士绅集资在西玉龙街创办公立嘉定府中学堂，公推曾经担任成都高等学堂学监的前清举人吴天成为监督。为了办学，吴天成将威远老家的祖业田产全部变卖，时人誉之为"嘉郡文翁"。吴天成家就住在这条半截巷内，为了学生与行人通行的方便，他花钱把自己的祖宅和邻近的房屋加以改建，将半截巷打通，很得人心。1904年，他利用在巷内的住宅开办了成都最早的民营机械制造厂——天成机器工厂。这在当时是官办的四川机器总局之外唯一的一家综合性的机械制造厂,从生产印刷机器开始,发展到生产汲水机、钻山机、测量水平仪、缠丝机、割线机、锯木机、暗锁、水枪、电铃、电镀加工品等等。民国初年为街道命名时,就把这条新打通的街道以天成机器工厂的名字命名为天成街,也是为了纪念吴天成倾家办学与打通半截巷的功绩。

天成街至今仍存,是目前成都市内所有街道中仅有的用早期工厂名称命名的街道,也是不多的以对街道建设有贡献者的名字命名的街道之一。

培根路

新中国成立以前成都的工厂很少,以工厂的名称命名的街道也少,培根路就是继天成街之后又一条以工厂命名的一条街道。

培根路位于九眼桥南,太平南街以东,最东头就是三校合并之前的老川大的西侧门(一般称为后校门)。这条路和老川大后校门外的与文里一道已经于2003年在城市改造之中被完全拆除。培根路一度火热的饭馆、茶馆、酒吧和网吧,多为川大学生光顾,由此而形成了颇有校园文化的休闲文化,如今只留在川大学子的记忆中了。

培根路
1999年
冯水木摄影

清光绪三十年（1904），四川劝业道周善培出于"抵制外货，兴艺拯贫"的目的，在这里租借慈惠堂的地面兴建了惠昌火柴厂（按：有的资料误写为会昌火柴厂），两年后竣工投产，这是成都历史上第一家火柴厂。打火机的普及是在改革开放之后的事，在此之前，黄磷火柴是千家万户每天必用之物，这种从西方传入的被民间长期称为"洋火"的火柴是近百年间与百姓生活最为密切的轻工业产品之一。惠昌火柴厂的建立，应当是成都市工业发展中的一件大事。在此之后，熊克武开办了星火火柴公司，周道宏开办了华通火柴厂，成都地区的国产火柴得以自给。

1924年租借时间到期，按原来订立的有关租借地面20年之后地面上的资产归慈惠堂的协议，惠昌火柴厂由著名慈善家尹昌龄主持的慈惠堂接办，改名为培根火柴厂。所以要改名，是因为慈惠堂安置了大量无家无依的贫穷人家子弟做工谋生，同时还给这些贫穷人家子弟教一定的文化知识，意图从传统的培根固本的角度培育有用的人才。为达此目的，尹昌龄在工厂大门上亲笔书写了如下的对联："慈善事业在良心，假公济私，绝非人类；生产艺能求进步，殖材振乏，恃此资源。"火柴的商标是一个端着饭碗的小孩，以示养育孤幼，人们都称为"娃娃牌"。后来又以"扇"喻"善"，改名为"扇牌"，画有一把折扇，扇面上有尹昌龄亲书的四言六句："厂中余利，专恤孤穷。若有私心，天地不容。以扇喻善，奉扬仁风。"由于培根火柴质量好，寓意行善，所以很受各地欢迎，再加之将有毒的红头黄磷火柴改成了无毒的黑头赤磷火柴，故而成为成都轻工业产品的一张名牌，是成都慈善事业的一大成功，产品不仅行销西南各地，抗战时期甚至远销到敌占区内。也由于培根火柴厂在当时很受社会好评，所以就把工厂外逐渐形成的这条小街命名为培根路。新中国成立以后培根火柴厂迁往外东观音桥，在与"新生"、"协昌"两家火柴厂合并之后，改名为成都火柴厂。原厂址拨给四川大学做教职工宿舍。这里虽然不再生产火柴，但是培根路的街名一直保存。

尹昌龄病逝以后，著名的民主人士张澜于1943年出任慈惠堂名誉理事长，长期住在培根火柴厂后院的旧房内，一直到1946年才离开。不少中共地下党员和中国民主同盟盟员都曾经在慈惠堂和培根火柴厂中工作并从事革命活动，使培根火柴厂成了中国共产党和中国民主同盟在成都的一个活动据点。新中国成立前夕牺牲在十二桥的四川省著名共产党员王干青（1890—1949）烈士曾经担任慈惠堂的总干事兼培根火柴厂厂长，并在他的家乡绵竹模仿培根模式也开了一家火柴厂，同样取得了成功。培根火柴厂的副厂长周列三、事务长袁贯也都是中共党员和民盟盟员。培根火柴厂在乐山乌尤寺河中一个小岛上开办了一个梗片厂，利用漂木加工梗片。这个地方是当年不少革命志士疏散隐蔽的场所。

金鱼街

金鱼街和金鱼村位于营门口旁边，但并不是买卖金鱼的地方。这一地区过去都是农田菜地，抗战时期城内一些居民为了躲避日本侵略者的空袭，就到这里修建临时住房。因为这里原来就有一座石桥形状颇像金鱼，老百姓就将其叫作金鱼桥，所以人们就把农田中这些临时住房叫作金鱼村。新中国成立初期，政府将皇城坝地区成山的垃圾堆进行清理，将低矮平房拆除，修建了体育场等新式建筑，皇城坝地区的居民大多迁入政府在西门外新修的居民点居住，金鱼村也是新建的居民点之一，金鱼村这个地名也就沿用了下来。1958年新修人民南路时，又有一些居民迁到这里，很快就形成了一条街道，所以在1959年被正式命名为金鱼街。

金鱼街原来不长，2004年街道扩建之后，把东边相邻的互利正街并入，就成了一条东起营门口路、西接金琴路的比较长的街道。

炮厂坝街

在原来劳动人民文化宫的西侧、提督街的北边就是炮厂坝街，已经与劳动人民文化宫一道被拆除。

劳动人民文化宫这个地方，清代是全省绿营兵丁的指挥机关提督衙门的所在地。按照当时的规矩，提督衙门和总督衙门一样每天早晚都要定时放"铁炮"。清代后期，还曾经在这里开设过制造旧式管状铁炮的工厂，工厂使用的是从德国进口的锅炉，锅炉上还铸有"大清国四川总督部堂丁购自德意志克虏伯炮厂"字样。因为这里长期是早晚的放炮之地，后来又开设了制造火炮的工厂，所以就得名为炮厂坝。

电信路

华西医院背后、国学巷以南有一条比较长的电信路，这里在民国初年还是农田。1935年，德国西门子公司在这里修建了两座用于广播电台使用的发射铁塔，高近百米，是当时全城最高的建筑物。抗日战争开始后，这里逐渐发展为一条道路，因为在发射铁塔下面的附属建筑物上写着很大的一个"电"字，这条新路就在1938年被命名为电字路。新中国成立以后，电信部门在这里又修建了一些房屋，这条路又被改名为电信路。电信路上的发射塔建筑质量很好，一直被电信部门使用到改革开放之后才因为城市改造而拆除。

电信路上德国西门子公司20世纪30年代修建的广播电台发射塔
2001年　韩国庆摄影

在近年间的城市改造之中，不仅扩建了电信路，又在电信路南边新修了一条宽敞的电信南街，西到洗面桥街，东到人民南路三段。

金河路

金河路当然是得名于今天已经不复存在的金河。东起长顺上街口，西至下同仁路口。

金河路原名金河街，是民国初期拆除满城并新开了通惠门之后，从祠堂街到通惠门沿金河新形成的街道。因为与金河为邻，其东段在民国初期还曾有过顺河街的名称。"文革"中因为修建防空洞，金河被毁，但是金河街的街名未改。1987年，蜀都大道建成之后，改名为金河路，成为蜀都大道的一段。

金河路街北的成都军区后勤部幼儿园旧址是在成都市中心过去很罕见的西式建筑。这里最早是川军旅长杨敏生的公馆，1918年被日本驻渝领事馆租用作为在成都的办公场所，并以此为基地强行在成都开办驻成都领事馆。按当时有关规定，成都不是通商口岸，不能建领事馆。成都人民为了反对日本帝国主义者在成都开办领事馆，曾经在1926年将这里的领事场所予以捣毁。1931年"九一八"事变后，这个非正式的领事馆在成都人民的强烈抗议之下不得不关闭。以后这处房产是四川军阀王缵绪之子、曾任过国民党军队四十四军中将军长的王泽浚的公馆（王泽浚于1948年11月在淮海战役中被中国人民解放军俘虏，后作为战犯在改造期间病逝于北京秦城监狱），并于1931年改造重建，这就是我们今天所看到的这幢别具一格的楼房。

金河路成都军区后勤部幼儿园
1990年　唐跃武摄影

金河路与小南街交会路口的"努力餐"餐厅不仅是著名的川菜馆，也是成都市重点文物保护单位。1929年5月30日（一说是在1931年）"努力餐"始建于三桥南街南口（位置在今天人民南路的四川剧场对门），1933年5月迁到祠堂街137号，1983年因为扩建蜀都大道，迁到今天金河路的位置，仿其旧貌而重建。"努力餐"餐厅原来是当年中共川西特委负责人车耀先根据党的指示为了掩护革命工作而开设的，得名于孙中山先生遗嘱中"革命尚未成功,同志仍需努力"的名言,是当时中国共产党和各界革命人士进行秘密活动的重要据点,是革命刊物《大声》周刊的编辑部和发行所。成都文化界救亡协会、中苏文化协会成都分会、成都宪政座谈会等革命救亡团体的会议多次在此举行。

"努力餐"餐厅在经营中也很有特色,面向大众,价廉物美。在店堂中挂着这样的对联:"要解决吃饭问题,努力,努力;论实行民主主义,庶几(按,即希望能够如此),庶几。"还在店门上写着:"包席馆,努力餐,烧什锦,名满川,味道好,精且廉。"每年花会期间"努力餐"都在花会上开设临时餐馆,这时在城墙上打出的广告是"花会场,二仙庵,正中路,树林边。机器面,味道鲜。革命饭,努力餐。"车耀先聘请名厨何金鳌(曾经在滇军中担任朱德的厨师)为首席厨师,价廉物美的特色菜"生烧什锦"是面向大众的名菜,特制的大肉饺子是非拉黄包车的车夫不卖,此外还推出了更加经济实惠的在大米中加入肉粒、笋粒与豆类的碗蒸"革命饭"(这应当视为最早的取得成功的川式快餐),深受广大贫苦大众的欢迎。它的一句宣传广告用语"若我的菜不好,请君向我说;若我的菜好,请君向君的朋友说"至今还以不同的版本被数不清的餐馆袭用,甚至在稍加改动之后为很多服务型企业使用。

1940年开在祠堂街的"努力餐"　　车毅英提供

车耀先

车耀先（1894—1946） 大邑人。1912年加入川军，在担任川军的团长之时参加革命，1929年在一片白色恐怖之中加入中国共产党，长期从事党的军运工作，参加策划过1930年的"广汉暴动"。1933年解甲归田，在四川省立成都师范任教。抗日战争爆发之后，他被选为"成都各界华北抗敌后援会"负责人，利用原系川军大邑系的方便和曾经担任二十四军副官长的身份，为党做了大量的工作。特别是他长期从事党的统一战线工作，在社会上有着很高的声誉，被当时的革命同志喻称为"线长"。他所主持的《大声》周刊内部成立有中共党支部，在社会上则被喻为党的"统战部"。《大声》周刊创办于1937年1月17日，短期之内发行量高达5000多份，最高时达7000多份，并以其读者为主体组织成立了"大声抗日救亡宣传社"（当时简称为"大声社"。社中成立了党支部，社员近千人，分布在省内十几个县），组织了多次《大声》读者座谈会。《大声》周刊被当局查封后车耀先又出版了《大生》周刊，社址迁到长顺上街益民书店；《大生》周刊被当局查封后车耀先又出版了《图存》周刊，社址迁到中新街45号；《图存》周刊被当局查封后车耀先又恢复出版了《大声》周刊，直至1938年8月被迫停刊为止。三易其名，四次查封，一共出版了61期、增刊7期，单是毛泽东主席的文章与谈话就刊登过5篇。当时在成都的进步人士中流传着这样的顺口溜："要想到延安，去找车耀先。"1940年3月18日，车耀先在"努力餐"的楼下被捕，被敌人关押达六年之久，他拒绝了敌人给的四川省政府民政厅长的官职等多种利诱，一直坚贞不屈。1946年8月18日，在重庆白公馆监狱的松林坡遇害。

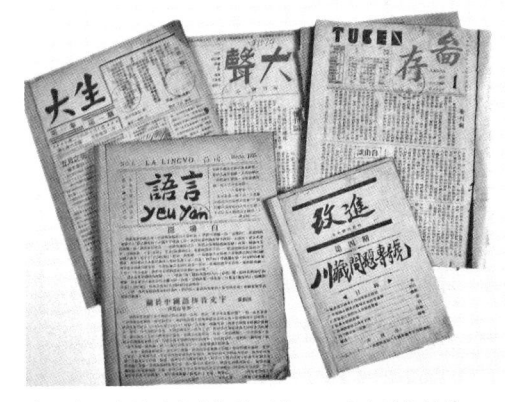
车耀先所办的《大声》等刊物　四川省图书馆藏

车耀先被捕以后,"努力餐"由其夫人黄体先(车耀先夫妇于1918年结婚,当时的农村姑娘一般均有姓无名,故而夫人叫黄三姑娘。车耀先特地给夫人取名叫黄体先,鼓励她身体力行为妇女解放之先锋,放开小足,学习文化,走上社会)与妻弟黄以新继续经营,1950年交给成都市人民政府。如今在餐厅一楼西头设立有车耀先烈士事迹陈列室。烈士有《自誓》诗一首,值得永远传诵:"喜见东方瑞气生,不问收获问耕耘。愿以我血献后土,换得神州永太平。"

金河边街

金河边街原来在东门大桥以南的府河边,西起清安街与青莲上街交会口,东至珠市街与大安正街交会口,再向东一点就是府河,这里就是当年金河流入府河的地方。由于金河边街原来就是沿着金河最后一段的河岸,附近的老百姓只叫作河边街,民国初年在确定街名时曾经错误地定名为御河边街(这在成都街道的命名中是一个少有的重要失误),直到1981年地名普查时才予以纠正为金河边街。这条街已经在2000年的旧城改造之中被拆除。

上河坝街附下河坝街　后河边街
外东上河坝街　南河口街

上河坝街是老成都一条很长、很重要的街道,位于从万福桥到北门桥的府河南岸,新中国成立以后实测,长达686米。下河坝街是上河坝街向府河下游的延伸,位于从北门桥直到太升路大桥的府河南岸,也不短,长达607米。在府河与南河的综合整治以后,上河坝街并入了扩建改造后的大安西路,下河坝街并入了扩建改造后的大安中路。

四川方言把河滩称为河坝,这里是老成都在府河两岸最重要的一段河坝与河堤。相传在明代修筑河堤的时候,因为缺少大的石块,就用大的砂罐、陶

·街巷·

罐内装卵石来砌河堤并且取得了成功,所以当时的正式街道名叫砂罐街。但是民间都把这一段叫上河坝,把北门桥以下的一段叫下河坝,所以在清代就把这条沿河而建的街道命名为上河坝街和下河坝街。

上河坝街是老成都最主要的木材集散地。在没有钢筋水泥的年代,修建房屋的最主要材料就是木材,而成都所需木材的绝大部分都是从岷江上游山林

▲上河坝的木材市场 1917年 [美]甘博摄影
◀外东上河坝街54号 20世纪90年代 陈维摄影
▼水井街旁的上河坝河滩 1998年 张锦能摄影

以往昔建筑命名 **1051**

中"砍山"而来。从岷江上游沿江漂流而下的木材大多随着府河水漂流至此上岸（20世纪50年代，每年从府河中漂运到成都的木材高达50万立方米），漂木多的时候胆大者可以从河这边一步步踩跳漂木到达对岸。这里的木材生意也相当繁荣，是全市最著名的木行街。《锦城旧事竹枝词》曾经记其事："大安门外木行街，迤逦临河堆巨材。独有馨香传刘氏，润身以德有道哉！"这里所说的"润身以德"的刘氏指的是民国初年的木材巨头刘万钟，他为人仗义疏财，

下河坝临河民居　1982年　周筱华摄影

下河坝搬罾　20世纪90年代　严永聪摄影

· 街巷·

南河口　20世纪50年代　高华敏摄影

倡议集资创办了木行小学，又捐资为大成中学（旧址在今成都三中）修建了教室，故而受到同行们的尊敬。

上河坝街以南有一条平行而相距很近的后河边街，是一条沿府河与城墙之间的护城河而建的小街，原来是沿河而建的平房。1958年拆城墙的同时也填平了护城河，于是就形成了一条街道。这里是上河坝的一部分，是原来的木材集散市场。为了祈求水运的平安，木材行业的商家共同出资在这里建有水神寺（又名祈水庙，初建年代不详，清代重建于康熙三十八年，道光、咸丰、同治年间都有过修缮）。民国时期的水神寺改建为小学，名字叫木行小学。一直到填了护城河、并把这里命名为后河边街之后，木行小学才改名为后河边小学。

沿府河而下，到了府河要与南河汇合处的一段和汇合以后的一段，过去也是很重要的集市，主要货物不是来自上游，而是自府河下游眉山、华阳等地运来的大量木柴，所以被叫作柴码头。在没有天然气与蜂窝煤的年代，家家厨房中所烧的燃料基本上都是木柴，所以这一带的生意也很繁荣。清代时期这一地区沿府河曾经有过好几条街道，如府河东岸水井街以下的上河坝街（为了不与北门上的上河坝街同名，新中国成立以后更名为"外东上河坝街"）和南河口街（新中国成立以后仍然叫南河口街）。南河与府河汇合之后的府河北岸有中河坝街与下河坝街，一直到九眼桥。这两条街在民国时期即已不存，在府河北岸只保留了一条锦官驿街。

外东上河坝街在府河与南河的全面整治之中并入了水津街。南河口街已经拆除，成为沿河的绿化带。

以往昔建筑命名　**1053**

东御河街附东御河北街

东御河街是在皇城东面的御河旁边形成的一条街道,因为街道较长,又把北边的一段叫作东御河北街。

东御河北街和东御河街原来是由北向南一条线的两条小街,在它们东边,原来还有与之平行的由北向南一条线的四条小街:大红土地庙街、小红土地庙街、东华北街和东华南街。这两条线相距很近,都是低矮平房。自从修建成都市人民体育场以来,就陆续开始拆除改建,两条线之间的旧房愈来愈少。直到2003年的大规模扩建整治之后,原来的两条线、六条小街就最后合并成了一条宽阔的东华门街。

东御河沿街附西御河沿街

上面介绍的东御河街是御河东面的街道,东御河沿街和西御河沿街则是御河北边的街道。今天的东御河沿街和西御河沿街两街相连,中间隔着一条人

1933年四川军阀混战时成都市内发生巷战。此为西御河沿街民房被枪击后之弹孔。
杨显峰提供

民中路。东御河沿街的东头是东华门街，西御河沿街的西头是西华门街。两条街道上的多处高楼，分布着成都市房产管理局与交易中心、成都市人民政府政务服务中心房产分中心。在东御河沿街还有成都市规划局的展览馆（大门开在体育场内），所以，要了解成都市城市建设

西御河沿街小院门口　1993年　赖武摄影

的近况与远景规划，要了解成都市房地产发展的最新动态与有关政策，要办理与此相关的各种手续，都必须到这里来。

西御河沿街的白果林是成都市中心大银杏树最多的绿化片区（参见"平安桥街"），被喻为闹市之中的绿洲。

东御河沿街东头原来与大红土地庙街相接，大红土地庙街在2003年才在城市建设之中并入了扩建的东华门街。由于多年来大红土地庙街在人们的印象中要比东御河沿街深得多，所以至今仍然有很多老成都人把东御河沿街叫作大红土地庙。

西御河边街

在原来的皇城西面的御河边上，有西御河边街。这条街与皇城东边的东御河街很相似。一是街名相对；二是街长而狭窄（原来的长度超过一华里）；三是相邻着另一线平行的街道，即西华门街与马道街；四是有着同样的命运，在旧城改造之中不断被拆除，最后在2003年完全消失，并入了扩建之后的西华门街。

从清末到民国时期，西御河边街是成都市中心著名的"人市"（也曾延展到附近的后子门街、大红土地庙一带）。贫苦人家为生活所迫意欲被有钱人家

雇佣去为奴做婢当奶妈，就到这里来等候机会。这条街上也就出现了一些叫作"荐头"的雇佣劳力经纪人，专门从事介绍活路、从中说价的差事，以收取佣金。有的"荐头"还开设小旅店，供找活路的人们临时住宿，这种小旅店就叫"荐头店"。最甚者是走投无路的贫苦人家将年幼的女孩直接出卖，或是专门从事这种勾当的人贩子将从农村中买来或骗来的女孩转手出卖。正如《锦城旧事竹枝词》所说："后宰门外御河街，买人卖人全公开。丫头老妈任君选，贫家只为求生来。"

过去的成都著名的"人市"有两处，除了这里之外，还有瘟祖庙街和岳府街，瘟祖庙街已在修建岷山饭店时拆除。

明代的御河是蜀王府内城的护城河，当然是四面围合的。我们在这里连续介绍了御河东、北、西三面的街道，却没有介绍御河南面的街道。这是因为沿御河的街道都是清代形成的，清代虽然没有了蜀王府，但是原来的蜀王府建成了贡院，贡院在当时也是很神圣的地方，在贡院的正面也就是南面，是不允许随便修建房屋的，所以一直到清末，也没有人敢在御河的南边修建房屋，当然也就不可能有御河南面的街道了。

东御街附西御街

东御街和西御街是成都人很熟悉的街道，因为它不仅是市中心的繁华街区，而且在蜀都大道建成之前曾经是城内最主要的东西交通干道（从老东门到新西门）的一段，在人民南路广场建成之后又是人民南路广场两侧最重要的街道。成都市民最常去的盐市口、人民商场、百货大楼、人民南路、新华书店、人民公园都分布在这一线上，是西至东城根南街，横跨天府广场的重要大街。

在此以前已经介绍了好几条与御河有关的街道，东御街和西御街的街名中虽然也有一个"御"字，可是却与御河无关。

东御街和西御街的前身是明代蜀王府外墙（又称萧墙）南面的道路，由于蜀王府是传统的坐北朝南，南面是正式的出入通道，所以萧墙南面的道路就有"御街"之称。这条"御街"又以出入南大门的道路为准分为东西两段，这就是明代的东御街和西御街。明代的萧墙在明末被毁，清代没有恢复，但是东御街和西御街的位置与名称都保留了下来，成为两条与皇室无关的普通街道。两街之间原来是以贡院街为界，新中国成立以后是以中间的人民南路为界。西御街过去曾经一度分为西御街和西御西街两段（以今天的小河街口为界），1981年地名普查时合并为一，就没有了西御西街。

正因为东御街与西御街就是明代蜀王府萧墙以南的街道，又是以出入蜀王府南大门的道路为准而分了东、西，所以它的位置对于了解老成都有一定的坐标作用。在它们之间的人民南路，正是明代蜀王府前的御道。1952年修建人民南路时，曾经在东御街的西头与西御街的东头地面下

20世纪30年代东御街与西御街街口　胡剑提供

20世纪60年代的东御街　杨显峰提供

发现了明代蜀王府外的两座鼓吹亭，即东边的龙吟亭和西边的虎啸亭的石质基础。由此可知当年御道的宽度比今天人民南路的64米还要宽，可能有100米左右。

东御街在清代前期原本是以制作出售裱背"红货"（即民间逢年过节与操办喜事用于厅堂布置的联、幛、中堂等纸品和绣品）为主业，因为藏族同胞常在这里采购他们所需要的"红货"，而他们也喜爱采购日用的铜器，于是原来集中在东打铜街、西打铜街等街道的铜器制作与销售商店逐渐迁到东御街，以至发展成了一条铜器制作业比较集中的街道，以当街制作销售各种紫铜（又称

红铜）日用铜器和乐器为特色，后来竟然超过了东打铜街与西打铜街的地位。由于各种紫铜制品（包括宗教用品与乐器）是藏族同胞最喜爱的用品之一，所以这里的藏族顾客不少。清人有《竹枝词》咏其事："大小金川前后藏，每年冬进省城来。酥油卖了铜钱在，独买铙钲铜器回。"到了民国时期，当最初的铝制品（民间大多称为锑锅锑盆）传入成都之后，这里也曾经是加工销售铝制品的街道。

西御街在民国时期曾经是成都最早的无线电行业一条街，著名的无线电器材商店如"新中国"、"华美"、"宇宙"、"光新"、"永安"等都集中在这里。

抗日战争后期，美国新闻处成都办事处设于东御街的东头南侧，为中外文化交流和反法西斯战争的胜利做了若干有益的工作。

西御街与它西边的祠堂街在民国时期是民主人士与革命人士经常联络的地方。原来的西御西街113号（今西御街与文翁路交口处的77号）的铺面是一个钢笔铺，后面是一处有花园楼阁的院落，这是我党早期领导人赵世炎的二哥、老同盟会员、曾经在刘文辉部任参谋长的赵世双的住宅（赵世炎兄弟姐妹九人，他行八，上有四个哥哥、三个姐姐，下有一个妹妹，兄弟姐妹中有七人

东御街与盐市口交会路口　成都市建设信息中心提供

参加了革命)。赵世炎的三姐,1926年加入中国共产党、曾担任川康特委委员兼成都市妇委书记的赵世兰在赵世双的掩护之下于1933年至1937年间曾经住在这里并开展革命工作。抗日战争时期,这里是中国共产党四川省委和川康特委的重要联络点与活动点,罗世文、车耀先、李一氓、邓颖超同志都曾在此召开过重要会议,林伯渠曾经在这里短期居住。赵世炎的岳母、著名的"革命母亲夏娘娘"在江苏监狱中双腿被折断,经周恩来营救出狱后,又被周恩来派专人送到这里休养。从1932年起,赵世炎的小妹、1926年入党的老党员、革命烈士李硕勋的妻子赵君陶经党中央安排,带着她年幼的儿子在这里生活了9年,这个孩子就是后来的李鹏总理,当时的名字叫李远芃。

民国时期的西御街西段有两家南北相对的茶社,即南边的安澜茶社和北边的德盛茶社,都是著名的曲艺书场,成都的老一辈曲艺艺人大多曾经在此献艺,安澜茶社在20世纪40年代更有过"扬琴窝子"的美誉,洪凤慈、张大章、叶南章等都曾长期在此演出。

今天的西御街东头是一幢叫作"城市之心"的高楼。就在这个位置,新中国成立之初的1952年修建了新华书店大楼。在40年的时间中,这里一直是全市、全省最大的书店,将近两代成都人都曾经受惠于它。直到现在,这幢大楼中仍然还有很大的书店卖场。而在它的对面,即东御街的西头,则是建于同一年的成都市百货大楼,和它对面的新华书店相似,这个百货大楼也是40年间成都市最大的百货大楼(它最初的名字就叫成都市第一百货商店)。一直到改革开放,四层高的新华书店和五层高的百货大楼(初建时是三层,1986年改建为五层),一直都是成都市最高最大的大楼之一,仅次于锦江宾馆和锦江大礼堂。也就是在百货大楼之中,于1986年配备了成都各大商场中最早的单冷空调,又于1988年配备了成都各大商场之中最早的自动扶梯。2008年秋天,百货大楼开始拆除,由成都百扬实业公司兴建一座高度为167米的新楼。

1960年,最早的成都电视台建成,就在当时的百货大楼顶上建立播出室与发射架,于"五一"开始试播。当时全市只有几十台黑白电视机,供党政军机关使用。播出的节目主要是新闻与文艺节目,也转播电影。1971年,成都电视台搬迁到东胜街,并全部移交给四川省电视台。今天位于高朋大道的成都电视台是改革开放之后在1986年重新建立的,并在当年的国庆节开始试播,

·成都街巷志·

西御街路口的新华书店　20世纪60年代　陈德龙摄影

百货大楼　20世纪60年代　陈德龙摄影

当时的发射塔安装在四川省农科院的农业勘查设计院大楼顶上，1989年底又迁到蜀都大厦的顶楼上。

新华书店西侧的新声剧场前身是1937年建成的中央大戏院，也放电影。1951年改名人民剧场，1955年改名新声剧场，长期是成都市京剧团的所在地，也是新中国成立以后成都唯一的长期专演京剧的"戏窝子"，筱月亭、王少泉、段丽君、张燕华、筱樊春楼、蒋叔岩、孙雁鹏等著名京剧演员的风采至今还留在包括笔者在内的戏迷的记忆中。当年在修建剧场时，曾经按我国的一种传统建筑技艺在舞台

20世纪90年代的新声剧场　杨显峰提供

成都京剧团演出现代京剧《杜鹃山》剧照
20世纪80年代　唐跃武摄影

之下埋着若干大瓮，用以增强其共鸣的"回声"效果，这在我国当代还在使用的剧场中是极为罕见的实物标本。新声剧场1979年拆除后重建为综合性演出场所，2008年再次全部拆除，在一环路西三段的抚琴西南路7号路重建。

1987年12月30日在西御街72号（原西顺河街街口）开业的成都市华茂典当服务商行是新中国第一家典当行，经理是原华茂金属网公司的黄福玉。当时，海内外有60多家媒体争相报道这家在改革开放大潮中出现的"新中国的红色当铺"。

清代到民国时期成都共有13所清真寺，时称"清真十三寺"。因为伊斯兰群众多聚居在皇城附近，所以以皇城清真寺的规模最大（参见"永靖街"），是众多清真寺的中心，又称皇城中寺，是"文革"后全国首批开放的24座清真寺之一。皇城清真寺原来的位置在西御街北边的永靖街，由于原来的人民南路广场要扩建为更大的天府广场，紧邻着人民南路广场的永靖街将不复存在，

东御街与西御街街口　1978年　牟航远摄影

只得将皇城清真寺从原地向西迁移重建。1988年重建成功的皇城清真寺坐西朝东，正门开在西御街以北的小河街上，但是因为它就坐落在西御街，所以也就成了西御街上最重要的一处建筑，是四川省内规模最大的清真寺。

除了皇城清真寺之外，原来的东御街61号，清代有来成都经商的甘肃秦州、符乡的回族同胞集资于康熙三十年（1691）修建的清真寺秦福寺，因为地近皇城的前门，所以又称为前门寺，成都人一般称为清真东寺。这座清真寺气势宏伟，结构坚固，是成都的著名清真寺之一。1939年6月11日，日本侵略者轰炸成都时，盐市口的闹市地区是轰炸的重点地区，清真东寺大部被战火烧毁。在原来的西御街1号，清代有修建于康熙十年（1671）的临近皇城清真古寺的清真西寺。东寺和西寺都已经在城市改造之中被拆除。

由于西御街地区在清代是成都回族同胞相对集中的地区，所以民国时期成都最著名的清真饭馆"粤香村"就在西御街（早期是开在东御街的百老汇茶社附近）。成都餐饮业最有名的"吼师"，即鸣堂叫菜的"堂倌"孙福全就在粤香村"跑堂"，一些老成都就是为了欣赏他的鸣堂而专门去吃一顿清真菜。百老汇是一家规模较大的茶园，也是很多回族同胞经常聚会之所。百老汇在"文革"前即已停业，粤香村已在城市改造之中迁址到相邻不远的东城根南街。新中国成立以后成都规模最大的清真餐馆"回民食堂"则开在皇城清真寺前面的人民南路西侧。在成都颇有名气的王胖鸭店本名"王福兴鸡鸭铺",初创于1909年,原来就开在粤香村的斜对面(新中国成立之初因修建新华书店被迁到半边桥街),也是由回族同胞开办的清真餐馆。与北京烤鸭风味完全不同的成都烤鸭,过去制作得最有水平的就是王胖鸭店。新中国成立以后,由成都回民文化福利协会组建的成都回民清芳糕点食品厂(后改名为清芳食品公司)的门市部过去也设在西御街(生产车间在九思巷的原清真九寺)。改革开放之后,皇城清真寺迁移重建,在其南侧开办了规模较大的"天方楼"清真餐厅,大门仍然开在西御街6号。

1956年在西御街上开业的"少城小餐"曾经是成都最著名的川菜酒楼之一,一直经营到改革开放以后,因为城市建设的需要而停业。老成都最著名的公共浴室之一的健康浴室于1924年开办于西御街,周围建有花园,其内全为单间,不设大池,服务员都在中学生中招考培训,成都地区不少的修脚师傅都是在这里培训出来的。健康浴室的旁边就是成都最早的专业眼镜商店精益眼镜公司(以后迁春熙路),民国时期成都人所戴的眼镜大多是在精益公司配制的。

清同治二年(1863)西御街上建有川东公所,即川东籍同胞在成都的会馆。清代的成都建有两个省内同胞的会馆,一个是卧龙桥街的川北会馆,另一个就是这里的川东公所。

就在这市中心的西御街南侧,曾经有一条未编门牌号码的小巷叫同春里,是在民国时期形成的成都全市密度最高的红灯区。过去巷中共有13个小院,也就是13家妓院,抗战时期全部都是扬州妓女的地盘。因为巷内有一位刘伯庄医生开的伯庄医院,挂有招牌,所以这条小巷也叫伯庄医院(有人说这里原来没有同春里的街巷名称,同春里这个名称也都是妓院自己命名的),在当时的成都有着很高的知名度。新中国成立以后妓院被取缔,在城市改造之中同春里的13个小院已经被拆除了11个。

同春里　2011年　杨显峰摄影

小河街附西顺河街

在西御街的北边还有一条小街叫小河街,南起西御街,北到人民西路,皇城清真寺的正门就开在小河街上。小河街虽然不长,但是过去还曾经是两条相连的小街。南边的一段叫西顺河街,北边的一段叫小河街,这两条街都是因为沿着清代新开的连

创业初期开在小河街的皇城老妈火锅
20世纪80年代　王文相摄影

接金河和御河的那条小河而形成的小街,故而得名。在修建天府广场与重建皇城清真寺之后,两条小街并为一条街,统名为小河街。

创业于1986年,如今誉满全国的成都火锅代表性企业"皇城老妈火锅"做出名声、做出品牌的发祥地就在原来的西顺河街,皇城老妈的"皇城"二字就是指的这里,因为这里过去是属于成都皇城坝的范围。

国学巷

成都人十分熟悉国学巷,因为著名的华西医院就开设在这里。清代著名武将杨遇春当年在这里有一处花园别墅。清光绪二十八年(1902),清政府废科举,兴学校,为了保存国学,又通令在全国开办"存古学堂"。著名的新派大臣张之洞于1907年在武昌原经心书院旧址首先开办的存古学堂很快办出了名气。四川当局决定仿效,杨氏后人遂将这处祖业半捐半售了出来(杨氏后人的要求是"不分割,供公用"),存古学堂就于宣统二年(1910)在这里开办,由当时被誉为"神童"、"蜀中奇才"的谢无量(时年25岁)出任监督(即校

长)。1912年,四川军政府都督尹昌衡成立国学院于三圣街,不久即迁入存古学堂,并将存古学堂改名为国学馆,将两家并为了一家,1914年又更名为四川国学学校。著名学者谢无量、刘师培、廖平、宋育仁先后出任校长,蜀中研究传统文化的著名学者几乎都被聘为教师,培养了一批杰出的国学人才,如著名学者蒙文通、向宗鲁、彭云生等都是存古学堂的学生。1918年更名为四川省立国学专门学校。当时的校门是坐东朝西开的,所以当时要为这条街巷命名时,就因为巷中有国学专门学校而命名为国学巷。1928年,国学专门学校并入四川大学,这里就成了四川大学文学院,院长是著名学者与教育家向楚。1931年,四川大学文学院并入皇城的四川大学校舍,又在这里开办川

国学巷旁锦城外语学校(原成都市十六中)里的古经幢
2009年 袁庭栋摄影

国学巷中药店 1993年 唐跃武摄影

大附属第二高级中学,也就在这时把学校的大门改在了向北的小天竺街。1935年,川大附中停办,这里改办为私立济川中学。新中国成立以后,在这里开办了成都十六中学。2003年6月,成都十六中改名为锦城外国语学校。

存古学堂中有四先生祠,是在存古学堂开办以前就建在杨氏别墅之中的,祭祀四川古代四位著名学者范镇、范祖禹、张栻、魏了翁(有关介绍见"实业街"的"六先生祠")。四川大学成立之后四先生祠不再保留。

簧门街附簧门后街

簧门街在国学巷以西,直通老南门大桥。

"簧"字的本义就是古代官办的学校,"簧门"就是古代官办学校的大门。在实行科举制度的时候,凡是考中了秀才,就算正式进入了官学,通称为"身入簧门"。由于清末在国学巷开办了存古学堂,所招的学生大多是废科举之前的各县秀才,一时有很多秀才在街上出入,于是就把学堂前面的这条原来没有名字的小街命名为簧门街。

在簧门街以南还有一条簧门后街,过去曾经叫过弟维后街,因为位于1915年开办的教会学校弟维小学(即今红专西路小学)之后而得名。"弟维"就是世界著名教育家杜威在当时的另一种译音异写,这所小学就是为了以杜威

簧门街
20世纪90年代
韩国庆摄影

的教育理念来办学而命名的。1925年弟维小学与同街的华美模范高等小学合办高琦初中（以捐资办学者美国教会人士高琦命名，弟维小学也是由他捐资办学的），因为失火，高琦初中于1936年迁入新南门外的新校区（位置在今龙江路小学南区）办学。当代著名经济学家吴敬琏曾于1943年转学高琦初中就读，与我省著名作家李致是同班同学。这条街过去比簧门街还要狭窄，但是因为近年来华西医大附属医院重修门诊大楼，基本上拆除了半条街，簧门后街就成了一条宽阔的大道了。

"簧"字是现代汉语中已不使用的罕见字，所以在偶尔使用的场合往往会出现错误，包括成都交委设施管理处为簧门后街制作的交通标示牌和公交站牌都曾经把"簧"字误为"簧"字。"簧"音"洪"，可是有不少成都人多读为"黄"，应当是一种习惯性的误读。

1940年3月13日，簧门街上发生了著名的"抢米事件"。抗战时期的成都聚集了大量的外来人口，同时又要尽力筹措运往前线的军粮，所以大米的供应一直相当紧张。一些不法奸商在军政要员的支持下却大量囤积居奇，牟取暴利。原四川省主席刘湘的遗孀刘周书就在簧门街上的重庆银行仓库中长期囤积着大批大米。1940年3月，不少粮店都已无米可卖，很多靠买升升米过日子的穷苦群众眼看就要断炊。13日下午，一些想买米的群众聚集到重庆银行仓库大门前，要求买米。仓库却一直大门紧闭，以致想买米的群众愈来愈多，使得簧门街上水泄不通。得到重庆银行的电话报告之后，国民党警察当局派出大量警察赶到簧门街以武力驱散群众，并当场抓捕了在现场采访的进步刊物《时事新刊》青年记者、共产党员朱亚凡。为了对在抗日战争中日益壮大的成都中共党组织加以镇压，国民党当局竟然先后伪造了朱亚凡的"口供"和地下党的"秘密文件"，将朱亚凡以"共产党指派的春荒抢米指挥者"的"罪名"予以枪决，并宣布成立"四川省特种工作委员会"（这个机构一直保持到成都解放，是这段时期国民党在四川最重要的特务机构），统一调集军统、中统、宪兵、警察和三青团的力量，逮捕了包括中国共产党在成都的主要负责人罗世文、车耀先在内的共产党员、进步人士数十人，并立即在龙泉山、猛追湾两地杀害了十几人，其余则转往贵州息烽和重庆等地关押。此后，成都的进步文化团体如东北救亡总会成都分会、中苏文化协会成都分会等都被迫解散，成为抗战时期发生在成都的最严重的一次反共高潮。

国民党反动当局制造的簧门街"抢米事件"只是给镇压共产党人找了一个借口，对于缓解严重的米荒毫无作用，以致成都的米荒愈演愈烈，米价从1940年1月的每石11元涨到7月的每石80元，从而真正发生了多次军队持枪抢米的事件。留学奥、德两国归来的学者型成都市市长杨全宇（他出任成都市市长之前是四川省教育厅长）因为指责了供应平价米过程中的一些非法行为，几次在会议上公开顶撞了代理省主席的贺国光（此时的四川省主席是蒋介石，实际上由蒋的亲信贺国光代理），贺竟然指派杨的老同学、中统特务陈仕淦借住在桂王桥西街的杨全宇家，暗中监视，制造罪名，最后被蒋介石以"囤积粮食"的罪名亲判死刑（审判杨的军法总监何成濬判的是5年徒刑），于1940年9月8日枪毙于重庆，制造了在任成都市市长被枪毙的空前绝后的奇闻。成都一些伸张正义的人士冒着危险为杨全宇开了追悼会，会上高悬的挽联是："诸大夫皆曰可杀；微斯人吾谁与归！"

大学路

过南河上的锦江桥，在人民南路三段东边，就是大学路。大学路的两侧都是今天四川大学华西校区、过去的华西大学的校园。大学路原本就是华西大学中的一条道路，因为华西大学没有围墙（初建时是要修围墙的，因为周围群众不知道"洋人"要在围墙中干什么，出于排外情绪而三次掀倒围墙，连校门都被掀倒，所以校方就决定顺应民意，大学和中学都不修围墙），任何人都可以自由进出，所以成都人都把以华西大学和华西协合中学为中心的这一片地区叫华西坝，把华西大学以南的一片地区（大约包括今天的林荫街到省体育馆这一片）叫华西后坝。抗战期间新开了新南门之后，华西坝愈来愈繁华，华西大学中的这一条主要道路就发展成了一条街道，也就很自然地有了大学路的名称。严格来说，大学路是华西坝上的第一条街道。

华西大学最早的大门开在当时最重要的交通渠道南河河边，具体位置应当在今天川大华西校区光明路宿舍区北门向西约100米处，从当年大门向南

· 街巷 ·

华西坝　1978年　牟航远摄影

望，有一条一直通向校内的道路。这个老校门已经在1954年被拆除，校门上的英文校牌已经于1996年3月28日在成都府南河改造时在南河河畔的地下被发现。近年间在川大华西校区东区面向人民南路的大门位置，新建了一座仿老校门形状但是体量更大一些的校门。

华西大学的全名是私立华西协合大学，筹建于1905年（按：这个年代在不同资料中一直有两种记载，此从《华西医科大学校史》），建成并开校于1910年，首任校长是毕启（1867—1954年，美国惠斯廉大学哲学博士与神学博士，1899年到四川办教育。他先在成都办小学与中学，以后办大学，曾15次回美国为华西大学募集资金与物资，一直到1946年才返回家乡），由在成都的美国、英国、加拿大的4个"差会"（"差会"是基督教会负责集资、派遣传教士到国外传教的机构，派出人员不仅有牧师，也包括医生护士、教职员

以往昔建筑命名　1069

修建中的华西协合大学　1917年　［美］甘博摄影

1920年万德门前的毕业典礼
四川大学档案馆提供

1943年华西大学制革研究所
1943年　［英］李约瑟摄影　杨显峰提供

等），即英美会（后称中华基督教会）、美以美会（后称卫理公会）、浸礼会和公谊会联合创办，最早的发起人是在四圣祠行医的加拿大人启尔德博士。1918年圣公会加入，成为5个"差会"协同合办，故而在老成都人口中华西大学又有"五洋学堂"之称。这所"五洋学堂"虽然是一所教会大学，但是从一开始就聘请有不少中国学者执教并参与管理。它前后有三个校歌，除第一个校歌的歌词作者不明而且歌词也未能全文留传下来之外，第二个校歌是成都"五老七贤"之一的著名学者、前清拔贡刘豫波写的，第三个校歌是成都著名学者、前清举人林思进写的。刘豫波和林思进也都曾在这里执教。

华西大学不仅是成都最早建立的近代化的综合大学，也是全国最早建立的近代化的综合大学之一，设有文学院、理学院、医学院、牙学院（另有神学院），但是以医科为特色，又以1917年由加拿大医生林则建立的牙科系为全国第一，被称为"中国现代口腔医学的发源地和摇篮"（华西牙科的历史可以追溯到1907年在四圣祠街上建立的仁济牙科诊所，1912年扩建为牙症医院。2007年8月华西口腔医院举行了建院100周年庆典)，在国际上素来有"东亚第一"的美誉。1924年，华西大学招生实行了男女合校合班，这在全国的大学中也是相当早的（第一批女大学生共招收了8名，其中的一位就是1932毕业的医学博士、我国著名妇产科专家乐以成)。1950年人民政府正式收回华西大学时，校园面积逾千

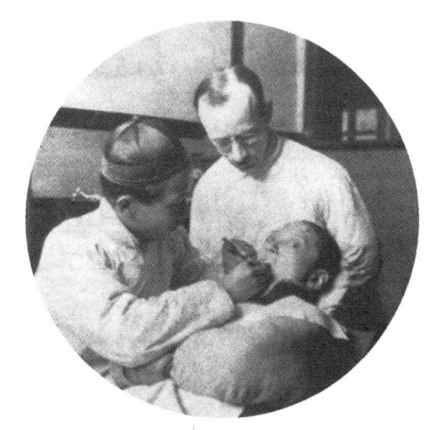

20世纪初，"牙科之父"林则（右）指导我国第一个牙科博士黄天启（左）治牙。
四川大学档案馆提供

亩，大型建筑有70多幢。新中国成立以后经过院系调整，1954年成为单科性的四川医学院，著名的华西大学博物馆（正式开馆在1932年）成了四川大学博物馆。1985年更名为华西医科大学，2000年并入四川大学，成为四川大学华西医学中心。

华西大学先后开办或协办了华西医院（指由中国基金会、洛克菲勒基金会、英国庚子赔款基金会和华西医大毕业同学捐款，于1942年在国学巷修建、1943年建成的华西协合大学医院，当时的成都人一般称为"新医院"）、

华西坝上学生
与美国士兵进
行棒球比赛
1940年
杨显峰提供

以往昔建筑命名 **1071**

仁济男医院、仁济女医院、存仁医院、精神病院、麻风病院和结核病院，这其中历史最长的是1892年在四圣祠街创办的仁济医院与1894年在陕西街创办的存仁医院，1914年华西大学成立医学院的时候就将其作为教学医院。到本书初版时的2009年，这个古老的医学院已经有116岁了。

这所古老的医学院校区很大，1959年人民南路建成之后，把校园从中间分成了两半（在人民南路下面有地下通道将两边连通）。就在校区之间的人民南路这个位置，民国时期曾经是当时全亚洲最大的草皮足球场"华英球场"（当时的华西坝共有5个草皮足球场），成都足球最强队华西大学足球队曾经在这个足球场上战胜过包括英国皇家空军足球队在内的若干劲旅。更令今天的成都人难以想象的是，在这个足球场上，还训练过女子足球并举行过当时极为罕见的女子足球比赛。抗日战争时期，这里也是全成都最有名的露天电影放映场。

华西大学所在的这一片地区成都人称为华西坝，是近代成都最重要的文化教育区。当年华西大学初创时，所购土地近800亩，除了修建华西大学，还陆续修建与开办了华西协合中学、华西师范学校、高琦中学、华西神学院、护士学校、弟维小学、加拿大学校（供在华西坝的外国儿童读书的学校）。

抗日战争期间，外地的齐鲁大学、燕京大学、金陵大学、金陵女子文理学院、中央大学医学院及畜牧兽医系、东吴大学生物系、北京协和医院护士专科

四川医学院校园　20世纪60年代　王文相摄影

学校等先后迁来成都，借华西大学的校园继续办学。特别是上述学校之中的前四个都是基督教会开办的学校，所以事实上是与华西大学联合办学，时人称之为"五大学"，设施共享，课程共享，学分共享，不仅保持了原来的教学规模，还增加了新的科系（最多时有5个学院、70多个系及一些专修科），新修了一些建筑，在校学生超过5000人。一时间，华西坝大师星聚、高士如云，陈寅恪、顾颉刚、梁漱溟、钱穆、朱光潜、吴贻芳、冯友兰、张东荪、潘光旦、吴宓、萧公权、吕叔湘、李济、蒙文通、赵元任、李方桂、林则、黄天启、戚寿南、黄克维、童第周、侯宝璋、陈志潜、周太玄、魏时珍、李晓舫、蓝天鹤、刘承钊、缪钺、罗玉君、谢霖、李约瑟等都曾在此设坛授课，成为大后方著名的"三坝"之一，即三大文化教育中心之一（另外"两坝"是重庆沙坪坝和汉中鼓楼坝），为祖国培养了一大批杰出的建设人才与革命志士。而由川籍联合国哲学顾问、华西大学文学院院长罗忠恕在1942年11月发起成立的"东西文化学社"的参加者除了大量的中国学者之外，还包括

金陵女子大学宿舍楼　杨显峰提供

金陵女子大学学生在华西大学校园内做体操表演
1945年　杨显峰提供

在东西文化学社门前的中外科学家（从左到右）：何文俊、彭荣华、李约瑟、罗忠恕
1943年　[英]李约瑟摄影　杨显峰提供

了罗素、普朗克、爱因斯坦、泰戈尔等全球性的泰斗级大师在内。世界文学巨匠、诺贝尔文学奖获得者海明威在这里发表过被听众形容为"吼叫"一般的演讲。顾颉刚先生曾说："在前方枪炮的声音惊天动地,到了重庆是上天下地,来到华西坝使人欢天喜地。"故而一些文化人直接称华西坝为战时的"天堂"。

在华西坝,长期一心一意地为中国的文化教育事业而献身的还有大量的海外学者。从1910年到1952年,共有187位外籍教师在"华西"任教,他们主要来自加拿大、美国和英国,少数来自比利时、奥地利、丹麦、德国和韩国。1951年,最后一批48位外籍教师离校。

1912年,华西大学理事会通过在英国、美国、加拿大三国公开招标,决定由英国建筑师费烈特·荣杜易主持设计,加拿大籍教师苏维廉负责施工,在华西坝修建了一批中西合璧式的建筑群,无论是在成都文化交流史上还是在成都建筑史上,这些建筑都具有很高的价值(1982年,荣杜易的后人曾特地委托英国前首相希思专门前来华西坝瞻仰这个著名的建筑群)。特别是其中的钟楼(1925至1926年由纽约柯林斯捐建,故而原名"柯林斯纪念楼")是中西结合式的砖塔结构建筑,一层为单檐歇山式,二层为四方攒尖式顶(顶部在1954年有过维修改建,形状略有改变),底层为券拱通道,造型美观,结构坚固,塔内有机械式的大钟,已被公布为国家级重点文物保护单位。其他如1919年修建的怀德堂(今办公楼)、1920年修建的合德堂(今第四教学楼)、1924年修建的嘉德堂(今第一教学楼)、1926年修建的懋德堂(老图书馆,著名的华西大学

抗战时期的华西校园

华西坝民居　20世纪20年代　杨显峰提供

华西坝学生公社
开幕典礼
1940年
杨显峰提供

博物馆过去也在此楼中,当年第一个到三星堆进行考古发掘的科学家就是华西大学博物馆馆长葛维汉)、1928年修建的今第五教学楼等几幢楼房,还有原建于1920年、仿建于1960年的明德学舍(即万德堂,今第六教学楼,原来在今天的人民南路上)等都具有很高的艺术与历史价值,被建设部列入了全国近代优秀建筑。在2001年公布的成都市22幢文物建筑中,这里就有8幢被挂牌保护,怀德堂还成为四川省级文物保护单位(就在本书初版进入排版设计阶段的2009年7月25日,怀德堂在维修中发生火灾而全毁,日后只能依原设计重建)。国学大师钱穆先生曾经在《回忆华西大学》一文中写道:"华西坝的新鲜之处首先是它的建筑。这些洋房大都是西洋结构,又是中国式的屋顶,流檐飞角。洋教士在华西坝先后修了三十几幢洋楼,惟有钟楼是哥特式的尖顶,这在成都是稀罕的。"建筑大师梁思成在他的《中国建筑史》中也说:"开始以中国建筑之部分应用于近代建筑,如北京协和医学院……成都华西大学皆其重要者也。"不少研究者认为,在我国近代建筑史上,教会大学修建的中西合璧式建筑标志着我国古典建筑的复兴,而华西大学的建筑则是最早肇其端者。

当我们今天从校园内光明路上的华西幼儿园经过时,很多人都可能不知道,这个地方就是当年的广益学舍(亦称雅德堂,华西大学初建时是仿牛津大学的体制,分为若干个学舍,由几个"差会"各自负责修建,每个学舍中都有教学楼、宿舍、运动场和花园。广益学舍是在1925年由英国公谊会修建的,曾经是华西大学的文学院),陈寅恪、钱穆、吕叔湘、吴宓等大师和有"现代李清照"之誉的著名女词人沈祖棻都曾在广益学舍教学楼中开坛授徒，受聘于燕京大学的陈寅恪的家就住在广益学舍教学楼后面的一座小洋楼之中。陈寅恪来成都是在1943年底，先在陕西街与著名语言学家李方桂共住一个二层小楼，1944年暑假搬入广益学舍45号。他来成都之时就已是右眼失明、左眼高度近视且患有眼疾。1944年12月12日，左眼也因视网膜剥离而失明。所以，大师的双目失明之地就是在这华西坝，华西坝是他一生中最后所见的清晰世界（左眼失明之后，燕京大学曾经安排他住进陕西街的存仁医院三楼73室，由当时最著名的眼科医生陈耀真大夫施行手术，力图抢救，但无效）。正因为如此，他才在《成都秋雨》一诗中发出了"余生成废物，得饱更何求"的悲叹。大师在这里居住的一年又九个月中，写下了12篇论文（其中9篇后来收入著名的《元白诗笺证稿》），留下了30多首诗，其中有一首名为《华西坝》："浅草平场广陌通，小渠高柳思无穷。雷奔乍过浮香雾，电笑微闻送晚风。酒醉不妨胡舞乱，花娇弥觉汉妆浓。谁知万国同欢地，却在山河破碎中。"1964年，亦即大师离开华西坝快20年之后，他写下了这样的怀念成都的诗篇："昔年人日锦官城，曾访梅花冒雨行。岭南今朝头早白，疏枝冷蕊更关情。"

相对于前方来讲，抗战期间的华西坝是一方乐土，但是日本侵略军仍然轰炸过华西坝。在1939年6月11日的大轰炸中，华西大学就是日本侵略军的

广益学舍旧址　1998年　袁庭栋摄影

轰炸目标之一。当年被称为华大"校花"的一位黄姓女同学就是在图书馆侧被炸死（第二年，在女生院中为她建有纪念碑）。每逢空袭警报发出，华西坝上大中小学的师生员工都得跑警报，目标一般都是向今天的南一环方向

被日寇轰炸的华西大学　四川大学档案馆提供

跑，当时那里全是一片野地和农田，其中有彼时很著名的"青春岛"（因为平时只有谈情说爱的青年男女才去，所以得了这样一个浪漫的名字），还有一处更为僻静的"火烧堰"，也就是今天的玉林小区到衣冠庙一带。

当时华西坝上最著名也是规模最大的西式糕点铺与西餐厅"康服"为了满足经济不宽裕的学生们的需求，就大量生产过去只有挑担出售的蛋烘糕在华西坝售卖（成都蛋烘糕最早创制于清代末年的文庙前街），喜爱者愈来愈多，遂成了华西坝上最流行的食品，以后遂流行于全成都。后人有《锦城旧事竹枝词》加以回忆："张张黄嫩似月圆，坝上风光梦魂牵。慢烘细烤人立待，味分咸甜蟹黄鲜。"

2006年，成都市政部门在大学路树立了大型雕塑，上面有11米高、8米宽的80多年前的华西坝老地图和一篇《华西坝记》，保留了浓郁的文化记忆。

中学路

今天的华西医院后面、电信路以东，有一条中学路。

华西大学创办伊始，为了能够招收到合格的学生，就计划兴建附属中学。清宣统元年（1909），原来分设在城内的几所基督教会中学，即落虹桥的华英学堂、文庙西街的华美学堂和青龙街的广益学堂全部合并到华西坝，建成了华西协合预备学堂，和华西大学一样由五个教会的差会共同出资，当时只有

华西协合中学毕业生留影　杨显峰提供

初中,校址是在后来华西大学的五教学楼后面。1916年,施卡蒂尔古夫人捐建的两楼一底的新教学楼建成(此楼就是原四川教育学院办公楼,一直到2007年才拆除),所以迁入新楼之后曾经把学校改名为施卡蒂尔古夫人纪念中学。1925年改名为私立华西协合中学校,成都人一般都简称为华西协中。校址在今天的四川教育学院和隔壁的一个部队招待所(在招待所中至今还有华西协中当年的老建筑),占地约百亩。1927年开办高中,分为文、理、师范、农科四科,1932年并为普通高中。1933年停办初中。1935年改名为私立华西协合高级中学(另在大学路办有高琦初中)。这所学校面向全川招生(长期都是只招男生),师资力量雄厚,是民国时期成都的著名中学之一。在抗战期间,华西协中有80多个学生参加青年远征军,人数位列成都各中学第一。在解放战争时期,华西协中是成都著名的民主阵地。1949年4月23日,四川省政府以"长期为奸匪控制"、"煽动学潮"、"妨碍戡乱建国"等罪名,下令强行解散。新中国成立以后恢复,并将高琦初中并入,更名为华西中学。1952年更名为成都十三中,1954年迁至青龙街。2000年迁到城东八里小区,恢复当年华西中学的旧名,同时又称为成都电子科技大学附属中学。华西协中原址先是开办了成都市小学教师培训班,以后开办了四川教育学院。

著名教育家、巴金的同学与挚友吴先忧(巴金曾经说过,《家》中张惠如的原型就是吴先忧)在华西大学读书时即在华西协中兼课,自1930年至1944年一直在华西协中工作,先任文科主任、教务主任,1938年出任校长,是他一手将这所学校办成了全省名校。他办学时有三件大事一直受到后人的传颂:这是全成都唯一一所没有围墙、自由出入的中学;这是一所不强迫学生信教的教会学校,是一所教师可以讲授各种观点与学说的学校;抗战时期,政府要求中学生一律穿麻色制服、打绑腿、扎皮带,男生剃光头,吴先忧认为此举不利

·街巷·

大学路
20世纪90年代
韩国庆摄影

中学路
20世纪90年代
陈先敏摄影

小学路
20世纪90年代
陈先敏摄影

于学生发育,也不尊重学生人格,拒不执行,所以当时全市只有华西协中的学生不穿统一制服,不打绑腿,不剃光头。

华西协中开办之时周围还是农田。抗日战争时期,在这里建房的人家愈来愈多,华协中学背后形成街道,所以就命名为中学路。

20世纪40年代后期,一位瑞典的青年学者来到四川研究汉语方言,先是在峨眉山,后是在成都华西坝,最后是居住在中学路一座叫"可庄"的公馆里,公馆的主人是化学家陈行可和四川省立女子中学校长刘克庄夫妇,他们的二女儿叫陈宁祖,陈宁祖后来成了瑞典青年学者的夫人。这位瑞典青年学者就是现今世界著名的汉学家、诺贝尔文学奖评委马悦然。

20世纪40年代马悦然与陈宁祖在华西坝

小学路

在中学路的南面,与中学路平行的一条街道就是小学路。小学路也是在抗战时期形成的。因为当时的华西坝聚集了大量内迁学校的教职工,很多子女需要读书,所以成都师范学校附属小学校就在这里开设了一所华西分校。当这里形成街道之后,很自然地就以小学路为名。

小学路上原来有一座小桥,名为幼幼桥,与之相邻的公行道上的一座小桥,则名为老老桥。这两座小桥的取名之义来自《孟子·梁惠王上》:"老吾老以及人之老,幼吾幼以及人之幼。"

新中国成立以后,小学路上没有再办小学,但是四川医学院的神经精神科的门诊部从1952年开始长期设在这里(神经精神科门诊部的所在地是抗日战争时期由陈筑山创立的"中西人文研究学会"),近年增挂了"四川大学华西医院心理卫生中心"的副牌。

金陵路

金陵是南京的古称，但是金陵路在这里却不是指的南京，而是指设在南京的金陵大学。

金陵路位于小学路以东。抗战时期南京的金陵大学迁到成都时，蚕桑系曾经在这里办学，蚕桑系主任单寿夫教授和夫人吴学谦教授率领师生开垦了几十亩桑园，作为教学科研基地。当时金陵大学的部分男生住在红

金陵路　1990年　陈先敏摄影

瓦寺，距离上课的华西坝较远，而且还只有一条泥泞小道。金陵大学校长陈裕光发起组织"筑路委员会"，与各院院长一道率领师生们在课余义务修路，历时半年，修成了从宿舍到教室的道路。这条由金陵大学师生修成的道路后来发展成为一条小街，所以就被叫作金陵路。

与金陵路相邻的小学路以及中学路在新中国成立以后没有再办学校，但是在金陵路上办了金陵路小学，金陵路小学又扩建为成都市武侯计算机实验小学，大门开在新建的金陵横路。

南虹路附南虹村　临江路

从新南门大桥到锦江大桥的南河南岸，沿河的道路就是南虹路。南河综合整治以后，把南河南岸沿河的道路加以扩建并更名为临江路，原来的南虹路就成为临江路的一段，叫作临江东路。

南虹路得名于过去开办在这条街道西头的私立南虹高级艺术职业学校，其旧址在今天的成都信息工程学院老校区校园内。

南虹高级艺术职业学校成立于1938年，简称南虹艺专，是民国时期四川

省最重要与最著名的艺术专科学校,由著名画家张采芹、赵念非、邓胥功、曾功甫等创办,下设绘画、音乐、雕塑、图案、印刷、师资科,首任校长是留日归来的四川大学艺术科主任赵治昌。所以名为"南虹",是因为赵治昌于1926就创办过南虹艺术职业学校,这里又位于南门大桥之侧,而南门大桥在古代曾经有过"南虹桥"的美称。南虹艺专是很多四川艺术家成长的摇篮,张大千、徐悲鸿、黄宾虹、钟道泉、张采芹、王朝闻、周抡园、蔡绍序、王云阶、吴晓邦、万籁天、丁聪、易开基等都曾经在这里执教或讲学。1950年,南虹艺专与成都另一所艺术专科学校四川省艺术专科学校合并为成都艺术专科学校。1952年,全国高等学校进行院系调整,成都艺术专科学校一分为二,绘画科、应用艺术科与重庆的西南人民艺术学院美术系合并成立西南美术专科学校(地点在重庆,1959年更名为四川美术学院),而音乐类专业则留在成都,学校改名为西南艺术专科学校,1959年更名为四川音乐学院。

  20世纪30年代末期,南虹艺专在这里修建了成都市第一个比较标准的公众游泳池——南虹游泳池,主持者是南虹艺专的创建者之一的体育教育家向志均(曾任四川大学体育科主任、四川省首任体育督学)。当时是用古老的筒车涧槽抽引清亮的南河水,在古老的大滤缸中用棕片、卵石、粗砂过滤之后沉淀,再在净水池中用明矾净化,最后用漂白粉消毒,才能流入游泳池中。据当时人的回忆说,那一整套流程不仅是成都公共卫生作业的一个样板,也是一道

南虹游泳池
20世纪80年代
冯水木摄影

田园牧歌式的风景线。一直到新中国成立以后的1950年，南虹游泳池才开始使用自来水。新中国举办的第一届西南地区游泳锦标赛，就是1952年在这里举行的。南虹游泳池一直使用到1993年，因为城市改造而拆除。

成都市另外两个早期的游泳池也都是修建在南虹游泳池的附近。一个是在河对面今天锦江中学的地方于1944年修建了复兴游泳池，得名于新开的复兴门即新南门，1953年因为建设用地需要被拆除。还有一个修在南边不远的今天的成都七中与华西医大之间的磨子桥地区，建成于1945年。时值日寇投降，所以就叫胜利游泳池。由于池水是取自乡村的水沟，所以一直就少有人游泳，新中国成立以后改成了养鱼池。

作为街道名称的南虹路已不存，但是作为地名还保留了一个南虹村和南虹社区，位置在今天的林荫街以南、旅游村以西。

龙江路西头在民国时期开办有文英小学，1952年改建为龙江路小学，以后又在临江西路修建了新校舍，是今天成都最著名的小学之一。

光华村街

从西二环往西至苏坡桥的街道是光华村街，不过成都人一般都只叫光华村而不加上那个"街"字，因为这里长期都叫光华村，是1981年才命名为光华村街的。

抗战以前这一片全是农田。1938年，上海的光华大学在商学院院长谢霖率领之下内迁成都设立分部，在没有建校舍的时候，暂时在王家坝租民房办学。不久就选定了这里（原来的小地名叫"黎家碾"，又称"窑街"）作为新校址。1938年破土动工修建，1939年就迁入上课，1942年全部竣工，附近也就逐渐增加了一些住户，这一片就被称为光华村。抗战胜利之后，外地迁入成都的大学纷纷复员返回原地，唯有光华大学董事会决定将成都分部的全部校产与设备赠送给四川教育界继续办学。四川各界推荐邓锡侯、刘文辉等人组成董事会，接办了学校，并更名为私立成华大学。为了办好这所学校，邓锡侯三顾茅庐，请出了曾任四川大学校长的王兆荣担任校长，王又礼聘著名学者与文化人

成都光华大学校门（从校内向校外拍摄），校门正中题字"出为圭璋"，右侧"格致"，左侧"诚正"。 杨显峰提供

1946年光华大学毕业证书
王大明提供

四川财经学院校门前合影 1956年 杨显峰提供

周太玄出任教务长，在最富特色的商学院中，有著名学者彭迪先、黄宪章、杨佑之等分任各系主任。此外，还有著名学者肖公权、陈豹隐、潘大逵、庞石帚等在校任教。一时之间，成华大学成了实力不俗的大学，还通过募捐所得修建了图书馆和女生院。新中国成立以后在1952年的院系调整中，将四川大学、重庆大学、华西大学、贵州大学等多所大学的财经类专业和四川省会计专科学校合并于一校，在此建立了四川财经学院，1961年更名为成都大学，"文革"中学校停办，1978年恢复四川财经学院，1985年更名为西南财经大学，是目前我国西部最具实力与声誉的财经大学（由于西南财经大学在1980年至2000年间曾经由中国人民银行主管，所以至今还有与中国人民银行合办的四个研究培训中心）。2001年，学校在温江新建了柳林校区，原来的老校园称为光华校

区。正因为有这样的一段历史,所以至今西南财大的校园仍然被称为光华园,学生们也自许为"光华学子"。2012年9月,西南财大正式宣布,以在1925年上海"五卅"反帝爱国运动中成立的光华大学(光华大学是教会大学圣约翰大学的部分爱国师生从圣约翰大学中分离出来新建的)的建校日期1925年6月3日作为自己的建校日期,以6月3日为校庆日。

光华大学在成都的修建与办学过程中,贡献最大、也是我们成都人不能忘记的人物首推谢霖。

谢霖

谢 霖(1885—1969) 江苏武进人,我国会计学科的主要奠基人。早年留学日本早稻田大学获商学硕士学位,回国后曾任中国银行总会计师、中央银行总稽核、孙中山下属的广州大元帅府会计科长、复旦大学银行系主任。他为我国银行会计制度奠定了全面的基础,我国使用"借""贷"两个重要的会计词汇最早就是在他的《实用会计》一书中首创的,我国第一部《会计师暂行章程十条》也是在他的建议和参与下在1918年颁布的。从此以后,我国才有了自己的会计师与会计师制度。他自己就是由当时的北洋政府批准的我国第一个会计师,所领得的会计师证书编号为一号。目前仍在全国各企业广泛应用的"班组核算制"也是他最早从日本引进的。他曾经在北京、上海以及全国不少城市创办"正则会计事务所"和"正则会计补习学校",抗战初期来到成都创办"正则会计事务所"和"正则会计学校"(地点在春熙路南段益智茶楼旁边的一条小巷内)。因为他在上海时就是光华大学商学院院长,所以当光华大学内迁成都时,就被聘为副校长,主持日常事务。从修建校舍到人事安排、组织教学、师生生活,事无巨细,无不倾注了他的大量心血。光华大学复员以后,他视成都为第二故乡,留在成都继续任教。新中国成立以后,他除了在大学任教,还担任了成都市商业局顾问、成都市人民代表、四川省政协委员。1957年被划为"右派",由子女迎往北京生活。

改革开放之后,从成都到温江修建了宽阔而漂亮的光华大道,原来的光华村街就成了光华大道从城区出发的第一段。

书院街附王道正直街

成都的书院街不止一处，位置都在大慈寺路以北、红星路以东，至今还有相邻的北书院街、书院东街、书院西街和书院南街，原来还有书院正街，已经在1964年修建红星路二段时并入了红星路。

明正德十二年（1517）在这里建有大益书院，故而有了

书院西街老屋　1995年　陈维摄影

书院街的名称。大益书院因为明万历年间主政的张居正下有"尽毁天下书院"的命令而被毁掉。明万历十五年（1587）四川学道郭相奎在原址改建"大儒祠"，专门祭祀宋代理学家周敦颐（人称濂溪先生）和程颢、程颐兄弟（程氏兄弟是洛阳人，其学派世称"洛学"），所以也称为"濂洛祠"，明末被毁以后清代未能重建。

在北书院街上，唐代建有兴福寺，又名昭觉院。明隆庆四年（1570）在旧址建有宝光寺，在明末战火之中庙宇已毁，还留下了四尊铜铸的佛像。清康熙十二年（1673）在原址重建，雍正十三年（1735）又有重修。相对于新都的宝光寺，民间称为小宝光寺。因为寺庙规模较小，在清代后期即已冷落，民国年间，省会警察局曾经在其旧址设派出所。

书院东街过去曾经叫作娘娘庙街，因为街北有一座娘娘庙，又叫广生宫（有关娘娘庙的介绍见"娘娘庙街"）。娘娘庙旧址在抗日战争时期改建为电影院，但开办不久就毁于火灾，所以其痕迹早已不存。

在当年的娘娘庙旧址、今天的锦江区人大常委会办公楼前，有一处在成都街景中著名的"夫妻树"。所谓"夫妻树"主要由两棵并立的大泡桐树组成，在每棵泡桐树下各有一株古老的油麻藤，藤条在两树之间长期相互缠绕之后，把两棵大泡桐树紧密联结在一起无法分开，下部粗大的藤条上可以坐上几

个小孩打秋千。如果是到了春末夏初季节，无数紫色的花朵会布满两棵高大的泡桐树，成为一道十分独特的美丽景观。

书院南街上在1937年初建成了平民剧院，主要演出川剧。当年5月，有士兵在看戏时向剧场中投掷手榴弹，当场炸死3男4女，重伤4人，轻伤多人，成为成都演艺场所中罕见的惨案。剧院当即被查封，直至1939年才又恢复营业。

书院正街原来有一个大的栅子，栅子上挂有一块匾额，上面写有语出《尚书·洪范》的"王道正直"四个大字，所以这条街在清代也被叫作王道正直街。可是到了民国时期，这条街上却开设了全市著名的"台基"即扬州妓院，还有一个颇有意思的名字叫"乐与人同"。

南薰巷

在花牌坊街以北有一条小巷叫南薰巷，向北一直要通到马家花园对面的马河湾街。南薰巷的北部长度不短，但是愈往北愈窄，两边少有开门的住户而多是长长的老墙，老墙内还不时伸出一枝枝树枝，连一点点城市的商业味道都没有。在笔者近年间为了写作本书而实地考察过的街巷之中，南薰巷是目前成都市中心最具有古朴气息的小巷。

南薰巷是由于抗日战争期间南薰中学从青龙街原四川省立医院处迁至这里办学而得名。南薰中学的创办者是川军将领曾南夫。"南薰"二字来自于《孔子家语》所载的《南风》之诗："南风之薰兮，可以解吾民之愠兮；南风之时兮，可以阜吾民之财兮。"（也有一说，是取曾南夫之"南"字，和与之合作办学的数学家刘薰宇的"薰"字，而合称

南薰巷　2009年　林立摄影

"南薰")。田家英就是当年南薰中学的学生(参见"帘官公所街")。新中国成立以后,在南薰中学的基础之上开办了成都第二十三中学,现在是成都大学的华夏职教中心。

树德里附树德巷

在宁夏街的西边有两条小巷,一叫树德里,一叫树德巷,都是半截巷。

这两条小巷在清代都是没有的。清代这里有两个小庙,一个叫欢喜寺,一个叫西来寺,到了民国时期都已破败。1929年,时任二十九军副军长的川军将领孙震在成都兴办学校,他先后捐资办了四个小学,都是招收市郊的贫苦人家子女,所以都不在市中心。"一小"在赖家店,"二小"在多宝寺,"三小"在宁夏街,"四小"在簸箕街。到了1932年,孙震决定出资为小学毕业生开办初中,因为他认为学校应当以树立德行为主,故取《尚书·泰誓》"树德务滋"之"树德"二字,把新办的中学命名为树德初级中学,长期由著名教育家吴照华担任校长,校址就选在了在宁夏街的"三小"。由于当时的中学一般都是男女分校,所以就在原来的欢喜寺和西来寺旧址分别修建了树德初级中学的女生部和男生部,学生入学都不收学费与伙食费(学期结束时如果伙食有结余,还必须全部分给学生),成绩优秀、家境清贫的学生还能申请奖学金,甲等奖学金获得者(凡学业、操行、体育均为甲等者即可获得)甚至资助其继续读完大学,是成都当时为数极少的完全不收费的私立学校。1937年继续开办高中,开始收学费和伙食费,但是仍然有奖学金。由于学校经费充足,又聘用了一些著名教师,招生选择与校规甚严(曾经在成都流传很久的两件事是:

宁夏街树德中学女生部石门额　1991年　赖武摄影

树德中学老校门
前学生留影
20世纪40年代
杨显峰提供

印在树德学校运
动会图片上的树
德学校校歌
杨显峰提供

孙震的老上级、二十九军军长田颂尧是树德中学名誉董事长之一,而且每年捐赠大米50石,他的儿子田明骞违反校规时,依然照章开除;吴照华校长共有8个子女,多年来考入树德的只有一人,其余全部落榜),所以教学质量很高,是成都的名校之一。在经过几次扩建之后,到了新中国成立之初,男女两校合并为一处,名叫树德中学。1952年改名为成都九中,1989年又恢复了树德中学的原名。原来开办树德中学女生部和男生部的两条小巷,就以"树德"来命名,分别叫作树德巷和树德里。在近年的城市改造中,树德巷已经不存，只留下从宁夏街进入树德中学正门的树德里。

孙震

孙　震（1892—1985）　原籍成都，生于绵阳。1906年以后先后入四川陆军小学、西安陆军中学学习，并参加了同盟会。1914年以后，一直在川军中任职。1926年任二十九军副军长。从1929年起，他开始在成都捐资办学，一生中所积累的私财基本上都用来办了教育。他创办树德中学之后，成立了私立树德中学董事会，亲自担任董事长和校长。他捐出了银圆40万元、良田400亩、嘉乐纸厂股本10万元，再加上十几院公馆的房产和百余间铺面，以利息和房租作为办校的经费。并规定，孙氏子孙永远不得动用董事会分文基金，永远无权过问董事会办学事务。1933年以后，孙震率军多次参加了围攻川陕革命根据地的战事。抗日战争爆发后，孙震请缨出川，担任第二十二集团军副总司令兼四十一军（即原来的二十九军）军长，在山西与日本侵略军激战，全军伤亡过半。1938年，孙震升任二十二集团军总司令，指挥三个军在山东参加了著名的台儿庄战役，坚守滕县，连总部特务连也投入了战斗，在前线牺牲的著名抗日英雄王铭章将军就是孙震部下的师长兼前敌总指挥。这以后，孙震又率军参加了鄂北会战、随枣会战、鄂西会战，并升任第五战区副司令长官。他是唯一的一个抗战八年始终未下战场的川军高级将领。抗日战争胜利，孙震以第九战区受降副主官的身份在漯河受降。解放战争中，他以第五绥靖区司令、郑州指挥所主任、华中"剿总"副总司令、川鄂绥靖公署主任等职务多次与解放军作战。在节节败退之后，于1949年12月逃往台湾。孙震的晚年基本上未过问军政事务，1985年9月9日，孙震在台北病故。2002年，在树德中学塑造了孙震的铜像。

孙震于1937年在成都东郊槐树店修建的孙家祠堂至今仍在，新中国成立以后办过保和小学，目前是民居，已被列入成华区区级文物保护单位。

台儿庄战役　建川博物馆提供

建国巷

从武侯祠大街往南,有一条与武侯祠横街平行的建国巷。抗日战争期间,原来设在东胜街的建国中学(创办者为四川地方实力派代表人物刘文辉)向城外迁移,就在这里修建了校舍,以后附近的住宅逐渐增多,形成了一条小巷,一般人都称之为建国巷,一直到1981年地名普查的时候才正式命名。新中国成立以后的成都市十五中学,就是原建国中学改建而成的。

当年的建国中学在成都各校中算不上最著名的学校,但是却有两点比较突出:第一是在中学基本上都是男女分校的成都,它却一直是男女合校;在中学生必须统一着装(初中男生穿黄色童子军军装,高中男生穿麻色制服、戴黑色大盖帽、腿上打绑腿,女生是蓝色阴丹士林洋布旗袍)的成都,它的规定却比较宽松,学生着装比较自由。第二是在1949年,中共地下党组织安排刘文辉之子刘元彦去主持学校工作,使学校一度成为地下党的活动据点,因为刘元彦早就参加了党的外围组织"民协",并在党组织领导之下工作(新中国成立以后,刘元彦长期在北京从事编辑出版工作,曾任《新华文摘》总编辑)。

蜀华街附蜀华路

蜀华街位于小南街以西,方池街以南,原来是清代满城中的翠柏胡同,又称永升胡同。民国初年更名为厅子街。1921年,辛亥革命时期曾经担任重庆蜀军政府副都督的夏之时(参见"东胜街")在这条街上创办了私立锦江公学,所以改名为锦江街。1932年,在二十四军副军长向传义和成都回族著名人士马毓智(参见"马家花园路")主持下,私立锦江公学与私立储才中学(1912年创办于文庙西街,后迁东胜街,再迁

民国时期的蜀华中学　彭雄提供

燕鲁公所）合并，更名为成都私立蜀华中学，仍在原锦江公学的基础之上开办，故而街名又被改为蜀华街。蜀华中学在新中国成立之后更名为成都市十四中学，学校扩建之后，大门一度改在相邻的包家巷，现在仍然开在蜀华街，而且在校园内还建有蜀华亭，刻有《蜀华铭》。中国共产党历史上杰出的红色女特工张露萍烈士就是这个学校的学生。

张露萍（1921—1945） 崇州人。本名余家英，在建国中学读初中时认识了同班同学车崇英的父亲、中国共产党的优秀党员车耀先，在其影响下走上了革命的道路。因为积极参加抗日宣传活动而被学校默退，此后跳级考入蜀华中学高中班，继续从事革命活动，并正式参加了中华民族解放先锋队。1937年11月，她在车耀先的帮助下离开成都，1938年到达延安，先后在抗日军政大学与中央军委通讯学校学习。1938年10月加入中国共产党。因为她的姐夫余安民是川军少将，故而于1939年秋受指派回到四川从事统战工作。她回四川以后，根据工作需要，中共中央南方局决定发挥她熟悉无线电报务技术的特长，化名张露萍，潜入国民党特务组织的核心军统局电讯台担任中共特别支部的支部书记，将军统内部的核心机密源源不断地提供给重庆八路军办事处，并利用敌人电台与延安进行联络。1940年冬，因为一位同志不慎被暴露，张露萍等7名革命同志被敌人逮捕。她不仅经受了敌人各种各样的酷刑，而且经受了在贵州省息烽监狱长达四年的折磨，一直没有暴露自己的真实身份和党的机密，是我党在敌人心脏中进行战斗的最杰出的女英雄之一，被后人喻为我党特工的三大女杰之一（另两杰是陈修良与朱枫）。1945年7月14日，她作为"共党重大嫌疑人"被枪杀于息烽快活岭刑场，年仅24岁。

在今天成都十四中校园里、在烈士的家乡崇州市露萍广场都塑有烈士的塑像。

民先队的成员（左一为张露萍）在阅读抗日刊物
建川博物馆提供

与蜀华街基本同名，成都还曾经有一条蜀华路。改革开放以后成都市新建羊市街向西的大型通道正式命名时，二环路以西的一段被命名为蜀汉路。蜀汉路两侧街道的命名大多以"蜀"为首字，如蜀蓉路、蜀光路、蜀明路等，这其中有一条蜀华路，就是从同和路（即青羊大道的最东一段，因为已经过了磨底河，不再属于青羊区而属于金牛区，所以在命名时单独命名叫同和路）向北直向茶店子的道路，成都近年来最红火的川菜馆"红杏酒楼"与"大蓉和"就开设在这里。2006年，金牛区为了把这条街打造成大型的餐饮一条街，蜀华路被重新命名为"一品天下"大街。

文华大道附文化街　文华路

从九眼桥向南往四川大学方向走，过了太平南街之后就是很长的文华大道。文华大道是在过去的共和路、文化路、劳动路这三条连接的街道扩建之后形成的。这三条街道原来都是四川大学校园之外的乡村小道，以后因为住户增多，才在1951年正式为三条街道命名。1954年紧邻四川大学新建成都工学院，文化路就成为两个学校之间的街道。1994年，四川大学与在1978年由成都工学院更名的成都科技大学合并为四川联合大学，2000年再与华西医科大学合并为新的四川大学，而且在校园内兴建了很多新的建筑，共和路、文化路和劳动路就成为新建的四川大学望江校区校园之内的道路，并被改名为文华大道。

老成都除了有川大外围的文化路之外，在今天二环路东四段东侧（牛市口以东）还有一条文化街，是抗日战争时期才形成

1973年，乒乓球冠军庄则栋在成都市劳动路小学辅导少年儿童乒乓球。　杨永琼提供

的小街。相传这条街道在建设时文化人出力颇多,所以命名为文化街。

当文华路改名为文华大道以后,就不能不提到成都还有一条文华路。这是改革开放之后新建白果林小区时新建的街道,东接一环路西三段,西接金罗路。这里原来是营门口乡石人村的农田,现在是白果林片区的主要街道之一,因为街上设有文化馆,在命名时就以谐音而命名为"文华路"。

体育场路附大坝巷

今天的成都市体育中心初建于1952年,原名成都市人民体育场,以后经过了三次扩建与改建。在东大门与顺城大街之间,形成了一条宽阔的通道,虽然长达179米,但是一直没有作为街道而命名,一般都叫作体育场东大门,四川省体委等单位一直在道路两旁办公。1979年,才把这条宽阔的通道正式命名为体育场路。

20世纪70年代四川武术界在成都体育场的一次盛会　李复元提供

· 街巷 ·

四川球迷在成都体育场看台上观看足球甲A联赛　20世纪80年代　王瑞林摄影

成都市体育中心第一次发行体育彩票的场景　1994年　王晓庄摄影

当年在修建与扩建体育场时,在这里拆除了两条小巷才有了今天的体育场路。这两条小巷,一条是大坝巷,一条是义坊巷。在成都近代革命史上,这条大坝巷是绝对不能忘记的。

1922年2月7日,革命先烈王右木在大坝巷5号家中(其旧址在四川省体委大楼),创办了四川第一张宣传马克思主义的报纸《人声》报,自任社长与主笔。从旬刊而日刊而周刊,《人声》报一共办了五个月,在"本社宣言"中宣称"直接以马克思的基本要义解释社会上一切问题",最后因为经费问题而停刊,目前还能见到的实物只有一份创刊号。

王右木

王右木(1887—1924) 四川江油人,最早的马克思主义者和中国共产党在四川最早的领导人。他于1914年从成都的通省师范学堂毕业后官费留学日本,在东京明治大学经济系接受了著名进步经济学家河上肇的教育,开始学习马克思主义著作。1919年回国后在成都高师任教,积极投身五四运动。1920年组织四川第一个研究与宣传马克思主义理论的马克思主义读书会,1922年创办《人声》报,同年建立中国社会主义青年团成都地方执行委员会,由他的学生童庸生做书记(当时规定团员的年龄上限为28岁,王右木当年已是35岁,故而只能是"特别团员")。他深入劳苦大众,在1923年5月1日组建了成都劳工联合会。1923年10月,他根据党中央的指示,建立中国共产党成都独立小组,党员有童庸生、刘亚雄、钟善辅、黄钦等。小组直属党中央领导,由他担任书记,同时他又以个人身份参加国民党,任四川总支部宣传科副科长。1924年,军阀杨森曾经派人拿着"督理署顾问"的聘书、抬着大箱的银圆来拉拢他,被他婉拒。这年秋天,王右木去广州参加党中央的重要会议,返回成都的途中在贵州土城不幸失踪,他是四川共产主义者中为革命而牺牲的第一人。在他的直接影响下,中国共产党成都特别支部委员会于1926年4月成立,先后由刘愿庵、黄映湖任书记。1927年10月,中国共产党成都市委员会正式成立,张秀熟任书记,委员有程子健、袁诗尧、刘亚雄、钟善辅、龚堪慎。

体院路

体院路就是原来在成都体育学院大门外的那条道路。成都体育学院近年扩建之后将大门改到了西一环路上，原来的校门就成了现在的南大门。在成都今天的街道名称之中，以现在的高等院校的名称作为街道名称的，仅此一处，是在1981年才正式命名的。

成都体育学院创建于1953年，它的前身是1942年创办的四川体育专科学校。四川体育专科学校初创时设在少城公园的国术馆内，1943年迁往五世同堂的省成中（省成中此时疏散去了郊区），以后在笔架山修建了一处很简陋的学校勉强上课，成都解放时只有学生200多人。新中国成立之后，四川体育专科学校改名为成都体育专科学校，1951年迁到今天的校址。1953年改名为西南体育学院。1956年改名为成都体育学院。1961年重庆体育学院并入之后，一直是我国西南唯一的一所高等体育院校。2012年10月，成都体育学院举办了在全国别具一格的70周年校庆，不请领导，不请嘉宾，所有到会者都是多年来的毕业校友。

我国著名武医宗师、四川奥运第一人郑怀贤生前所建的全国第一所体育医院原来就办在成都体育学院之内。

郑怀贤

郑怀贤（1897—1981） 河北人。因为自幼学习武术与传统骨伤医术，练就一身八卦拳与飞叉绝技（1959年笔者曾有幸观赏过这一绝技）。1936年8月，他作为我国参加柏林奥林匹克运动会代表团九人国术表演队中最耀眼的成员，将中国武术第一次展示在全世界的面前。他的飞叉绝技震撼了全场观众，连当时的德国总理、法西斯领袖希特勒也深感吃惊，决定要专门接见他。郑怀贤不愿意接受希特勒的接见，就在德国体育部长和他商谈接见事宜与他握手时故意用力按了一下对方的穴位，让其大惊失色，声称郑怀贤手上带电而取消了希特勒的接见。这件事以后成了奥运史上的美谈。抗战爆发后郑怀贤来到成

古稀之年的郑怀贤为群众表演飞叉绝技

都，传授武术，开设诊所，遂定居成都并称自己应当算是一个四川人。新中国成立以后，郑怀贤任成都体育学院武术教研室主任，并担任了中国武术协会主席，1957年加入中国共产党。在国家体委主任贺龙元帅的亲自关怀下，1958年建立了我国第一家体育医院——成都体育学院附属体育医院，由郑怀贤担任院长，兼任成都体育学院教授。1960年，又建立了运动保健系（后名运动医学系）并任系主任。在几经扩建之后，如今的成都体育学院附属体育医院已经发展为直属国家体育总局的成都体育医院与成都运动创伤研究所，又名四川省骨科医院，迁址到西一环与大石西路交口处，是我国很多体育健将治伤的重要基地。医院大门内塑有郑怀贤的铜像，像前刻有如下的铭文："唯我郑公，开派立宗。办学育才，遍及寰中。武术精湛，德业恢弘。山高水长，先师之风。"

关于郑怀贤，有两个真实的故事：1955年，郑怀贤以一角七分钱的治疗费治好了贺龙元帅负伤的拇指，一天即愈。1964年，郑怀贤用最快的速度治好了周恩来总理在出国访问中跌伤的已伤病多年的右手，还教了他一种握手方法，可以在与多人握手之后不致发生伤痛。

1962年，郑怀贤的《伤科诊疗》一书出版，这以后又陆续出版了《正骨学》《伤科按摩术》《运动创伤学》《实用伤科中药与方剂》《武术套路编制原则》等著作。他一生中所有的秘方全部贡献给了体育医院，如今医院根据他的秘方研制的药酒等专利产品多达30余种。

（此版二图由郑光路提供）

体院路上的南郊公园的前身是民国时期川军将领刘湘的墓园，占地115亩，1938年1月开工，1941年冬天最后完成（刘湘入葬时墓园并未完工，仅赶修出灵台与墓穴），1942年1月20日与刘湘铜像一道举行了落成典礼。刘湘墓园由著名建筑学家杨廷宝仿南京中山陵园形式设计，既是四川尚可见到的最大的墓园，也是新中国成立以前成都最典型的中西结合的建筑群，具有北方陵园的风格（从建筑规模与布局上比较，近代陵墓建筑除了南京中山陵之外，以锦州的张作霖墓园与刘湘墓园为最，故在我国建筑界有"南刘北张"之称）。墓道两旁的翠柏为四川著名人物

南郊公园　1958年　杨永琼提供

张澜、张群、熊克武、刘文辉、邓锡侯、吕超、潘文华、邓汉祥、唐式遵等人亲植。新中国成立之初，这里被作为军用油料库房使用。1953年9月移交给政府，在全面整修之后命名为南郊公园，当时的管理范围还包括隔壁的武侯祠在内，直至1974年才与武侯祠各自成立管理机构，但是二者之间仍然可以互通，统一售票，收入平分。1984年开始单独售票。南郊公园在1964年与1974年曾经两次征用附近的果园与农田，扩大面积，总面积约有120亩。为了更好地打造武侯祠文化旅游区，南郊公园已经并入武侯祠博物馆，刘湘的墓园将仍然予以保护，以供人们凭吊游览。

刘　湘

刘　湘（1890—1938）　四川大邑人。1909年毕业于四川陆军速成学堂，进入川军，逐步成为川军的重要将领，在1933年的"二刘之战"中取得胜利之后，最终确立了在四川军阀中的首领地位，于1933年出任"四川剿匪总司令"，1935年出任四川省政府主席，结束了四川多年的军阀防区制，实现了川政统一。在这期间，他指挥了对川北的红四方面军的六路"围剿"，但是以失败告终。从1935年开始，蒋介石的军政人员逐渐入川，四川地方实力派与中央政府的矛盾愈演愈烈。在这种情况下，刘湘从1936年开始建立了与中国共产党的秘密联系，抗日战争爆发之后则建立了正式的联系，双方派驻了常驻代表。中共地下党组织也派有若干人员在他部下工作，甚至在刘

成都各界为刘湘送葬　杨显峰提供

刘湘墓旌忠门　2003年　罗韵希摄影

湘部属的内部核心组织"武德励进会"中都建立有党支部。1937年，刘湘亲自率领川军两个集团军共四个军出川抗战，出任第七战区司令长官，担负起平汉线的防守任务和拱卫首都南京的重责。但是蒋介石很快就把两个集团军都交由其他将领指挥，第七战区司令长官也由陈诚代理。刘湘病气交加，在留下遗嘱（其中有"敌军一日不退出国境，川军则一日誓不还乡"等语）之后，于1938年1月20日在汉口万国医院病逝，时年48岁，是抗日战争中献身的唯一的战区司令长官。在清理他的遗物时，发现了他手抄的杜诗名句"出师未捷身先死，长使英雄泪满襟"。他死后被国民政府追赠为陆军一级上将，准予以国葬礼葬于成都。1938年5月27日，在今天的南郊公园举行了国葬，全国均下半旗。毛泽东主席从延安发来了唁电，《新华日报》发表了《吊刘湘》的专文。在墓园铜像建成之后，1946年在成都市中心的盐市口又为他建造了一座骑着战马的铜像。刘湘墓园在"文革"中被毁。1985年纪念抗日战争胜利四十周年之际，成都市重建了刘湘墓园与墓碑，墓碑上由著名书法家梁伯言手书"抗日战争时期第七战区司令长官陆军一级上将刘湘之墓"。

1939年，在修建刘湘墓园的同时，为了纪念刘湘，又在墓园之侧修建了一所甫澄中学（刘湘字甫澄）。成都体育学院就是在甫澄中学校园的基础之上建成的。成都体育学院所以选在这里办学，主要原因是因为甫澄中学校园很大，当年就建有两个均有田径、球类与体操场地的大操场，其中的外操场建有400米跑道。另一个原因是当时曾经打算把相邻的刘湘墓园也划给体育学院办学，只是由于体专校长胡理和被派赴苏联考察学习，未能办理有关手续，待胡校长归来时，刘湘墓园已经拨给园林局改建成了南郊公园。

以风物传说命名

柳荫街附杨柳巷

在老南门大桥以西的南河北岸,原来有一条柳荫街,在新西门(即通惠门)开通以前,多数成都人到青羊宫赶花会都要从老南门出城,再由柳荫街往西而去,所以这里曾经是一条比较热闹的街道。在府河南河的改造之中,柳荫街被全部拆除,它原来的位置在今天锦里东路与锦江之间的河滨公园。

柳荫街在拆除之前,是成都一条很典型的河边小街,小平房,青瓦顶,铺板门,泡桐树,小茶馆……1990年9月的一天下午,著名华人作家三毛来到这里,似乎找到了她寻觅许久的东西,或入茶馆,或进小院,或赤脚坐地,成都摄影家肖全拍下了一组照片。三毛对这组照片十分喜爱,特别是那张赤脚坐地望着右前方的照片,成了代表三毛形象的经典之作。

直到新中国成立初期,柳荫街上都还有一条从城内流出的快要堵塞的排水沟,用以排出雨水与生活污水,所以在柳荫街上还有两个跨度不过两三米的

台湾作家三毛
在柳荫街
1990年
肖全摄影

柳荫街与染靛街
之间的南河
20世纪90年代
周孟棋摄影

小拱桥,一个叫作柳荫桥,一个叫作拱背桥。还没有等到改革开放之后的城市改造,这条小水沟就因为淤塞而被废弃填埋了。

柳荫街东头紧邻万里桥的地方,1913年(一说1905年)由11个股东集资开办了"枕江楼餐馆",中堂的对联写道:"楼可集群英,枕上黄粱容客睡;桥能通万里,江中白波为谁忙。"因为面临锦江,沿江建筑全都是雅间,下为吊脚楼,上为飞来椅,风光秀丽,别开生面,成了不少骚人墨客的聚会之所。新中国成立以后,原址改建成了茶社和旅馆。1981年的洪水冲塌了枕江楼下的石堤,茶社遂不复存在。

柳荫街上原来有一座王爷庙,一座临江庵,只从名字就可知道与江水有关(参见"王爷庙街")。王爷庙在新中国成立以前就已变为民居,临江庵在新中国成立以后改建成了小学。现在均已不存。

无论是新中国成立以后的现状,还是老人们回忆的过去,柳荫街上都没有一棵柳树,只有几棵泡桐树。柳荫街所以得名,是源于一个流传很广的民间传说:明代末年,张献忠率领数十万农民起义军攻入四川,在快要到成都的时候,看见一个逃避战乱的妇女,背上背着一个小孩,手里牵着一个小孩,奇怪的是,背着的小孩年龄要比牵着的小孩年龄大。张献忠很诧异,就停下来问那个妇女:"为什么把大的背着而把小的牵着?是不是因为年龄小的小孩不是自己亲生的?"妇女回答说:"年龄大的小孩是我哥哥的孩子,年龄小的是我

柳荫街上行走的爷孙　1991年　唐跃武摄影

自己的孩子。现在一片兵荒马乱，都说八大王（按：八大王是张献忠的绰号）的军队快来了，我们家都想外出避难，可是哥哥不在家，嫂嫂又有病，我只好把两个小孩都带上。我宁肯让自己的孩子受苦，也不能让哥哥的孩子受苦，所以就把哥哥的孩子背上了。"张献忠一听，知道这位妇女心地善良，就对她说："你别害怕，我就是八大王，我的军队只杀官军官府、土豪劣绅，从不杀好人和穷人。你快回家去，别带着孩子乱跑了。你回家以后，叫你的乡亲们在自家门外挂一枝柳条，我的军队到了之后一定会对他们加以保护。"那位妇女回到了自己家中，告诉街坊四邻都在家门前挂上一枝柳条。过了两天，张献忠的大军就打下了成都城。由于这位妇女让街坊们都在家门外挂上了柳条，所以一条街都得到了很好的保护。从此之后，这条街就叫作了柳荫街。

根据四川省民间文学调查时所得的资料，这个民间传说在四川几十个县都有流传，而在各地稍有出入。例如笔者的家乡绵竹县也有类似的传说，但是却具体为一位姓苏的大嫂，而她所保护下来的街道就是绵竹城关东外的苏兴街。

成都是临水而建的城市，从古至今都有若干杨柳，可是今天在城区内却没有一条以杨柳命名的街道。不过过去是有的，就在鼓楼北三街西侧，直到新中国成立初年都还有一条杨柳巷，现已不存。

猛追湾街附建设路

新中国成立之初的猛追湾一带都是农田，新中国成立以后先是修建了猛追湾游泳池，以后又是开发东郊工业区，附近的街道愈来愈多，于是沿着猛追湾游泳池外围形成了一条颇长的弧形街道（全长约1750米），一直到1981年才被正式命名为猛追湾街。有了猛追湾街以后，在它的南边和东边又有了猛追湾南街和猛追湾东街。府河南河综合整治以后，猛追湾南街并入了由原来的天祥寺街北段扩建之后的天祥街，所以现在只有猛追湾街和猛追湾东街。

猛追湾的得名也是来自一个关于张献忠的传说。相传张献忠在成都时曾经与大慈寺的武僧交手，张献忠率军队向东退走，大慈寺的武僧就在后面猛追，一直追到了府河的拐弯处，才追上了张献忠的军队，并且打了一个胜仗。周围百姓从此以后就把府河从向东转为向南的拐弯处叫作猛追湾。

关于猛追湾的得名又还有另一种传说，说是这里本来叫作母猪湾（至今很多老成都人在口语中的确仍然称母猪湾），可能是与农家的母猪有关。因为以母猪作为地名不太文雅，所以就改写为音近的猛追湾。

1931年，有朱汉卿等人在猛追湾组建兴业水电公司（这是成都市区第一家商用水力发电公司），利用府河修建小型水电站，当年9月开始送电。

抗战时城内居民跑警报往往跑到这一地区，以躲避日本侵略者的轰炸，但是日本侵略者跟踪而来向这里投弹扫射，死者不少。抗战胜利以后附近的中学生在这里游泳时，曾经多次在河中发现并捞起被炸死者的骨骸碎片。

在成都城外的府河与南河上，过去有过多处渡口，用渡船供两岸的人们往来。猛追湾的府河渡口是成都城下最后停渡的渡口，一直到"文革"开始以后才停渡。

成都人十分熟悉的猛追湾游泳池于1957年在这里的府河拐弯处建成，这是成都市最早的大型综合性游泳池。经过不断扩建，现在不仅仍然是全市最大的群众游泳池，1986年又在北边新建了目前全市最大的以儿童游乐为主的成都市游乐园，园中的高空观览车的高度曾经为全国之冠。

猛追湾北面是府河上的红星桥，南面是府河上的新华桥，在它以东的广大地区，就是新中国成

猛追湾游泳池　20世纪70年代　牟航远摄影

20世纪90年代的成都游乐园　杨显峰提供

立以后开发的成都最大的新兴工业区——东郊工业区,故而在成都人的心目中,猛追湾就是东郊工业区的门户。1956年建成的自西往东的东郊主干道就是以猛追湾为起点,圣灯寺为终点,并被命名为猛圣路。1962年更名为圣灯寺路,1965年再次更名为建设路,并在其周边地区陆续命名了以"建设"为名的十几条街道,诸如建设南路、建设南街、建设南支路、建设南新路、建设南一路等,全都在东郊工业区内。

20世纪80年代后期,猛追湾茶馆中逐渐出现并聚集了一些文物古董爱好者,从相互鉴赏发展到相互交易,不久就形成了成都第一个文物古董市场,摆出了若干地摊。由于类似的地摊愈来愈多,才被市场管理部门统一迁往草堂北大门外,并发展成了规模位居我国第四位的送仙桥文物古董与书画工艺品市场。

2006年10月,四川广播电视塔在猛追湾游泳池旁边正式竣工(实际上从2005年3月1日起就已经开始试播)。四川广播电视塔占地75亩,高339米,其高度位居全国第四,覆盖半径80公里,直接覆盖人口1800万。塔上有望平台和旋转餐厅,塔下有影视文化广场。最有趣的是塔身从下到上是四腿支

建设路上班时间　1987年　王学成摄影

建设路北三段　1988年　王晓庄摄影

建设南路一超市外的第一代东郊工人　2004年　唐跃武摄影

撑,但是当人们从四面观望塔身的时候,展现在眼前的都有一个顶天立地的"川"字。顶部的蘑菇形造型很像四川著名的盖碗茶。

2008年"5·12"汶川特大地震之后,猛追湾游泳池新增了一个重要功能,成为成都市建设的首批35个应急避难所之首,并将逐步完善救灾指挥、应急医疗救护、应急物资储备、应急棚宿区、应急厕所、应急供电供水消防和应急垃圾与污水处理等主要应急避险功能及配套设施。成都市首批35个应急避难所中,计有锦江区3个、青羊区6个、金牛区3个、武侯区2个、成华区4个、高新区4个、温江区4个、龙泉驿区3个、青白江区3个、新都区3个。根据规划,成都市主城区将分批建设1000个应急避难场所和25条避难主通道。

较场坝街附点将台街

在东风路以南、东一环以西地区,有一些以较场坝和点将台命名的街道,都是新中国成立以后新修的居民点逐步扩大以后新命名的街道(例如较场坝街主要就是当年修建东风路时将老棉花街的房屋拆除后,用当时叫"原套原"的办法在当地修建起来的,所以当地的老居民也把这里叫新棉花街)。所以会这样命名是因为在当地的老年人中有关于较场坝和点将台的传说,而传说中的主人却又各说不一。有说是诸葛亮的较场坝和点将台,有说是张献忠的较场坝和点将台,但是在史籍中都没有相关的记载,只能看作不太可信的民间传说。

在成都的很多民间传说中,凡是和历史上著名人物有关的,往往都和诸葛亮与张献忠有关。这其中的原因很简单,在元代以前的成都历史人物中,诸葛亮的大名从来是高居第一。在元代以后的成都历史人物中,张献忠的名字几乎是家喻户晓。于是各种各样的民间传说往往都粘贴到这两个著名的历史人物身上。

在有些介绍成都历史文化的文章中,曾经把较场坝与点将台解释为清代的军营和点兵点将的军事设施,这是没有历史依据的。清代从来没有在这里驻过军队,更没有在这里点过兵将。

五世同堂街

新华大道的东段三槐树街北面,过了东较场街之后,就是五世同堂街。

相传在清乾隆年间这里住了一户张姓人家,五代同堂共居,最长者有百岁高龄,这在古代被认为是极为吉祥的喜事。地方官上报朝廷之后,乾隆皇帝特地赐诗为贺,国史馆副总裁董浩为张家宅院题写了"五世同堂"的匾额。从此以后,这条街道就被称为五世同堂街。

清代末年,张家家势大不如昔,宅院卖与官府,在光绪年间开设了主管税收的经征总局。1905年在这里开办了四川绅班法政学堂,学生最多时近500人,位居当时四川五大专门学堂之首。辛亥革命之后,与四川官班法政学堂合并,改名四川法政学校。1931年,四川五大专门学堂全部并入四川大学,这里开办了四川大学第二附中。1933年"二刘之战"以后,四川的长期军阀混战结束,1935年有了统一全省的四川省政府,省教育厅就得办一所直属省里的示范中学,于是就在这里开办了四川省立第一中学。但是因为当时的教育部规定中学必须以本地命名,所以最后命名为四川省立成都中学(因为不久又在东马棚街开办了省立成都女中,所以成都人一般都把这里叫作"省男中"),在当时与石室、树德、成都县中并列为成都中学的四大名校。抗战时期为躲避日

五世同堂街
20世纪90年代
韩国庆摄影

本侵略者的轰炸，曾经迁往东门外三瓦窑的大东岳庙和包江桥的李家祠办学。新中国成立以后在这里开办了川西成都中学，不久改名为成都市第二中学。红星路建成以后，二中的大门开在了红星路上。2002年，二中更名为北京师范大学实验中学。

20世纪40年代的省立一中校门　杨显峰提供

这里谈到的"省男中"、"省女中"、"石室"、"树德"等几乎是所有老成都人耳熟能详的名字。新中国成立以前成都的大学不多，主要就是四川大学与华西大学。要读大学也很不容易，各所中学就成了大多数人家可以向往的主要文化教育课堂。当年成都的中学不少，又分为省立、县立与私立三大类，很多学校原址到今天仍然在继续办学。以1935年为例，共有省立中学5所：省立成都中学（五世同堂街）、省立成都女子中学（东马棚街）、省立石室中学（文庙前街）、省立成都师范学校（盐道街）、省立成都女子师范学校（文庙后街）。县立两所：成都县立中学（青龙街）、华阳县立中学（梨花街）。私立19所：树德中学（宁夏街）、建国中学（东胜街）、协进中学（西胜街）、天府中学（正府街）、蜀华中学（蜀华街）、济川中学（小天竺街）、成公中学（南较场）、民新中学（北巷子）、南薰中学（青龙街）、成城中学（三官堂街）、大成中学（藩库街）、大同中学（学道街）、敬业中学（包家巷）、培英中学（三桂街）、华西协合高中（华西坝）、华英女中（方正街）、华美女中（陕西街）、益州女中（文圣街）、尚志学院（玉皇观街）。这以后，相继增加了成都市创办的"市男中"与"市女中"（均在簸箕街绳溪巷），成都县办的成都县女中（铁箍井街）和华阳县办的华阳县女中（骆公祠街），私立学校则增加了甫澄中学（武侯祠）、西北中学（皇城坝）、浙蓉中学（小天竺街）、高琦中学（华西坝）、清华中学（簸箕街）、荫唐中学（苦竹林街）、文典中学（吉祥街）、立达中学（花牌坊）、大中中学（从正通顺街迁至中兴场刘家巷）、中华女中（牛市口）。在当时人口不到60万人的成都，竟有中等学校40多所（还有工业高职、商业高职、艺术高职等几所职业学校未计），可见成都的文化教育之盛。

1927年1月1日，在中共成都特支的领导下，四川省学生联合会在五世同堂街的四川法政学校中成立，执行主席是共产党员龚堪慎。学联成立之后，就与成都市工会联合发起召开了成都各界群众庆祝北伐胜利的大会。

抗战时期为了躲避日本侵略者的轰炸，四川省立成都中学迁往城外的东岳庙（今东光小区），由中共南方局支持与领导的成都著名的进步报纸《华西晚报》于1941年4月20日正式在此校园内创办（当时国民党办的《中央日报》也在这里，而且占据了主要建筑，《华西日报》的编辑部也在这里）。《华西晚报》对外的公开社址是在梓潼桥正街22号，表面上是《华西日报》员工集股兴办的"同仁报"（关于《华西日报》的介绍见"华兴街"），仍然由《华西日报》董事长潘文华任董事长，由《华西日报》社长罗忠信任社长，但由《华西日报》经理、中共党员田一平任总经理。同时又请著名民主人士、后来的中国民主同盟主席张澜任发行人，中国民主同盟成立之后《华西晚报》就公开宣布是中国民主同盟的机关报，报社中的编辑人员多数都是民盟盟员，还建立有民盟的支部。中共党员、著名历史学家黎澍，中共党员、十二桥革命烈士杨伯恺曾经先后担任主笔，著名"左派"作家陈白尘曾经担任副刊《艺坛》主编。《华西晚报》在"灰色""娱乐"外表的掩护下，发表了许多坚持抗战、坚持民主的文章，多方面宣传了中国共产党的主张，曾经两次被国民党特务砸毁（1947年6月1日报纸被迫停刊，杨伯恺被捕，以后在十二桥被害）。当在中共领导之下的著名进步剧团中华剧艺社在重庆受到迫害时，根据中共南方局的指示，遂由华西晚报社出面邀请并接待，在应云卫率领下于1943年夏天转移到成都演出。也是由中共领导之下的由余克稷和张瑞芳具体领导的怒吼剧社到成都演出，也和《华西晚报》的配合与协助有很大关

1941年的《华西晚报》　四川省图书馆藏

系。一时间，白杨、张骏祥、吴祖光、丁聪、张天翼、应云卫等著名文艺界人士经常聚集于此，成为当时文艺界进步人士的一处重要活动场所，故而在成都有"民主堡垒""文坛中心"之誉。吴祖光和丁聪还较长期地住在这里，吴祖光的剧本《林冲夜奔》和《少年游》就是在这里创作的，丁聪的《阿Q正传木刻插图》和《现象图》（这是成都文化史上第一个以成都街头百态为题材的漫画长卷，著名作家与史学家丁易为其写了长篇歌行体的《现象图歌》，著名作家叶圣陶为其填了一首《踏莎行》词："现象如斯，人间何世？两峰鬼趣从新制。莫言嬉笑入丹青，须知中有伤心涕。　无耻荒淫，有为惕厉，并有此土殊根蒂。愿君更画半边儿，笔端佳气如霁。"）等著名的美术作品也是在这里创作的。1945年，郭沫若特地赠《华西晚报》诗一首："五年振笔争民主，人识华西有烛龙。今日九阴犹惨淡，相期努力破鸿蒙。"1983年，陈白尘再到成都时，第一件事就是到五世同堂街现在成都二中的校园去寻访昔年的足迹。

长发街

这是清代满城中的一条胡同，原来就叫长发胡同，民国时期改名为长发街。如今位于长顺中街以东，东门街以南。

长发胡同的得名是出于这样一个传说：这里过去曾经有一个尼姑庵，庵里有一个长发尼姑，她不仅可以预示庄稼的丰歉，而且每根长发都可以祛病避邪。这当然是一种表达美好愿望的传说，因为在不同的清代地图上，我们可以见到对这条胡同的三种不同的称呼：长发胡同、长法胡同、长陵胡同。就以长发胡同的得名也有两种说法：一说是因为当年在胡同的西头有一个牌坊名叫发育坊；另一说是出自《诗经·商颂·长发》中的"长发其祥"的诗句，是一种吉祥语。

1940年5月，经中共地下党组织的安排，周恩来与川军将领刘湘去世后的刘湘系继任领袖潘文华在长发街32号乔毅夫私宅中进行了一次十分重要的会谈，建立了双方长期的声气相通的统战关系。此后，中国共产党先后派唐午园等人到潘部做联络员，派到潘部担任各种职务的中共地下党员近20人，汪导予、苏爱吾出任顾问,田一平出任机要参谋。所有这些,为中国共产党在国统区的各项工作,为日后的成都解放都起到了十分重要的作用。

黄伞巷

府河上的合江亭桥东北,水井街以南,有一条弯曲的黄伞巷,至今仍存。

据附近的传说,清乾隆年间,曾经任过翰林的顾汝修家住在此巷内。顾汝修在担任顺天府尹(相当于今天的北京市长,但是府衙不在北京城内而在大兴县)的时候,奉命出使安南(今越南)对安南国王进行册封。作为皇帝的特使,乾隆皇帝特赐他以一品官服(顺天府尹的官阶只是四品)和珠冠、龙旗等皇室御用仪仗。在皇室御用仪仗中有一把黄绸的华盖,被顾汝修带回了成都老家珍藏。因为华盖的形状像一把大伞,一般人都称为大黄伞,后来这条原来无名的小巷就被命名为黄伞巷。不过据史料考查,顾汝修虽然实有其人,但是并没有受赐御用仪仗之记载,所以这种说法只能视为一种民间传说。

黄伞巷因为位于南河岸边,长期以来的主要行业是木柴铺子。木柴铺子的老板将从船上运来的木柴买下来,再分成小捆的"把把柴"(有的商铺还要做假,就是"发水"增重后,再在表面上抹点黄泥)卖给城中的居民。除了黄

黄伞巷老槐树
2001年
周筱华摄影

黄伞巷59号院的院墙　2008年　罗韵希摄影

伞巷之外，相邻的水井街、水津街也有不少这样的柴铺。

黄伞巷地下曾经发现一口古井，估计时间在千年以上，这是这一地区在唐代就已是居民区的实证。

黄田坝

黄田坝不是街道名称而是片区名称。

黄田坝位于西郊，原名皇天坝。相传古时有一姓黄的秀才是当地的首户。有一天，一个老乞丐送给他一把折扇，告诉他一定要到约定的时候才能打开。黄秀才提前打开了折扇，折扇中立即

黄田坝132厂附近　2009年　林立摄影

飞出一把宝剑直飞皇宫,杀死了皇妃。侍卫在宝剑上看到一行字:"成都黄秀才应统领天下。"皇帝大怒,立即下令将黄秀才处死,并把所有田产没收作为皇产。从此以后,这一地区就被叫作皇天坝。新中国成立以后,这里成了我国的飞机工业基地。1964年建立行政区划时,因为这里的土质与周围不同,颜色偏黄,故定名为黄田坝。

抗战期间在成都周围赶修了新津、彭山、邛崃、广汉四个重型轰炸机机场和成都、德阳、温江三个战斗机机场,当时的工程代号为"马特霍斯工程"。温江机场是上述几个机场中最小的一个。新中国成立以后,国家确定成都作为我国航空工业的基地之一,选择了原来的温江机场附近作为建设地点,修建了132厂(又称峨眉机械厂)等企业。1958年把这一片原来属于温江县苏坡乡、郫县互助乡的部分地区划归成都市郊区,后来就在此基础上形成了成都的苏坡公社与金牛公社。1964年又在航空工业基地的范围内成立成都市人民委员会黄田坝办事处,相当于一个市辖区。经过几次改制之后,成为今天的青羊区黄田坝街道办事处,中外闻名的成都飞机工业集团就设在这里。而原来的温江机场,则建设成了今天的黄田坝机场。

光大巷

红星路四段以西,与北边的督院街平行,有一条小巷叫作光大巷。在清代初年这里只是总督衙门前面的空地,以后才逐步形成街巷,为了显示总督衙门前的显赫盛大,所以在清代后期命名叫光大巷。

但是,居住在这里的老人对于光大巷的得名却有另一种说法:这里在清代道光以前都叫红花巷,很窄,因为一边是

光大巷60号原天主教堂照壁　1997年　周筱华摄影

光大巷37号 1995年 赖武摄影

光大巷高家大院老墙 2009年 周筱华摄影

金河,一边是有钱人家杨光富的院墙,无法扩展。为了扩宽街巷,杨光富决定将祖上修成的院墙拆除重修,后退4尺,并承担了扩巷的全部费用。竣工之后,附近的父老乡亲向华阳县衙联名禀报,要求将巷名改为光大巷,用"光"字来表彰杨光富的公德善举。

光大巷60号的旧院原来是一座天主教堂,初建于清乾隆二十一年(1756),重建于清末,是成都主城区内年代最早的天主教堂。

今天的光大巷已经被周围的高楼大厦所遮掩。光大巷37号的高家院子,是成都市区内目前可以明确建筑时间的最早的一处民居,修建于清乾隆年间。根据《高氏宗谱》等资料考查,高家的祖先高德言是在"湖广填四川"时于乾隆二十年(1755)从浙江迁入的,以开办绸厂为业。高德言在金河边先后修建了三个连成一片又相互独立的院子,就位于今天光大巷29号的老院、37号的中院和39号的后院。经过多年来的变迁,目前还保留下来的是中院的一部分(中院的后边有一座中西合璧的小楼是民国初年建造的)。幸存至今的一进三院的高家院子外墙上,可以看到在2005年和2006年被两次写上的三个大大的"拆"字,可是一直未拆,使得高家院子成了成都市中心至今尚可发思古之幽情的一处难得的所在,不知道它还能保存多久。

曹家巷

从太升路桥到红星路桥之间的府河以北地区,有以曹家巷冠名的多条街巷,原来还设有曹家巷街道办事处。1953年,成都市建筑工会在这里为西南建筑一公司等单位的建筑工人修建了26栋二层楼房(当时叫作工人村),成为新成都最早的一片集中的职工宿舍区。这以后,建筑行业相继在这一片修建的职工宿舍愈来愈多,成了成都有名的集中宿舍区(改革开放以前,除了东郊和黄田坝工业区以外,成都市内比较集中的职工宿舍区只有两片,一片是北一环的铁路职工宿舍区,另一片就是这里的建筑职工宿舍区)。由于这个居住区比较大,所以又把原来的曹家巷片区称为内曹家巷,把新中国成立以后延伸到府青路的新区称为外曹家巷,北门上的老人一般简称为"内曹"和"外曹"。在曹家巷周围,当时集中了成都市建筑部门的很多单位,包括四川省建设厅、西南市政建设设计院、府河贮木场、成都木材综合加工厂以及几个大型建筑公司在内,所以过去在成都基本不为人所知的曹家巷很快成了知名度很高的地区,同时也给成都北门带来了一个"建北门"的别称。

改革开放以后,随着城市建设的不断变化,曹家巷片区已经成了由许多高层建筑组成的新型片区,目前的内曹家巷与外曹家巷的分界是在新建的马鞍

红星桥上望对岸曹家巷　1964年　王文相摄影

内曹家巷旁府河枯水期的河道　1989年　王晓庄摄影

南路,而原来的内曹家巷的西段则并入了新建的星辉中路西段。

曹家巷这个地名在民国时期就已经使用,但是这里并没有曹姓人家较多的记载与传说。据《成都城区街名通览》记载:"1990年地名普查中,经查,在巷南诸多大院中,无一曹姓人家。据七十高龄吴姓老人援引其母之回忆说:'清光绪末年,现在巷西端陡坡仅有几十米从桥头铺下的石板路,余为土质路面,并无巷名。当时交通工具落后,重载运输多用鸡公车,年深日久,石板路上形成条条沟槽,故后人以槽字的谐音称之为曹家巷。'此说待考。"笔者认为此说可从。

川西地区自清代中叶以来烟草的种植日益增加,吸烟之人也愈来愈多。成都周围的金堂、什邡、简阳等地成了著名的叶烟产区,这些地区出产的叶烟要外运外销大多要通过成都,曹家巷就是过去成都最大的叶烟市场。

抗战时期到新中国成立以前,曹家巷的圣清茶园中,每天下午都是茶客满座,因为著名相书艺人曾炳昆在此演出。

"相书"是由口技发展而来的一种独特的民间文艺表演形式,表演者独自一人在一个小小的布帐之中,运用自己的口、鼻、唇、齿以及若干能够发声的道具,叙述着一个又一个用成都方言讲出来的故事,模仿出各种各样的声音：男女老少、喜怒哀乐、坑蒙拐骗、士农工商、风雨雷电、飞禽走兽、跑马行车、厅堂街市、茶馆戏园、方言歇后……总之，人世间的一切，都可以在他一个人的模仿与表演中听得出来，特别是种种人间丑态被刻画得入木三分，所以长期在成都拥有大量的听众。

> **曾炳昆（1898—1952）** 成都相书开山祖师"李相书"的传人，能创作，基本上自编自演，是成都相书技艺最高的艺术家，与贾树三的竹琴、李德才的扬琴、李月秋的清音一道，被誉为曲艺界的"锦城四绝"。当时的商业场三友面馆送给曾炳昆的相书布帐上写着："滑稽口技，话里有话，雅俗共赏。"

遗憾的是，曾炳昆的传人只有罗俊林与曾小昆二人，第三代传人只有鲁国华一人。如今罗俊林已经去世，曾小昆年逾八旬，还能表演的只有鲁国华一人，而鲁国华也是花甲老人。2004年2月，鲁国华收年轻的口技表演者郭仕军为徒，是门下唯一的徒弟。相书这种成都独有的表演艺术已经成为濒危的"文化物种"了。

江源巷

这是今天成都现存街巷中最短的街巷，它不到20米，位置就在石灰街与花牌坊街交会处的北侧，金牛区第二人民医院的旁边，成都电子机械高等专科学校的斜对面。

这里在清代是西门一带的米市，原来的名字叫江源米市坝。新中国成立初期形成街巷，于1950年命名为"江源巷"。当时还比较长，一直要通往交通巷。由于新建房屋愈来愈多、愈来愈挤，现在只剩下很短的一截半截巷，门牌只有7号，它的5号还是一个曲曲折折的五倒拐。

笔者十分关注这条不到20米的小巷，在于它原来的名字江源米市坝之中的"江源"二字。

我们的祖辈几千年来都把岷江误认为长江的正源，又把锦江作为岷江的正源，从秦代开始就在成都祭祀江神，历代都有祭礼江神的江渎庙。江渎庙的具体位置在今天的文庙西街，最后一次重建是在清康熙六年（1667）。

这里的江源米市坝是如何命名的，我

江源巷　2009年　林立摄影

们已不得而知。这里并不位于成都古代的内江与外江之侧，甚至根本就不在水边。从这个命名中是否可以这样认为：成都的先辈对于自己生活在大江之源的印象是十分深刻的，对于大江之源所带来的水利之便与农作丰稔是十分惬意的，所以当要为米市命名的时候，是否就有某位文士在浮想联翩之中以"江源"为米市冠名呢？

还有一件事不应当忘记：清代重建成都城墙时，西边的城门（即成都人所称的老西门）是叫清远门，其寓意应当是从成都西北方向流来的岷江内江水是既清且远；而西门城门之上的城楼是叫江源楼，其寓意应当是把从成都西北方向流来的岷江内江视为大江的正源。清代的江源米市坝所以以"江源"为名，也就可能是因为这里位于老西门之外，距清远门与江源楼不远，包含着对江源的敬意与怀念。

龙舟路

龙舟路是今天成都东外的一条大街，可是它的年龄还不到60年。

1958年，中央决定在成都东郊修建大型的无缝钢管厂，截断了多年来成都向东去的传统老路成渝公路东大路，所以就必须让东大路改道，修建一条新路。于是就把九眼桥以下府河北岸从伴仙街以东到三官堂街的街道加宽，再从望江公园对面的三官堂街向东北方向新修一条公路直达沙河铺，重归成渝公路，成为当时上成渝公路的新入口。当这条新路竣工时，正值端午节，望江公园河段的府河中正在举行龙舟竞赛，有关部门就决定把这条新路命名为龙舟路。一直到改革开放之初，龙舟路基本上都是一条出城的公路，两边还有不少农田，近几年逐步发展成为一条两边都是高楼的十分热闹的街道。

◀ 龙舟路观音桥段
 1992年　唐跃武摄影

▼ 龙舟路
 1999年　周筱华摄影

以居民特色命名

王家坝街附王家坝后街

从新南门入城，右边的第一条街就是王家坝街。

在1937年新开新南门以前，王家坝一带还有若干菜园。清道光年间，四川布政使王天成在这里修建了3个公馆，最大的有7个院落，公馆外面还有一个用于拴马的大坝子，附近的百姓都称其为王家坝，后来形成了街道，也就命名为王家坝街。

1922年，成都第一所盲哑学校开办在王家坝街，当时名叫社会服务团盲童学校，是由基督教浸礼会的美国牧师夏时雨从广汉迁来成都办学的。1925年迁往文庙西街，更名为中西慈善盲哑学校。1929年再迁入昭忠祠街华英小学旧址。1942年更名为成都市私立盲哑学校，附设了四川第一个盲哑师资班。新中国成立以后，与明声聋哑学校合并，改名为成都市盲哑学校。改革开放以后迁往西一环路的沙湾。

抗日战争初期，上海光华大学内迁成都，在校舍没有解决之前，从1938年2月开始，曾经在王家坝租用民房办学，以后才迁往城西光华村。

1947年10月10日，由已经与中国共产党有合作关系的国民党西康省主席刘文辉创办的《西方日报》创刊，编辑部就设在王家坝街（经理部在上东大街），工作人员多数是中共地下党员和党的外围组织"民协"成员。报纸以"中间偏左"的面目出现，在成都有很大影响，发行量达10000份，还办过《西方夜报》和《民讯》杂志。1949年4月21日，国民党反动当局抓捕了报纸的社长、总经理和印刷厂厂长（总编辑当时不在成都）。22日，报社被迫停刊。但是，就是这天，最后的一张报纸上头条大标题是"共军昨日开始渡江"几个大字。

今天的王家坝街与铜井巷交界处还残留着清末民初政坛上风云人物尹昌衡的一处故宅，乃是王家后人在1911年卖给尹昌衡的。尹昌衡当年在成都的住宅不止一处，最重要的一处是在忠烈祠南街，大门内悬有袁世凯题赠的金匾，早已无存。

尹昌衡（1884—1953） 彭州人。1897年全家迁居成都水津街。1902年入四川武备学堂第一期，弃文习武。1904年被选派到日本学习军事，在日本振武学堂毕业后又升入日本士官学校。就学期间，他与蔡锷、阎锡山等同学，蒋介石、何应钦、张群等都是他的学弟。1909年学成归国，两年后任陆军小学堂总办、陆军速成学堂总教习，成为川籍新军中的首领人物之一。大汉四川军政府成立，他出任军政部长。1911年12月8日，东较场的阅兵式变成了一场严重的兵变，军政府垮台。尹昌衡在乱枪之中从东较场飞马赶往凤凰山军营，组织了300人入城平乱，在同盟会员与一些川籍军人的支持下，只用了三天就扭转局面，稳定形势，成立了新的四川军政府并出任都督。他曾经在《望成都行》一诗中对当时的情形有所记述："成都兵马惊，万户尽哀鸣。哭声激云天，使我动深情。单骑出危城，号泣激孤军。三夜哭声哑，百人随我行。一举万夫戢，再举四境清。徒手当锋刃，岂不畏牺牲！牺牲何足惜，要在桑梓宁。"他出任新的军政府都督后的第一件大事，就是在皇城斩杀被四川人称为"赵屠户"的清王朝四川总督、屠杀革命群众的刽子手赵尔丰，使得民心大快。然后指挥部队在雅安击败了四川省内忠于清王朝的最强的一支军队傅华封部，在川北

王家坝街尹昌衡故宅
20世纪90年代　王健摄影

击败从汉中南下的清兵江朝宗部,巩固了新的四川军政府。1912年1月,尹昌衡加入同盟会。同年3月,成都的四川军政府与重庆的蜀军政府联合,尹昌衡成为联合军政府的都督。6月,英帝国主义唆使西藏上层集团发动叛乱,他又亲自率军西征,出任征藏军总司令兼川边经略使,历经一年艰苦卓绝的战斗,遏制了西藏上层集团分裂祖国的罪恶阴谋。1913年,在北京窃取了中央权力的袁世凯邀请尹昌衡进京,意欲以高官厚禄换取对自己独裁并进一步称帝的支持与合作。尹昌衡始终不为所动,被袁世凯以"亏空公款"的罪名判处徒刑9年,1916年才被黎元洪"特赦"释放。这以后,尹昌衡一度追随孙中山先生在南方的革命活动,但因身体屡患疾病,遂回到家乡归隐,长期退出政治舞台,只参加文化教育与慈善活动,是被当时成都社会各界尊称为"五老七贤"的老一辈社会活动家的代表人物。新中国成立以后,他被聘为西南军政委员会委员,1953年病逝于重庆。尹昌衡别号止园,著有《止园丛书》13卷存世。

新上任的四川总督尹昌衡与女界代表　1912年　[法]杜满希提供

尹昌衡在彭州市升平镇昌衡村的故宅尹家大院在2001年重建,并命名为昌衡故居。2009年开始扩建为尹昌衡纪念馆。2011年10月19日,在纪念辛亥革命100周年的时候,尹昌衡纪念馆第一期工程建成并举行了开馆仪式,参

修建在南城墙基部上的王家坝后街　2009年　袁庭栋摄影

加四川辛亥革命暨尹昌衡国际研讨会的上百位中外学者和尹氏后人代表参加了开馆仪式。

王家坝的南边有王家坝后街,这是民国时期逐渐修建在旧城墙基础之上的小街,至今街面仍然高出紧邻的房屋好几米,不知这个原因的行人从此经过时,总会觉得莫明其妙。

金家坝街附人寿巷

西华门街以西,东城根街以东,有一条金家坝街。清代有一位曾经担任过建昌镇总兵的金姓武官的家就在这条街上。他家的大门前有悬挂牙旗的桅杆,有上马用的上马石,所以形成了一个坝子,金家坝也就由此得名。据老年人回忆,金家门前的坝子一直到新中国成立以后都还能看到,后来在修建楼房的时候消失。

金家坝街北侧还有一条横金家坝街。

金家坝地处清代的满城与贡院之间,这一地区在清代是回族同胞聚居的地方,所以直到今天在金家坝街还有几家清真饭馆。

在金家坝以南,原来从东城根街到西华门街之间还有一条由西北向东南斜行的小巷叫人寿巷,因为其中曾经有清真八寺所以又叫八寺巷,已经在修建蜀都大道时于1989年被拆除。这里在清代属于皇城坝,主要居民都是回族同胞。就在这里,走出了我国著名的翻译家与回族文化研究家马宗融。

马宗融(1892—1949) 成都人。出生于皇城坝一个做小本生意的回民家庭。年轻时留学日本,因参加反对卖国的"二十一条"而被驱逐回国,以后又赴法国勤工俭学,曾与中国共产党早期重要领导人陈延年、陈乔年兄弟合办无政府主义刊物《工余杂志》(当时陈延年和陈乔年还是无政府主义者)。1931年回国以后长期从事西方文化研究与教学,同时进行文艺创作,曾经在四川大学任教,出任过四川省政府顾问。他是我国最杰出的翻译家之一,翻译有《布雨多阿》《春潮》等作品,撰写有《法国革命史》。他也是我国回族文学研究的倡导者与先驱者,写过不少研究文章,发起组织过回教文化研究会,担任过重庆回教救国协会会长,协助老舍和宋之的创作了反映回汉团结抗日的剧本《国家至上》,在复旦大学开办过回族先修班。他一生追求光明,追求进步,挚友巴金称他为"马大哥",说他是"一团火","中国知识分子的正气在他身上闪闪发光"。他病故之后,一双儿女长期被巴金夫妇收养。

马宗融的夫人罗淑(1903—1938)也是成都人,毕业于成都第一女子师范学校,也是一位著名的作家与翻

1932年马宗融、罗淑及女儿在法国蒙彼利埃。
马小弥提供

▲ 罗淑
20世纪30年代　马小弥提供

◀ 人寿巷马宗融故居
20世纪80年代　马小弥提供

译家，英年早逝，她写的《生人妻》当时被作家巴金誉为最有希望的小说之一。

汪家拐街

位于人民公园南边的汪家拐街真的是一个拐了一个直角大弯的街道，东西向的一段叫下汪家拐街，南北向的一段叫上汪家拐街。

清代初期，汪家拐街区因为临近西较场与南城墙，曾经是军队跑马练武的地方，所以曾经得名叫西马道街。清康熙年间，权臣年羹尧部下一位汪姓的守备（清代绿营军队中营一级的统兵官，正五品）在今天上汪家拐街南头上莲池畔建有汪家花园和汪姓宗祠（又名九曲祠），成为这一地区最显赫的人家，于是汪家花园和汪姓宗祠北边的这条拐了弯的街道后来就被称为汪家拐街。

民国初期在下汪家拐街建有四川省立南城小学。抗日战争时期学校迁到城外，1945年在原址改建了四川省立妇婴保健院，所需经费系由妇产科专家杨崇瑞赴美募捐，首任院长周萼芳，继任院长杨云书。妇婴保健院迁实业街

下汪家拐街　20世纪90年代　王健摄影

之后,又改为四川省立成都高级医士职业学校(由天仙桥街迁入),校长刘云波。新中国成立以后,在这里开办了四川省卫生管理干部学院。

毛家拐街

这是一条小街,已在城市改造中被全部拆除。小街北边是福字街的西口,南边是书院东街的东口,三条街连起来成为一个三倒拐,而在这条小街上又有几家毛姓人家,所以在清代光绪年间被命名为毛家拐街。著名诗人流沙河曾经带我到这个原来的"三倒拐"做过实地考察。在他的《芙蓉秋梦》中曾经这样写道:"读《成都城坊古迹考》,才知道我住的宿舍背后毛家拐街即新花街。街短无拐,名实不符。稍作考证,总算明白。原来老毛家拐街,一拐拐入我们宿舍区内,二拐拐过我的南窗下面,闹了半天我就住在新花街上邪淫之地。少时听人互骂'新花街上来的',受者莫不以为奇耻大辱,非打一架不可。现在想来,觉得吃惊。世事白云苍狗,真难预料我会搬迁到这里来。"

作为旧社会一个长期存在的行业,清代的成都妓院分布在多条街道之上，如天涯石街、武担山正街（今洛阳路）、柿子园（今东门大桥外）、藩库街、五世同堂、笔帖式街、大田坎、沙河铺、花牌坊、驷马桥等地，在清末总计妓女有一万多人。清末的四川巡警道、著名的维新派官员周善培在兴办警察事务时，于1906年仿照日本设置红灯区管理妓院的办法，把原来主要集中在东城一带的妓院和原来在北较场主要为兵卒服务的妓院、原来在东门外柿子园主要为船工服务的妓院全部集中到毛家拐街、天涯石街、北顺城街、福字街这一带，进行集中管理。警察局在对一家家妓院进行清理后，在各家妓院门上钉着"监视户"的木牌（在成都长期流传着这样一个故事：有对这种管理制度不满者于一天晚上在周善培住宅的大门钉上一个木牌，上书"总监视户"四个大字，以作报复），接受警察与保甲的监视，并征收"花捐"。身着官服、军服者与未成年人一律不准入内，并为此在街头设立岗楼，有岗哨维持秩序。岗楼上有横匾，上书由周善培手书的"觉我良民"四个大字，有材料说当时被定为监视户的妓院一共有325家。由于有这些"新政"，所以毛家拐街、天涯石街和北顺城街一度被改名为"新化街"，可是人们却往往误称为"心花街"或"新花街"。时人有《竹枝词》记其事："'兴化'名街妓改良，锦衾角枕口脂香。

毛家拐街 1997年 王晓庄摄影

以居民特色命名　**1129**

公家保护因抽税，龟鸨居然作店商。"

由于周善培的办法受到不少人的抵制，这一措施并没有能够坚持多久，所以民国初年就取消了"监视户"制度，毛家拐街也就恢复原名，仍然叫作毛家拐街。但是这一地区仍然长期都有妓院营业，警察当局在1930年以后还曾经一度实行过登记管理的制度，发给"乐女证"作为妓女的营业凭证，由四川省警察局卫生科发放给妓女的"乐女证"的编号是从1号到13565号。直到新中国成立之后，经过政府对妓院的扫荡与对妓女的改造，这些长期存在于城市中的污泥浊水才被完全扫除。

周善培在设立"监视户"制度的同时还设立了"济良所"制度。就是把那些颇知悔悟、自愿从良的妓女收容于设在大田坎的济良所中，教她们认字、做工（主要是织线袜、织布），鼓励她们出嫁，重新过正常人的生活。到1909年，进入济良所的60多位女性都组建了新的家庭，多得善处。

新化街一带的妓院一直保持到抗日战争时期，但是已经沦为人数不多的低等娼妓十分悲惨的谋生场所。1944年，著名画家丁聪与著名作家吴祖光曾经化装之后前往观察，然后创作了震动一时的彩色漫画《花街》，在成都公开展出之后刊载于上海的《清明》杂志。

梁家巷附李家巷

梁家巷在今天是成都城区北部一个片区的名称，这个片区的名称是从一条名叫梁家巷的小巷而来。

原来的梁家巷是一条从城区通往新繁方向农村的小巷，起点大约在今天的北一环与解放路的交会处。1955年修建一环路和一环路两侧的建筑物时，梁家巷就被拆除了，但是这个名称却留了下来，成为这一片地区的名称。与梁家巷情况相似的还有另一条相距不远的、也被拆除的小巷李家巷。原来的梁家巷就成了新建的一环路北三段，原来的李家巷就成了新建的一环路北四段。两条小巷早已不存，但是作为地名却一直使用到今天。

1962年以后，全国困难时期刚刚结束，人们对各种食品的需求极为旺

一环路梁家巷路口　1982年　周筱华摄影

盛,而农村中则由于政策的变化而逐渐恢复了生气,农副产品开始进入市场。这时候的梁家巷以其地处城乡接合部和交通要道的优势,形成了全市最大的而且是政府允许的自由市场,名播全川甚至外省。每日在此进行各种交易的人多达数万,很多"跑西安"(这是当年成都人对那些大胆从事跑远距离贸易者的称呼)的

位于李家巷的工农兵影剧院
20世纪80年代　刘永禄提供

小贩都在此聚集。除了路两边数不清的地摊外,还修建了一些简单的棚户。可以说,很多成都人知道与熟悉梁家巷,就是从那时开始的。

　　李家巷在成都人心目中最著名的是1950年即设在这里的北群川剧团,后改名为群众川剧团,以后又改建为工农兵影剧院,这是当年北门一带主要的群众娱乐场所。不过,由于梁家巷的名气比李家巷大得多,所以今天的年轻人把原来的李家巷地区(比如著名的北门客运站及附近一带)也都称作梁家巷了。

焦家巷

焦家巷是原来满城中的上升胡同，东起长顺上街，西到同仁路。因为原来巷中有一位满族的官员额苏里氏的住宅，民国时改名为焦家巷。这与清代后期满族改用汉姓有关。

满族同胞在清初入关之时，都用的是原来的满族姓氏（满族的姓与氏不分，在满语中称为"哈拉"，在汉译中可以称为姓或氏，也可以称为姓氏），如叶赫那拉氏等。按照满族的传统习惯，对满族男子是只称名而不称姓氏，如努

◀ 昔日焦家巷　杨永琼提供

▼ 焦家巷　1995年　赖武摄影

尔哈赤、纳兰成德。在受到汉族文化的影响之后，一些满族人就把汉译名字的第一个汉字作为新的姓，当时叫作"以名若姓"。再进一步，就干脆改满姓为汉姓。到了清末，几乎绝大多数都改成了汉姓，如爱新觉罗氏改为姓"金"、姓"赵"，完颜氏改为姓"王"、姓"汪"，瓜尔佳氏改为姓"关"、姓"管"，博尔济吉特氏改为姓"白"、姓"尹"等。成都的这家额苏里氏把他们家改为姓焦，周围的人就称他们一家为"焦家"，因为他们家是全巷中名气最大的一家，所以就把上升胡同改称为焦家巷。

1940年前后的一段时期，中共川康特委机关曾经设在焦家巷20号。焦家巷中曾经居住过不少成都的文化名人，如藏学家张怡荪、文字音韵学家李植（见宽巷子）、古典文学家屈守元、神话学家袁珂等。

张怡荪（**1893—1983**） 蓬安人。曾任清华大学、山东大学、四川大学教授，四川大学文科研究所所长。1922年，他作为刚从北京大学毕业的学生，面对名满天下的梁启超的老子研究成果写出《梁任公提诉老子时代一案判决书》，得到梁启超的高度评价，被收入了著名的《古史辨》，在学术界产生了很大的影响，以后即入清华大学执教。1928年，他开始在北京圆恩寺与雍和宫中研究藏学，学习藏语文，开始做编写《藏汉大辞典》的准备工作，出版了《藏汉集论词汇》和《藏汉语对勘》二书。1937年，他来到成都，在厅署街开办西陲文化院（为了躲避日寇的轰炸，曾一度迁往崇庆县大北街的刘家祠），继续《藏汉大辞典》这项工程，成为我国最著名的藏学家之一。新中国成立以后，他受命担任主编，再次编写了我国第一部共收词5.3万条、总字数达350万的《藏汉大辞典》。为了保证辞典的编写质量，他于1958年以65岁高龄到当时生活与工作条件都十分艰苦的西藏工作了两年。《藏汉大辞典》是我国目前水平最高、收词最多的藏汉辞典，出版之后获奖无数，几乎被全世界各大图书馆所收藏。英国藏学专家说"《藏汉大辞典》远远不止是藏、汉两种语言的字典，它是由藏、汉族学者编纂的有关藏族宗教文化的一部综合性的百科全书"。遗憾的是，此书1985年才得以出版，此时张怡荪已去世两年。

屈守元（**1913—2001**） 成都人。蜀中研究中国传统文化的著名学者，长期在四川师范大学执教，曾任中文系主任、图书馆馆长、古代文学研究所所长。他博闻强记，具有蜀中前辈学者较为共通的两大特色：一是治学面广，对于古代文化具有通识，从来不拘于一朝一代，无论是研究或是教学都可以从先秦直到近代；二是治学严谨，慎于著述，他的著作如《中国文学简史》《文选导读》《韩诗外传笺疏》《经学常谈》等都是到了晚年在各方的催促与力劝之下才交付出版。屈守元先生晚年最重要的著述是由他主编的《韩愈全集校注》。

袁珂（1916—2001） 新繁人，1941年毕业于华西大学中文系，终生研究中国古代神话，是我国最负盛名的神话学家，曾任中国神话学会主席，生前为四川省社会科学院研究员。主要著作有《中国神话传说》《中国神话传说辞典》《古神话选释》《中国神话通论》《山海经校注》等。

焦家巷东口有民国时期成都著名的"马红苕"。今天遍布街巷的大炉烤红苕当时全城就只有这一家，很受群众喜爱。周菊吾先生当年曾有诗写道："滑滑焦家巷口泥，忍饥客散雨丝丝。红泥炉子通红火，番薯浓香透鼻时。"新中国成立以后，马红苕不再经营。有记载说，朱德和邓小平这两位四川老乡在新中国成立以后回成都时，都曾经提出希望能再品尝"马红苕"的烤红苕。

包家巷附后包家巷

包家巷原来是清代满城中的永明胡同，又名聚元胡同，胡同内最有名的住户是蒙古族的巴尔特氏。与上述焦家巷相似，巴尔特氏后人多改姓"包"，附近居民多称为"包家"，所以这条胡同在民国时期就改称为包家巷。

1920年，原来在陕西街的四川最早的西医学校四川陆军军医学校迁入包家巷，还附设一个陆军医院，停办于1926年，一共办了8期，毕业学生400多人，组织有军医学校毕业同学会。1926年，以军医学校毕业同学会的力量为基础，又在军医学校原址开办了官办的四川医学专门学校，学制7年（预科2年，本科5年），并附设医院。四川医学专门学校只办了7期，于1936年停办，由四川善后督办公署接管，改为善后督办公署军医研究班。1938年，刘湘病故，其部属就将其更名为甫澄纪念医院（刘湘字甫澄）。由于这所纪念医院既非官办，又非私立，所以只能是昙花一现，办得有气无力，不久就被官方收回，改办医士职业学校，并且以培养助产士为其办学特色，其附属医院也成为妇产科专科医院。这是成都第一家以妇产科为特色的专门学校与专科医院。新中国成立以后，就在这里开办了成都市第一妇产医院，成都人一般称为包家巷产院。成都市第一妇产医院在2000年与成都市第九人民医院合并，既称成都市第九人民医院，也称成都市妇产科医院。2008年11月28日，成都市妇产科医院庆祝了70周岁生日。70年中，共有40万个成都人在这家医院里出生。所以很多成都人都说："成都市40岁以上的本地人有一半是在包家巷出生的。"2010年12月23日，这所医院迁往城西新光华片区日月大道的新址，与原来的成都市妇幼保健院、成都市儿童医院合并为新建的成都市妇女儿童医学中心。2011年7月，又挂牌成为重庆医科大学附属成都妇女儿童中心医院。

1936年，一代名医叶心清在包家巷开设了自己的诊所。

叶心清（1908—1967） 大邑人。1913年去汉口投靠叔父谋生，得遇名医魏庭兰，遂从师12年，尽得"绝命三针"的金针疗疾真传（"金针"是以九成赤金加一成紫铜铸制），成为我国独树一帜的金针高手（魏氏金针疗法共传三人，另二人一个弃医从政，一人死于火灾）。1933年，他在重庆开设国粹医馆，1936年回成都行医，名震蜀中，一时要人如于右任、蒋鼎文、胡宗南、宋希濂、刘文辉等都邀请为其治病。新中国成立之后，他被辛亥革命元老但懋辛和著名实业家卢作孚邀至重庆行医，曾经以8次针疗治好了贺龙元帅久治不愈的右臂难举的痼疾。1956年中国中医研究院成立，卫生部从全国礼聘30位全国名医进京，叶心清为其中之一（成都名医入京者还有蒲辅周、杜自明，重庆名医入京者还有任应秋、沈仲圭、冉雪峰）。在北京时，他主要为中央领导人与外宾治病，治疗的病员包括刘少奇、朱德、宋庆龄、董必武、邓小平、陈毅、罗荣桓、叶剑英、李富春、谭震林等党和国家领导人20多人。何香凝送过他手绘梅花，沈钧儒送过他书法，吴玉章赠诗有"今日华佗又复生"之誉。他为江青治好了严重的神经官能症之后，毛泽东主席亲笔书写了《娄山关》词相赠。他还出国为越南的胡志明主席、柬埔寨的西哈努克亲王等十几个国家元首治病。1957年经苏联外交部门出面邀请，他在我国驻阿联大使陈家康率领下去也门为王室治病（当时我国还未与也门建交），治好了也门国王在很多国家无法治愈的剧烈头痛，治好了也门太子周身溃烂流黄水的恶疮，被也门称为"东方神仙"，为此他不得不在也门为王室成员治病三个月方能回国。叶心清是成都杏林在全世界影响最大的一位名医。

1913年4月，四川劝业道周善培在包家巷开办了四川历史上第一个职业技术学校——四川职业学校，同年8月改名为四川省立第一甲种工业学校（甲种工业学校是当时各省根据民国政府在1913年颁布的新学制设立的职业学校，一般简称为"甲工"，学历相当于中学，而相当于高小的职业学校则称为乙种学校，所以有的资料把"甲种"写为"甲等"是错误的。成都只设立了这一个"甲工"，原来位置在今天的包家巷82号附1号院，当年的一幢教学楼作为成都中药材公司的宿舍至今仍存），下设机械、染织、应用化学三科。陈毅元帅曾经于1916—1917年在这里就读染织专科。这所学校于1937年迁往学道街，并入四川省立成都高级工业职业学校，就是新中国成立以后的成都电子高专的前身。甲种工业学校在包家巷办学时，在曾经留学日本的校长郭玉珊的策划下，将学生的生产实习安排为生产仿日本式人力车（即黄包车）。成都在民国时期的市内主要交通工具就是黄包车，最多时达4000辆左右，这里就是早期最主要的生产地。

20世纪30年代的四川省立第一甲种工业学校大门　杨显峰提供

甲工校遗址　2011年　杨显峰提供

1935年，省立成都女子职业学校在这里开办，这是成都第一所女子职业学校，开办有会计、统计、染织、家政、日化、图书管理等科，所有费用全免，为当时女性走入社会就业做出了应有的贡献。

1930年，四川饮食文化史上的著名餐馆"姑姑筵"川菜馆由黄敬临开设在包家巷。

黄敬临（1875—1941）

本名黄循，敬临或晋临都是他的别号，成都人，毕业于四川法政学堂。自幼好学，而于烹饪技艺有其特别的爱好，真正做到了好学深思、探本溯源，且又喜爱亲自下厨，制作揣摩，年轻时即以美食名家与厨下高手闻名成

川菜名店"姑姑筵"　王大明提供

都，曾被四川省立第一女子师范学校聘为烹饪教师，是四川所有学校中的第一位烹饪教师，也是川菜界最著名的"儒厨"。20世纪20年代初，曾因幼年同学、川军将领陈鸣谦之荐而出任过射洪与巫溪县知事，很快即辞官回蓉。为了维持一家生计，他在时任成都通俗教育馆馆长卢作孚先生的支持下，在少城公园内楠木林东侧开设"晋邻饭店"（这家川菜馆在川菜发展史上甚为重要，但是其名字在近人的不同记载中却有多种写法，此从《吴虞日记》。吴虞在日记中记载有他先后八次在"晋邻饭店"用餐），亲自提调厨务，并以跟随他多年的厨师彭辉廷为"坐押师"，即今天的厨师长。可是他的老朋友如陈鸣谦等竭力劝阻他将一生付与庖厨，并力荐其再度入仕，出任荥经县长。一年多以后他又辞官回蓉，决意永绝仕途，以一生的钻研所得而专心致力于川菜厨艺。此时的"晋邻饭店"由于他大儿子黄平伯的挥霍，已经经营困难，便转让给了温江人陈锡侯，改名为"静宁饭店"（一直经营到抗日战争以后歇业）。而他本人则在包家巷西头路南自己住家的隔壁开设了宅院式的"姑姑筵"川菜馆（按：办"姑姑筵"是四川方言，即小孩子模仿大人做饭请客的游戏，也称"办家家"、"过家家"。据前辈的回忆，黄敬临对"姑姑筵"的命名来源于他三妹的一句玩笑："看你斯文态态的样子，开啥子餐馆哟，办姑姑筵倒差不多"）。作为诗书俱精的文士，他在大门上挂出了自撰

的名联:"右手拿菜刀,左手拿锅铲,急急忙忙干起来,做些鱼翅燕窝,供你们老爷太太;前头烤柴灶,后头烤炭炉,轰轰烈烈闹一阵,落得点残汤剩饭,养活我大人娃娃。"在大厅内也挂出了自撰的名联:"学问不如人,才德不如人,只有煎菜熬汤,才算我的真本事;亲戚休笑我,朋友休笑我,安于操刀弄铲,正是文人下梢头。"他以家传厨艺与名师高手相结合,主要由黄家姑嫂掌灶,初期所聘用的厨师仍然仅有彭辉廷一人,开发出一批精品川菜,而且拒用味精(当时叫"味之素",系从日本进口),每天只供应两三桌,最多不过四桌(对于顾客的随从、车夫另设"中席"进餐,这在成都也是首创)。菜单必须由他根据顾客的具体情况亲自安排,而且亲自上菜,主桌上必须给他留一个座位,备一份请柬,以供他亲自讲解。他的这种特别讲究的菜品与特别独特的经营模式很快闻名远近,客人必须在三天以前预订,包括四川军政领袖刘湘也不能例外。由于西较场扩充营地,包家巷西头部分民房被占,"姑姑筵"后来曾几次搬迁,先后迁至暑袜北街、宝云庵马家花园、陕西街和新玉沙街,1938年还应邀去重庆开了"姑姑筵"。他在重庆与在成都时一样,在店堂中都要挂出由他撰写的对联,最有名的一联是讽刺时政的:"营业税、印花税、席桌捐、红锅捐,这起去了那起来,弄不清楚;蒸公鸡、炒母鸡、炖牛肉、烤猪肉,肥的精而瘦的嫩,都要整齐。"他的店铺也曾经因为这副对联而被查封,不得不从原来的中营街迁往南岸的汪山。1941年,在日本侵略者对重庆的大轰炸中,已患重病的黄敬临饱受惊吓,病故于汪山。以后重庆的"姑姑筵"迁入城内的民国路营业,改名为"凯歌归"。

在黄敬临的影响之下,他的三弟黄保临(这也是一个辞官下厨的人物,他曾经任过宜宾县征收局长、四川省财政厅科员)先在打金街开设了"古女菜"川菜馆,以后相继在暑袜中街与总府街开了"哥哥传"川菜馆,他的大儿子黄平伯(这仍然是一个辞官下厨的人物,他曾经在川军中任过军部副官)在陕西街开了"不醉无归小酒家"川菜馆,小儿子黄庭仲在祠堂街开了"东风一醉楼"川菜馆。黄氏一门的川菜技艺不仅在当时极受欢迎,而且对后世也有着不小的影响。黄敬临的"唱戏靠腔,吃饭靠汤"的经验总结至今仍是厨师中代代相传的经典之谈。川菜中的著名菜肴开水白菜、软炸班指、青筒鱼、泡菜烧黄辣丁、豆渣猪头、樟茶鸭、红烧牛头方、麻椒牛筋等,或者是"姑姑筵"的原创,或者在"姑姑筵"有过实质性的改进与提高,至今仍然很受欢迎。

后期的"姑姑筵"聘用的厨师中有好几位后来都成了川菜界公认的大师级人物,如北京饭店川菜部与四川饭店的厨师长罗国荣、芙蓉餐厅主厨陈海清、重庆颐之时餐厅主厨周海清等都是。近年来,黄派川菜仍然在各地流传,在日本开有一家"姑姑筵",在台湾开有三家"姑姑筵",在成都则有开在草堂北大门的"姑姑筵"和开在陕西街的"不醉无归小酒家"川菜馆。

关于黄敬临的前期生平事迹,过去的有关记载众说纷纭,不少记载都说他是前清秀才甚至进士、在清代供

后包家巷 1998年 齐鸿摄影

职于北京的皇家接待机构光禄寺,并成为慈禧太后所赏识的御厨,获赠四品官衔。笔者几经考察之后认为不确,此处所述主要依据近年来的新方志。

在包家巷的南面原来还有一条很短的后包家巷,从包家巷通往原来的成都军区被服厂的后门,已经在近年的城市改造中被拆除。

耿家巷

耿家巷位于龙王庙街以东,三圣街以南,过去是一条不宽的小巷,现在经过城市改造已经成了一条比较宽阔的街道,直向南去,可以到达南河边。

耿家巷39号在民国时期曾经是一个经营呢绒绸布业的富商杨润之的宅院,至今在门框上还可见到写有

耿家巷 20世纪90年代 陈锦摄影

耿家巷中的"润居" 2009年 周筱华摄影

"润居"二字的匾额。院落虽然不大,但是传统院落的基本格局还在,是目前成都市中区难得一见的老院落,不少电视剧(如张国立主演的《大生活》)把这里作为了拍摄的景点。

孟家巷

在文庙前街与文庙后街之间有一条孟家巷,孟家巷2号至今还保存着整个文庙街片区唯一的老式院落的门楼,虽然院内已经成为有着20多户居民的大杂院,但是当年的院落模样仍然隐约可见。根据幼时居住的文庙后街的文史专家唐振常在《羊拙斋古今谈》一书中的回忆,辛亥革命时期的著名英雄喻培伦在成都生活时就住在这个大院中。

喻培伦(1886—1911) 内江人,1905年留学日本,1908年加入同盟会,全力投身于推翻清王朝的武装斗争。因为他曾学习化学,遂以研究制造烈性炸弹为己任。他在试制炸弹时曾经全身受伤,一手致残,最后不仅将炸弹研制成功，还写出了《安全炸药制造法》印发给各地同志，他也由此获得了"炸弹大王"的美誉。1909年夏，他在汉口暗杀两江总督端方，因为端方改变了行程而未成功。然后他又与另一位四川同志黄复生到北京，以开设照相馆为掩护，先后策划暗杀庆亲王奕劻、载洵、贝勒载涛、摄政王载沣，但是都未成功。1911年初，到广州准备武装起义，为敢死队制造了300多枚炸弹。4月27日，广州起义打响，喻培伦作为敢死队的一员，胸挂一筐炸弹，攻入了总督衙门之后，再

喻培伦故居　2011年　杨显峰摄影

攻督练公所，与清军恶战3个多小时，在全身多处负伤、弹尽力竭之时被俘。5月1日在被敌人杀害之时，他高呼："头可断，学说不可绝！""党人可杀，学理不可灭！"他的遗体入葬黄花岗，是著名的"黄花岗七十二烈士"之一。1912年，孙中山下令追赠喻培伦为大将军，并指令在他的家乡修建喻大将军祠（现已不存，原址在内江中央路19号，即今城南街市中区政协办公处）。1981年，内江市在人民公园修建了喻培伦大将军纪念碑。1985年，又在碑后修建了喻培伦大将军纪念馆。资中县还在1984年将喻培伦幼时读书的五里滩小学命名为喻培伦小学。著名老革命家吴玉章是喻培伦加入同盟会的介绍人，他在喻培伦牺牲50周年的1961年写下了如下的诗句："当年年少正翩翩，慷慨悲歌直入燕。几尺电丝难再续，一筐炸弹奋当先。成仁烈迹惊寰宇，起义欢声壮故园。五十年来天下变，神州春色遍人间。"

马家花园路

一环路北一段之南，通锦桥以北，就是与通锦路平行的马家花园路。新

中国成立以前,这一片都是农田,抗战时期这里修建了一座马姓的乡间别墅"西村",人称马家花园。新中国成立以后,铁路系统长期在这一片修建房屋,逐渐形成街道,1966年曾经命名为新华路三段。1988年,新华路更名为新华大道,而且为每段分别命名,这一段就被命名为马家花园路。今天的中铁二局招待所就是在原来马家花园的旧址上建起来的。

在成都街道中以一位人物命名,而这位人物新中国成立之后又还健在的,只有这里的马家花园,它的主人是马毓智和他的兄弟马宝之、马秀峰。马氏三兄弟未分家,在城内的公馆位于皮房前街。

马毓智

马毓智(1881—1958) 号德斋,成都人,回族。清末考入四川官弁学堂,以后一直在川军中服役,曾任四十五军副军长,1947年以川康绥靖公署中将参谋长之衔退役。他是当代成都回族的代表性人物,曾任四川回教促进会理事长。他一生热爱教育事业,是改建蜀华中学(今成都十四中)的主要倡议者与出资人,以后一直担任董事长,又是创办成都西北中学的主要支持者,并一直担任董事长。他还是成都著名报纸《新新新闻》的主要出资人之一(他的三弟马秀峰长期任新新新闻社社长)。1938年,他出任"中国回教救国协会"四川分会理事长,组织四川回族各界同胞参加抗日活动。1949年12月,他又积极参加了刘文辉、邓锡侯、潘文华三将军领导的彭县起义,并代表"四川回教促进会"发出了起义通电。新中国成立以后,他被选为成都市政协委员,被聘为四川省文史馆馆员。

马家巷

马家巷是一条少见的弯弯曲曲的小巷,南起东糠市街,北至玉成街再折向和尚街。这里在清代本是东城墙之内练习射箭的箭道,光绪年间这里设立了一个官方的被服库,一户守库的马姓人家最早定居于此,以后形成小巷,马家巷也就由此得名。

马家巷位于成都旧城改造的重点地区大慈寺片区,全巷已经在旧城改造之中被拆除,可是巷中一个十分漂亮的四合院被保留了下来,经过维修之后,成为大慈寺东南绿地中一个引人注目的所在。

马家巷　2002年　赖武摄影

七家巷

这是一条位于玉沙路南边的小巷,原来没有名字,清光绪年间确定街巷名称时,因为只有七户人家,所以命名为七家巷。发展到今天,已经发展为与周边其他街道相似的商业街。

民国时期,巷中有全市闻名的面塑艺人雷耀山,人称"雷面人"。雷耀山不仅擅长捏塑各种人物,还能捏塑各种动物。抗日战争时期,他痛恨一些美国大兵的胡作非为,曾经捏塑出一组讽刺艺术精品——醉酒美国兵的群丑图,受到广大群众的欢迎。

宁夏街

宁夏街是成都人比较熟悉的一条街,树德中学、成都市妇联就在这条街上。

宁夏街的得名的确与宁夏有关。清代初年,这一地区多是荒地,并未形成街道。雍正初年,原籍甘肃宁夏府的武将、曾任天津总兵的盛九功奉调入川,他的家眷在这里购地建房,遂名盛家口,以后逐渐形成街道,遂命名为宁夏街。

宁夏街136号成都市人才市场　1991年　唐跃武摄影

成都城内一直到民国时期都还有过不少的菜园，有着一片片的乡村景色。在《成都通览》中记载"成都城内之菜园"有31个，宁夏街上的菜园就是其中之一。

宁夏街上最著名的地方是设在街南端、树德巷隔壁的"四大监"。"四大监"的前身是清王朝最后一年即1911年在改良新政中建成的四川第一监狱，因为是仿张之洞在武汉修建的湖广模范监狱而建（湖广模范监狱又是仿日本东京巢鸭监狱而建），所以又称四川模范监狱。整个监狱呈扇形布局，共分为内监（关押已决犯）、外监（关押未决犯）、女监、病监四个部分，所以俗称为"四大监"，当时可容纳犯人500多人。"四大监"这个俗称被成都人一直使用到当代，由于很少有人知道它本来的名称，所以在绝大多数场合都把"四大监"误写为"市大监"。"四大监"在民国时期曾经改名为四川陆军监狱，以后又改称四川省第一监狱，一直是成都最大的监狱。新中国成立以后改建为成都市公安局看守所，现已迁往西郊郫县的安靖。

崇德里

这一条小巷北起中东大街，南接红石柱横街，原来是无名小巷，1925年，有一位名叫王崇德的商人在此建房，并把小巷命名为崇德里。

在成都城中，以建房者的名字命名的街巷很少，据笔者所知，在新中国成立以后还保存下来的只有崇德里这一处。另一处天成街也与建房者有些关系，不过那里是因为吴天成在那里修建了天成机器厂而得名的。

抗战时期，著名作家李劼人在乐山开办的嘉乐纸厂的成都办事处就设在这条小巷3号的骑楼上（崇德里过去在南北两端都建有骑楼），所以在较长时期内他与全国各地的联系地址都在这里，这就是我们今天在菱窠的李劼人纪念馆中见到的一些信件上的通信地址写的都是崇德里3号的原因。抗战时期成都文化界最重要的组织"中华文艺界抗敌协会成都分会"，是在冯玉祥将军与老舍先生的大力协调下于1939年1月13日成立的，由李劼人长期担任理事长。在很长的时间内，协会的办公处与联络处也是设在崇德里3号，成都进步文化人的很多会议都是在这里召开的。

令今天的成都人很难以相信的是，新中国成立前夕，中国共产党在成都的地下组织曾经在崇德里9号开办过一个制造伪币的工厂。

1949年11月，成都的地下党组织"川西边地下党留蓉临时工作部"为了解决迎接成都解放的活动经费，曾经在崇德里9号的"新民主主义同志会"（"临工部"领导的外围组织）会员牟锦熙的家中建立小型铸币厂，铸造帆船银圆，供给地下党特别是游击队使用。

地下党所以能够制造银圆，这与当年金融市场的特殊性密不可分。民国时期的四川在前期是处于军阀混战与防区制之中，后期是处在中央与地方势力的角逐之中，可以说凡是有实力的军方系统都在制造金属货币，所以币制一

原崇德里3号嘉乐纸厂驻成都办事处大门　张郁菲提供

崇德里，李劼人开办的嘉乐纸厂成都办事处曾设在南头的骑楼上。　1998年　赖武摄影

直未能统一。据《四川省志·金融志》中的一份资料，20世纪30年代以前成都市内的造币厂有：拱背桥街的四川造币总厂（又称"机器银圆总局"，此时由刘文辉部控制）、倒桑树街邓锡侯部的造币厂、贵州馆街邓锡侯部的造币厂、忠烈祠街李家钰部的造币厂、城隍庙李家钰部的造币厂、三桥南街田颂尧部的造币厂。而在全川，则共有34个造币厂。到了新中国成立前夕，市场上更是各种纸币、银圆、铜币、镍币都在使用，管理十分混乱。正是在这种情况下，我们的地下党才有可能自行制造银币。

崇德里已经在东大街的改建中被全面改造为一个新型的旅游点。

互利正街

在营门口路西南，与金沙路相对，就是互利正街，2004年在扩建以后并入了西南边的金鱼街。

互利正街这一地区直到抗战时期都是农田。抗战时期有互利信托公司在这里买地修建房屋，就以公司的名称把这一片房屋叫作互利村，以后逐渐形成街巷，新中国成立以后才正式命名为互利正街，原来在其旁边还有互利横街。

因为这里原来是乡村，所以在清末的1909年在这里修建了一所虽然简陋但却是成都的第一家精神病院，收留与救治精神病人，当时叫作疯人院。这所疯人院在民国时期一直保存着。新中国成立以后改名为成都市精神病医院，规模逐渐扩大。改革开放以后扩建为成都市第四人民医院，也称成都市精神卫生中心，位置也北移到二环路外侧，随着四医院而发展起来的院外街道也被命名为互利西一巷。

梓潼街

鼓楼北街与童子街之间就是梓潼街。

清代前期，这条街上有几家打钱纸的商铺（过去民间用于焚烧祭祀的纸钱都是商店或小作坊买回粗制纸之后，一手持有几种不同錾口的铁錾，一手持木槌，一槌一槌敲打出来的，所以民间都把这种生产过程叫作打钱纸），所以名叫钱纸巷。后来因为从梓潼县来此定居者愈来愈多，遂于清光绪三十年（1904）改名为梓潼街。

成都街道以省内州县名做街道名称者极少，据笔者所见资料，仅有梓潼街和下面的仁寿里两例。

成都市西城区文化馆过去设在此街。在修建时曾从地下挖掘出北魏时期的石刻，所以这里很可能有古老的寺庙遗址。

与梓潼桥街的街名一样，梓潼街也曾经在民国时期被误写为梓橦街，是在1990年才由成都地名办公室加以更正的。

仁寿里

这是一条半截巷，位于玉沙路以北、太升北路以东，已经在近年的城市改造中被拆除。

民国年间，曾任川军师长的仁寿县人牛锡光在这里买地建房出租，他共建了16个小院，也就形成了一条小巷，便用其家乡仁寿为其命名，叫作仁寿里。新中国成立以后继续沿用了这个名字，仍然叫作仁寿里。

自仁寿里建成以来，出租的16个小院中有一半左右都是扬州"台基"开设的妓院。

因误传误写命名

抚琴路

在一环路西三段的两侧，有一大片以"抚琴"命名的街道，以抚琴西路为中心，一共有24条之多，成都人一般都统称为抚琴小区。

抚琴的得名相当古老，因为多年来一直都传说这里有汉代文豪司马相如的抚琴台。不过，经过考古发掘证明，这里与司马相如完全无关，多年的传说完全是一种美丽的误传。

在三洞桥以北的地方，多年来就有一个圆形小土丘，虽然高度只有15米，直径只有80米，但是在一马平川的成都市区也要算是最高最大的土丘了。自清代初年以来，当地人一直都把它称为司马相如的抚琴台。

1940年秋天，驻于成都西门的天成铁路局员工为了躲避日本侵略者的轰炸，打算在这里挖掘防空洞（当年这里还是距市中心较远的农村），可是挖开时才发现里面还有坚固的石砌墓墙，原来是一个古代大墓。1941年11月，在著名考古学家冯汉骥老师的主持下，由当时的四川省博物院筹备处和四川古物保管委员会对该墓进行发掘，由于当地地痞流氓的干扰，发掘无法顺利进行。当时的四川省教育厅长郭有守是一个学者型官员，他用了很大努力，使古墓得以封存保护，未被哄抢破坏（郭有守是资中人，留法博士，在四川期间做过不少有益于四川文化教育的好事，抗战胜利后去联合国教科文组织任首任教育处长，以后任顾问，长期暗中为新中国做了不少工作，1966年以国民党台湾当局驻比利时"大使馆"商务参赞的身份起义回到祖国，1978年1月20日病逝于北京）。1942年9月，仍然在冯汉骥老师的主持下，由当时的中央博物院出面进行了第二次正式发掘，清理出了大量的重要文物，才发现这里原来是五代时期前蜀皇帝王建的帝王陵"永陵"。这次发掘是成都历史上第一次按科学方法进行的考古发掘，也是我国20世纪最重要的考古发现之一。在世界考古学史上，它还被评为在第二次世界大战期间全世界唯一的重要考古发掘。

冯汉骥（1899—1977） 湖北宜昌人。1923年毕业于武昌文华大学之后，到厦门大学图书馆任职，1924年升任主任。此时鲁迅到厦大任教，就是冯汉骥在图书馆中为其安排的寝室，二人遂成为好友。在鲁迅的影响下，他决心学习文物考古，遂于1931年赴美国哈佛大学留学，1936年获人类学哲学博士学位。1937年回国时，抗战已全面爆发，遂来到大后方的成都，在四川大学与华西大学任教。1938年，他到岷江上游地区进行考古与民族调查，获得了大量资料，并亲手清理了石棺葬，他的调查成果成为川西高原考古的开创性成果。1941年任四川省博物馆筹备主任，不久主持了王建墓的发掘，并写出了高水平的发掘报告。1944年，他在对四川大学校园内紧邻望江公园的一座古墓进行发掘清理时，发现了著名的《成都府成都县龙池坊卞家印卖陀罗尼经咒》，这是目前保存在国内的唯一的一件唐代雕版印刷术的珍贵实物。新中国成立前夕，他拒绝了美国学术界赴美工作的邀请，决意留在祖国。新中国成立以后任西南博物院副院长、四川大学历史系考古教研室主任、四川省博物馆馆长，在四川与云南进行了大量的考古调查与研究，培养了一大批考古人才，是公认的四川省考古学科的开创者与奠基人。

发掘永陵时的冯汉骥（左四）与友人合影

由于王建墓这一地区长期以来的地名就叫抚琴台，虽然考古发掘证明了不是抚琴台，却无法让老百姓改变对地名的称呼，所以新中国成立之后仍然是叫作抚琴台，在行政建制上则叫抚琴村，属于营门口乡。改革开放以后，成都的城市建设不断向郊区发展，这里逐渐形成了一个规模不小的抚琴小区，有了20几条以抚琴为名的街巷，并且新设了抚琴街道办事处。但是这里从来没有一条抚琴路，目前也只有抚琴西路而没有抚琴东路（曾经有过抚琴东路，因为把王建墓恢复为永陵以后,就将抚琴东路改为了永陵路)。所以,在目前一些公交站牌上的抚琴路是写错了,应当是抚琴西路。

在很多老成都人口中,抚琴台的"抚"字都读为"讽"。

落酱园巷

在文庙西街以南,原来有条通向南边的半截巷,宽不过 2 米,长不过 40 米,有一个很奇怪的名字叫作落酱园巷。这个名字出现于民国初年,一直使用到这条小巷在城市改造中被拆除后才不再使用。

落酱园巷这个名字是出于一种误写,它本来应当叫骆状元巷,出处在于清末状元骆成骧。也不知是出于谁的误写,竟然把骆状元巷误写为虽然谐音但却无法解释的落酱园巷,这一误就误了好多年,一直未能纠正。

骆成骧

骆成骧（1865—1926） 资中人,成都尊经书院高才生。1895年在北京参加科举考试的最高等级殿试,因为其《策论》起句为"臣闻殷忧所以启圣,多难所以兴邦",文中时有"主忧臣辱,主辱臣死"等语,提出了一整套具有维新思潮的"自强之计",被正因为甲午战败而忧心如焚的光绪皇帝钦定为第一名,成为状元,这是整个清代四川考取的唯一的一个状元,也是我国科举制度史上倒数的第四个状元(在骆成骧之后还产生过三个状元,即夏同和、王寿彭、刘春霖。这以后,清政府就在改革浪潮之中被迫废科举,兴学校了)。骆成骧考中状元之后,授官翰林院编修,曾任广西提学使,后任京师大学堂(即北京大学的前身)提调,负责筹建。他提倡新学,1898年与"戊戌六君子"之一的杨锐等在北京创设蜀学堂,办《蜀学报》,成为维新派的一员(杨锐遇害之后,他在绵竹杨公祠题写了如下的名联:"大节壮人寰,谁谓君子道消,小人道长?两行垂老泪,我伤梁木其坏,泰山其颓。")1906年,被派往日本学习法政。1908年回国之后在广西、山西为官。辛亥革命之后回到成都,就在文庙西街之侧的无名小巷中购买了一个不大的

民国时期的射德总会徽章　郑光路提供

宅院，改建为自己的家宅清漪楼。从此以后，这条小巷就被人们叫作骆状元巷（由于骆氏旧宅已经不存，所以关于它的具体位置还有一种说法，认为是在文庙前街，但是与骆状元巷紧邻）。

骆成骧晚年不忘清室之恩，思想守旧，但是坚决反对袁氏称帝，并拒绝了袁世凯、黎元洪等人多次高官厚禄的拉拢，以教书育人、提倡武术体育终其一生（以文状元的身份而全力提倡武术武德，他是历史上第一人，他为此曾经参与创建"四川省武士会"，创办"四川省国术馆"并任馆长，创建"射德会"并任会长）。他曾先后出任四川省临时省议会议长、四川高等学校校长、四川大学筹备处长，并在四川国学专门学校等几所学校执教。他一生清贫自守，临死时竟无购置棺木之资，被时人称为"穷状元"。他死后出丧时，灵柩清晨从文庙西街出发，由于很多百姓自发组织沿街护送，街道为之堵塞，直到傍晚才到牛市口。辛亥革命元老颜楷送的挽联写着："合志同方，营道同术，平生风义兼师友；富贵不淫，威武不屈，潇洒人间一丈夫。"

民国初年，成都将几位在清代曾经名重一时的政坛与文坛前辈称为"五老七贤"，颇予敬重。骆成骧当然也名列其中。他却自嘲为"五个老不死，七个讨人嫌"，以表示其敬谢不敏。此语一直到今天仍然在老成都人口中广为流传。

狗头巷

在原来劳动人民文化宫的对门，有两条相连接的名叫"狗头"的小巷：西狗头巷和南狗头巷。其实这两条小巷本来应当叫作沟头巷，因为这里原来有一条大阳沟（阳沟是四川方言，与阴沟相对，意即没有盖板的污水沟），但是在人们的口语中却喊成了狗头巷。虽然早在1904年就已经正式命名为沟头巷,但是直到现在,在大多数人的口语中,仍然叫作狗头巷。

关于沟头巷,曾经有这样一个传说:清光绪年间,成都知府刘心源为了解决成都城中心地区的污水排放难题,采纳了将沟头巷作为疏通城内下水道的起点的建议,将阳沟与阴沟连通,每年冬天派军队从沟头巷开始疏通排水系统。验收之时,要派人从沟头巷开始入沟内爬行,直到爬出东门外府河边的出水口,方为畅通合格。从此以后,就把这个阳沟加阴沟的排水沟的入口处叫作沟头,沟头所在小巷就叫作沟头巷。

上述传说是否可靠,目前无法确证。但是清代的成都城内"官沟"(即下水道)的总沟的确是在沟头巷一带。为什么"官沟"的总沟会会合到沟头巷一带?李劼人先生曾经在一篇未发表的佚文中说:"当时的官沟即干沟是全用条石砌得相当深广的。以前的官沟图有二份,一存成都府衙门,一存藩台衙门内,至清末都不存在了。据老人言,以前的官沟也是分北城、中城、南城三个系统,独满城没有官沟,不知何故。三个系统的总汇在今劳动人民文化宫西侧,当时各大阳沟(按:此处可能有误字)和今天的沟头巷一带。据说六十年

成都市西沟头巷6号医学会大礼堂里成人高考补习班在上汉语言文学课　1983年　彭嘉祺摄影

前，即当公元1890年的时候，那带总沟还像小溪一样，水流润润。"1890年以后，官沟逐渐淤塞，人们对过去成都下水道的情况也很少有所了解，所以这是一段有关过去成都城内下水道的十分重要的记载。

民国时期，在西沟头巷口有一种今天已经失传、被人们称为明朝汤的著名小吃。明朝汤本名叫虾羹汤，就是把河虾、海带、姜米、胡椒、花椒等熬汤收芡成羹状，有人买时再加臊子，臊子又有大荤（猪肉）与小荤（牛肉）之分。这种鲜烫的羹汤在寒冷的冬天特别受欢迎，食者如果自带锅魁泡着吃就算是解决了一顿饭。店主人每天只出售大锅中的一半，明天加料加水再煮，锅中永远都有原来的老汤，故而被称为明朝汤。正如《锦城旧事竹枝词》所说："几人解得'明朝汤'？虾米作羹味悠长。日卖一半留一半，百年犹带古色香。"据前辈回忆，民国时期售卖这种明朝汤的全城只有两家，另一家在上中东大街刘家祠的对门。

椒子街附均隆街

出了东门大桥，左边的第一条横街就是椒子街，椒子街以北是相邻的均隆街。在城市改造中，把原来两条狭窄的小街并成了一条宽阔的大街，还修建了长长的文化墙。改造完成之后，只叫均隆街，椒子街的名字就从地图上消失了。

关于椒子街的得名有三种说法，但是都是民间传说而缺乏文献资料的支持。第一种说法认为，这是宋代制造与发行纸币"交子"的地方，本来应当是交子街，但是因为交子之名用的时间不长，以后就改用"会子"、"飞钱"、"宝钞"等而不再叫"交子"了，民间不知交子为何物，所以就误写成为椒子街。第二种说法认为，这条街内原来有一棵油楠树，所结的籽民间称为山胡椒，所以这条街就叫椒子街。第三种说法认为，这里距东门大桥的水码头很近，长期都是商贸货运聚集地，东外龙潭寺等地出产的海椒经常在此转运各地，所以被叫作椒子街。

今天看来，上述三种说法都缺乏坚实的证据，只可以作为民间传说而加以保留。

椒子街不应当与胡椒这类植物有关，一来是因为成都的方言中从来不称胡椒、花椒之类为椒子，二来是成都地区并不出产山胡椒。

如果说与海椒交易有关，不仅缺乏根据，更重要的是，从椒子街往东，从来就有一条街道叫海椒市，那里才应当是东门外主要的海椒市场。

椒子街曾经是纸币交子的制造地的说法也有颇多疑点，首先是各种文献中毫无痕迹；二是这一带在宋代并不是城市的商业区，不可能作为发行交子的中心，正如今天的城市不可能把最大的金融机构设在外农田中一样。

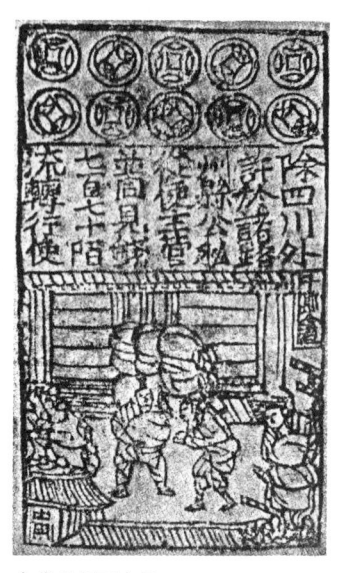

宋代的纸币交子

但是，多年来关于"椒子"就是"交子"的误写的说法，表明了时间已经过去一千年之后，成都人对于交子还有很深的记忆。

北宋初年，四川地区由于缺铜，市场上流通的货币是铁钱，铁钱很重，还容易生锈，这给广大民众特别是商旅带来了很大的不便。例如按当时的物价，买一匹布需要铁钱70—80斤，买一匹绫罗需要铁钱130斤。在这种情况下，经济繁荣、造纸业发达、雕版印刷技术先进的三大优势，促成了世界上第一张纸币——交子在成都的问世。刚开始是一种民间行为，即"私以交子为市"，时间大约在宋太宗淳化五年（994）左右。以后又发展到由16家富商经官府协调经办，时间大约在宋真宗景德二年（1005）左右。交子的主要作用有如今天的汇票与支票，替代铁钱行使了部分货币的职能。到了宋仁宗天圣元年（1023），经朝廷议决，官方在成都设立了"交子务"的专门机构，发行官交子，即国家法定货币。从此以后，逐渐形成了一整套有关的制度与措施，让纸币在市场上以"钱引"等不同的名称流行，成了金属货币的一种有力的辅助。

成都的"交子"是全世界最早的纸币，成都的"交子务"是世界上最早的官方银行。这并不是传说，而是确凿有据的信史，这是成都的先民为世界文明做出的重要贡献。所以，有不少椒子街的当地居民和部分民俗研究者一直在要求把椒子街与均隆街仍然分为两条街道，或者保留椒子街的老名称，或者干脆改名为交子街，用以保存历史的记忆。四川省政协文史学习委员会在《关于注意保留成都市旧街道名、旧地名的建议》的提案中，正式提出了这一要求。2007年7月，成都的媒体也为此进行了专门的讨论。成都市民政局区划地名处的负责同志表

20世纪40年代的启明发电厂　　杨显峰提供

示，将认真对待椒子街"正名"的论证工作，不久就将会对这一问题拿出明确的解决方案。不过，直到本书进行修订之时，仍然未能见到最后的解决方案。

1949年底成都解放之时，近代工业极其薄弱，被称为只有"三根半烟囱"，即启明电灯公司一根、裕华纱厂一根、造币厂一根，位于致民路的民康染厂的烟囱太矮，只算半根。当时被认为最重要的启明电灯公司的发电厂就位于椒子街，虽然只有一台2000千瓦的小型发电机，却是全市最主要发电设备。1949年冬天，国民党政府撤离成都之前，曾经专门安排人员企图将这个发电厂炸毁。发电厂的工人师傅在共产党地下组织的领导下用电网和锅炉中的高温高压水流喷枪作武器与敌人对抗，使敌人无法入厂，不仅保住了发电厂，而且在整个城市的解放过程中没有停电一分钟。一直到1955年5月1日位于跳蹬河的成都发电厂（1957年更名为成都热电厂）发电，椒子街上发电厂的历史使命才告结束。

白丝街

一提到白丝街，就会让人想到这是一条以加工与出售白色的蚕丝与丝线的街道，但事实上并非如此。

白丝街位于玉带桥以东、忠烈祠西街以西。清代初年在街西的北侧修建了一所清真寺，因为当时成都城区内陆续修建了多所清真寺（清末号称"清

成都土桥清真寺　20世纪90年代　王文相摄影

真十三寺"），为了加以区别，这所位于城北的清真寺就叫作清真北寺（除了这里的清真北寺，还有东御街的清真东寺、西御街的清真西寺、东华门南街的清真七寺、人寿巷的清真八寺、后子门九思巷的清真九寺、东鹅市巷的清真十寺、纱帽街的清真江南寺、贡院街的甘南义学寺、金仙桥的清真西关寺、驷马桥的清真北关寺、鼓楼南街的清真鼓楼寺，各清真寺一直以如今迁建在西御街的皇城清真寺为中心），这条街就改称北寺街，后来在书写时误写为谐音的白丝街。清真北寺在新中国成立以后就已停止宗教活动，房屋改作他用。

改革开放以后，中国国民党革命委员会、中国民主同盟、中国民主促进会、中国农工民主党等民主党派和中国工商业联合会的四川省委员会都设在本街。

九思巷

在羊市街的南边，人民中路以西，有一条与上升街相对的小街叫九思巷。九思巷在清代就已命名，"九思"一语本是孔子在论述关于一个人的道德要求时所说的话，见于《论语·季氏》："君子有九思：视思明，听思聪，色思温，貌思恭，言思忠，事思敬，疑思问，忿思难，见得思义。"事过两千多年了，孔子的这段话仍然有着很深的教育意义，仍然是对每个人的基本道德要求。

但是，这个很文雅的巷名是误写，它的本名应当叫作九寺巷。其原因与上面的白丝街应当叫北寺街一样，因为这里原来有座清真九寺，清真九寺的大门原来在羊市街，后门就在这条小巷之中。这个清真寺在"文革"以前办过回民清芳糕点食品厂（以后改名为回民食品厂）的生产车间，大门改在本巷，寺内部分建筑至今仍然可以见到。由于成都的非穆斯林的文人对清真寺的名称不甚了解，在清代后期书写时就误写成了九思巷，有的文人还把它与古代的"九思"联系起来，均属附会。

清真九寺残部　2010年　杨显峰摄影

清代到民国时期成都清真寺有4个是用数字命名的，即七、八、九、十。这些数字并不是顺序的数目，而是当年集资兴建（我国的所有清真寺都是由穆斯林集资兴建的）这个清真寺时的主要捐资者的姓氏的家数。

1939年4月，为了抗战时期各部门的需要，成都历史上第一个专业的电

九思巷3号大门　2002年　赖武摄影

因误传误写命名　1157

子工业工厂四川省无线电机修配厂在九思巷开业，1941年改名为四川电讯器材制造厂。新中国成立以后，这个工厂并入了成都机械厂（即南光机器厂的前身）。

九思巷东边与东二巷相邻，东二巷的西头在民国时期是四川著名

九思巷3号内院　2009年　喻磊摄影

军阀田颂尧的公馆，九思巷东头3号有一个院落，人称"冯家大院"，过去的主人就是田颂尧的岳母，两家（九思巷与东二巷）相隔不远。冯家大院其实并不大，但是据笔者近年的考察，它却是成都市中区最后一处未加改建的民居四合院，至今还保存在一片高楼大厦的包围之中。如果仔细辨认一下，还隐约可以看到大门匾额上"大树家声"四个大字，那就是古代冯姓人家的家训，来源于东汉冯异的故事。《后汉书·冯异传》载："异为人谦退不伐，行与诸将相逢，辄引车避道。进止皆有表识，军中号为整齐。每所止舍，诸将并坐论功，异常独屏树下，军中号'大树将军'。"

内姜街

太升南路以西，在忠烈祠西街与大墙东街之间，就是内姜街。

这里在明代建有皇族藩王内江王的王府（明蜀王之子均封为郡王，直系承袭，而且都以当时四川境内的县名为王号，但是王府都建在成都城内。除了内江王府之外，在文献中可以见到的明代郡王王府还有永川王府、德阳王府、石泉王府、汶川王府、庆符王府、南川王府，共七王府），所以这条街本来应当是内江街。但是后来在书写时人们总以为会与成都以东的内江县相混，就误写成了内姜街。

曾有文章说内姜街的得名是因为这里是三国时蜀汉名将姜维故居,这是不对的。三国时著名人物的故居目前一个也不能确知。

四川省著名国画家张采芹生前的故宅与辞世之所就在本街。

张采芹(1901—1984) 江津人,是号称"蜀中三张"之一的著名国画家(另二张指张大千、张善孖兄弟)。1922年考入上海美术专科学校,师从刘海粟等大师,1925年以第一名的成绩毕业。回到四川以后,他一方面致力于创作,一方面致力于人才培养,与友人筹资创办了南虹艺术专科学校,并先后在十几所学校任教,可谓桃李遍蜀中。抗战期间他担任四川美术协会的常务理事兼总务,为成都的文化事业做出过很大的贡献。徐悲鸿在重庆给张采芹的信中曾说:"成都的文化艺术氛围如此浓厚,艺术家们的热情如此高涨,实皆有赖于四川美协诸公尤其是采芹、文谟二兄的操劳奋斗,弟实为之感佩不已!"

1943年徐悲鸿为张采芹所作画像

新中国成立以后,张采芹不仅将四川美术协会的财产全部上交国家,更将自己的十几间房屋、几百件家具,以及包括大量古今名家作品在内的大量艺术珍品全部献给国家,用于人民的美术事业。张采芹的创作以花鸟、墨竹闻名中外,素有"张花鸟"、"张竹子"之称,其作品曾作为国家礼品赠送给英国女王、瑞典国王等贵宾。

张采芹年幼时就读于江津白沙镇聚奎小学,与后来成为我国著名诗人的吴芳吉、著名历史学家的邓少琴同学,被喻为"聚奎诗书画三绝"。如今在当年的聚奎小学旁边,昔时"聚奎三绝"的坟墓又挨着排列在一起,成为四川文化史上的一则佳话。

后子门街

成都的后子门，在过去是一条街道的名称，现在是一个片区的名称。

明代蜀王府的外城在东南西北各设一门，其正式名称是体仁门、端礼门、遵义门、广智门。由于当时的成都百姓把蜀王府俗称为"皇城"，所以又按京城对皇宫的称呼，将南面的端礼门俗称为天安门，把北面的广智门俗称为厚载门。"厚载"一词出于《易·坤卦·象辞》："坤厚载物，德合无疆。"后世多用以表示与天相对的大地厚载万物的意思。但是在民间的口语中，厚载门逐渐误为简化的后宰门，再误为更加简化的后子门（这种误写不只是民间流行，连清代后期的地方志也是如此）。当时的后子门的位置就在今天的羊市街，所以人们把羊市街以南一片地区也叫作后子门。清代拆除原蜀王府外墙之后，在外墙之内、贡院之外的地区逐渐修建民居，形成了若干条街道，从羊市街向南的街道也就叫作后子门街。

清代的贡院只使用了明代蜀王府的一部分，另有一部分还设有成都府试院、宝川局、仓库等机构。宝川局是铸造铜钱的机构，天天烧煤熔铜，每天都会产生若干煤渣和炉渣。由于明代蜀王府中烧煤的煤渣没有清理运出，而是专

20世纪40年代后子门的皇城坝　成都市建设信息中心提供

20世纪70年代末的后子门街　牟航远摄影　　20世纪90年代的后子门街　周孟棋摄影

门用皇城东北角的一块空地来堆放，逐渐形成一座小小的煤山。设在这附近的宝川局为了方便，也不把煤渣和炉渣清理运走，继续在煤山上堆放，再加上各种垃圾的堆积，日积月累，这里就形成了一座愈来愈大的"煤山"，与北京故宫后面形成的"煤山"颇为相似。据老人们回忆，"煤山"在不同时期高约15—20米，占地面积一亩左右，在一马平川的成都城内，它甚至比著名的五担山还高还大，已经成为一座"山"了。到了民国时期，若干贫苦百姓又在煤山周围的无主地区搭建栖身的棚户，开辟种菜的菜园，于是就在后子门街南部地区形成了成都市中心的一处贫民区，并有了皇城坝这个约定俗成的名称。1932年刘文辉的二十四军与田颂尧的二十九军在成都城内打巷战，皇城地区是主战场，煤山是双方争夺的制高点，双方用几十门迫击炮对轰，双方死伤两万余人，周围百姓死伤三万余人。时人王菊霜在《成都巷战竹枝词》中写道："尸骨堆山血化河，周围园圃涨腥波。牛皮菜变血皮菜，茹素人家莫下锅。"巷战结束之后，成都知名士绅与广大市民纷纷提出铲平煤山，以免生民再受战火之苦的建议，甚至组成了"铲高委员会"（也称"削平委员会"）。成都市政当局为了平息民愤，遂出售后子门的城砖和基石作为铲山经费，组织人力把煤山大体挖平，变成一个无主的坝子，不少人就在这里修建商店。抗战时期，由于日本侵略者对成都的轰炸，也由于大量外地逃难民众纷纷进入成都，这一带逐渐成为外来难民与本地贫苦百姓的栖身之处，搭建了更多的竹木茅舍，成为一片贫民窟，这就使皇城坝的范围有所扩大，商店有所增多，不少贫苦百姓小商小贩都到皇城坝卖小吃、摆地摊、卖劳力，以各种方式谋求生路。随着时间的推移，皇城坝还聚集了一些测字算命、贩毒设赌、偷盗销赃、欺蒙拐骗之徒，成为全城最典型的三教九流聚集、鱼龙混杂之所。在一些空旷地点，也还保留了星星点点的菜园。

新中国成立之初，成都市政部门结合城市改造与爱国卫生运动，组织群众很快将煤山完全平掉，垃圾全部清除，水塘全部填平，危建全部拆除，能够搬迁的居民统一安置搬迁到了西外的西安路与金鱼村地区。1952年初，根据贺龙元帅的建议，利用这里的若干废土修筑看台，在年底建成了成都历史上第一个公共体育场——成都人民体育场。当时还是土看台，但是已经可以容纳观众25000人，有标准足球场一个、田径场一个、篮球排球场20个。1954年，成都人民体育场改建为混凝土结构看台。1992年，在原来人民体育场的原址上推倒重建的成都市体育中心落成，它的周边全挑棚看台在当时位居全国第一。就是在这个成都市体育中心，形成了当时全国最为狂热的足球市场（在1994年5月开始的足球赛季中，每场观众平均人数为35000人，位居全国第一），喊出了影响深远的"雄起"的呼声，走出了我国第一支包机去上海（以后还包机去泰国和马来西亚）、包船去武汉、包火车专列去西安为足球助威的球迷，连续两届得到了全国足球联赛最佳赛区的荣誉。

后子门街西边的成都市实验小学始创于1918年，当时是开办于皇城之

成都市人民体育场　1984年　杨显峰提供

· 街巷 ·

▲ 成都市体育场中心的成都球迷
　1994年　唐跃武摄影

◀ 重庆球迷到成都市体育中心观看足球甲A联赛
　20世纪90年代　唐跃武摄影

▼ 2002年6月13日，成都球迷在蜀都大道熊猫广场
　大屏幕前观看世界杯比赛（中国VS土耳其）。
　王晓庄摄影

中的成都高师（四川大学的前身）的附属小学。1935年由原四川大学移交给当时的教育厅，改名为省立成都实验小学，在校长胡颜立（1935—1946年在职）的领导下，成为全四川的示范小学，到了抗战时期更是全国首屈一指的小学名校。1935—1939年，原国务院总理李鹏曾经在成都实验小学就读（当时用名李远芃）。新中国成立以后，迁出皇城到后子门新建，但是校名不改，一直都叫成都实验小学，仍然是全市最著名的小学之一。

新中国成立之后，随着成渝铁路的通车，成都市修建了从火车北站进入市区的纵贯南北的交通干道。1963年全线贯通，正式命名为人民路。原来的后子门街在扩建之后变成了人民路中段，1981年更名为人民中路一段。由于多年来的习惯，今天的成都人仍然把人民中路一段以及附近地区称为后子门。

在四川省科技馆后面的街心花园中，于1989年安放了一座名为"芙蓉花仙"的城市雕塑，这是我国第一座用不锈钢制作的城市雕塑。2006年因为修建地铁施工的需要而暂时移走，地铁完工后在原地重新安放。

后子门地区在从隋代到明代这样一个长时期之内，一直是城内的一个人工湖。隋代修子城时取土为池，初名摩诃池（"摩诃"是佛家语，原是梵语的译音，本意是"大"），五代曾改名为龙跃池与宣华苑，最大时可能是北到青龙街，南到天府广场。宋代开始淤塞缩小，明代又将已经缩小的水面填去大半，清代的贡院中都还有一点水面，1914年为了修建操场，才将这最后一点水面填平。唐宋时期的摩诃池是成都城内最大的风景区，池中有三个岛屿，分别建有主建筑重光殿、丹霞亭和蓬莱亭。杜甫、陆游都有诗赞赏。特别是在五代时期著名的《花蕊夫人宫词》中有十分详细而生动的描绘，不仅有柳堤荷风、水鸟渔船，甚至还有渔村，特别是诸如"长是江南好风景，画船来往碧波中"、"展得绿波宽似海，水心楼殿胜蓬莱"、"傍池居住有渔家，收网摇船到浅沙"等描述让我们至今都不能不向往当年的胜景。假如这个面积达"十顷"，"曲折十余里"的摩诃池今天还在的话，成都风光将不让杭州与扬州，但是历史上不会有"假如"。据笔者所知，在成都的城市规划中，曾经有将体育中心外迁（由于交通的问题无法解决，这一外迁必然进行，只是时间或早或迟的问题）之后，在这里恢复昔年的大型人工湖的提议，不知这一美好的梦想能否变成现实。

天仙桥路

天仙桥路位于东风大桥以南的府河岸边,又分为天仙桥北路和天仙桥南路。在当年这里共有三条在1940年以"天仙桥"命名的相邻的街道,即天仙桥前街、天仙桥后街和天仙桥横街。因为清初在天仙桥前街的南口有一座天星桥(桥下流的是城壕中的湃水,据当地老人们说,这座小桥在新中国成立初期还残存着一点石质栏杆),重建于清乾隆四十年(1775),天仙桥的名称应当是后人的音近误写,而且在清代就已经约定俗成、以误为正,以至于在清代后期就已经命名为天仙桥街。在近年的城市改造之中,因为这里位于府河岸边,原来的街道十分狭窄,在修建内环线时,天仙桥前街加以扩建,包括天仙桥后街和天仙桥横街在内的几条小街小巷(还有大安街、大安横街、珠市街)都被拆除,代之以宽敞的天仙桥北路和天仙桥南路,从东风大桥直到合江亭。

过去的天仙桥街因为靠着东门水码头,是一个较为繁华的商业区,特别是集中了很多风味食品店,而且大多以店主的姓氏为名,如高家茶铺、刘蒸肉、高蒸肉、熊豆腐、陈糕糕、冯烧酒、张鸭子、刘肺片、张卖面等,很有平民化

20世纪40年代建在天仙桥前街城墙上的棚屋
杨显峰提供

天仙桥前街　1994年　冯水木摄影

天仙桥后街
1988年
杨永琼提供

的成都民俗特色。新中国成立以后,公路与铁路代替了昔年的水运,天仙桥一带逐渐变为以住家户为主的居住区。天仙桥前街的居民院落中还有一个"浙江院坝",因为里面居住的大多是抗战时期从水路来到这里的浙江同胞。

抗日战争时期,著名的山西铭贤学院内迁四川,就设在原来的天仙桥前街,其旧址就在新中国成立以后的军区卫生防疫站。

玉林路

改革开放以后,玉林小区是成都最早大规模开发的小区之一,以"玉林"为名的街、路、巷至今已有28条之多,还设有玉林街道办事处。

玉林小区原来主要是得胜公社玉林大队的农田,小地名叫作玉林坝。据当地老人口耳相传,这里在三国时期曾经是蜀汉政权保卫王室的御林军的军营,所以叫作御林坝,后来把"御林"二字误写成了"玉林",才有了玉林坝这个名称。不过,这种说法只能看作是一种民间传说。如果从古代兵制加以考察的话,不仅在三国时期没有"御林军"这一称呼,我国整个古代兵制都没有御林军这一编制与称呼,类似的"御营"也是在宋代才开始有的。"御林军"这一称呼是《三国演义》等文艺作品根据宋代以后的"御营"演变而来的。

20世纪80年代的成都跳伞塔，现在已成为玉林小区的一部分。
杨显峰提供

笔者以为"御营"这一称呼应当是与明末的张献忠有关。张献忠在成都建国称帝时，将原来的成都名胜地"中园"的林木砍去，作为操练兵马的营地，号称"御营"。这个"御营"就在今天的华西坝、华西后坝与南台寺这一地区，而与"御营"相邻的南郊则被人们称为"御营坝"。

自20世纪80年代开发建设以来，短短30多年，玉林小区已经成为成都最繁华、最时尚的商住小区。

王化桥街

从九眼桥沿锦江北岸往下游方向走去，过了伴仙街就是王化桥上街与王化桥下街。这两条相连的街道已经在城市改造之中被拆除。

王化桥街的得名是因为过去在这里的砖头堰支流上有一座小桥叫王化桥。原来的这条小河与小桥早已不存，王化桥的初建年代也不详，只知重修在清光绪年间。可是，这条街在成都一直是被叫作黄瓜桥街，当地的老人更说是本来就叫黄瓜桥，是文化人误写成了王化桥。所以，这条街的街名有可能是本名王化桥街而被民间误读，也有可能是本名黄瓜桥街而被文人雅化。

抗日战争时期，为了满足大后方对纺织用品的需要，由著名的民族企业宝元通公司的几位创办人共同出资,于1940年在王化桥创办了宝星染织厂,以后改名为宝星纱厂,是成都仅次于内迁的裕华纱厂与申新纱厂的最大的纺织厂,所生产的宝星牌20支棉纱一直是各织布厂争先购用的名牌产品。

广福桥街

在双楠小区的东部有几条相邻的以"广福桥"命名的街道,如广福桥路、广福街、广福桥北街、广福桥西街、广福桥横街等,这一片街区都是改革开放之后新建的,过去完全还是一片农田,地属永丰乡双楠村,只是在一环路的成都体育学院对面有极少的建筑和一些苗圃。

这里在过去曾经有一座桥叫"广福桥",据当地的老人说,他们小时候曾经听长辈说过,广福桥本来应当叫寡妇桥,最早是清代乾隆五十二年(1787)由一位积德行善的寡妇出资兴建的,修桥时没有命名,附近的人就将其叫作寡妇桥。到了民国时期就写作了广福桥,出现这种错误可能是有文人认为名字不雅而改写的。此桥原是拱桥,清嘉庆十六年(1811)有过维修,1923年再次维修时改为石材平桥。

1944年6月,广福桥安葬了一位值得纪念的抗日烈士、陆军上将李家钰。

李家钰

李家钰(1892—1944) 蒲江人。1915年从四川陆军军官学堂第三期毕业,从此投身川军,1924年任四川陆军第一师师长,1927年出任四川边防军总司令,逐渐成为川军"军官系"首领。抗战爆发之时,他正以四十七军军长的身份驻防西昌。1937年7月30日,他即向国民党中央当局请缨出川抗战。9月初即率领身着布衣草鞋、武器装备极差的部队(四十七军全军没有一门大炮,只有少数迫击炮)开赴前线,12月到达山西与日寇作战,并在战斗中升任第三十六集团军总司令。他在晋东南战场上长期与八路军并肩作战,关系友好,曾经派部队护送朱德总司令通过日伪占领区,还曾请刘伯承为部队

广福桥李家钰烈士墓　2009年　袁庭栋摄影

上课,并派干部到八路军总部学习游击战术。1944年在豫中会战中,国民党主力部队汤恩伯部纷纷西撤,李家钰率军殿后。5月21日,行进在陕县秦家坡时,误入日寇伏击圈而中弹。中弹之后仍然忍痛卧地书写作战命令,此时头部胸部又中敌炮弹,遂英勇牺牲于战场上,实践了他给四川省各界前线慰问团的题词:"男儿欲报国恩重,死到沙场是善终。"李家钰牺牲后,举国哀悼,《新华日报》发表了题为《悼李家钰将军》的社评,国民政府追授其为陆军二级上将,准入祀忠烈祠。6月8日,成都市举行了隆重的追悼大会与出殡仪式,将军遗体于1945年安葬在红牌楼侧的广福桥。当年还在李家钰率军出征的出发地成都北门外塑有一座李家钰将军铜像,现已不存。

在整个抗日战争之中,李家钰是牺牲在战场上的川军最高将领。在战场上阵亡的所有中方将领中,他以中将集团军总司令之职被追授为二级上将,其阶位仅次于张自忠将军,位列第二。

1984年,经中华人民共和国民政部批准,追认李家钰为抗日阵亡革命烈士。1995年成都市武侯区为烈士重修了墓园,新建了塑像。近年间广福桥一带全都变成了街道,烈士墓就位于新建的广福桥横街。

李家钰及其家族在成都还有两处旧居,一在文庙前街92号,一在方池街22号,都已经列入了成都市首批文物建筑而受到保护。

冻青树街

在拐枣树街以南,就是冻青树街,这条街南端的东口就是岳府街,清代著名将领岳钟琪的故宅过去就在岳府街的东头。岳府故宅的后墙内过去有一棵很大的冬青树,这棵冬青树的枝干伸过墙头直接荫盖着街面,所以这条街就叫作冻青树街。几年前,在冻青树街的南端修建了一个小游园,小游园的东边与北边的墙上有一组反映岳钟琪生平事迹的浮雕。据老人们说,昔年的冻青树的位置就在这个小游园中。

但是必须指出,我们成都人称呼了多年的冻青树应当是冬青树,"冻"字肯定是写错了,也可能是很早就写错了(据宋代著名成都籍药物学家唐慎微的《经史证类备急本草》,古时曾经对冬青有过"冬生"或"冻生"的别称,故而有时"江东人呼为冻青",见李时珍《本草纲目·卷三十六》《冬青》下引陈藏器《本草拾遗》。老成都人在这里把"冬青"误为"冻青",不知是否与此有关)。在植物分类学上没有冻青树,只有冬青树。今天的成都人在其他场合也都是叫冬青树而不叫冻青树。冬青树是一种常绿乔木,冬天亦显青绿,树叶、树皮、种子都可以入药,但是因为常绿,所以更多的用途是作为观赏。今天在成都已很难见到高大的冬青树,多用在园林中修剪为整齐的绿篱。此外,成都很常见的女贞树在民间也叫作冬青。

从清代末年到民国时期,成都人最喜爱的白酒出产于暑袜南街的全兴成烧坊与提督西街魏家祠的永兴烧坊。最喜爱的黄酒则是产于重庆允丰正的仿绍,也称为"渝酒",允丰正的成都专卖店就开在冻青树街。

允丰正的隔壁就是清道光元年(1821)由浙江籍移民开设的上全堂药店,也是这条街上过去最有名的店铺,所以成都人又把这条街叫作上全堂街。

在成都有很高知名度的糕点铺协盛隆原来就开设在冻青树街,新中国成立以后才迁往春熙南路。

当代四川人在调味品中几乎每日必需的辣椒是在清代前期才从外地传入,清代中叶以后日益流行。根据笔者目前所见到的资料,成都第一家以出售辣椒而知名并得以致富的特色店铺就是冻青树街的亢氏水饺店。亢氏水饺店是比钟水饺更早出名的水饺店，清末的周询在《芙蓉话旧录》中说是"亢姓业此，始百年，专售水饺一种。……调和极精，尤以辣子末俗呼'辣子面'为他家所不及，故多专购其辣子末作家常之用，且赍至远方馈人者，亢氏亦以此致富"。由此记载来看，今天在四川人人都说、家家都用的辣椒面或辣子面这一称呼很可能就是从冻青树街开始的。

洗脚河街

在新建的营门口路从互利正街到二环路的这一段，过去是成灌公路起点的一段，当地人都叫作洗脚河街。其实这是一种误传误写，因为它的本来名字叫犀角河街，得名的由来是因为过去这里有一条小河，河边上有一块淤积的沙滩，其形状是顺着河岸弯曲而斜长，有似犀角，当地人就取了一个名字叫犀角河，犀角河边的街道也就叫犀角河街。由于犀角一称有点文雅，一般人不大理解，就以谐音而误为了洗脚河。

已经消失的成都犀角河（洗脚河）
1962年　彭嘉祺摄影

宏济路

成都的宏济路有宏济上路、宏济中路和宏济新路，都在九眼桥以北。在一环路修建之前，宏济路是通过九眼桥南来北往的重要道路。

宏济路得名于相邻的九眼桥，因为九眼桥在明代初建时本来就叫洪济

宏济路与大田坎街交会处
1985年　杨永琼提供

桥，清代维修之后才改名为九眼桥。所以它本来的名字是洪济路，由于"洪"与"宏"音义均通，所以在民国时期误写成了宏济路，并一直使用到了现在。

清代与民国时期，宏济路东侧叫作黄天荡，是一片无人管理的棺山，任人乱埋乱葬，再往东的莲花池地区在民国时期又是死刑犯的刑场，所以这一地区长期都是行人罕至的荒凉之地。

新中国成立以后，宏济路地区经过改造，成了重要的工业区，兴建了成都电冶厂、成都电缆厂、红旗玻璃厂、华胜皮鞋厂、成都织巾厂等工厂，在当时都算是规模比较大的工厂。改革开放之后，这些工厂大多迁往距市中心更远的城郊。

改革开放之后，由于这里是成都东南郊的城乡接合地，交通十分方便，所以成了华阳地区广大农村的副食品进入成都城区的重要中转站，再发展就成为成都城区最有名气的农副产品市场，特别是水产品与腌卤制品曾经在全市占有过很大的份额，而宏济路为广大的成都市民所知，也就是这段时期。为了加强市场与环境卫生管理，经营了20多年的水产品市场已经在2008年9月中秋节前一天关闭，有关商家被转移分流到年丰巷市场与东三环天发市场。

三圣街

三圣街位于东大街以南，与南纱帽街相对，现在可以通过改建之后的耿家巷直通南河边。

· 街巷 ·

　　清乾隆年间在这条街上建有火神庙，道光二十三年（1843）加以重修，是成都市区内最有名的火神庙。而北边的东大街上有成都府城隍庙，东边的东南里（东南里是条小巷，至今还在，巷内还有东南里中学）有东岳庙，三座庙宇在这里形成了一个品字形，形成了三位神灵相邻一街的格局，于是连接三座庙宇的这条街就被叫作三神街，后来误写成了三圣街。

　　在谈到三圣街的来历时，有必要介绍一下原来在这里的火神庙与东岳庙。

　　在人类的古代文明史上，火的取得与使用有着划时代的意义，所以几乎任何一个民族都有对火的崇拜与祭祀活动，都有火神，即为人间送来火种、保存火种之神。我国古代最著名的火神有祝融、炎帝、回禄和阏伯，在各地建造的火神庙中所祭祀的火神一般都认为是阏伯。不过在民间信仰中，火神已不仅仅只是管理火种，更为重要的是消除火灾。所以我国所有城市中不仅都有火神庙，而且往往有好几座（例如北京过去就有17座，目前全国最有名的也是最大的火神庙也就是北京什刹海旁的火神庙，初建于唐代，现在已经建成为火神庙公园）。成都城区过去除了三圣街的火神庙，今天北大街与北东街交会口有北门火神庙，在水井街的荧惑宫其实也就是火神庙。在下南大街、青龙街、正府街上也都还有火神庙。三圣街的火神庙建于明天启三年（1623），清代康熙、乾隆、光绪年间都有过重建，民国时期改建为小学。

三圣街屋顶有"老虎窗"的房子
2004年
喻磊摄影

因误传误写命名　**1173**

山川崇拜和山川信仰是古人对自然力的崇拜，并从此而产生了若干神化的山川神。在我国的古代，名山大川几乎都有各自的神，山中的东岳、南岳、西岳、北岳、中岳这"五岳"，长江、黄河、淮河、济水这"四渎"，再加上四海龙王，就是其中最为重要的山川神（在成都，过去当然也有五岳宫、江渎庙、龙王庙等庙宇）。而所有的山川神之中，对东岳泰山的尊崇则是最为重要的，东岳庙就是祭祀东岳神的祠庙。因为泰山也称岱宗、岱岳，所以也称"岱庙"。在民间信仰中，将泰山神称为"东岳府君"。由于唐代将五岳之神封为"王"，宋代又升格为"帝"，所以一般又称之为"东岳大帝"。从东汉以后，就有关于泰山治鬼的种种传说，于是东岳大帝被认为是主管阴间事务的最高神，其地位在专管阴曹地府的阎罗王之上。正因为如此，在我国古代几乎是处处都有东岳庙中民间俗称为"过十殿"的雕塑（关于"过十殿"的介绍见"城隍庙"），现在在民间仍然流行的"上刀山"、"下油锅"等词语都是来自过去东岳庙与城隍庙中的"过十殿"。

成都过去有过多座东岳庙，比如过去的陕西街、红石柱街、锦官驿街、万福桥北端就都有东岳庙（万福街上的东岳庙重修于清乾隆四十七年，是最重要的东岳庙，一直到1972年才拆除），下莲池的东岳庙相传是求神最灵验的东岳庙，其旧址并入了新建的四川机器总厂，转轮藏街上的东岳庙还是东岳庙与南岳庙的合庙。成都也有过名叫东岳庙街的街道，比如太升北路以东的兴禅寺街在清光绪以前就叫东岳庙街，因为清同治年间在这条街的东口曾经修建了一座东岳庙。三圣街所以得名的东南里东岳庙在清代与民国年间都比较有名气。一直到20世纪30年代，成都还在每年的夏历三月二十八这天搞东岳大帝出驾的巡游活动，内容与前面介绍过的城隍老爷出驾相类，那时的东岳大帝出驾就是从东南里的东岳庙出发的。

锦江区的青少年宫长期设在三圣街，这个地方在民国时期是基督教浸礼会的福音堂，并附设有明德小学。而在清代，则是著名的宫保府，也就是清代著名武将杨遇春在成都的故宅之一（另两处在前卫街与文庙前街）。

清光绪三十二年（1906），在成都建立的最早的外国领事机构法国总领事馆在此街开馆，三年之后迁往双凤桥街（旧址在今东较场西边），1914年再迁往上翔街。2006年，法国驻成都总领事馆重新开馆，距当年的第一个驻成都总领事馆的开馆刚好是100周年。为了纪念这个100周年，法国驻成都总领事杜满希先生在成都文殊坊举行了"法国与四川：百年回眸"图片展。

清末民初，西方国家的传教士、医师、教师陆续来到成都（据1902年统计，全省已有教堂161所、布道室139处、外国传教士340多人），初期以法国人最多，除了总领事馆之外，在一洞桥和东龙须巷有法国教堂，玉沙街有法文书院，浆洗街有法国名医馆。此外，在桂王桥的圣心堂、青莲上街与平安桥的天主堂的传教士也以法国籍的为主。在一定程度上说，当时的成都所吸收的西方文化主要是来自法国。

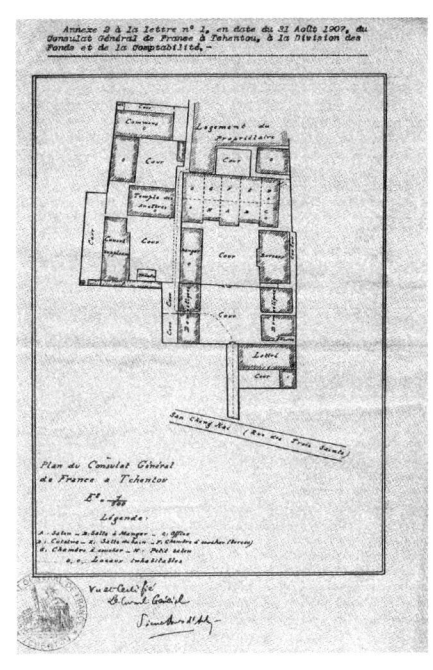

三圣街法国领事署平面图
[法] 杜满希提供

有两个问题需要在此加以说明：

第一，所谓法国总领事馆是多年来的民间俗称。按照清代的有关规定，因为成都不是通商口岸，是不能开设领事机构的。当时的西方列强法国、英国和德国都是在多方要求之后，在清朝官员的允许之下，只在成都开设了驻重庆领事馆的成都办事处或寓所，对外则仿照我国古代行宫、行营、行辕、行署的称呼，叫作"行馆"或"署"，开展他们所需要的外事活动。实际上这是清末政府在西方列强面前丧失主权的一种表现。例如法国驻成都的机构在刚成立时叫法国领事馆成都办事处，以后又改名为成都法国总领事署。到了民国时期，各国则以鱼目混珠的方式称为驻四川领事机构，仍然不能正式称为驻成都领事机构。一直到1942年和1945年，当时的民国政府外交部才分别正式同意英国和法国正式开设驻成都的领事馆。

第二，由于过去的某些误载，长期以来在绝大多数的书刊与文章中都说成都的法国总领事署最初是建立在张家巷，这是不正确的。根据新开馆的法国驻成都总领事馆所提供的原始资料，100年前所建立的法国总领事署最初的地址应当是三圣街，是由第一任总领事安迪在租用的住宅中开馆的，具体的地址据《成都通览》所载，就在原来的杨氏宫保府内，而在张家巷只是建有教堂。法国领事馆后来也在张家巷设立过，那已经是在1945年了。

· 街巷 ·

几条最重要的新街道

在全书结束之前还必须说明的是，今天成都的很多重要街道都是新中国成立之后和改革开放之后建成的新街道，本来不在本书的收录范围，但是以下几条最重要的新建街道已经成为今天成都街道系统中重要的坐标，在本书中多次提到，是不能不了解的，所以在这里作一个简要的介绍。

人民路

南北主干道之一，分段修建于1954年至1962年，以后又经过了扩建与改造。原来按北、中、南三段分段命名，1962年统一命名为人民路，1981年地名普查时统一分段命名为人民北路一段、人民北路二段、人民中路一段、人

20世纪50年代的人民南路（远处塔楼为陕西街存仁医院）　杨显峰提供

人民南路(由北向南)　1984年　[美]Cary Wolinsky摄影

民中路二段、人民中路三段、人民南路一段、人民南路二段、人民南路三段、人民南路四段，全路从火车北站到火车南站，总长度9.8公里。

　　需要注意的是：第一，人民路的分段排列顺序既不是从北到南，也不是从南到北，而是从中间往南北两端分别排列，即是从今天的天府广场往北，为人民中路一段、二段直到人民北路二段；从今天的天府广场往南，为人民南路一段直到人民南路四段。第二，人民南路二段到四段是在1958年至1962年陆续建成的。1958年在"大跃进"运动中兴建今天的人民南路二段和三段，初建时组织了大量的义务劳动大军，而义务劳动大军之中又以青年人居多（笔者当时正在四川大学读书，四川大学的数学等系的师生都曾经参加过修建），所以当时曾经将今天的人民南路二段命名为共青路。因为今天的人民南路三段穿过了当时的四川医学院并从南虹游泳池旁边通过，所以曾经命名为南虹路。第三，过去还有一条街道叫外南人民路，这与人民路没有任何关系。外南人民路

人民南路（由南向北）　1978年　牟航远摄影

几条最重要的新街道　**1179**

2008年5月19日，一个女孩在天府广场为汶川特大地震死难者祈祷。　　赖武摄影

原来是南城墙外面南河北岸羊皮坝街以西的道路，小地名叫泡桐树，但是在新中国成立以前人们都叫作娃娃坟，因为那是埋葬穷孩子、讨口子、大烟鬼的地方。新中国成立以后又叫渣滓坝，因为那里成了南门地区堆积垃圾的垃圾场，还曾经利用那里的垃圾作原料开办过颗粒肥料厂。改革开放以后清除了垃圾山，修建了房屋与道路，改名为外南人民路。近年的府河南河综合整治之后，扩建为锦里西路。第四，当年在修建人民南路之时，市长米建书和分管城建的副市长李劼人力排众议，坚持要有远见，不能太窄，要向巴黎的香榭丽舍大道看齐，在时任四川省建设厅厅长的马识途的配合下，终于修成了宽度为70米的大街。直到今天，这条全长6071米的大街仍然是成都市二环路以内最宽阔的大街，是50年来街道两边建筑几度改建而街道本身未曾扩建的大街，被人们誉为"天府第一大道"。

在原来的清代贡院（即成都人通称的"皇城"）南边，人民南路最北端的两侧，在1953年改造旧皇城坝为人民南路广场的时候，就形成了两条新的道路，经过逐渐地扩大与整修，在1965年正式命名为人民东路与人民西路。人民东路主要是在原来的东辕门街的基础之上改建的,人民西路基本上是在原来的皮房前街、皮房后街、大西巷、西辕门街的基础之上改建的。1987年蜀都大道建成以后,人民东路与人民西路都成了蜀都大道的一段。

2002年,为了人民南路继续向南延伸,修建了跨过火车南站的人民南路火车南站跨线桥,顶部以金沙出土的太阳神鸟图案作为标志,是目前成都最漂亮、最有代表性的立交桥,已被正式命名为天府立交桥。

2005年,人民北路与人民中路分为三大段进行了全面的特色塑造,即从火车北站到万福桥的"迎宾段",从万福桥到新华大道的"文化段",从新华大道到后子门的"都市段"。

红星路

南北主干道之一,在若干条小街的基础上新建与扩建而成,分段修建于1954年至1964年,全长3.1公里。

红星路在过去曾经有过不同的名称、不同的长度、不同的起讫范围。新

红星中路　1996年　周孟棋摄影

20世纪80年代从北向南望的红星路　杨显峰提供

▲ 2008年5月13日，冒雨在红星路自愿为地震灾区献血的成都市民。　张全能摄影

▶ 新南路　2002年　陈锦摄影

中国成立初期的1950年，把原来位于今天三槐树街至玉皇观街之间的一条小巷天灯巷改名为红星巷，是为红星路之始。1954年，将红星巷向北延伸至府河，命名为红星街。1964年，红星街向南延伸，穿过了几条街道，直到新南门大桥，成为一条南北主干道，改名为红星路。1966年，把红星路的起讫再向两端延伸，北至八里庄，南至磨子桥，都叫作红星路，也是几次变化之中最长的红星路。这其中，从八里庄到红星路大桥（即俗称的一号桥）为红星北路，从红星路大桥到新南门大桥为红星中路（这也就是原来的红星路与今天的红星路），从新南门大桥到磨子桥为红星南路。由于红星中路太长，又分为了五段。1981年地名普查时，决定把红星路的起讫范围限定于从红星路大桥到

新南门大桥,又从北向南分为四段,而把原来的红星北路定名为府青路,把原来的红星南路定名为新南路。对红星路的这一变化我们有必要加以了解,否则很容易造成误解。这其中最容易造成麻烦的是,1966年至1981年的红星中路与今天的红星路实际上是一条街道,但是当年的红星中路是分为五段,而今天的红星路只分为四段。原来的红星中路四段和五段,就是今天的红星路四段,这是在新中国成立初期的南打金街、丝棉街、四维街、建国北街四条街道的基础上扩建而成的。

今天在成都具有很高知名度的红星路步行街建于2003年,就是在红星路三段的基础上改建而成的,全长570米,宽40多米,形成了一个由七大景观组成的总面积达两万平方米的步行街广场。

蜀都大道

东西主干道之一,这是1981年至1984年在原有的东风路(这是1958年在原来的湖广馆街、棉花街的基础上扩建与新建的向东直达府河的新街道)、人民东路、人民西路的基础上新建与扩建的最主要的东西干道,初名人民东西

蜀都大道施工现场(原人民东路段,背景有钟楼)　1982年　周筱华摄影

路干道，1987年正式命名为蜀都大道，东起五桂桥，西至一环路西段，全长8584米，一共分为11段：双桂路、水碾河路、东风路、大慈寺路、总府路、人民东路、人民西路、少城路、金河路、通惠门路、十二桥路。2005年，街道再次扩建拓宽，除总府路为六车道之外均为八车道大街。

蜀都大道（由西向东）　20世纪90年代　周孟棋摄影

人民公园北侧的蜀都大道少城路段（前景是人民公园）　20世纪90年代　李绪成摄影

蜀都大道的快车道和慢车道　20世纪90年代　周孟棋摄影

新华大道

东西主干道之一，是新中国成立以后先后经过多次改建与扩建形成的。最先是在1964年建成了东起新华路大桥（即俗称的二号桥）、西至通锦桥的新华东路和新华西路，其中的新华东路分为四段，新华西路分为三段。1988年，将新华东路向东延伸，新华西路向西延伸，东起二环路东段，西至二环路北段，形成了一条东西方向的主干道，正式命名为新华大道，全长8.3公里，一共分为九段：双林路、三槐树路、玉沙路、德盛路、文武路、江汉路、通锦桥路、马家花园路、沙湾路。2005年，街道再次扩建拓宽，全部建成为六车道大街。

新华大道
1997年
周孟棋摄影

新华大道德盛路段
1993年
唐跃武摄影

一环路

　　成都第一条环形路，在当初修建的时候，是把它当作一条闹市区以外的交通道来修的，而不是当作街道来修的，因为初期的一环路多数路段两侧还都是农田。

　　一环路是逐步分段建成的。从 1955 年始建，到 1960 年合围成环，1962 年正式建成公路式的环形通道，并命名为一环路，路面宽度仅为 9—14 米。1984 年至 1987 年进行了全面改造扩建，于 1987 年 12 月 30 日全线通车，全长 19.38 公里，宽度扩大到 40—50 米，全路共分为十六段。其中东一环为五段，南一环为四段，西一环为三段，北一环为二段。

位于一环路侧的四川省博物馆
20世纪60年代
王文相摄影

一环路牛王庙街口
20世纪90年代
严永聪摄影

·街巷·

一环路南三段侧的跳伞塔　20世纪70年代　牟航远摄影

一环路成都中医药大学路口（右为蜀都大道，左为一环路） 2001年 周孟棋摄影

二环路

成都第二条环形路，最初的一段应当是从1955年在火车北站前开始修建的道路，到1962年共建成5段。二环路的全面修建是在1990年至1993年，全路竣工于1994年9月。当时也是作为交通道路修建的，还曾经有一个名字叫过境路，可是今天也已经发展成了都市之中热闹的街道。

二环路全长28.3公里，共分为十六段。其中东二环为五段，南二环为四段，西二环为三段，北二环为四段。

二环路东五段，左上方是东湖，左下方是河心村。 2001年 周筱华摄影

二环路府青立交桥　1988年　唐跃武摄影

二环路清水河悬索大桥　2008年　严永聪摄影

三环路

成都第三条环形路,修建于1998年至2002年,2002年10月28日正式通车,是双向12车道的宽阔大道。建有互通式立交桥5座,部分互通式立交桥8座,跨铁路立交桥5座,分离式立交桥9座,跨河桥5座,轻型跨线桥两座。两侧有宽达50米的绿化带,所以是一条名副其实的景观大道、生态走廊。

三环路苏坡立交桥下的川剧脸谱艺术长廊
2007年　严永聪摄影

三环路羊犀立交桥　2007年　严永聪摄影

三环路全长51.4公里，宽80米，共分为19段。其中东三环为五段，南三环为五段，西三环为五段，北三环为四段。

三环路的建设融入了文化艺术内涵，东面以"蜀誉天下"为主题，以成南立交桥下的艺术装饰为中心；南面以"蜀都华章"为主题，以人南立交桥下的艺术装饰为中心；西面以"蜀风溯源"为主题，以苏坡立交桥下的艺术装饰为中心；北面以"蜀道通途"为主题，以川陕立交桥下的艺术装饰为中心。特别是苏坡立交桥下的川剧脸谱艺术长廊被喻为全国首创的最有创意的立交桥装饰精品。三环路两侧的绿化带宽50米，植物的选配与景观的设计各具特色。

三环路以内的城区面积为192.842平方公里，这可以视为当代成都主城区的面积。

天府立交桥　2007年　严永聪摄影

主要参考资料目录

成都通览　傅崇矩编　袁庭栋等整理
　　巴蜀书社1987年版
华阳国志校注　刘琳校注
　　巴蜀书社1984年版
成都城坊古迹考　四川省文史馆编
　　四川人民出版社1987年版
成都城区街名通览　吴世先主编
　　成都出版社1992年版
成都地名掌故　吴世先主编
　　成都时代出版社2006年版
成都街名指南
　　成都市地名学会、成都市方志办编
　　成都时代出版社2005年版
锦里街名话旧　张绍诚著
　　巴蜀书社2005年版
成都老街的前事今生　曹丽娟　凌宪主编
　　四川人民出版社2010年版
四川旧事　郑光路著
　　四川人民出版社2007年版
成都旧事　郑光路著
　　四川人民出版社2007年版
成都竹枝词（增订本）　林孔翼辑
　　四川人民出版社1986年版
锦城旧事竹枝词　何蕴若著
　　中国三峡出版社2000年版
走进老成都　蒲秀政主编
　　四川人民出版社2002年版
图说老成都　冯朝建　蒲秀政主编
　　成都时代出版社2007年版
地上成都　肖平著
　　成都时代出版社2003年版
地下成都　肖平著
　　成都时代出版社2003年版
人文成都　肖平著
　　成都时代出版社2003年版
李劼人说成都　曾智中　尤德彦编
　　四川文艺出版社2001年版
历代诗人咏成都
　　成都市文联　成都市诗词学会编
　　四川文艺出版社1999年版
从历史的偏旁进入成都　冉云飞著
　　四川文艺出版社1999年版
成都：近五十年的私人记忆　张先德著
　　四川文艺出版社1999年版
民国时期的老成都　王泽华　王鹤著
　　四川文艺出版社1999年版
文化人视野中的老成都　曾智中　尤德彦编
　　四川文艺出版社1999年版
市民记忆中的老成都　冯至诚编
　　四川文艺出版社1999年版
车辐叙旧　车辐著　车新民整理
　　四川科技出版社2006年版
老成都·芙蓉秋梦　流沙河著
　　江苏美术出版社2004年版
流沙河近作　流沙河著
　　安徽教育出版社2006年版
成都城市史　张学君　张莉红著
　　成都出版社1993年版

成都夜话　何承朴著
　　四川人民出版社1986年版
成都旧闻　邓穆卿著
　　成都时代出版社2005年版
中国川剧通史　邓运佳著
　　四川大学出版社1993年版
成都城市研究　成都市城市科学研究会编
　　四川大学出版社1989年版
寻城记·成都　田飞　李果寻访
　　四川文艺出版社2007年版
无名英雄碑与抗日将领墓　孙珙华　刘玉珊著
　　巴蜀书社2005年版
锦江春色与天齐　吴天玉主编
　　巴蜀书社2005年版
锦江记忆　锦江区地方志编纂委员会办公室编
　　新华出版社2008年版
锦江街巷（上中下）
　　锦江区地方志编纂委员会办公室编
　　新华出版社版2009年版
金牛掌故　金牛区地方志编纂委员会办公室编
　　巴蜀书社2004年版
悠悠往事情——记老一辈无产阶级革命家在成都
　　中共成都市委党史研究室编
　　成都出版社1995年版
成都百年百人　王跃等著
　　四川人民出版社2008年版
成都名人　江学贵主编
　　四川大学出版社1993年版
大师们的成都岁月　雷文景著
　　商务印书馆2013年版
李劼人图传　王嘉陵　郭志强主编
　　天地出版社2005年版
赵藩纪念文集　张勇主编
　　云南美术出版社2004年版
尹昌龄研究　陕西省商洛中学主编
　　中国文联出版社2010年版

八年抗战在蓉城　中共成都市委党史研究室编
　　成都出版社1994年版
成都大轰炸
　　成都市人民防空办公室
　　成都市国防教育学会编
　　中国和平出版社2009年版
川人大抗战　郑光路著
　　四川人民出版社2005年版
抗战时期内迁西南的高等院校
　　中国人民政治协商会议西南地区文史资料
　　协作会议编
　　贵州民族出版社1988年版
中共四川地方党史大事年表
　　中共四川省委党史工作委员会
　　四川人民出版社1985年版
中国共产党四川历史大事记（民主革命时期）
　　张继禄主编
　　四川大学出版社1997年版
第二条战线在四川　龚自德主编
　　成都科技大学出版社1997年版
四川统一战线人物录　中共四川省委统战部编
　　四川科技出版社1993年版
蓉城春晓——解放成都纪实　陈宇著
　　军事科学出版社1997年版
四川国民党史志
　　四川省文史研究馆
　　四川省人民政府参事室编
　　四川人民出版社1994年版
成都诗览　冯广宏　肖矩主编
　　华夏出版社2008年版
当代诗人咏成都　成都市诗词楹联学会编
　　中国三峡出版社2005年版
成都府南两河史话　冯举等主编
　　四川民族出版社1998年版
成都河话古今　冯广宏主编
　　中国三峡出版社2002年版

主要参考资料目录　1195

锦官城遗事　卢泽明等主编
　　成都时代出版社2005年版
成都掌故　白郎主编
　　成都时代出版社2012年版
锦官城掌故　白郎主编
　　成都时代出版社2013年版
巴蜀掌故集粹　骆永寿主编
　　四川大学出版社1997年版
千年一坊　章夫　郑光路著
　　四川文艺出版社2011年版
锦江商脉　章夫　凸凹著
　　四川文艺出版社2011年版
春熙路史记　蒋蓝著
　　四川文艺出版社2011年版
古蜀之肺　冉云飞著
　　四川文艺出版社2011年版
首街　魏亦　凸凹著
　　四川文艺出版社2011年版
四川大学史稿　四川大学史稿编审委员会编
　　四川大学出版社2006年版
华西医科大学校史　华西校史编委会编
　　四川教育出版社1990年版
百年仁济　徐俊波主编
　　四川大学出版社2011年版
新闻出版史料
　　四川省新闻出版局史志编纂委员会编
　　四川人民出版社1992年版
成都掌故第一集　成都市群众艺术馆编
　　成都出版社1996年版
成都掌故第二集　成都市群众艺术馆编
　　四川大学出版社1998年版
成都掌故第三集　成都市群众艺术馆编
　　四川大学出版社2001年版
成都旧志丛书
　　成都市地方志编纂委员会
　　四川大学历史地理研究所整理
　　成都时代出版社2008年版
成都市志　成都市地方志编纂委员会编纂
　　各分志由四川人民出版社近年间陆续出版
四川省志·人物志　四川地方志编纂委员会编纂
　　四川人民出版社2001年版
四川省志·文物志　四川地方志编纂委员会编纂
　　四川人民出版社1999年版
巴蜀文化图典　编委会编
　　四川人民出版社1999年版
四川50年图集　编委会编
　　四川人民出版社1999年版
百年沧桑　成都巨变
　　成都市对外文化交流协会编
　　成都时代出版社2002年版
巴蜀撷影　四川省档案馆编
　　中国人民大学出版社2009年版
锦绣成都　成都市对外文化交流协会编
　　四川人民出版社1996年版
成都风光
　　四川人民出版社　四川省群众艺术馆编
　　四川人民出版社1959年版
成都城建百年经典图册
　　成都市建设信息中心编
　　成都时代出版社2008年版
中国共产党成都历史图志第一卷
　　成都市委党史研究室编
　　中共党史出版社2008年版
光辉历程——中国共产党成都地方组织历史图志
　　成都市委党史研究室编
　　四川美术出版社2001年版
锦绣天府　四川省人民政府新闻办公室编
　　四川美术出版社1999年版
成都概览　成都市地方志编纂委员会编
　　成都时代出版社2009年版
成都建设50年　成都市建设管理委员会编
　　四川美术出版社1999年版

成都40年　成都市委宣传部、成都晚报社编
　　成都出版社1999年版
华西坝——华西协合大学影录　吕重九主编
　　四川人民出版社2000年版
印象华西坝　戚亚南　罗俊荷著
　　四川人民出版社2006年版
风过华西坝　岱峻著
　　江苏文艺出版社2013年版
历史文化名城成都
　　成都市历史文化名城专业委员会主编
　　四川文艺出版社2003年版
四川省图书馆馆藏珍品集　李忠昊主编
　　四川美术出版社2002年版
法国与四川：百年回眸　[法]杜满希编著
　　成都时代出版社2007年版
巴蜀老照片
　　——德国魏司夫妇的中国西南纪行
　　[德]塔玛拉·魏司编著
　　四川大学出版社2009年版
巴蜀旧影　[日]山川早水著　李密等译
　　四川人民出版社2005年版
中国十八省府　[美]威廉·埃德加·盖洛著
　　山东画报出版社2008年版
横跨中国大陆——游蜀杂俎
　　[日]中野狐山著　郭举昆译
　　中华书局2007年版
街头文化　王笛著　李德英等译
　　中国人民大学出版社2006年版
四川省成都市地名录第一分册
　　成都市地名领导小组1983年编印
金牛区地名诸说　成都市金牛区文化局
　　成都市金牛区文联2000年编印
名城成都的保护与发展
　　成都市城市科学研究会1987年编印
老成都·新成都——2005-2007年档案展览精选
　　成都市档案局2008年编印

成都城市规划与建设
　　成都市规划设计院1987年编印
成都曲艺志
　　成都市文化局2007年编印
成都满蒙族志
　　成都市满蒙人民学习委员会1993年编印
成都地方志通讯
　　成都市地方志编纂委员会编印
成都史志
　　成都市地方志编纂委员会编印
成都故事
　　成都故事编辑部编印
成都画苑
　　成都画院编印
成都文化通讯
　　成都文化通讯编辑部编印
大慈
　　大慈编辑部编印
成都市民族宗教房地产志资料选编一、二集
　　成都市民族宗教房地产志编纂办公室编

成都文史资料选辑
四川文史资料选辑
少城文史资料
武侯文史资料选辑
成都日报
成都晚报
成都商报
华西都市报
天府早报
四川日报
巴蜀网
巴蜀文化网

地名索引

一画

一水巷 294
一心桥街 227
一环路 1188
一洞桥街 226
一街坊 294

二画

二水巷 294
二仙桥路 219
二环路 1190
二道桥街 224
二道街 295
十一街 298
十二桥路 180
十七街 298
丁公祠街 579
丁字街 966
七家巷 1143
八宝街 804
人民路 1177
人寿巷 1125

九龙巷 958
九如村 804
九如巷 804
九里堤路 545
九思巷 1156
九眼桥 136

三画

三元正街 623
三元巷 623
三圣祠街 714
三圣街 1172
三多里 800
三多巷 800
三环路 1192
三官堂街 618
三洞桥路 220
三桂前街 942
三桥正街 193
三桥南街 193
三倒拐街 968
三道街 295
三槐树路 937

干槐树街 935
下水巷 946
下河坝街 1050
下莲池街 951
大田坎街 1007
大有巷 851
大同巷 882
大安正街 208
大红土地庙街 638
大坝巷 1094
大学路 1068
大南海巷 692
大科甲巷 361
大悲巷 692
大塘坎街 949
大慈寺街 653
大慈寺路 653
大福建营巷 405
大墙东街 1032
大墙西街 1032
万年场下街 905
万年场上街 905
万年场路 905
万担仓路 505

万福桥 …………116	马家花园路 ……1141	五福胡同 …………802
上水巷 ………… 946	马家巷 …………1142	五福街 ………… 802
上升街 ………… 849	马道街 ………… 410	支机石街 …………517
上半截街 …………918	马鞍山路 …………1010	厅署街 ………… 352
上池正街 ………… 947	马镇街 ………… 407	不穿巷子 ………… 972
上池北街 ………… 947	乡农市街 ………… 455	太升桥 …………124
上河坝街 ………… 1050		太升路 ………… 846
上翔街 ………… 849	四画	太平街 …………711
小天九巷 …………696		太玄路 ………… 603
小天九路 …………696	王化桥街 …………1167	互助路 ………… 903
小天竺街 …………696	王爷庙街 ………… 709	互利正街 …………1146
小北街 ………… 270	王家坝后街 ……1122	少城 …………16
小关庙街 ………… 552	王家坝街 …………1122	中山街 …………590
小红土地庙街 … 638	王家塘街 …………955	中学路 ………… 1077
小河街 ………… 1064	王道正直街 …… 1086	中莲池正街 ……… 949
小学路 ………… 1080	井巷子 ………… 1000	中道西巷 …………412
小南街 ………… 263	天仙桥路 …………1165	中道后街 …………412
小科甲巷 ………… 361	天成街 ………… 1042	中道街 …………412
小通巷 ………… 970	天灯巷 ………… 872	中新街 ………… 287
小淖坝街 ………… 949	天祥寺横街 ……… 573	内姜街 …………1158
小税巷 ………… 902	天祥街 ………… 573	水井街 ………… 980
小塘坎街 ………… 949	天涯石街 ………… 521	水东门街 ………… 273
小福建营巷 ……… 405	天福街 ………… 855	水津街 ………… 946
千祥街 ………… 884	元通巷 …………695	水碾河路 ………… 943
川主庙街 ………… 715	五丁桥 ………… 114	牛王庙巷 ………… 644
广东馆街 ………… 761	五丁路 ………… 114	牛王庙街 ………… 644
广福桥街 …………1168	五世同堂街 ……… 1109	牛市口 ………… 432
义学巷 ………… 371	五块石 ………… 525	毛家拐街 …………1128
卫民巷 ………… 704	五岳宫街 ………… 631	升平街 ………… 846
女儿碑街 ………… 678	五桂桥 ………… 187	长发街 …………1112
飞龙巷 ………… 903	五福村 ………… 802	长顺街 ………… 808
马王庙街 ………… 645	五福巷 ………… 802	仁义巷 ………… 904

地名索引 **1199**

仁寿里 1147	玉林路 1166	东马棚街 1033
仁厚街 817	玉带桥街 215	东升街 847
化成寺街 687	玉皇观街 616	东风桥 129
化成街 229	玉泉街 550	东玉龙街 281
公平巷 203	玉章路 598	东龙须巷 285
公行道 901	打金街 478	东永安街 873
月城街 267	打铜街 478	东华门街 1025
文化街 1093	正府街 347	东华正街 1025
文华大道 1093	正科甲巷 361	东安北路 280
文华路 1093	正通顺街 866	东安南路 280
文武路 735	古中市街 495	东府街 354
文明巷 903	古佛寺街 687	东垣街 589
文庙西街 717	古卧龙桥街 198	东城拐下街 972
文庙后街 717	古雅坡路 881	东城拐街 972
文庙前街 717	石马巷 528	东城根街 1020
文庙街 717	石灰街 483	东顺城街 1018
文殊院街 663	石佛寺街 687	东胜街 273
文翁路 529	石室巷 532	东珠市街 890
方正街 579	石笋街 523	东都街 412
方池街 954	布后街 316	东桂街 917
双林路 939	布坝子街 486	东较场街 390
双栅子街 988	龙王庙正街 641	东通顺街 866
双桂路 942	龙王庙南街 641	东御河北街 1054
双桥路 939	龙舟路 1120	东御河沿街 1054
双槐树街 936	龙江路 859	东御河街 1054
书院街 1086	平安巷 209	东御街 1056
	平安桥街 209	东锦江街 195
五画	东二巷 293	东新街 290
	东大街 251	东辕门街 1029
玉石街 961	东大路 272	北大街 269
玉成街 878	东门桥（东门大桥）.. 129	北门桥（北门大桥）..121
玉沙路 961	东门街 1024	北月城街 267

北东街 …………271	永陵路 ……………570	西城角街 …………1031
北城街 …………293	永靖街 ……………886	西城巷 ……………1031
北巷子 …………292	皮房后街 …………467	西城根街 …………1020
北顺城街 ………1018	皮房前街 …………467	西顺河街 …………1064
北较场西路 ……395	皮房街 ……………467	西皇城边街 ……1025
北较场后街 ……395	丝棉街 ……………467	西胜街 ……………273
北鏊新街 ………685		西珠市街 …………890
北新街 …………287	六画	西都街 ……………412
电信路 …………1046		西较场 ……………390
四圣祠街 ………737	吉祥街 ……………805	西御河边街 ……1055
四维村 …………801	老马路 ……………859	西御河沿街 ……1054
四维街 …………801	老古巷 ……………883	西御街 ……………1056
四道街 …………295	老东城根街 ……1020	西辕门街 ………1029
代书街 …………491	共和里 ……………864	百寿路 ……………230
白下路 …………413	共和路 ……………864	百花潭桥 …………154
白马寺街 ………670	过街楼街 ………1035	存古巷 ……………883
白马巷 …………670	过街楼横街 ……1035	成华街 ……………897
白云寺街 ………679	西二巷 ……………293	光大巷 ……………1115
白丝街 …………1155	西大街 ……………266	光华村街 ………1083
白家塘街 ………956	西马棚街 ………1033	光华街 ……………260
白塔寺街 ………710	西月城街 …………267	光明巷 ……………872
白蜡村 …………932	西玉龙街 …………281	同仁路 ……………810
外东上河坝街 …1050	西龙须巷 …………285	同春里 ……………1063
外南泡桐树 ……921	西北桥 ……………113	同善桥街 …………229
包家巷 …………1134	西华门街 ………1025	年丰巷 ……………881
半边桥北街 ……190	西安路 ……………286	先锋路 ……………903
半边桥南街 ……190	西坛神巷 …………650	竹叶巷 ……………918
半边街 …………965	西府北街 …………354	竹林村 ……………918
头福街 …………827	西府南街 …………354	竹林巷 ……………918
宁夏街 …………1143	西城边街 …………533	华兴上街 …………819
永兴巷 …………875	西城角边街 ……1031	华兴正街 …………819
永安街 …………873	西城角巷 ………1031	华兴东街 …………819

华兴巷 ……………… 819	安顺廊桥 ……………… 134	花照壁街 ……………… 260
华严巷 ……………… 696	如是庵街 ……………… 693	苏坡桥街 ……………… 183
向阳街 ……………… 851	观音巷 ……………… 682	李家巷 ……………… 1130
向荣桥街 ……………… 204	观音阁巷 ……………… 682	杨柳巷 ……………… 1102
后子门街 ……………… 1160	观音阁街 ……………… 682	体育场路 ……………… 1094
后包家巷 ……………… 1134	观音堂街 ……………… 682	体院路 ……………… 1097
后河边街 ……………… 1050	红瓦寺街 ……………… 679	何公巷 ……………… 586
会府街 ……………… 766	红石柱正街 ……………… 973	伴仙街 ……………… 965
杀牛巷 ……………… 446	红石柱街 ……………… 973	皂角巷 ……………… 931
杀猪巷 ……………… 446	红石柱横街 ……………… 973	余庆桥街 ……………… 205
合江桥 ……………… 131	红布正街 ……………… 505	迎曦下街 ……………… 900
多子巷 ……………… 592	红布横街 ……………… 505	迎曦上街 ……………… 900
多宝寺路 ……………… 684	红庙子街 ……………… 690	冻青树街 ……………… 1170
庆云街 ……………… 688	红星桥（一号桥）…… 125	状元街 ……………… 581
庆宪街 ……………… 899	红星路 ……………… 1181	灶君庙街 ……………… 646
衣冠庙 ……………… 548	红牌楼北街 ……………… 1035	汪家拐街 ……………… 1127
羊子市巷 ……………… 435	红照壁街 ……………… 260	沙河铺 ……………… 386
羊市北巷 ……………… 435	红墙巷 ……………… 975	宋公桥街 ……………… 575
羊市巷 ……………… 435		宏济路 ……………… 1171
羊市街 ……………… 435	**七画**	良医巷 ……………… 896
羊皮坝街 ……………… 435		君平巷 ……………… 532
米市坝街 ……………… 449	抚琴路 ……………… 1148	君平街 ……………… 532
灯笼巷 ……………… 481	坛神巷 ……………… 650	张家巷 ……………… 894
灯笼街 ……………… 481	坛罐窑巷 ……………… 483	张澜路 ……………… 596
江汉路 ……………… 413	走马街 ……………… 306	鸡市巷 ……………… 447
江南馆街 ……………… 747	均隆街 ……………… 1153	鸡市街 ……………… 447
江源巷 ……………… 1119	芙蓉巷 ……………… 910	纬一路 ……………… 294
兴隆街 ……………… 828	芙蓉街 ……………… 910	纯化街 ……………… 792
兴禅寺街 ……………… 678	芷泉街 ……………… 856	纯阳观街 ……………… 624
守经街 ……………… 704	花圃北路 ……………… 898	纱帽街 ……………… 467
字库街 ……………… 652	花圃路 ……………… 898	
安全巷 ……………… 866	花牌坊街 ……………… 1036	

八画

武成门桥（新东门大桥）
.................128
武侯祠大街 538
武侯祠横街 538
武都路 526
青石桥街 200
青龙正街 232
青龙巷 232
青龙街 232
青龙横街 232
青年路 958
青羊上街 605
青羊正街 605
青果街 452
青莲上街 694
青莲巷 694
劼人路 599
拐枣树街 930
苦竹林街 918
卧牛巷 1003
枣子巷 926
转轮藏街 676
昆明路 413
国学巷 1064
昌福馆街 496
明星巷 706
忠孝巷 904
忠烈祠街 766
和平街 852
和尚街 660
岳府街 586
金马街 527
金玉街 749
金仙桥路 228
金丝街 474
金华街 707
金字街 493
金沙寺街 672
金沙桥街 223
金沙遗址路 514
金沙路 514
金鱼街 1045
金河边街 1050
金河路 1046
金泉街 987
金家坝街 1125
金陵路 1081
斧头巷 968
肥猪市街 446
鱼市坝街 449
狗头巷 1151
净居寺路 575
放生池街 553
育婴堂街 419
法云庵路 693
油篓街 482
泡桐树街 921
学道街 319
学署街 352
帘官公所街 359
实业街 507
建设路 1104
建国巷 1091
孟家巷 1140
陕西街 751
线香街 491
驷马桥街 177
经一路 294

九画

春熙路 831
拱背桥街 205
城边街 1032
城守街 251
城隍庙街 632
城隍巷 632
指挥街 343
草市街 453
草堂路 564
茗粥巷 422
荔枝巷 889
南大街 260
南门桥（老南门大桥）
.................163
南台路 700
南灯巷 872
南府街 354
南河口街 1050
南河桥（彩虹桥）....162
南城塘坎街 947
南巷子 292
南虹村 1081
南虹路 1081

南较场 ……………… 390	洗面桥街 …………… 549	爱民路 ……………… 903
南新街 ……………… 287	洗脚河街 …………… 1171	浆洗街 ……………… 489
南薰巷 ……………… 1087	染房街 ……………… 486	席草田街 …………… 494
栅子街 ……………… 988	染靛街 ……………… 484	凉水井街 …………… 985
柳荫街 ……………… 1102	洛阳路 ……………… 413	烧房巷 ……………… 446
柿子巷 ……………… 923	穿巷子 ……………… 972	烟袋巷 ……………… 488
树德里 ……………… 1088	穿院巷 ……………… 972	海椒市街 …………… 451
树德巷 ……………… 1088	神仙树 ……………… 653	悦来场巷 …………… 496
奎星楼街 …………… 629	祠堂街 ……………… 773	宽巷子 ……………… 992
点将台街 …………… 1108	骆公祠街 …………… 852	宾隆巷 ……………… 858
临江路 ……………… 1081		宾隆街 ……………… 858
星桥街 ……………… 231	**十画**	窄巷子 ……………… 992
星辉桥 ……………… 121		娘娘庙街 …………… 559
昭忠祠街 …………… 771	珠市街 ……………… 890	通顺桥街 …………… 213
贵州馆街 …………… 764	珠宝巷 ……………… 475	通锦桥路 …………… 224
虹 桥 ……………… 161	珠宝街 ……………… 475	通锦路 ……………… 224
香巷子 ……………… 493	盐市口 ……………… 423	
复兴桥（新南门大桥）	盐道街 ……………… 332	**十一画**
……………… 173	耿家巷 ……………… 1139	
顺城大街 …………… 1012	莲花池街 …………… 945	教练所街 …………… 404
皇华馆街 …………… 790	莲花村 ……………… 945	培根路 ……………… 1043
胜利村 ……………… 865	桂王桥街 …………… 216	菱窠路 ……………… 599
胜利街 ……………… 865	桂花巷 ……………… 916	黄瓦街 ……………… 974
狮子巷 ……………… 1004	桂花街 ……………… 916	黄田坝 ……………… 1114
狮马路 ……………… 1004	桓侯巷 ……………… 553	黄伞巷 ……………… 1113
将军街 ……………… 593	桓新巷 ……………… 553	黄忠街 ……………… 557
将军衙门 …………… 308	较场坝街 …………… 1108	黄忠路 ……………… 557
亲仁里 ……………… 818	致民路 ……………… 859	营门口路 …………… 547
送仙桥 ……………… 151	铁匠巷 ……………… 477	梵音寺街 …………… 686
前卫街 ……………… 401	铁箍井街 …………… 977	梓潼桥街 …………… 625
总府街 ……………… 336	笔帖式街 …………… 369	梓潼街 ……………… 1146
炮厂坝街 …………… 1045	倒桑树街 …………… 938	曹家巷 ……………… 1117

崇义桥 ……………186	紫东正街 …………857	锦华馆街 …………1040
崇德里 …………1144	紫东楼街 …………857	锦江里 ……………195
铜井巷 ……………986	暑袜街 ……………459	锦江桥 ……………169
铜丝街 ……………474	喇嘛寺街 …………677	锦江街 ……………195
铲布巷 ……………896	遇仙桥 ……………151	锦江路 ……………195
银丝街 ……………474	鹅市巷 ……………447	锦官驿街 …………382
银杏路 ……………912	筒车巷 ……………1006	锦官桥 ……………160
梨花街 ……………924	牌坊巷 ……………1036	解放路 ……………907
猛追湾街 …………1104	焦家巷 ……………1132	酱园公所街 ………797
康庄街 ……………574	斌升街 ……………847	新一村 ……………300
商业场街 …………496	童子街 ……………368	新二村 ……………300
商业街 ……………507	粪草湖街 …………957	新九眼桥 …………136
望平街 ……………878	湖广馆街 …………745	新开寺街 …………704
望仙桥 ……………151	裤子街 ……………629	新开街 ……………1002
望江桥（玉津桥）…143		新生路 ……………859
清安街 ……………871	**十三画**	新半边街 …………965
清洁巷 ……………904		新华大道 …………1187
梁家巷 ……………1130	鼓楼北街 …………375	新华桥（二号桥）..126
惜字宫南街 ………651	鼓楼南街 …………375	新安桥（安顺桥）..174
隆兴街 ……………829	鼓楼洞街 …………375	新巷子 ……………1001
隆盛街 ……………831	莲华寺街 …………685	新集场巷 …………496
绳溪巷 ……………701	楞伽庵街 …………673	新街后巷子 ………287
	槐树街 ……………933	慈惠堂街 …………415
十二画	督院街 ……………301	福兴街 ……………765
	照壁巷 ……………347	福德巷 ……………639
琴台路 ……………533	署前街 ……………352	福德街 ……………639
提督街 ……………323	蜀汉街 ……………564	群众路 ……………859
联升巷 ……………367	蜀汉路 ……………564	叠湾巷 ……………969
落虹桥街 …………230	蜀华街 ……………1091	
落酱园巷 …………1150	蜀华路 ……………1091	**十四画**
椒子街 ……………1153	蜀都大道 …………1184	
棉花街 ……………467	锣锅巷 ……………479	瘟祖庙街 …………649

地名索引 **1205**

骡马市街 439

十五画

横九龙巷 958
横东城根街 1020
横陕西街 751
锐钯街 661
德盛路 831

十六画

燕鲁公所街 762

鹦哥巷 918
磨子街 581
磨房街 663
簧门后街 1066
簧门街 1066

十七画

爵版街 372
糠市街 449

十八画

藩库街 311

藩署街 311

十九画

簸箕街 1008

主题索引

说明：在写作与修改本书时，为了自己检索方便，我逐步将书中涉及的一些知识点做了一个简略的分类记载，名为"知识要点"。出书之后，一些热心读者认为书中有关成都的知识很多，应当有一个主题索引方便检索。我把这个"知识要点"给他们看，他们都大喜过望，说对他们很有帮助，纷纷复印而去，并建议修订再版时一定增入书中。现在我决定在重新翻检整理之后作为本书的《主题索引》增入书中，并有几点说明：1.这不是严格意义上的《主题索引》，只是书中有关成都诸多知识点的索引。2.检索中所涉及的内容大多数均属新中国成立之前"老成都"的范围，只有很少数属于新中国成立之后。3.有关各条街巷的得名与演变，均见于有关街巷的文字之中，未列入索引。4.为了与有关街巷密切联系，没有使用页码检索，而是以本书目录所列的街巷名称（如果对街巷的分类不熟，可利用本书的地名索引）进行检索。5.本书的大多数文字都属于有关老成都的知识，如果要把书中的知识点全都列出，篇幅实在太大。这里所选列的是我认为读者有可能查寻的。不妥或粗疏之处在所难免，尚祈读者鉴谅。

一、人物

李思纯（龟城）

刘开渠（东门）

陈麻婆（万福桥）

杨素兰（武成门桥）

任鸿隽（九眼桥）

杨前生（望江桥）

马长卿（望江桥）

顾颉刚（崇义桥、青莲巷）

钱　穆（崇义桥）

隆　莲（通顺桥街）

顾复初（桂王桥街）

傅崇矩（桂王桥街）

扬　雄（青龙街）

戚寿南（青龙街）

彭劭农（城守东大街）

杨天鹏（东大街）

杜　黄（小南街）

董竹君（东胜街）

李硕勋（西胜街）

阳汉笙（西胜街）

黄汲清（西胜街）

周企何（东新街）

田颂尧（西二巷）

阳友鹤（西二道街）

向　楚（十一街）

廖观音（督院街）

任乃强（藩署街）

沙　汀（布后街）

艾　芜（布后街）

熊克武（布后街）

肖楷成（学道街）

张秀熟（学道街）

饶国华（提督街）　　　　　　　严　遵（君平街）
袁焕仙（提督街）　　　　　　　易均室（玉泉街）
马一浮（提督街）　　　　　　　杨闇公（娘娘庙街）
赵　藩（盐道街）　　　　　　　王　建（永陵路）
赖源鑫（赖汤圆）（总府街）　　宋　濂（宋公桥街）
叶伯和（指挥街）　　　　　　　方孝孺（方正街）
贾培之（东府街）　　　　　　　丁宝桢（方正街）
田家英（帘官公所街）　　　　　杨　慎（状元街）
康芷林（大科甲巷）　　　　　　岳钟琪（岳府街）
林思进（爵版街）　　　　　　　陈东垣（东垣街）
薄辅周（鼓楼洞街）　　　　　　余中英（多子巷）
天　籁（鼓楼洞街）　　　　　　杨　森（将军街）
李德才（鼓楼洞街）　　　　　　赵少咸（将军街）
谢　持（沙河铺）　　　　　　　张　澜（张澜路、培根路）
魏长生（东较场街）　　　　　　吴玉章（玉章路）
杨遇春（前卫街）　　　　　　　李劼人（劼人路）
龚道耕（小福建营巷）　　　　　周太玄（太玄路）
王兆荣（小福建营巷）　　　　　张漾兮（梓潼桥街）
吴芳吉（小福建营巷）　　　　　魏时珍（奎星楼街）
张培爵（马镇街）　　　　　　　黄季陆（红瓦寺街）
罗蜀芳（马道街）　　　　　　　方文培（红瓦寺街）
尹昌龄（慈惠堂街）　　　　　　徐中舒（红瓦寺街）
刘师亮（慈惠堂街）　　　　　　邓锡侯（庆云街）
罗仲麒（盐市口）　　　　　　　满秀实（小天竺街）
黄吉安（羊市街）　　　　　　　丁佑君（绳溪巷）
韩素音（羊市街、小天竺街）　　冷寅东（新开寺街）
孙元良（骡马市街）　　　　　　李一氓（文庙前街）
胡政之（纱帽街）　　　　　　　贺　麟（文庙前街）
卓秉恬（棉花街）　　　　　　　聋道人（文庙前街）
张　群（珠宝街）　　　　　　　颜　楷（文庙后街）
周善培（商业场街）　　　　　　肖淑明（文庙后街）
李　璜（支机石街）　　　　　　曾　琦（文庙西街）

晏阳初（文庙西街） 李斯炽（良医巷）
启尔德（四圣祠街） 张群仙（公行道）
翁之龙（四圣祠街） 周慕莲（竹林巷）
谢无量（四圣祠西街） 张为炯（泡桐树街）
黄　侃（金玉街） 杜自明（柿子巷）
吴　宓（陕西街） 何仁甫（柿子巷）
张志和（陕西街） 黄稚荃（枣子巷）
陈彦衡（陕西街） 刘子华（枣子巷）
宋育仁（陕西街） 戴季陶（枣子巷）
樊孔周（燕鲁公所街） 吴君毅（槐树街）
年羹尧（祠堂街） 向宗鲁（槐树街）
卢作孚（祠堂街） 刘从云（三槐树街）
王铭章（祠堂街） 袁诗荛（下莲池街）
刘　沅（纯化街） 刘文辉（玉沙路）
刘鉴泉（纯化街） 李调元（丁字街）
刘咸荣（纯化街） 曾孝谷（小通巷）
胡兰畦（酱园公所街） 刘愿庵（黄瓦街）
杨佑之（吉祥街） 蒙文通（水井街）
陆　秀（吉祥街） 林如稷（水井街）
罗　纶（同仁路） 任中敏（水井街）
裴铁侠（同仁路） 唐步祺（水井街）
陈子庄（仁厚街） 吴　虞（栅子街）
王陵基（隆兴街） 曾　兰（栅子街）
庞石帚（斌升街） 李筱亭（双栅子街）
严谷声（和平街） 张圣奘（宽巷子）
黄佩莲（芷泉街） 李　植（宽巷子）
王光祈（新生路） 徐仁甫（宽巷子）
巴　金（正通顺街） 韩文畦（宽巷子）
徐无闻（正通顺街） 石肇武（宽巷子）
陈　离（永安街） 吴一峰（卧牛巷）
潘文华（永兴巷） 李月秋（东顺城街）
刘存厚（西珠市街） 贾瞎子（东城根街）

周麻子（东城根街）
司胖子（东城根街）
郑钦安（东华正街）
黄济川（东华正街）
王静安（西华门街）
吴天成（天成街）
车耀先（金河街）
谢　霖（光华村街）
孙　震（树德里）
张露萍（蜀华街）
王右木（大坝巷）
郑怀贤（体院路）
刘　湘（体院路）
曾炳昆（曹家巷）
尹昌衡（王家坝街）
马宗融（人寿巷）
罗　淑（人寿巷）
张怡荪（焦家巷）
屈守元（焦家巷）
袁　珂（焦家巷）
叶心清（包家巷）
黄敬临（包家巷）
喻培伦（孟家巷）
马毓智（马家花园路）
冯汉骥（抚琴路）
骆成骧（落酱园巷）
张采芹（内姜街）
李家钰（广福桥街）
朱德在成都（文庙西街）
彭德怀在成都（永兴巷）
陈毅在成都（大田坎街、包家巷、花牌坊街）
冯玉祥在成都（庆云街、四圣祠街）

朱自清在成都（宋公桥街）
齐白石在成都（文庙后街）
谢无量在成都（四圣祠西街）
徐悲鸿在成都（永安街）
舒新城在成都（状元街）
陈寅恪在成都（大学路）
程砚秋在成都（春熙路）
俞振飞在成都（东丁字街）
张大千在成都（桂王桥街）
叶圣陶在成都（乡农市街）
马思聪在成都（暑袜街）
刘开渠在成都（东门）
何其芳在成都（文庙前街）
陈白尘在成都（五世同堂街）
吴祖光在成都（五世同堂街）
丁聪在成都（五世同堂街）
吴敬琏在成都（簧门街）
琼瑶在成都（顺城大街）
马悦然在成都（中学路）

二、成都之最

最早的"成都"地名（成都的得名）
成都城墙最后一次维修（清城与满城）
最早的民居建筑（光大巷）
门牌最少的街巷（芙蓉巷）
最短的街（东永安街，锦华馆街）
最窄的巷（大同巷）
最短的巷（江源巷）
最曲折的巷（江源巷）
最早的钟楼（陕西街）
最早的模范公厕（提督街）

唯一的私建公厕（藩署街）
民国时期唯一的水塔（提督街）
最好的四合院（同仁路）
唯一可见的罗城标志物（同仁路）
第一处居民新村（致民路）
第一次使用压路机（祠堂街）
第一个左书的匾额（祠堂街）
最早的动物园（青羊正街）
中国第一个公园（祠堂街）
最早的足球场（文庙西街）
亚洲最大的草皮足球场（大学路）
最早的网球场（文庙西街）
第一届市运动会（祠堂街）
第一届省运动会（北较场西路）
第一个天脚会（小福建营巷）
我国最早修建的公路（泡桐树街）
第一条"路"（春熙路）
第一条"道"（公行道）
第一条"马路"（羊皮坝街）
第一条公路（泡桐树街、营门口路）
第一辆汽车（三官堂街）
第一条汽车客运线（乡农市街）
第一家汽车客运公司（乡农市街）
最早的公共汽车公司（实业街）
最早的公共汽车（乡农市街）
最早的黄包车（福德街）
最早的三轮车（福德街）
最多的轿子数目（福德街）
最早的飞机与机场（东较场街）
最后的公共渡口（猛追湾街）
新中国成立后第一条公共汽车线路（盐市口）
第一条电车线路（盐市口）

最早的出租汽车（盐市口）
第一个民族企业（金玉街）
最早的机械厂（拱背桥街）
最早的官办民用机械厂（倒桑树街）
最早的民办机械厂（天成街）
最早的水电站（洗面桥街）
最早的无线电工厂（九思巷）
最早的火柴厂（培根路）
最早的卷烟厂（红布正街）
最早的卷烟商店（华兴正街）
最早的罐头厂（华严巷）
最早的纺织厂（燕鲁公所）
最早的肥皂厂（提督街）
最早的面粉厂与挂面厂（簸箕街）
最早的化学制药厂（下莲池街）
最早的农业试验场（凉水井街、沙河铺）
最早的成都市银行（提督街）
最早的国家银行与地方银行（暑袜街）
最早的成都总商会（总府街）
最著名的藏书楼（和平街）
最早的铅字印刷厂（金玉街）
最早的铸字铅排印刷厂（四圣祠街）
最早的地图出版社（惜字宫街）
最早的棋社（祠堂街）
最早的室内剧场（忠烈祠街）
最早的私人收藏展览馆（五福街）
最早的图书馆（祠堂街、城守街）
最早的电影院（大科甲巷）
第一次播放电视（西御街）
最早的近代旅馆（商业场街）
世界最早的牙刷（指挥街）
世界最早的采桑图（锦城）

有水文记录的最大洪灾（万福桥）

市区最老的银杏（百花潭桥）

第一次发号外（燕鲁公所街）

最有名的清官（东垣街、贵州馆街、纯化街）

全国唯一的天祥寺（天祥街）

最早的司法审判机构（文武路）

最早的警察局（帘官公所街、皇华馆街）

最早的消防队（皇华馆街）

最早的著名监狱（大科甲巷）

民国时期最大的特务机构（将军衙门）

民国时期最大的特务组织（娘娘庙街）

袍哥的最大规模聚会（丁字街）

新中国个体经营执照第一人（九龙巷）

新中国第一张股票（暑袜街）

新中国第一家当铺（西御街）

改革开放前最高的4座大楼（西御街）

三、文物古迹

羊子山遗址（驷马桥）

方池街遗址（方池街）

十二桥遗址（十二桥路）

石牛寺遗址（文庙西街）

岷山饭店遗址（盐道街）

商业街遗址（商业街）

指挥街遗址（指挥街）

大科甲巷遗址（大科甲巷）

江南馆街遗址（江南馆街）

盐市口遗址（盐市口）

梓潼街石刻（梓潼街）

罗城遗址（同仁路）

斌升街遗址（斌升街）

水井坊遗址（水井街）

东御街西御街遗址（东御街）

武担山、石镜（北较场、武都路）

支机石（支机石街）

天涯石（天涯石街）

石笋（石笋街）

五块石（五块石）

文翁石室（文庙前街）

子云亭（青龙街）

洗墨池（青龙街）

成都的三国人物纪念地（黄忠路）

诸葛井（东锦江街）

成汉墓（桓侯巷）

蜀石经（文庙前街）

玄奘顶骨（文殊院街）

成都出土的唐代印刷品（九眼桥）

回澜塔（白塔寺）

正心堂（大科甲巷）

《道藏辑要》版片（青羊正街）

发绣《水月观音》（文殊院街）

辛亥秋保路死事纪念碑（祠堂街）

江渎庙铜像（上池正街）

两座孙中山铜像（春熙路）

川军抗日阵亡将士纪念碑（东门）

刘湘铜像（盐市口）

李家钰铜像（北门）

王铭章铜像（祠堂街）

饶国华铜像（提督街）

"夏器"与"巴蜀文化"的提出（白马寺街）

六个"全国十大考古遗址"（江南馆街）

四、党史有关

1922年《人声》创办地（大坝巷）
1922年团成都地委所在地（大坝巷）
1923党的成都独立小组所在地（大坝巷）
1924年"中国青年共产党"成立地
　　（娘娘庙街）
1925年团成都地委所在地（黄瓦街）
1926年成都特支所在地（实业街）
1927年成都市委所在地（竹叶巷）
1937年四川省工委所在地（马道街）
1938年成都市委所在地（忠孝巷、黄瓦街）
1940年成都市委所在地（芷泉街）
抗战时期川康特委所在地（焦家巷）
1949年留蓉临时工作部所在地（西胜街）
《新华日报》分馆（祠堂街）
重要据点（祠堂街）
重要据点（西御街）
重要据点（永兴巷）
重要据点（培根路）
重要据点（建国巷）
华阳县农会成立地（文武路）
华阳县工会成立地（瘟祖庙街）
最早的工会与第一次五一节（陕西街）
成都市总工会所在地（南府街、提督街）
第一次五一节群众大会（祠堂街）
民协成立地（文殊院）
四川省学联成立地（五世同堂街）
成都市妇联成立地（慈惠堂）
新民主主义同志会（崇德里）
地下党开办的努力餐（金河路）
地下党开办的造币厂（崇德里）
地下党开办的建业银行（走马街）
地下党开办的西南大学（楞伽庵街）
地下党控制的桂溪中学（梨花街）
地下党控制的智育电影院（总府街）
地下党控制的《四川日报》（华兴正街）
地下党控制的《西方日报》（王家坝街）
周恩来与潘文华会谈地（长发街）
十二桥革命烈士名单（十二桥路）

五、报刊

《蜀学报》（陕西街）
《四川官报》（东玉龙街）
《四川公报》（燕鲁公所）
《四川晚报》（燕鲁公所）
《西顾报》（忠烈祠街）
《文苑》（东玉龙街）
《成都日报》（东玉龙街）
《戊午周报》（四道街）
《蜀报》（东桂街）
《川报》（劼人路）
《娱闲录》（燕鲁公所街）
《算学报》（桂王桥街）
《启蒙通俗报》（桂王桥街）
《通俗画报》（桂王桥街）
《女界报》（童子街）
《草堂》（指挥街）
《半月》（狮子巷）
《人声》（大坝巷）
《星期日》（吉祥街）
《火星》（实业街）
《工友》（南府街）

《大声》与《大生》、《图存》（金河路）
《星芒》（祠堂街）
《笔阵》《金箭》（祠堂街）
《中央日报》（五世同堂街）
《新新新闻》（春熙路）
《华西日报》（华兴正街）
《华西晚报》（五世同堂街）
《西方日报》（王家坝街）
《新民报》（盐市口）
《自由画报》（梓潼桥街）
《报选》（惜字宫南街）
成都书局（东玉龙街）
成都图书局（惜字宫南街）
华阳书报流通处（昌福馆街）
第一份号外（燕鲁公所）
最早的记者俱乐部（卧龙桥街）

六、文艺

我国白话写诗第一人（指挥街）
《大波》三部曲的写作地（斌升街、桂花巷）
第一个西洋画家（小通巷）
刘开渠在成都的雕塑（东门、慈惠堂街）
我国第一座不锈钢城市雕塑（后子门街）
国际画展金奖第一人（文庙街）
最早的西洋乐器的乐队与乐社（指挥街）
第一次贝多芬音乐会（指挥街）
最早制造的小提琴（东大街）
第一个交响乐团（新生路）
我国最早的大学音乐专业（指挥街）
海星合唱团（暑袜街）
黄河大合唱的首唱地（玉沙路、暑袜街）

《在太行山上》在成都拍摄电影《风雪太行山》插曲（灯笼街）
兰桥生毁雷琴（同仁路）
堂派扬琴（慈惠堂街）
最早的话剧团与话剧演出（祠堂街、小通巷）
第一次出现女话剧演员（古卧龙桥街）
成都摩登剧社（古卧龙桥街）
中国艺术剧团（太平街）
最早的京剧演出（华兴正街、忠烈祠街）
最早的戏曲女演员（总府街）
最早的川剧女演员（总府街）
三庆会（华兴正街）
又新科社（祠堂街）
望江川剧团（水井街）
群众川剧团（李家巷）
正声平剧社（昌福馆街）
群众京剧团（棉花街）
新蓉评剧团（叠湾巷）
京川戏剧业演员协会（华兴正街）
第一部电影与第一代影星（千祥街）
大同影片公司（千祥街）
西北影业公司（灯笼街）
最早的女摄影记者（千祥街）
通俗教育馆（祠堂街）
中华文艺界抗敌协会成都分会（崇德里）
四川美术协会（祠堂街）
中西文化书院（羊市街）
望江楼绝对（望江桥）
雷面人（七家巷）
寿相阁（忠烈祠街）
仰然阁（忠烈祠街）
洋评书（锦华馆街）

七、影院剧场

可园（忠烈祠街）

悦来茶园（华兴正街）

锦屏大戏院（祠堂街）

华瀛大舞台（东丁字街）

平民剧场（书院街）

成都大戏院（布后街）

永乐戏院（棉花街）

春熙大舞台（春熙路）

三益公（春熙路）

蜀一大戏院（湖广馆街）

中央大戏院（西御街）

沙利文艺术剧场（东胜街）

锦新舞台（中新街）

昌宜大戏院（昌福馆街）

西蜀大舞台（祠堂街）

新又新大舞台（祠堂街）

益民剧场（太平街）

中国艺术剧院（太平街）

蜀舞台（城隍巷）

蓉光大戏院（盐市口）

第一个前低后高的剧场（祠堂街）

埋有大瓮的剧场（西御街）

民国时六大戏院（丁字街）

民国14家电影院（盐市口）

新明电影院（大科甲巷）

昌宜电影院（昌福馆街）

智育电影院（总府街）

国民电影院（提督街）

大光明电影院（祠堂街）

四川电影院（祠堂街）

知音书场（提督街）

新世界茶厅（总府街）

群仙茶园（总府街）

咏霓茶社（忠烈祠街）

大观茶园（梓潼桥街）

万春茶园（祠堂街）

品香花园（上升街）

安澜茶社（西御街）

德盛茶社（西御街）

圣清花园（曹家巷）

芙蓉亭茶社（鼓楼北街）

五月文化茶社（总府街）

成都实验书场（总府街）

四川剧场（红照壁）

新声剧场（西御街）

红旗剧场（总府街）

成都剧场（文武路）

新蓉评剧场（盐市口）

望江剧场（水井街）

成都的评剧演出（叠湾巷、棉花街）

满城中唯一的戏台（祠堂街）

成都戏台统计（忠烈祠街）

八、学校幼儿园

大益书院（书院街）

潜溪书院（宋公桥街）

墨池书院（青龙街）

芙蓉书院（拐枣树街、青龙街）

锦江书院（文庙前街）

尊经书院（文庙西街）

八旗少城书院（祠堂街）

八旗官学（实业街）

存古学堂（国学巷）

择木精舍（江南馆街）

国学专门学校（国学巷）

最有名的私塾（纯化街）

四川中西学堂（三圣祠街）

四川省城高等学堂（文庙前街）

四川高等师范学校（皇城）

成都大学（皇城）

四川省立国学专门学校（国学巷）

四川大学（皇城、九眼桥）

华西大学（大学路）

光华大学（王家坝、光华村街）

成华大学（光华村街）

岷江大学（燕鲁公所街）

朝阳学院（法云庵）

西南大学（楞伽庵）

川康农工学院（贵州馆街）

成都理学院（通锦桥路）

铭贤学院（天仙桥街）

尚志学院（玉皇观街）

省立一师与省立成师（东马棚街、盐道街）

四川省城高等学堂分设中学（文庙西街）

成都府师范学堂（文庙前街）

成都府中学堂（文庙前街）

华阳县立中学（梨花街）

成都联合县立中学（文庙前街）

石室中学（文庙前街）

成都县立中学（青龙街）

民国成都中学名录（五世同堂街）

名校"成、华、联"（青龙街）

华西协合中学（中学路）

高琦初中（小天竺街）

省一中与协进中学（西胜街、玉皇观街）

四川省立成都中学（五世同堂街）

嘉定府中学堂（天成街）

叙府公立中学堂（马镇街）

成都市立中学（绳溪巷）

客籍学堂（玉皇观街）

宾萌学堂（玉皇观街）

聚星学堂（大田坎街）

成公中学（梓潼桥街、文庙西街）

浙蓉中学（小天竺街）

尚友书塾（纯化街）

天府中学（正府街）

列五中学（马镇街）

西北中学（西辕门街）

树德中学（树德里）

离山初中（龙王庙正街）

济川中学（国学巷）

南薰中学（南薰巷）

建国中学（建国巷）

锦江公学（蜀华街）

蜀华中学（蜀华街）

甫澄中学（体院路）

成城中学（三官堂街）

大成中学（藩库街）

志成高中（爵版街）

广益学校（青龙街）

最早的官办小学（梨花街）

最早的民办小学（鹅市巷）

成都的省立小学（城守街）

成都县立第一小学（五岳宫街）

第一所民办新式小学（鹅市巷）

华阳县立小学（梨花街）

华阳县初级小学（顺城大街）

成都县立高等小学（青龙街）

四川省立成都实验小学（后子门街）

三英小学（实业街）

文英小学（临江路）

南台小学（南台路）

少城小学（西胜街）

木行小学（上河坝街）

南城小学（汪家拐街）

弟维小学（黉门街）

第一家官办幼儿园（鹦哥巷）

第一家近代幼儿园（干槐树街）

最早的幼儿师范学校（吉祥街）

最早的家政班（育婴堂街）

慈幼学堂（鹦哥巷）

最早的女校（育婴堂街）

国人开办的最早女校（文庙后街、北打铜街）

成都的女子中学（育婴堂街、东马棚街）

省立女子师范学校（文庙后街）

四川省立成都女子中学（东马棚街）

成都县立女子中学（青龙街、署前街）

中华女子中学（文武路）

松如女子学校（兴隆街）

女子实业讲习所（实业街）

华美女中（陕西街）

华英女中（育婴堂街）

四川警务学堂（永兴巷）

四川绅班法政学堂（五世同堂街）

四川官班法政学堂（总府街）

四川法政学校（五世同堂街）

最早的军医学校（拱背桥街、陕西街）

四川武备学堂（昭忠祠街）

四川陆军小学堂（北较场西路）

四川陆军速成学堂（北较场西路）

四川陆军军官学校（北较场西路）

最早的外语学校（永兴巷、拱背桥街）

四川公立外国语专门学校（东马棚街）

第一所藏语学校与方言学校（昭忠祠街）

最早的盲哑学校（王家坝街、昭忠祠街）

明声聋哑学校（马道街）

留法勤工俭学预备学校（爵版街）

第一所职业技术学校（包家巷）

第一所妇女职业技术学校（包家巷）

四川省立第一甲种工业学校（包家巷）

四川省立高级工业职业学校

　　（学道街、多宝寺路）

商业专门学校（商业街）

最早的私立与公立体育学校（昭忠祠街）

四川体育专科学校（体院路）

最早的会计专科学校（吉祥街）

正则会计学校（春熙路）

四川美术专门学校（燕鲁公所）

私立四川艺术专科学校（东桂街）

岷云艺术专科学校（东桂街）

四川省立艺术专科学校（新生路）

四川省立高级工艺职业学校（新生路）

南虹高级艺术职业学校（南虹路）

成都艺术专科学校（新生路）

四川省立戏剧教育实验学校（玉沙路）

大同电影戏剧学校（千祥街）

西南音乐专科学校（新生路）

早期烹专（北巷子）

陈寅恪上课的楼房（大学路）

被勒令解散的中学（中学路）

为贫苦百姓开办的义学（南台寺）

完全不收费的私立中学（树德里）

唯一以革命烈士命名的学校（马镇街）

不规定统一着装的学校（建国巷）

九、医药卫生

最早的近代医院（四圣祠街）

最早的专科医院（陕西街）

最早的牙科（四圣祠街）

最早的妇女专科医院（惜字宫南街）

最早的妇产医院（包家巷）

最早的传染病院（实业街）

最早的精神病院（互利正街）

最早的儿科医院（陕西街）

最早的红十字会（东桂街）

圣修医院（马道街、平安桥街）

平安医院（张家巷）

最早的官办西医院（陕西街、包家巷）

最早的国人开办的西医院（玉沙路）

第一家血清与疫苗生产厂（张家巷）

第一家国人开办的疫苗生产厂（三官堂）

最早的化学制药厂（下莲池）

华西医院（大学路）

成都公立医院（正府街、青龙街）

成都市立医院（小南街）

甫澄纪念医院（包家巷）

早期的中医附院（四道街）

四川省卫生实验所（三官堂街）

进益产科医院（小天竺街）

四川省立妇婴保健院（汪家拐街）

第一家妇产医院与专科学校（包家巷）

进益高级助产职业学校（小天竺街）

杜氏骨科（柿子巷）

何氏骨科（柿子巷）

杨氏骨科（东大街）

郑氏骨科（体院路）

名医蒲辅周（鼓楼街）

名医卓雨农（棉花街）

名医李斯炽（良医巷）

名医叶心清（包家巷）

名医黄济川（东华门街）

名医郑钦安（东华门街）

名医唐步祺（水井街）

名医黄雅亭（南府街）

名医蒲相臣（锦官驿街）

两个王小儿（东华门街）

免费名医沈绍九（顺城大街）

半价药店半济堂（顺城大街）

同仁堂（湖广馆街）

泰三堂（暑袜街）

肖集翰（提督街）

肖长兴药店（走马街）

庚鼎药房（鼓楼街）

上全堂（冻青树街）

阿魏丸（华兴街）

瓦块药（皮房街）

狗皮膏药（华兴正街）

中药三"堂"（春熙路）

森记药房（东大街）

华洋大药房（东大街）

中西大药房（东大街）

成都高级医士职业学校（汪家拐街）

最早的西医学校（陕西街）

四川医学专门学校（包家巷）

四川国医学院（兴禅寺街）

中医专门学校（锦官驿街）

汲古医学社（支机石街）

十、风土

踩桥（万福桥、万里桥）

放炮（督院街、炮厂坝街）

放生（放生池街）

赶场（青羊正街）

点天灯（光明巷）

望"四川"（三桥正街）

打启发（东较场街）

游百病（清城与满城）

走马（骡马市街）

人日游草堂（草堂路）

城隍老爷出驾（城隍巷）

过十殿（城隍巷、陕西街）

乞丐大聚会（二仙桥）

晨呼队（祠堂街）

成都的庙会（大慈寺）

放生会（放生池街、青羊正街）

掷果会（东较场街、四圣祠街）

牛王会（牛市口）

王爷会（王爷庙街）

药王会（陕西街）

放足会（文殊院街）

天足会（大福建营）

成都花会（青羊正街）

成都灯会（青羊正街）

岳家祭（岳府街）

桐叶传诗（大慈寺）

爱情斑马线（合江桥）

成都地名中的满语遗存

（东城根街、笔帖式街、方池街）

成都地名中的蒙语遗存（小淖坝街）

成都地名中的北方方言遗存（红牌楼北街）

水则十八梯（北门）

桥洞下的王爷庙（东门桥）

双孝祠（送仙桥）

九道门槛（南大街）

白蜡村（白蜡村）

望火楼（皇华馆）

栅子（双栅子）

筒车（筒车巷）

鸡公车（乡农市街）

扯谎坝（后子门街、华兴街）

回澜塔（白塔寺街）

青春岛（大学路）

回回坟（花圃路）

成都的慈善组织（白马寺街）

慈惠堂（慈惠堂街）

正心堂（大科甲巷）

育婴堂（育婴堂街）

慈幼堂（鹦哥巷）

保赤院（鹦哥巷）

孤儿收容所（张家巷）

苦力病院（昭忠祠街）

济良所（毛家拐街、昭忠祠街）

恤嫠局（和平街）

益寿慈善会（顺城大街）

成都市救济院（白马寺街）

济贫的剧场（锦官驿街）

粥厂（茗粥巷）

义诊医馆（顺城大街）

四川省国术馆（半边桥街）

成都围棋社（祠堂街）

民国时期的城内菜园（宁夏街）

饮水方式的演变（铁箍井街）

好吃不过茶泡饭（忠烈祠街）

成都去乐山水路行程（望江桥）

千年前火化习俗（楞伽庵街）

挂柳条的传说（柳荫街）

"六腊战争"（祠堂街）

合江园（合江桥）

西园（盐道街）

中园（南台路）

小南海（城隍巷）

治园（文庙后街）

可园（忠烈祠街）

一弓园（双林路）

朱家花园（双栅子街）

南唐北李两名园（文庙后街）

少城公园（祠堂街）

北城公园（红石柱街）

中城公园（提督街）

成都郊外公园（望江桥）

成都森林公园（同仁路）

芙蓉花王（芙蓉巷）

成都千年银杏（银杏路）

成都十大树王（银杏路）

成都古树名木（银杏路）

天府树王（银杏路）

十一、会所

成都的会馆（湖广馆街）

湖广会馆（湖广馆街）

两湖公所（东丁字街）

燕鲁公所（燕鲁公所街）

江南会馆（江南馆街）

贵州会馆（贵州馆街）

黔南公所（贵州馆街）

山西会馆（古中市街）

陕西会馆（陕西街）

陕甘公所（隆盛街）

浙江会馆（金玉街、小天竺街）

广东会馆（广东馆街）

广西会馆（金玉街、布后街）

两广公所（东桂街）

江西会馆（棉花街、金玉街）

河南会馆（布后街、状元街）

安徽公所（灶君庙街）

云南会馆（酱园公所街、正通顺街）

福建会馆（总府街、福兴街）

泾县会馆（东大街）

石阳会馆（棉花街）

吉水会馆（打金街）

黄州会馆（棉花街）

黄陂公所（北纱帽街）

川东公所（西御街）

川北会馆（古卧龙桥）

成都的行业公所（酱园公所街）

屠行公所（金华街）

四十炉公所（楞伽庵街）

桡业公会（王爷庙街）

船行公所（珠市街）

酱园公所（酱园公所街）

十二、祠庙神佛

成都的祠堂（龙王庙正街）

成都乡贤祠（文庙前街）

成都名宦祠（文庙前街）

成都府文庙（文庙前街）

成都县文庙（文武路）

华阳县文庙（何公巷）

武侯祠（武侯祠大街）

诸葛庙（九里堤路）

桓侯祠（桓侯巷）

工部祠（草堂路）

浣花夫人祠（百花潭桥）

刘公祠（九里堤路）

丁公祠（丁公祠街）

大儒祠（书院街）

三圣祠（三圣祠街）

四先生祠（国学巷）

六公祠（文庙西街、实业街）

双孝祠（送仙桥）

忠烈祠（忠烈祠街）

昭忠祠（昭忠祠街、文庙西街）

皖江先贤祠（灶君庙街）

孔氏宗祠（马镇街）

邱家祠堂（龙王庙正街）

九曲祠（汪家拐街）

朱氏总祠（大科甲巷）

年羹尧生祠（祠堂街、簸箕街）

江渎庙（文庙西街、上池正街）

川主庙（南府街、川主庙街）

三义庙（提督街）

关爷庙（玉泉街）

关帝庙（支机石街、祠堂街、纯化街）

张爷庙（桓侯巷）

桓侯庙（金华街）

小关庙（小关庙街）

黄忠祠（黄忠路）

娘娘庙（娘娘庙街、书院街）

安乐寺（顺城大街）

老郎庙（华兴正街）

天祥寺（天祥街）

康公庙（康庄街）

净居寺（净居寺路）

报恩寺（净居寺路）

丹达庙（玉泉街）

石犀寺（西胜街）

石牛寺（文庙西街）

大慈寺（大慈寺路）

文殊院（文殊院街）

白马寺（白马寺街）

金沙寺（金沙寺街）

楞伽庵（楞伽庵街）

地藏庵（转轮藏街）

喇嘛寺（喇嘛寺街）

空林寺（喇嘛寺街）

兴禅寺（兴禅寺街）

白云寺（白云寺街）

红瓦寺（红瓦寺街）

观音阁（观音阁街）

多宝寺（多宝寺街）

蓥华寺（蓥华寺街、三官堂街）

圆通庵（蓥华寺街）　　　　　　延庆寺（纯化街）
梵音寺（梵音寺街）　　　　　　普慈寺（年丰巷）
古佛寺（古佛寺街）　　　　　　爱道堂（通顺桥街）
化成寺（古佛寺街）　　　　　　万佛寺（通锦桥路）
石佛寺（古佛寺街）　　　　　　地藏庵（红照壁、转轮藏街）
庆云庵（庆云街）　　　　　　　普贤庵（走马街）
准提庵（红庙子街）　　　　　　净慈寺（东府街）
大悲寺（大悲巷）　　　　　　　广福寺（簸箕街）
大南海（大南海巷）　　　　　　露泽寺（簸箕街）
法云庵（法云庵路）　　　　　　甘露寺（簸箕街）
如是庵（如是庵街）　　　　　　尧光寺（骡马市街）
圆通庵（元通巷）　　　　　　　水月庵（油篓街）
华严庵（华严巷）　　　　　　　二仙庵（琴台路）
兴隆庵（福兴街）　　　　　　　宝云庵（琴台路）
小天竺寺（小天竺街）　　　　　小宝光寺（书院街）
南台寺（南台路）　　　　　　　青羊宫（青羊正街）
金绳寺（绳溪巷）　　　　　　　玉皇观（玉皇观街）
双福寺（守经街）　　　　　　　三官堂（三官堂街）
新开寺（新开寺街）　　　　　　纯阳观（纯阳观街）
明星寺（明星巷）　　　　　　　梓潼宫（梓潼桥街）
金华寺（金华街）　　　　　　　奎星阁（奎星楼街）
白塔寺（白塔寺街）　　　　　　五岳宫（五岳宫街）
普慈寺（年丰巷）　　　　　　　东岳庙（陕西街、三圣街）
灵隐寺（红石柱街）　　　　　　城隍庙（城隍巷）
秦楚庙（铞钯街）　　　　　　　都城隍庙（大墙东街）
菩提庵（铞钯街）　　　　　　　雷神庙（望江桥）
大清庵（铞钯街）　　　　　　　龙王庙（龙王庙正街、铁箍井街）
草堂寺（草堂路）　　　　　　　牛王庙（牛王庙街）
大佛寺（水井街、新安桥）　　　马王庙（马王庙街）
十方堂（文武路）　　　　　　　火神庙（南大街、草市街、三圣街）
卧云庵（文武路）　　　　　　　灶君庙（灶君庙街）
临江庵（柳荫街）　　　　　　　瘟祖庙（瘟祖庙街）

土地庙（大红土地庙街）

福德祠（福德街）

坛神庙（坛神巷）

惜字宫（惜字宫南街）

文昌宫（东桂街、簸箕街）

武曲宫（簸箕街）

真武宫（守经街）

药王庙（陕西街、梨花街）

五显庙（万年场上街）

多处关帝庙（玉泉街）

多处观音庙（观音阁街）

五处城隍庙（城隍巷）

多处水神庙（王爷庙街）

多处川主庙（川主庙街、南府街）

三个王爷庙（王爷庙街）

两个大慈寺（大慈寺路）

两个喇嘛寺（喇嘛寺街）

成都的清真寺（白丝街、九思巷）

皇城清真寺（永靖街、西御街）

鼓楼清真寺（鼓楼洞街）

清真东寺（东御街）

清真西寺（西御街）

清真北寺（白丝街）

清真八寺（人寿巷）

清真九寺（九思巷）

最早的佛教协会（骡马市）

最早的道教协会（惜字宫南街）

金属神像最多的庙宇（陕西街）

满城中的寺庙（祠堂街）

四川佛学院（文武路）

莲宗学院（文武路）

少城佛学社（祠堂街）

成都佛经流通处（祠堂街）

维摩精舍（提督街）

四川行业神（金华街）

梨园行行业神（华兴正街）

成都的祭坛（武侯祠大街、簸箕街）

十三、工商

四川机器局（拱背桥）

四川兵工厂（三官堂街）

天成机器厂（天成街）

四川实业机械厂（倒桑树街）

四川银圆总局（拱背桥）

启明电灯公司（中新街、椒子街）

同益电灯公司（燕鲁公所街）

培根火柴厂（培根路）

兴业水电公司（猛追湾街）

制造黄包车的工业馆（福德街）

四川电讯器材制造厂（九思巷）

因因利织布厂（燕鲁公所街）

裕华纱厂（三官堂街）

老成都的纺织厂（三官堂街）

德兴丝厂（倒桑树街）

民生丝厂（倒桑树街）

成都建筑有限公司（燕鲁公所街）

昌福印刷公司（昌福馆街）

同仁工厂（同仁路）

上海家庭工业社（总府街）

成都茶厂（一心桥街）

全兴成烧房（水井街、暑袜街）

新蜀汽车公司（青羊正街）

劝业场（商业场街）

宝成银楼（春熙路）

凤祥银楼（春熙路）

宝元通（春熙路）

金石铭（春熙路）

新商场（盐市口）

卡尔登（春熙路）

大光明美发厅（新集场街、春熙路）

大光明眼镜店（春熙路）

华胜鞋家（春熙路）

精益钟表（春熙路）

及时钟表（春熙路）

正人冠（顺城大街）

载人舟（提督街）

书山屐（顺城大街）

诗婢家（羊市街）

老胡开文（春熙路）

刘三友堂（兴隆街）

烂招牌（暑袜街）

廖广东（城守街、春熙路）

麻乡约（东大街）

骆大兴（提督街）

长新（提督街）

三江鞋店（提督街）

马裕隆（东大街）

宝元蓉（东大街）

三泰长（东大街）

万里香（红照壁）

鸿兴公（青龙街）

锦云轩（簸箕街）

绮罗童装（祠堂街）

马正泰绸缎庄（走马街）

志古堂（学道街）

存古书局（学道街）

二酉山房（学道街、燕鲁公所）

二酉堂（古卧龙桥街）

守经堂（纯化街）

商务印书馆（古卧龙桥街、春熙路）

中华书局（古卧龙桥街、春熙路）

世界书局（春熙路）

开明书店（祠堂街）

北新书店（祠堂街）

我们的书店（祠堂街）

成都古籍书店（春熙路）

旧书一条街（西玉龙街）

金融一条街（北新街、暑袜街）

估衣一条街（鼓楼洞街、忠烈祠街）

制鞋一条街（纯阳观街）

制帽一条街（福兴街）

棺材一条街（双槐树街）

柴炭一条街（水津街）

丝织一条街（半边街）

皮革一条街（浆洗街）

"车车"一条街（大墙东街）

木材一条街（上河坝街）

"红货"一条街（西御街）

无线电器一条街（西御街）

新文化街（祠堂街）

最大的鸟市（中山街）

最大的叶烟市（曹家巷）

竹子市（太平街）

会府估旧（忠烈祠街）

货币市场安乐寺（顺城大街）

悦来旅馆（燕鲁公所街）

沙利文饭店（东胜街）

沂春浴室（商业场街）

沧浪歌浴室（太平街）

健康浴室（西御街）

信立钱业有限公司（燕鲁公所街）

恒隆当（桂王桥街）

浚川源银行（暑袜街）

四川省银行成都分行（暑袜街）

中央银行成都分行（暑袜街）

交通银行成都分行（暑袜街）

金城银行成都分行（暑袜街）

美丰银行成都分行（暑袜街）

农民银行成都分行（春熙路）

重庆银行成都分行（春熙路）

大清银行（署袜街）

济康银行（北新街）

川康银行（北新街）

成都市银行（提督街）

聚兴诚银行（华兴正街）

汇通银行（走马街）

皮坊码头（太平街）

粪商与粪霸（望平街、浆洗街）

尿水码头（望平街）

柴码头（上河坝街）

三处人市（西御河边街）

荐头店（西御河边街）

江源米市坝（江源巷）

第一家国人开的理发店（陕西街）

成都总商会（总府街、燕鲁公所街）

成都商务公断处（总府街）

十四、餐饮美食

正兴园（棉花街）

荣乐园（布后街、骡马市）

颐之时（华兴街）

盘飧市（华兴街）

聚丰园（华兴街、祠堂街）

枕江楼（南门桥、柳荫街）

竟成园（青石桥街）

晋临饭店（包家巷）

姑姑筵（包家巷）

哥哥传（暑袜街）

不醉毋归小酒家（陕西街）

小雅（指挥街）

乡村（走马街）

稷雪（梓潼桥街）

楼外楼（商业场街）

菜根香（商业场街）

努力餐（金河路）

荐芳园（忠烈祠街）

带江草堂（三洞桥路）

群力食堂（总府街）

朵颐餐厅（总府街）

味之腴（东大街）

香风味（东大街）

荣盛（东大街）

利宾筵（南大街）

玉珍园（羊市街）

大地春与口吕品（半边桥、星桥街）

乡村餐馆（走马街）

齐鲁食堂（提督街）

三六九（提督街）

主题索引 1225

口同嗜（提督街）
竹林小餐（福兴街、盐市口）
红苕食堂（盐市口）
少城小餐（西御街）
乡老坎（蜀汉路）
粤香村（西御街）
百老汇（西御街）
回民食堂（西御街）
真清（提督街）
王胖鸭（西御街、半边桥街）
耀华（春熙路）
康服（大学路）
撷英（提督街）
麻婆豆腐（万福桥）
宫保鸡丁（丁公祠街）
夫妻肺片（长顺街）
府庙豆汤（城隍巷）
治德号（长顺街）
耗子洞张鸭子（提督街）
明朝汤（狗头巷）
牙牙饭（城隍巷）
一鸡六吃（祠堂街）
最有名的辣椒店（冻青树、红照壁街）
最有名的泡菜（总府街）
民国时期的肥肠粉（北门大桥）
白宫毛肚火锅（总府街）
热盆景（复兴桥）
风味小吃"三绝"（铁箍井）
花会最热门小吃（荔枝巷）
赖汤圆（总府街）
郭汤圆（草市街）
钟水饺（荔枝巷）

龙抄手（商业场街、春熙路）
古月胡（盐市口）
金玉轩（东玉龙街、盐市口）
矮子斋（暑袜街）
谭豆花（盐市口）
小谭豆花（西大街）
洞子口张凉粉（文殊院街）
洞子口赵凉粉（文殊院街）
陈包子（守经街）
韩包子（打金街）
王包子（隆兴街）
痣胡子龙眼包子（半边桥街）
大可楼和海式包子（提督街）
亢氏水饺（冻青树街）
江楼水饺（商业场街）
珍珠元子（忠烈祠街）
担担面（红墙巷）
铜井巷素面（铜井巷）
铜锅煎蛋面（华兴正街）
蛋烘糕（文庙前街、大学路）
三义园（东大街）
马红苕（焦家巷）
翼德来荞面（荔枝巷）
把把汤圆（城隍巷）
老八号花生米（丝棉街）
米花糖（铁箍井街）
精益醋庄（提督街）
口同嗜（提督街）
太和号（正府街）
广益号（棉花街）
海会寺（兴隆街）
太太胡豆瓣（东马棚街）

味虞轩（商业场街）

五芳斋（春熙路）

蜜桂芳（盐道街）

协盛隆（冻青树街）

鲜花饼（上升街）

成都茶馆数目（东大街）

茶馆最多的街道（春熙路）

少城公园六茶馆（祠堂街）

商帮茶楼（提督街）

鹤鸣茶社（祠堂街）

宜春楼（商业场街）

第一楼（商业场街）

华华茶厅（东大街）

各说阁（花牌坊街）

漱泉茶楼（春熙路）

今肃楼（皇城）

锦春茶社（东城根街）

饮涛茶楼（春熙路）

吟啸楼（皇城）

临江亭（粪草湖街）

哑巴茶社（提督街）

月票茶馆（总府街）

最早的咖啡茶座（总府街）

第一位烹饪教师（包家巷）

福升全烧房（水井街）

薛涛酒（水井街）

全兴成烧房（暑袜南街）

全兴酒（暑袜南街）

永兴烧房（提督街）

允丰正（冻青树街）

仿绍酒（冻青树街）

十五、西风东渐

电灯（拱背桥、商业场街、中新街、春熙路）

霓虹灯（春熙路）

电影（新街后巷子、桂王桥街、玉带桥街、大科甲巷）

冰箱（春熙路）

电话（永兴巷）

公用电话（永兴巷）

电报（南府街、文庙前街）

夏令营、冬令营（锦华馆街）

足球场、网球场、篮球场、排球场（文庙西街、锦华馆街）

体育馆（锦华馆街）

最早的海外演出团（丁字街）

冰激凌（春熙路）

火柴（培根路）

水电站（洗面桥街、金河）

自来水（青羊上街）

报时钟楼（陕西街）

最早使用近代管理方式的企业（暑袜街）

最早使用空调与升降电梯的商店（东御街）

最早的飞机、机场与投弹（东较场）

电信发射塔（电信路）

无线电行业一条街（西御街）

四川省科学仪器制造所（苏坡桥街）

亚洲最大的草皮足球场（大学路）

最早的咖啡厅（总府街）

最早的摩托车（东大街）

最早的红十字会（东桂街）

第一批自行车（东大街）

最早的路灯（东新街）

最早的汽车（三官堂）

最早的新式游泳池（南虹村、胜利村）

第一家洋行（青石桥街）

第一家世界名企洋行（正通顺街）

最早的照相馆（桂王桥街、华兴正街）

最早的石印社（桂王桥街）

最早的霓虹灯（春熙路）

最早的印刷厂（金玉街）

最早的外语学校（拱背桥街）

最早的体育课程（昭忠祠街）

第一家西式理发店（暑袜街）

第一家国人开的理发店（陕西街）

米高梅公司在成都设办事处（中莲池街）

第一家西式旅馆（商业场）

最早的西服名店（忠烈祠街）

十六、涉外

法领事馆（三圣街、上翔街、张家巷）

德领事馆（义学巷、金马街、西珠市街）

英领事馆（隆兴街、新巷子）

日领事馆（金河街）

抗战时期的美国新闻处（商业街、东御街）

抗战时期的英国新闻处（四圣祠街）

四川洋务总局（永兴巷）

四川交涉署（永兴巷）

英法文官学堂（永兴巷）

最早的天主教堂（光大巷、东龙须巷）

最早的天主教主教座堂（向荣桥街）

最大的天主教堂（平安桥）

最早的基督教礼拜堂（四圣祠街）

最早的基督教福音堂（陕西街）

基督教恩光堂（四圣祠街）

基督教圣约翰堂（上翔街）

天主堂修女院（张家巷）

苏特兰纪念堂（暑袜街）

基督教青年会（文庙西街、锦华馆）

基督教女青年会（锦华馆）

辅仁学社（上翔街）

四川神学院（四圣祠街）

最早的外籍人士招待所（正通顺街）

唐宋时成都与韩国、日本的交往（大慈寺）

十七、集合名称

成都十景（苏坡桥）

五老七贤（藩库街）

四大名医（顺城大街）

骨科四大家（柿子巷）

四大公园（红石柱街）

九宫十八庙（文殊院街、湖广馆街）

南北两大米市（南大街）

四大米市（浆洗街）

四大花园（前卫街、忠烈祠街）

四大佛寺（纯化街）

六大戏院（东丁字街）

明代六大佛寺（绳溪巷）

酿造业三大名牌（兴隆街）

风味小吃三绝（铁箍井街）

十大树王（银杏路）

四大赌场（狮子巷）

四大屠宰场（肥猪市街）

"锦城三绝"（东城根街）

"锦城四绝"（东城根街、曹家巷）

华西五大学（大学路）

四大名校（五世同堂街）

"四大天王"（花牌坊街）

两大"人市"（西御河边街）

三根半烟囱（椒子街）

两大自由市场（梁家巷、粪草湖）

两大食品商场（顺城大街）

东山五场（城隍巷）

聚奎三绝（内姜街）

十八、要闻与罕闻

成都教案（四圣祠街）

成都血案（督院街）

成都兵变（东较场街）

"水电报"（三官堂街）

一中事件（西胜街）

"二一六"惨案（下莲池街）

大川饭店事件（骡马市街）

"抢米"事件（箕门街）

市中事件（绳溪巷）

"四九"惨案（督院街）

十二桥惨案（十二桥）

成都市市长被枪毙（箕门街）

春熙路上的三次屠杀（春熙路）

兵打武侯祠（武侯祠大街）

成都城内的巷战（皇城）

皇城险被拍卖（皇城）

红照壁拆了卖钱（红照壁）

成都各界救国联合会所在地（文武路）

四川抗敌后援会所在地（纯化街）

利他社成立地（四圣祠街）

"不要在贵州馆看戏"（贵州馆街）

两县同城（正府街）

成都县和华阳县的分界（正府街）

"温郫崇新灌"的来历（正府街）

成都主城区的四区交会点（红星桥）

第一批应急避难所（猛追湾街）

成都城墙的拆除（清城与满城）

现存的成都老城墙遗迹（清城与满城）

修在城墙上的学校（清城与满城）

修在城墙上的街道（教练所街、王家坝后街）

四川省科技馆的修建秘闻（皇城）

锦江大桥修建秘闻（锦江桥）

锦江宾馆的命名（锦江桥）

成渝公路修了4次（牛市口）

成灌公路修了12年（营门口路）

成都的下水道（狗头巷）

同仁路为什么是弯的（同仁路）

一号桥和二号桥的长度一样（新华桥）

有一千多小佛的大佛（新安桥）

荔枝巷与荔枝无关（荔枝巷）

曹家巷无人姓曹（曹家巷）

卧牛巷中不卧牛（卧牛巷）

春熙路曾名春熙镇（正府街）

奎星楼街又称裤子街（奎星楼街）

暑袜街又称水花街（暑袜街）

门牌的"新一号"（吉祥街）

三条大街的上中下不同（长顺街）

一街分两街（长顺街、奎星楼街）

一街两名（白下路）

成都也有西城根（东城根街）

两条芙蓉街（帘官公所街、陕西街）

两条刀子巷（多子巷、向阳街）

两条三官堂街（三官堂街）
两条马王庙街（马王庙街）
两条半边街（半边街）
两条马鞍山路（马鞍山路）
几个三倒拐（永安街）
三座三洞桥（三洞桥）
两座二道桥（二道桥街）
两处同善桥（同善桥街）
两处落魂桥（落虹桥街）
四条猫猫巷
　　（将军街、老古巷、存古巷、花圃路）
九条"观音"街巷（观音阁街）
五条兴隆街（兴隆街）
三条太平街（隆盛街）
多处天灯巷（天灯巷）
两个扯谎坝（华新正街）
自己命名的平湖路（卧牛巷）
老老桥与幼幼桥（小学路）
成都蚕丛墓（金仙桥路）
杜甫衣冠墓（草堂路）
成都市区八阵图（金沙寺街）
战马墓（南台路）
清代的前卫店招（暑袜街）
包退包换商店（暑袜街）
粪便行业（浆洗街、望平街）
狗屎市场（桓侯巷）
城内的菜园（宁夏街）
"夫妻树"（书院街）
锦江大鱼（望江桥）
成都小洞庭（天涯石街）
以芙蓉名街（芙蓉巷）
"王爷庙"（东门桥）

"浙江院坝"（天仙桥路）
成都到灌县可以乘船（锦江）
金河与西郊河可以行船（金河、西郊河）
金河可以作为蓄水池（金河）
金河中有水轮发电机（金河）
金河如何消失（金河）
西郊河的水电站（西郊河）
猛追湾的水电站（猛追湾路）
成都城区产黄金（金沙桥街、金沙遗址路）
竹木造飞机（沙河铺）
吴三桂在成都修建的建筑（骡马市）
三代学术世家（将军街）
军界重办学（马镇街）
铁铸奸佞夫妇塑像（陕西街）
为严吏兴建祠堂（纯化街）
师生恋大案（状元街）
人琴俱亡的悲剧（同仁路）
我国第一个女将军（酱园公所街）
一庙跨两县（琴台路）
一馆七戏台（江南馆街）
大白天抢银行（暑袜街）
哑巴桥（张家巷）
"红庙子现象"（红庙子街）
祭祀狐仙的大仙祠（正通顺街）
老母菩萨称明星（明星巷）
成都鸦片烟馆统计（华兴正街）
最大规模的袍哥聚会（东丁字街）
妓院一条街（西御街、仁寿里）
监视户与新化街（毛家拐街、如是庵街）
最有名的妓院（帘官公所街、干槐树街）
"政治妓院"（天灯巷）
"乐与人同"台基（书院街）

十九、小考述

成都的得名（成都的得名）

四川的得名（南京西京）

龟城的由来（龟城）

成都的大石崇拜遗迹（支机石街）

成都街道为何不是正南北向（龟城）

武成大街如何得名（新东门）

成都城楼名为何都从水旁（北门）

纱帽街称殿堂（纱帽街）

锦江和府河的长度（锦江）

饮马河改变流向（西郊河附饮马河）

万里桥如何得名（南门桥）

成都街道的数目与修建（街巷）

东南西北四大街的错位（以方位数字命名）

老成都的主要交通线（以方位数字命名）

崇丽阁何以不称崇丽阁（望江桥）

蜀王府内外城（顺城大街）

筹边楼（糠市街）

东玉龙与西玉龙为何远隔（东玉龙街）

成都城内街道同名（东玉龙街）

成都建市与分区、市政府、市长（正府街）

成都历任市长（正府街）

川军四大派系（北较场）

四川军阀混战（望平街）

释"道"（盐道街、皇华馆街）

释"川主"（南府街）

释"宫保"（前卫街）

释"锒钯"（锒钯街）

释"城守"（城守东大街）

释"栏杆"（九龙巷）

释"石灰"（石灰街）

释"蓝靛"（染靛街）

释"烟袋"（烟袋巷）

释"玉皇"（玉皇观街）

释"三官"（三官堂街）

释"奎星"（奎星楼街）

释"城隍"（城隍巷）

释"土地"（大红土地庙街）

释"祭灶"（灶君庙街）

释"瘟神"（瘟祖庙街）

释"坛神"（坛神巷）

释"字库"（惜字宫街）

释"神仙"（神仙树）

释"庵"（楞伽庵街）

释"楞伽"（楞伽庵街）

释"地藏"（转轮藏街）

释"喇嘛"（喇嘛寺街）

释"观音"（观音寺街）

释"多宝"（多宝寺路）

释"蕤华"（蕤华寺街）

释"准提"（红庙子街）

释"华严"（华严巷）

释"三圣"（三圣祠街）

释"四维"（四维街）

释"五福"（五福街）

释"五显"（万年场上街）

释"八宝"（八宝街）

释"小功""小税"（小税巷）

释"拐枣"（拐枣树街）

释"台基"（干槐树街）

释"栅子"（栅子街）

释"筒车"（筒车巷）

释"簸箕"（簸箕街）

主题索引 **1231**

释"辕门"（东辕门街）
释"牌坊"（花牌坊街）
释"簧门"（簧门街）
释"相书"（曹家巷）
释"江源"（江源巷）
释"内姜"（内姜街）
释"玉林"（玉林路）
释"桃花江"（筒车巷）
释"湖广填四川"（湖广馆街）
成都的字库（惜字宫街）
"九里堤"建于唐代（九里堤路）
成都为外乡人建祠庙（天祥街）
成都不称昭烈庙（武侯祠大街）
两处君平墓（君平街）
三处关羽墓（衣冠庙）
两处昭忠祠（昭忠祠街）
"小十字"与"大十字"（暑袜街）
成都并无西乡路（乡农市街）
摸底河辨误（锦江）
支矶石辨误（支机石街）
娘娘庙辨误（娘娘庙街）
静居寺辨误（净居寺路）
梓橦桥辨误（梓潼桥街）
九茹村辨误（九如村）
跳蹬河辨误（万年场上街）
半节巷辨误（上半截巷）
市大监辨误（宁夏街）
白腊村辨误（白蜡村）
黄伞巷辨误（黄伞巷）
抚琴台辨误（抚琴路）
椒子街辨误（椒子街）
后子门辨误（后子门街）

石达开诗碑辨误（大科甲巷）
江子虞辨误（春熙路）
巴金故居辨误（正通顺街）
冻青树辨误（冻青树街）
大慈寺为何读为太子寺（大慈寺）
玄奘顶骨来成都（文殊院街）
抗战时的大轰炸（盐市口）
抗战时成都修建的机场（黄田坝）
抗战时的内迁厂（三官堂街）
京剧大家在成都（陕西街）
成都的驿路（锦官驿）
成都的铺递（沙河铺）
成都慈善组织（白马寺街、昭忠祠）
民族招待所（纯化街）
国民党省市党部所在地（纯化街）
"中统"蓉区所在地（纯化街）
"军统"成都站所在地（栅子街）
几处"金沙"（金沙遗址路）
成都文化特色（武侯祠、川主庙）
同仁堂、德仁堂、达仁堂（春熙路）
因祈福命名的街巷（头福街）
因清官命名的街巷（东垣街）
因善行命名的街巷（光大巷）
因节日命名的街巷（龙舟路）
因建房者命名的街巷（崇德里、天成街）
因避讳命名的街巷（纯化街）
因老虎命名的街巷（存古巷、老古巷）
因州县命名的街巷（梓潼街、仁寿里）
省图书馆的演变（城守街、湖广馆街）
市图书馆的演变（文翁路）
省博物馆的演变（祠堂街）
成都和四川的状元（状元街）

向楚住地（十一街）

李劼人出生地（华兴正街）

李劼人小说主要创作地（斌升街、桂花巷）

出生于成都的川剧名家（芷泉街）

三位早逝文史名家（槐树街）

解放军入城路线（解放路）

成都的池塘与水面（王家塘、上池正街）

成都的"火巷子"（三多里）

成都的"里"（三多里）

成都的粪便管理（望平街）

"状五二"（状元街）

皇城坝（后子门街）

"堡"与"铺"（沙河铺）

未来号天桥（骡马市街）

黄包车发展历程（福德街）

饮水方式的变迁（铁箍井街）

自来水发展历程（青羊正街）

全兴大曲小史（水井街）

成都的公厕（提督街）

文翁石室很可能位于人民西路（文庙前街）

后　记

当本书修改结束之时，我最想说的一句话是："我快要进入病态了，真的是太累了。"此生已经写过大大小小 30 多本书，这本书是我花费时间最多、耗费心血最多的。

此书的写作开始于 2005 年夏，是在当时的成都市委宣传部长郝康理同志的建议下动笔的。原打算用一年半左右的时间写 30 万字，可是当我一头钻进去以后，就愈来愈觉得需要表现与订正的内容太多，多次修改计划，延长时间，竟然写了四年多才完成。定稿时是 75 万字，为了便于发行，我接受出版社的建议，忍痛删去了十来万字，保留了现在 65 万字的规模。

本书的写作方法是这样的：先以四川省文史馆编撰的《成都城坊古迹考》（必须在此强调，此书是吾辈人谈成都街道文化的坚实基石，笔者在本书中也采用了此书中的大量资料。由于此书的作者已经全部辞世，近年来一些所谓的"研究成果"对此书大抄特抄而不言出处，其学风极为恶劣。吾生也晚，没有资格置身于此书的作者之列，但是也参与了少许工作，故而对此书的作者们永远怀着深深的敬意。有关情况可参见笔者于 2007 年 2 月 11 日发表于《成都晚报》的《一本老书与一个城市》）和吴世先先生主编的《成都城区街名通览》二书中所载的河、桥、街、巷为基础资料形成章节框架，上述工作只用了不到一年时间。然后在不断调整框架的同时，从各方面搜集并填充资料，希望尽可能讲清楚每条街巷的来龙去脉、这条街巷中发生过什么重要的历史事件和举行过什么重要的民俗活动、出生或生活过哪些历史文化名人、有过什么重要的历史建筑、开设过什么有重要影响的商铺与工厂、地下发现过什么重要的历史文物，在少数街巷也简略提及在当代生活中发生过的重要作用。为了达到上述目的，我翻遍了此生收藏的有关书籍和积累了 30 年的高逾两尺的专题剪报（按成都图书馆地方文献研究室同志的话说，我所收藏的有关成都的当代出版的书籍和有关成都的专题剪报在成都位列个人收藏第一，这是我引以为快的幸事），翻遍了有关的文史资料与重要的杂志，翻遍了有关的地方志，在网上无数次地全面搜索，向数十位"老成都"当面求教，到若干地方进行过实地考察，上述工作花了三年多时间。当然，不是百分之百，有时还不得不干点不能推掉的零活。

很多朋友曾经称我是"快手"，可是这次无论如何也快不了，因为有关资料太分散，太难找了。所见到的很多资料都不是可供直接引用的原始资料或可信的文献，而是报刊与网络上的回忆与传闻，歧异太多，虚实难辨，有的年代反复改过10次以上，有的人名反复改过5次以上。为了解决一个问题，我最多时曾经访问过十几位前辈，为了核对一件事，往往就要花去一整天时间。现在书中的某一段文字很可能是参考过多篇文章的结果（这也是本书不能注明引文的原因）。就是这样，我仍然是如履薄冰，不知书中还可能有多少错误或失载。现在我只能说我是为后人取得了一个阶段性的成果。如果有后继学人，就留给后继学人来进行补正。如果没有，就只好在广泛听取批评指正之后，由我自己在再版时来进行补正。

由于我不是专业工作者，又已退休多年，在这四年多时间中，我遇到了很多困难，几乎到了无法完稿的境地；我也遇到了很多鼓励与帮助，最后终于得以顺利出版。在这里我不举例诉苦，因为困难已经过去，而诉苦无补于此书的完成；我也不列名鸣谢，因为应当列名者他们需要的并不是列名，而是看到我的成果问世。所以，我现在要捧出这部灌注了大量心血的书稿时，我要对所有支持我与不支持我的人说：我尽心了，我如愿了。谢谢你们！

袁庭栋　2009年8月3日

又 记

  本书交稿之后，在责任编辑牟薇同志的督促之下，又作了一些修改与补充，但是仍然还有一些明显的缺失，特别是出生于成都的马一浮、乔大壮、胡政之这三位文化名人在成都出生或居住的街道我虽苦心寻觅多年，可是一直未能找到有关的资料，故而深以为憾，希望有哪位博学的师友能够有以指教。

  从打算写作本书开始，我就在想尽可能多地搜集成都老照片作为本书插图，为此事我花了不少功夫，终于有了目前的结果。我不敢说怎么丰富与全面，只能实事求是地说，在已有的各种出版物中，本书中的成都老照片是最多的。所以能够达到这种结果，完全有赖于若干新老朋友的帮助（所有朋友都知道，我过去是从来不会用相机的），特别是牟薇同志的大力帮助。我除了千谢万谢之外，还应当按有关规定向这些照片的拍摄者或收藏者致送稿酬。可是由于种种原因，直至今日，还有个别照片的拍摄者或收藏者一直无法确定或无法联系上，我在这里只能向这些朋友表示：一、我首先向你致以深深的歉意，请原谅我礼数上的不周；二、我和出版社已经决定把这一部分应付的稿酬暂行专门存放，凡是有哪位朋友通知我（我的电子邮箱是 ytd123@sohu.com），指出他是本书中哪张照片的拍摄者或收藏者，我会在核实之后立即按出版社的稿酬标准如数奉上，并登门致谢。

袁庭栋　2009 年 12 月 22 日

再版后记

本书于2010年出版后，承蒙众多读者的厚爱，很快销售一空，并出现了罕见的求购热情。为此，四川教育出版社决定修订再版。文字的修订与图片的增换工作在2012年全部完成，即将交付印行之时，遇到难以解决的困扰，不得不数次延期。一直到2015年春，四川教育出版社决定将此书的出版权转让给四川文艺出版社，由四川文艺出版社接受此书的修订再版。时过几年，有少数内容又需要修订补充，有若干图片又需要进行补充更换，四川文艺出版社必须按照严格的工作流程进行审读修改。所以，本书的修订再版本就只能在2017年才能与读者见面了。

几年来，不知有多少读者在关心、在打听、在催促、在帮助本书的再版。我曾经在网上见到多次欲购旧书的留言，有的甚至用了"跪求"二字；我在"孔夫子旧书网"多次见到高价出售本书的信息，最高报价是一位江苏无锡的售家，开价3600元；我也见到几位在网上高价买到本书的朋友，最高的买价是1400元；我知道"淘宝"上经常有多人将本书复印装订出售，价格最低者只要48元。所有这些，都表明了读者对本书的厚爱。为此，我要向这些热心的朋友表示深深的歉意：对不起，实在对不起，让你们久等了。

本书不能以原书的面目再版，而必须进行一次修订与补充，因为初版中存在着一些必须修改的错误或缺失，我必须尽可能地加以补正。

我在本书《后记》中说过，虽然我自认为是尽力了，但是我仍然是"如履薄冰，不知书中还可能有多少错误或失载"。原因很简单，第一是主观方面的，我既是先天不足，不是成都人，又是后天不良，不是专业工作者；第二是客观方面的，书中涉及的知识面太宽（我曾经做过这样一个简单的统计：随手翻1页，跳100页再翻1页，跳100页再翻1页，共翻10页，做一个小统计，平均每页有地名、人名、其他专名、年代、数字、方位等约50个，全书就应当在50000个左右），而且不如我过去搞古代史，有《史记》《资治通鉴》

之类的典籍可资参考，可以引用。正如我在本书《后记》中说过的：本书中的大多数资料都是"报刊与网络上的回忆与传闻，歧异太多，虚实难辨"。这样，错落之处真的是在所难免，而修订的任务也的确是势在必行。

在此，我要最由衷地感谢若干个关心成都文化、热爱成都文化的读者，他们给我指出了书中很多的错误与缺失，提出了很多修改与补充的建议，提供了很多有关的图片或图片线索。仅举几例：一位年逾八旬的老成都将本书仔细读了两遍，手写了102页意见与议论给我；一位年逾七旬的老成都，对本书逐字逐句认真审读，每审读100页就发来一个电子邮件，给予指正；一位退休的老编辑，本着对出版工作的热爱，多次给予了十分尖锐的批评；两位退休的女同志，在本书新书发布会之后的第三天，就想方设法找到了我的电话，约我见面，谈出了她们的读后意见；一位年轻的热心者，不仅把全书读了3遍，还按书中所写到的一条街一条巷去进行实地考察、寻访，补拍照片，为时一年多（我在书中提到了但是我没有找到的琼瑶的可能出生地和孙元良的故居就是他找到之后邀我去考察确定的）。在这样的热心者中，我想摘引一位成都文化的热爱者与研究者在给我的几封信中的一段话：

"你3月22日来信阅悉，感佩至深。你的诚恳和谦虚，坦荡与大度溢于言表，严于解剖自己，实为大家气度。诚如你所说，你写这本书是一种责任。其实我关爱你这本书就其所知提出一些修改建议和补白、填缝的浅见也是缘自一种责任，这是应该的。你说十分感激就言重了，至于登门致谢我更不敢当，就免了吧。

"你是个外地人（也算大半个成都人），要撰写这样一部鸿篇巨制，有些疏漏或差错是难免的，也很正常。别说外地人，就是本地人（包括我自己）也未必事必躬亲，百事百知。举个例来说吧，7年前我写有一文，内中说到'痣胡子龙眼包子'，分明写的是1两10个，却被不识痣胡子龙眼包子为何物的一位年轻编辑想当然地给改成了1两1个而见诸报端。殊不知，后来又有人（肯定是成都人）以此为据，在一本叫《成都百年百人》的书中不自觉地以讹传讹，一误再误。读之，颇让我哭笑不得，很是无奈，留下深深的遗憾。土生土长的成都人，尚且如此，何况外地人呢！

"你虚怀若谷，广纳各有所知者的意见，取人之长，补己之短，相信再版后的这本书，定不会辜负你为之付出的巨大心血。

"我将继续关心你的力作，并遵嘱发动我身边的老成都、老朋友为此书建言，以期为世人留下一笔弥足珍贵的精神财富。"

我之所以要引用这位老先生的来信，目的就是为了坦陈我的心扉：本书就是在这样的一大批热心的读者、有责任心的成都人的热情鼓励之下、帮助支持之下完成的。无论是初版本还是修订本，都是一种合力的结果。古人有言："大恩不言谢。"我必须深深地感谢他们，但是为了尊重这些不愿显山露水的朋友们的意见，就不一一列名了。

还有几件事必须交代：1. 几位朋友为我提供了一些老照片，我选用了十几幅。这些老照片都是从网上搜来的，摄影者或收藏者不明。我仍然是按过去的办法，把应付的稿酬专门存放，以待为日后能够找到的摄影者或收藏者奉上。2. 至少有10位以上的读者向我说，希望我在修订时扩大篇幅，文字与图片都尽可能丰富，不要考虑篇幅，不要考虑成本，搞成多卷本都行，以便为后人留下更多的宝贵资料。为此，我认为，本书的分量已经不小，定价已经不低，这次修订时又增加了几万字和一百多幅图，不宜再加大分量，要考虑更广大的读者的购买能力。3. 有读者诚恳地建议，本书可以每5年修订一次，不断丰富，不断提高。在此，我不得不向大家慎重表明，这一次修订，就是最后一次了。原因只有一个，我已75岁了，我为本书所花的精力与时间已经够多了，我不能再待在这块园地上。对我有所了解的朋友们都知道，我从来不是一个专业工作者，没有组织上所安排的任务与方向，也不享受组织上所给予的经费与时间，全凭兴趣爱好，信马由缰。在此之前，我已经出过三十几本书，内容包括：卜辞、战争、周易、称谓、职官、吸烟、民俗、蒙学，当然，也还有巴蜀文化和成都文化。现在，我又要向新的研究方向出发了。所以——

我诚挚地欢迎新一辈人在本书的基础之上继续努力，搞订补本、专题本、续编、新编，都行；我诚挚地期盼成都文化研究中新人辈出，硕果累累，后浪推前浪，新花代旧枝。

袁庭栋 2015年12月10日于青城山麓

作者简介

袁庭栋 1940年12月生于四川绵竹，1965年四川大学历史系研究生毕业。长期在出版社从事编辑工作，1994年成为自由文化人。

业余从事学术研究，已出版各类著述三十余种，在中国古代文化方面主要有《古人称谓》、《中国吸烟史话》、《古代职官漫话》、《解秘中国军队》、《解秘中国战争》、《殷墟卜辞研究——科学技术篇》（合作）、《周易初阶》、《红白喜庆礼仪全书》，以及古代蒙学要籍校注12种。在巴蜀文化方面主要有《张献忠传论》、《话说四川》、《历代文化名人在四川》（合作）、《巴蜀文化》、《锦绣成都》、《巴蜀文化志》、《巴蜀文化图典》（合作）、《四川50年图集》（合作）、《成都》、《天府的记忆》、《共和之光——辛亥秋保路死事百年祭》等，还有《大决战》三部曲：《辽沈战役》《平津战役》《淮海战役》。

曾经在四川大学、成都大学、四川师范大学、四川教育学院等校兼职，开设过《古代文字与古代社会》《中国古代文化史》《巴蜀文化史》《中国古代科技史》《工具书使用法》等多门课程。

曾经出任台湾的30集人文风情片《走过四川》的策划与顾问，中央电视台《正大综艺》《开心辞典》《华夏文明》《岁月如歌》《走遍中国》等栏目成都专辑的撰稿人或顾问，中央电视台的7集人文地理片《天府的记忆》的编剧与历史文化顾问，香港"锦绣麒麟"的12集纪录片《穿越——成都气质》文化顾问。曾在四川电视台、成都电视台、深圳电视台和成都的"金沙讲坛""武侯夜话""成都故事"主讲巴蜀文化，在中央电视台奥运会四川专题节目担任主讲嘉宾。

鸣　谢

四川文艺出版社向以下本书图片创作者和提供者以及收藏和协助单位致以衷心的感谢和敬意——

摄影者

陈　锦	周孟棋	王文相	韩国庆	吴冷西
王晓庄	赖　武	齐　鸿	王学成	陈德龙
李绪成	严永聪	陈先敏	张蜀华	周筱华
陈　维	朱　林	唐跃武	彭嘉祺	王瑞林
罗韵希	周　刃	肖　全	李　杨	张全能
李　舒	余小武	张锦能	喻　磊	帅初阳
王　健	袁庭栋	陈道洋	马　盐	桑格格
李家熙	张德重	黄尚军	宋永坤	周晓野
苟世建	林　立	顾求实	牟　薇	杨显峰

Cary Wolinsky［美］

已故摄影者

| 牟航远 | 高华敏 | 冯水木 | 彭小岷 |

魏　司［德］　　　　山川早水［日］

路得·那爱德［美］　　威尔逊［美］

甘　博［美］　　　　中野狐山［日］

李哲士［美］　　　　盖　洛［美］

装帧设计和书法及美术绘画者

约稿

流沙河	宁成春	曲晓华	韩　宇	汪致正
王龙生	刘石父	李万春	谢可新	潘明德
熊小雄	孙　彬	张友霖		

选编

张大千	徐悲鸿	郭沫若	陈子庄	谢无量
黄稚荃	张漾兮	徐无闻	聋道人	道隆法师
吴一峰	吴　凡			

提供者

杜满希 [法]　　　　塔玛拉·魏司 [德]

樊建川	盛建武	王　毅	李忠昊	彭邦明
肖　平	刘永禄	王大明	杨永琼	王　华
李　致	王玉龙	彭长登	杜秀文	曾　自
马小弥	彭　雄	王　真	车　辐	商宜川 [加]
李德婉	车毅英	王嘉陵	伍　尧	张　戎 [英]
樊怀章	郑光路	夏大民	林文询	蒲秀政
胡　剑	付　兵	张　徐	郭瑞秋	昌宗岳
文　维	何家秀	汤晓明	周尔泰	戴德沄
陶亚舒	陈志强	张新亮	胥昌同	高志和
苏永江	李复元	余艾莉	李玉松	苏红亮
朱　缨	金　阳	央　娜	李素芳	陈乃霖
刘邦勤	李　铭	杨显峰		

收藏和协助单位

成都市建设信息中心	建川博物馆
四川省博物院	成都市博物馆
四川省图书馆	成都市图书馆
中共成都市委党史研究室	四川省档案馆
法国驻成都领事馆	成都市满蒙人民学习委员会
文殊院	大慈寺
杜甫草堂博物馆	武侯祠博物馆
四川大学档案馆	四川大学出版社
四川省文史馆	都江堰管理局
成都市地方志编委会办公室	锦江区地方志编委会办公室
成都日报社	成都晚报社
四川新华文轩	四川省川剧艺术研究院
成都市新都区文管所	新疆维吾尔自治区博物院
成都画院	诗婢家
成都西北中学	成都列五中学
成都市盐道街小学	成都市龙江路小学
四川二十一世纪文化传播有限公司	成都市竹简文化策划公司
中房集团成都房地产开发有限公司	成都青羊区文管所